Schule und Selbstwert

Pädagogische Psychologie und Entwicklungspsychologie

herausgegeben von Detlef H. Rost

Editorial

Pädagogische Psychologie und Entwicklungspsychologie sind seit jeher zwei miteinander verzahnte Teildisziplinen der Psychologie. Beide haben einen festen Platz im Rahmen der Psychologenausbildung: Pädagogische Psychologie als wichtiges Anwendungsfach im zweiten Studienabschnitt, Entwicklungspsychologie als bedeutsames Grundlagenfach in der ersten und als Forschungsvertiefung in der zweiten Studienphase. Neue Zielsetzungen, neue thematische Schwerpunkte und Fragestellungen sowie umfassendere Forschungsansätze und ein erweitertes Methodenspektrum haben zu einer weiteren Annäherung beider Fächer geführt und sie nicht nur für Studierende, sondern auch für die wissenschaftliche Forschung zunehmend attraktiver werden lassen. „Pädagogische Psychologie und Entwicklungspsychologie" nimmt dies auf und will die Rezeption einschlägiger guter und interessanter Forschungsarbeiten fördern und damit die theoretische, empirische und methodische Entfaltung beider Fächer stimulieren sowie fruchtbare Impulse zu ihrer Weiterentwicklung einerseits und zu ihrer gegenseitigen Annäherung andererseits geben.

Der Beirat der Reihe „Pädagogische Psychologie und Entwicklungspsychologie" repräsentiert ein breites Spektrum entwicklungspsychologischen und pädagogisch-psychologischen Denkens und setzt Akzente, indem er auf Forschungsarbeiten aufmerksam macht, die den wissenschaftlichen Diskussionsprozeß beleben können. Es ist selbstverständlich, daß zur Sicherung des Qualitätsstandards dieser Reihe jedes Manuskript – wie bei Begutachtungsverfahren in anerkannten wissenschaftlichen Zeitschriften – einem Auswahlverfahren unterzogen wird. Nur qualitätsvolle Arbeiten werden der zunehmenden Bedeutung der Pädagogischen Psychologie und Entwicklungspsychologie für die Sozialisation und Lebensbewältigung von Individuen und Gruppen in einer immer komplexer werdenden Umwelt gerecht.

Ulrich Trautwein

Schule und Selbstwert

Entwicklungsverlauf, Bedeutung von Kontextfaktoren
und Effekte auf die Verhaltensebene

Waxmann Münster / New York
München / Berlin

Bibliografische Informationen Der Deutschen Bibliothek
Die Deutsche Bibliothek verzeichnet diese Publikation in
der Deutschen Nationalbibliografie; detaillierte bibliografische
Daten sind im Internet über http://dnb.ddb.de abrufbar.

Diese Arbeit wurde unter dem Titel „Die Entwicklung und Bedeutung des
Selbstwertgefühls Jugendlicher im schulischen Kontext" von der
Freien Universität Berlin als Dissertation angenommen.

Pädagogische Psychologie und Entwicklungspsychologie; Bd. 36
herausgegeben von Prof. Dr. Detlef H. Rost
Philipps-Universität Marburg
Fon: 0 64 21 / 2 82 17 27
Fax: 0 64 21 / 2 82 39 10
E-Mail: rost@mailer.uni-marburg.de

ISSN 1430-2977
ISBN 3-8309-1296-X

© Waxmann Verlag GmbH, 2003
Postfach 8603, D-48046 Münster

http://www.waxmann.com
E-Mail: info@waxmann.com

Umschlaggestaltung: Pleßmann Kommunikationsdesign, Ascheberg
Satz: Dagmar Gülow und Christel Fraser
Druck: Zeitdruck GmbH, Münster
Gedruckt auf alterungsbeständigem Papier, DIN 6738

Inhalt

1 Das Selbstwertgefühl in der psychologischen Forschung

Heinrich von Kleist, einer der bedeutendsten deutschen Autoren des späten 18. bzw. frühen 19. Jahrhunderts, litt zeitlebens unter Selbstzweifeln. Seine Dramen und Novellen verschafften ihm nicht nur die Bewunderung der Nachwelt, sondern auch Verehrung namhafter Zeitgenossen. Von Kleist hatte große literarische Leistungen vorzuweisen, die – bei aller Kritik – schon zu seinen Lebzeiten von vielen anerkannt wurden. Dies veranlasste ihn jedoch nicht dazu, mit größerer Zufriedenheit auf sein Leben, sein Werk und seine Person zu blicken. Von Kleist fühlte einen Mangel an sich selbst, den seine Leistungen nicht ausgleichen konnten. Er hatte sich zudem vorgenommen, den „großen Goethe" vom Königsthron der Schriftstellerei zu stoßen, und verlangte von sich aus diesem Grund herausragende Werke. Oftmals von Selbstzweifeln geplagt, verschrieb er sich selbst einen „Lebensplan", bei dessen Erfüllung er automatisch zu einem glücklichen Leben gelange. Wo genau dieser Plan hinführte, ist der Nachwelt bekannt: zum Wannsee, wo er sich das Leben nahm.

Das tragische Leben bzw. Ende Heinrich von Kleists vermag das Thema dieser Arbeit, die nach den Determinanten und Folgen hohen bzw. niedrigen Selbstwertgefühls fragt, gut zu illustrieren, auch deshalb, weil es mehr Fragen provoziert, als es Antworten gibt. Im Lebensweg von Kleists tauchen gebündelt viele Themen auf, die in dieser Arbeit behandelt werden: Wie werden die Reaktionen der Umwelt in die eigene Selbsteinschätzung integriert? Wie wirken sich Leistungen auf das Selbstwertgefühl aus? Ist womöglich ein hohes Selbstwertgefühl notwendige Voraussetzung dafür, dass man eine hohe Meinung über die eigenen Leistungen gewinnt? Welche Folgen hat ein hohes bzw. niedriges Selbstwertgefühl für die Ebene des beobachtbaren Verhaltens? Im folgenden Abschnitt werden diese Fragestellungen in den Kontext der psychologischen Theorienbildung gestellt, bevor anschließend die Gliederung der Arbeit vorgestellt wird.

1.1 Die Bedeutung des Selbstwertgefühls in und außerhalb der Schule

Das Interesse der pädagogisch-psychologischen Forschung gilt nicht allein der Leistungsentwicklung von Schülerinnen und Schülern, sondern auch deren Persönlichkeitsentwicklung und ihrem psychischen Wohlbefinden. Hierbei spielt das Selbstbild, auch *Selbstkonzept* genannt, eine zentrale Rolle. Wegen seiner Bedeutung für das Wohlbefinden hat im schulischen Kontext die Ausbildung eines positiven Selbstbilds – jenseits seiner möglichen Bedeutung für die Leistungsentwicklung – eine Berechtigung als eigenständiges pädagogisches Ziel gewonnen (vgl. Brookover & Lezotte, 1979; Marsh & Craven, 1997; Shavelson, Hubner, & Stanton, 1976). Ein positives, globales Selbstbild wird von verschiedenen Autoren als einer der wichtigsten Indikatoren psychischen Wohlbefindens im Jugendalter angesehen (Harter, 1999; Rosenberg, 1986), und die Auswirkungen von hohem bzw. niedrigem Selbstwertgefühl für verschiedene Verhaltensmaße – wie beispielsweise Entscheidungen in leistungsthematischen Situationen oder Problemverhalten – werden bis heute intensiv und teilweise kontrovers diskutiert.

Was ist jedoch mit dem Begriff des Selbstbilds, des Selbstkonzepts bzw. des Selbstwertgefühls genau gemeint? An dieser Stelle soll es bei einer sehr generellen Arbeitsdefinition belassen werden, die im Verlauf der folgenden Kapitel konkretisiert wird: Selbstkonzepte sind Vorstellungen, Einschätzungen und Bewertungen, die die eigene Person betreffen (vgl. Moschner, 2001). Diese Selbstbeschreibungen können sich auf einzelne Facetten der Person („Ich zeige in der Schule gute Leistungen") oder auf die gesamte Person („Ich wünschte, ich wäre jemand anderes") beziehen. Für den letztgenannten Fall, also für die globale Selbstbeurteilung der gesamten Person, wird in dieser Arbeit der Begriff *Selbstwertgefühl* (im Englischen *self-esteem* bzw. *self-worth*) reserviert, bei Selbstbeurteilungen in einem bestimmten Bereich, wie zum Beispiel im schulischen Bereich, wird dagegen von einem *bereichsspezifischen Selbstkonzept* oder von *Selbstkonzeptfacetten* bzw. *-domänen (domain-specific self-concept)* gesprochen. Unter den Oberbegriff Selbstkonzept werden sowohl das Selbstwertgefühl als auch bereichsspezifische Selbstkonzepte subsumiert.

In der wissenschaftlichen Literatur wurden positive Effekte eines hohen Selbstwertgefühls bzw. schädliche Einflüsse eines (zu) niedrigen Selbstwertgefühls unter anderem hinsichtlich des emotionalen Wohlbefindens (Harter, 1990; Huebner, 1991; Rosenberg, 1965, 1986), der sozialen Integration in die Peer-Gruppe und der Resistenz gegenüber Gruppendruck (Zimmerman et al., 1997), Verhaltensstörungen in der Schule sowie der schulischen Leistungsentwicklung (Hattie, 1992) beschrieben. Außerdem wurde ein niedriges Selbstwertgefühl mit gesundheitsgefährdendem Verhalten wie Drogen- und Alkoholkonsum in Verbindung gebracht (McGee & Williams, 2000; Zimmerman et al., 1997).

Betrachtet man die behaupteten Effekte des Selbstwertgefühls, so ist man über deren Breite und Fülle überrascht. Man darf mit guten Recht behaupten, dass wenigen anderen psychologischen Konstrukten eine so breite Gültigkeit und umfassende Wirkung zugeschrieben wurde. Die vielfältigen Untersuchungen zu positiven Korrelaten eines hohen Selbstwertgefühls veranlassten die so genannte California Task Force to Promote Self-Esteem and Personal and Social Responsibility (1990) zu der Schlussfolgerung, dass das Selbstwertgefühl „the likeliest candidate for a social vaccine, something that inoculates [youth] against the lures of crime, violence, substance abuse, teen pregnancy (…) and educational failure" (S. 4) sei. Somit erscheint – metaphorisch ausgedrückt – ein hohes Selbstwertgefühl in dieser und vielen anderen Arbeiten gleichsam als seelisches Navigationssystem, das den Träger an Gefahrenstellen vorbei manövriert bzw. als Airbag der Psyche, der vor dem Zerschellen des Selbst schützt, falls es doch einmal zu Zusammenstößen mit einer ungeliebten Realität kommt.

Allerdings wurde von anderer Seite (z.b. Seligman, 1993) kritisiert, dass die Erklärungskraft der Variable Selbstwertgefühl mitnichten belegt sei. Gemäß dieser kritischen Auffassung ist das Selbstwertgefühl keine selbst wirksame Variable, sondern eher eine Art Barometer, das darüber Auskunft gibt, ob ein Individuum in einem erfolgreichen Kontakt mit seiner Außenwelt steht. Auch Marsh (1990a; Marsh & Yeung, 1998b, 1999) steht dem Selbstwertgefühl als erklärender Variable sehr kritisch gegenüber; er betonte dessen relative Instabilität und wies auf fehlende Belege für einen Einfluss auf bereichsspezifische Selbstkonzepte hin.

DuBois und Tevendale (1999) diskutierten zwei konträre Positionen hinsichtlich der Rolle des Selbstwertgefühls unter den Schlagworten „Impfstoff oder Epiphänomen". Ist das Selbstwertgefühl selbst ein Prädiktor für zeitlich nachfolgendes adaptives Verhalten und Wohlbefinden (Impfstoff-Position), oder ist das Selbstwertgefühl lediglich eine Folge bzw. Begleiterscheinung von anderen Aspekten des Lebens und der Persönlichkeit (Epiphänomen-Position)? Eine intensive wissenschaftliche Beschäftigung mit dem Selbstwertgefühl scheint vor allem dann sinnvoll zu sein, wenn sich dieses tatsächlich als verhaltensregulierend oder als anderweitig bedeutsamer Aspekt der psychischen Konstitution erweist. In diesem Sinne ist die folgende Äußerung von Harter zu verstehen: „Yet why should we be concerned about self-worth, unless we can demonstrate that it plays a vital role in individuals' lives, unless we can document the fact that it performs some critical function?" (Harter, 1999, S. 196)

1.2 Gliederung der Arbeit

In den folgenden Kapiteln werden mehrere Stränge der psychologischen Theorienbildung verfolgt, wobei die Entwicklungspsychologie und die pädagogische Psychologie den ordnenden Rahmen vorgeben, der durch die Berücksichtigung von Erkenntnissen aus der differenziellen Psychologie und der Sozialpsychologie erweitert wird. In Kapitel 2 wird in der Aufarbeitung des *theoretischen Hintergrunds* zunächst auf solche Arbeiten rekurriert, die die Selbstkonzeptforschung im 20. Jahrhundert maßgeblich geprägt haben. Das umschließt die frühe Theorie von William James (1892/1999) über das Selbstbild und dessen Determinanten sowie die Konzepte sozialperspektivisch geprägter Forscher wie Mead (1934) und Baldwin (1895). Nach einer Einordnung des Beitrags der Attachment-Theorie (vgl. Ainsworth et al., 1978) zur Selbstkonzeptforschung werden die einflussreichen Arbeiten von Rosenberg (1965, 1986) vorgestellt. Es folgt eine Darstellung der Ansätze von Markus (1977) und Filipp (1979), bei denen die Verarbeitung und Speicherung selbstrelevanter Informationen ins Blickfeld des Forschungsinteresses rückten. Der Überblick über die historischen Wurzeln der modernen Selbstkonzeptforschung endet mit dem Shavelson-Modell (Shavelson et al., 1976), in dem das Selbstkonzept als hierarchisch geordnet und multidimensional beschrieben wird. Dieses Modell sowie seine Modifikationen (Marsh

& Shavelson, 1985) haben besonders wichtige Impulse für die pädagogisch-psychologische Forschung gegeben.

Daran anschließend werden mit den Arbeiten von Susan Harter, Herbert Marsh, Jonathon Brown und Richard Felson vier Konzeptionen eingehender vorgestellt, die die gegenwärtige Forschung wesentlich beeinflussen und für die vorliegende Arbeit von zentraler Bedeutung sind. Die Arbeiten von Harter (1998, 1999; Harter & Whitesell, 1996) vereinen die Vorstellungen von James (1892/1999) mit neo-Piaget'schen Modellvorstellungen hinsichtlich der Entwicklung menschlicher Kognitionen. Harter (1998, 1999) beschrieb die Entwicklung des Selbstkonzepts, arbeitete wichtige Determinanten des Selbstwertgefühls heraus und stellte Überlegungen hinsichtlich möglicher Geschlechterunterschiede an; darüber hinaus untersuchte sie die Verbindung zwischen dem Selbstwertgefühl und der Entstehung von Depressionen. Marsh (z.B. Marsh, Byrne, & Yeung, 1999; Marsh & Yeung, 1998a) hat, aufbauend auf die Konzeption von Shavelson et al. (1976), eine beachtliche Zahl empirischer Arbeiten vorgelegt, in denen unter anderem die Verbindung zwischen dem Selbstkonzept und der schulischen Leistung beschrieben wurde; gleichzeitig findet sich in den Arbeiten von Marsh eine kritische Einstellung gegenüber der Idee eines globalen Selbstwertgefühls als einflussreicher psychischer Instanz (Marsh & Yeung, 1998b, 1999). Dagegen hatte das Selbstwertgefühl in den bisherigen Veröffentlichungen Browns (z.B. Brown, 1993; Brown & Dutton, 1995b), die in der Tradition der Sozialpsychologie stehen, eine wichtige Funktion unter anderem bei Entscheidungen in leistungsthematischen Situationen inne; Browns Konzeption eines stabilen Selbstwertgefühls ist – trotz eines unterschiedlichen theoretischen Hintergrunds – mit Voraussagen der Attachment-Theorie und teilweise mit den Forschungen von Rosenberg (1965) in Einklang zu bringen. Einen kritischen Blick auf Postulate sozialperspektivisch geprägter Forscher warf Felson (z.B. Felson, 1981, 1985, 1993). Er analysierte, inwieweit bei Selbstkonzepten in unterschiedlichen Domänen ähnliche Entstehungs- und Veränderungsmechanismen zu erwarten sind. Als ein letzter Aspekt werden theoretische Arbeiten vorgestellt, die Kontextbedingungen bei der Selbstkonzeptentwicklung eine ganz entscheidende Rolle zuschreiben (vgl. Wigfield, Eccles, & Pintrich, 1996).

Im darauf folgenden Kapitel 3 wird dargestellt, dass es ganz unterschiedliche Konzeptionen hinsichtlich der „Stabilität" des Selbstkonzepts gibt. Zudem wird zwischen unterschiedlichen Arten von Faktoren unterschieden, die einen Einfluss auf das Selbstkonzept bzw. die Veränderung des Selbstkonzepts nehmen können. Anschließend werden bereits angedeutete, konfligierende Annahmen hinsichtlich Entstehung und Entwicklung des Selbstkonzepts nochmals prononcierter herausgearbeitet. Hierbei wird insbesondere auf die deutlichen Unterschiede zwischen Modellvorstellungen, die dem Selbstwertgefühl eine ordnende, schützende Funktion zusprechen, und solchen, in denen das Selbstwertgefühl eine eher passive Instanz darstellt, eingegangen. Vor diesem Hintergrund werden dann im Kapitel 4 die Forschungsfragen der vorliegenden Arbeit formuliert.

Der *empirische Teil* der Arbeit gliedert sich in fünf Teilstudien: In der ersten Studie wird die Beziehung zwischen wichtigen bereichsspezifischen Selbstkonzepten und dem Selbstwertgefühl während der Schulzeit querschnittlich in zwei Altersstufen untersucht, wobei die Analysen getrennt nach dem Geschlecht der Jugendlichen erfolgen. Die relative Nähe zwischen dem Selbstwertgefühl und Bereichen des Selbstkonzepts, die von Erfahrungen im schulischen Kontext geprägt werden (schulisches Selbstkonzept, soziales Selbstkonzept), werden dabei mit der Bedeutung der Beziehung zu den Eltern verglichen. Die zweite und dritte Studie beschäftigen sich mit längsschnittlichen Veränderungen in Selbstkonzepten. Gibt es kausale Wirkungen zwischen dem Selbstwertgefühl, verschiedenen bereichsspezifischen Selbstkonzepten und der Entwicklung der Leistung in Mathematik und Deutsch? Längsschnittliche Untersuchungen sind in diesem Forschungsbereich nach wie vor selten (Marsh & Yeung, 1998b). Die vierte und fünfte empirische Teilstudie widmen sich dem Zusammenhang zwischen dem Selbstwertgefühl und selbst berichtetem Verhalten. Studie 4 untersucht in einem längsschnittlichen Design den Zusammenhang zwischen dem Selbstwertgefühl und schulischem Problemverhalten, wobei sowohl die prädiktive Kraft des Selbstwertgefühls berücksichtigt als auch untersucht wird, wie das Engagement in Problemverhalten langfristig auf das Selbstwertgefühl wirkt. Die Hauptfragen lauten dabei wie folgt: Hat das Selbstwertgefühl tatsächlich, wie von vielen Autoren angenommen, eine präventive Funktion gegenüber schulischem Problemverhalten? Und kann das Problemverhalten das Selbstkonzept auch positiv beeinflussen (vgl. Kaplan, 1975)? Studie 5 geht dagegen auf sozial und akademisch erwünschtes Schülerverhalten ein, nämlich die Unterrichtsbeteiligung. Während der positive Einfluss eines hohen bereichsspezifischen schulischen Selbstkonzepts auf die Unterrichtsbeteiligung bekannt ist (Helmke, 1992; Trautwein, Köller, & Kämmerer, 2002), ist bislang ungeklärt, inwieweit das Selbstwertgefühl einen zusätzlichen Effekt hat. Studie 6 schließlich bringt das Selbstwertgefühl in Zusammenhang mit der Wahl von Vergleichspersonen im Klassenkontext. Es wird untersucht, ob das Selbstwertgefühl eine wichtige Einflussgröße bei sozialen Vergleichen in Leistungssituationen darstellt.

2 Das Selbstwertgefühl: Eine theoretische Einbettung

2.1 Historische Entwicklung des Konzepts des Selbstwertgefühls

2.1.1 Das Selbstwertgefühl als Verhältnis von Ambition und Erfolg: Die Arbeiten von William James

Der amerikanische Psychologe William James gilt als erster bedeutender Wegbereiter der psychologischen Selbstkonzeptforschung. Seine theoretischen Annahmen sind Grundlagen (vgl. das Shavelson-Modell, Shavelson et al., 1976) von bzw. Versatzstücke (vgl. Harter, 1998) in modernen Konzeptionen. Auf James (1892/1999) gehen dabei drei wesentliche Unterscheidungen zurück: Die Unterteilung des Selbstkonzepts in eine „I"- und eine „Me"-Komponente, die Beschreibung einer Hierarchie von Selbstkonzepten sowie die Bestimmung von Determinanten des Selbstwertgefühls.

Dichotomie von „I" und „Me": James (1892/1999) beschrieb das Selbstkonzept als eine Dichotomie zweier unterschiedlicher Facetten. Die eine Facette, das „I" (das Selbst als Subjekt), ist eine aktive Instanz, die ganz wesentlich unsere Wahrnehmungen und Handlungen steuert („the self as knower, or the I, the ‚pure ego' of certain authors"; James, 1892/1999, S. 69). Das „I" betreibt damit auch die Konstruktion der zweiten Facette, des „Me" (das Selbst als Objekt, „the self as known, or the me, the ‚empirical ego' as it is sometimes called"; James, 1892/1999, S. 69). Das „Me" ist somit das Selbstbild einer Person, das in der Wahrnehmung und Interpretation der Umwelt entsteht. Die „Me"-Komponente entspricht dem, was wir heute „Selbstkonzept" nennen.

Eine Hierarchie von Selbstkonzepten: Menschen stehen in einem komplexen sozialen Austausch mit ihrer Umwelt, bei dem unterschiedliche Aspekte einer Person zum Tragen kommen. James (1892/1999) erkannte hierbei die Notwendigkeit, verschiedene Bereiche einer Person analytisch zu trennen. Er unterschied deshalb bei der „Me"-Komponente drei hierarchische Ebenen, nämlich das materielle Selbst *(material self)*, das soziale Selbst *(social self)* und das geistige Selbst *(spiritual self)*. Zu der untersten Ebene, dem materiellen Selbst, zählte James dabei den Körper, die Kleidung, das Haus und weitere Besitztümer; interessanterweise subsumierte James auch die nächsten Familienangehörigen unter das materielle Selbst. Unter dem sozialen Selbst verstand er dagegen die Anerkennung und Beachtung, die ein Mensch von seiner Umwelt erhält. James erkannte, dass eine Person von verschiedenen Menschen ganz unterschiedlich wahrgenommen werden kann, und schloss deshalb, dass *„a man has as many social selves as there are individuals who recognize him,* and carry an image of him in their mind" (James, 1892/1999, S. 70, Hervorhebung im Original). Da sich die soziale Umwelt allerdings in Gruppen (z.B. Eltern, Freunde, Berufskollegen) aufteilen lässt, schränkte James ein, dass in praktischer Hinsicht das soziale Selbst eines Menschen so viele Facetten zeige wie es Gruppen gibt, deren Meinungen für ihn viel zählen. Das soziale Selbst besteht also im Wesentlichen aus generalisierten selbstbezogenen Kognitionen darüber, welches Ansehen man bei verschiedenen Personengruppen hat bzw. wie man von ihnen wahrgenommen wird. Schließlich subsumierte James unter dem geistigen Selbst die Zustände und Ausformungen des Bewusstseins, „the entire collection of my states of consciousness, my psychic faculties and dispositions taken concretely" (James, 1892/1999, S. 71).

Die Determinanten des Selbstwertgefühls: In seinen Ausführungen über das „Me" beschrieb James auch die affektive Einstellung *(self-feeling)* eines Menschen sich selbst gegenüber, die beispielsweise „pride", „arrogance" oder „shame" umfasst (James, 1892/1999, S. 71) und die in der vorliegenden Arbeit unter dem Begriff „Selbstwertgefühl" zusammengefasst wird. Im Wesentlichen ist das Selbstwertgefühl nach James Ergebnis von Erfolgen oder Misserfolgen und der Stellung, die ein Mensch in der Welt hat. Während diese Beschreibung suggeriert, dass es sich um objektiv feststellbare Erfolge bzw. Misserfolge handelt, zeigen nachfolgende Passagen in James' Ausführungen deutlich die subjektiven Komponenten in der Entstehung des Selbstwertgefühls auf: James argumentierte, dass die globale Selbstbewertung eines Menschen aus der Betrachtung verschiedener Eigenschaften und Fähigkeiten resultiere. Dabei beruhe die globale Selbstbeurteilung zum einen auf seinen Qualitäten in den einzelnen Disziplinen, zum anderen aber auch auf der Wichtigkeit, die der Einzelne den jeweiligen Fähigkeitsgebieten beimesse. Somit bestimmt sich nach James das Selbstwertgefühl eines Menschen als Quotient aus Erfolg und Anspruch. Es gilt: „Our self-feeling is in our power." (James, 1892/1999, S. 74)

Die theoretischen Annahmen von James (1892/1999) flossen in eine ganze Reihe von späteren Konzeptionen ein (z.B. in das unten berichtete Modell von Shavelson et al., 1976, und die Annahmen von Harter, 1998, 1999). Allerdings lassen die Ausführungen von James teilweise unterschiedliche Interpretationen zu, beispielsweise in Hinblick auf die Bedeutung der Meinung anderer für die Selbstsicht: So schrieb James, dass das soziale Selbst davon abhinge, wie ein Mensch von anderen wahrgenommen werde, und implizierte damit einen Einfluss der tatsächlichen Meinung dieser Personen, um sogleich einzuschränken, dass nur wichtige Personengruppen bedeutsam für die Selbstbeurteilung seien, und Menschen selbst bestimmen könnten, welche Ansprüche sie selbst an sich stellten. Auf uneindeutige Aspekte wird ausführlicher im Kapitel 3 eingegangen. Man sollte bei der Betrachtung des Beitrags von James zudem berücksichtigen, dass dessen theoretische Überlegungen nicht in einem empirischen Forschungsprojekt überprüft wurden und gegebenenfalls hätten modifiziert werden können. Zudem sollte beachtet werden, dass James bei der Beschreibung des Selbst in erster Linie Erwachsene vor Augen hatte und keine Aussagen darüber traf, ob sich Selbstkonzepte während der Kindheit und Jugend altersnormativ verändern.

2.1.2 Wir sehen uns mit den Augen anderer: Der symbolische Interaktionismus

Während James (1892/1999) annahm, dass es teilweise in unserer eigenen Macht stehe, wie sehr bestimmte Selbstkonzepte unser Selbstwertgefühl bestimmen, betonten mehrere etwa zeitgleich entstandene Arbeiten den besonderen Einfluss der sozialen Umwelt bei der Selbstkonzeptentwicklung. Der *symbolische Interaktionismus*, wesentlich bestimmt durch die Arbeiten von Cooley (1902), Mead (1934) und Baldwin (1895), konzipierte – vereinfacht ausgedrückt – das Selbstkonzept einer Person als eine Kopie der Einstellungen anderer zu dieser Person: Man macht sich die widergespiegelten Bewertungen der anderen zu Eigen. Cooley (1902) sprach vom „looking-glass-self", wobei andere Personen gleichsam einen sozialen Spiegel darstellen würden. Eine Person übernimmt von nahe stehenden Menschen deren Meinungen über sich selbst: „In the presence of one whom we feel to be of importance, there is a tendency to enter into and adopt, by sympathy, his judgment of ourself." (Cooley, 1902, S. 175) Ähnlich argumentierte Mead (1934), dass wir nicht primär selbst zu einer Meinung über die eigene Person kommen, sondern sorgsam beobachten, wie andere uns sehen und mit uns umgehen. Mead beschrieb dabei nicht nur den Einfluss einzelner Bezugspersonen; bei ihm umfasste der „soziale Spiegel" auch bestimmte soziale Gruppen: „The individual experiences himself as such, not directly, but only indirectly, from the particular standpoints of other individuals of the same social group, or from the generalized standpoint of the social groups as whole to which he belongs." (Mead, 1934, S. 138)

Die Einstellung der anderen zu uns wird dann von uns selbst übernommen: „The organized community or social group which gives to the individual his unity of self may be called ,the generalized other'." (Mead, 1934, S. 154). Und weiter: „In abstract thought the individual takes the attitude of the generalized other toward himself, without reference to its expression in any particular other individuals." (Mead, 1934, S. 155 f., Fußnote nicht wiedergegeben)

Die Erkenntnis der symbolischen Interaktionisten, dass die Entstehung des Selbstkonzepts wesentlich durch die soziale Umwelt mitbestimmt ist, hat ihre forschungsleitende Funktion bis heute nicht verloren. Allerdings wurde in der jüngeren Vergangenheit zunehmend herausgearbeitet, unter welchen Bedingungen eine Übernahme eines Fremdbilds erfolgt, welche Faktoren dazu beitragen und welche Aspekte dazu führen, dass Selbst- und Fremdbild oftmals nicht übereinstimmen (siehe Abschnitt 2.4).

2.1.3   Nicht in die Wiege gelegt, aber dort erworben: Die Attachment-Theorie und
die Persönlichkeitsentwicklung

In ihrer Betonung der sozialen Natur der menschlichen Selbstbewertung ähnelt die
Attachment-Theorie (vgl. Ainsworth et al., 1978; Bowlby, 1969) der Theorie des symbolischen Interaktionismus. Obschon der Einfluss der Attachment-Theorie auf die
moderne Selbstwertgefühl-Debatte weniger manifest – das heißt in Zitaten und Ver-
weisen dokumentiert – ist, finden sich Kernannahmen der Attachment-Theorie in
nachfolgenden Arbeiten wieder, insbesondere jenen, die eine frühe Beeinflussung der
kindlichen Persönlichkeit und die Stabilität von Selbstkonzepten betonen. Es soll an
dieser Stelle nicht im Einzelnen auf die theoretische, von der Psychoanalyse geprägte
und später mit Konzepten aus der Ethologie, Systemtheorie und kognitiven Entwicklungspsychologie ergänzte Fundierung der Attachment-Theorie (vgl. Rauh, 1995)
eingegangen werden, da für die vorliegende Arbeit lediglich die nachfolgend genannten Aspekte wichtig sind.

Laut der Attachment-Theorie sind insbesondere die frühen, kindlichen Beziehungen zu den Eltern von entscheidender Bedeutung für die weitere Entwicklung der
Persönlichkeit. Attachment-Theoretiker unterscheiden dabei zwischen der sicheren
Bindung *(secure attachment),* der vermeidend-unsicheren Bindung *(avoidant insecure
attachment)* und der ambivalent-unsicheren Bindung *(ambivalent insecure attachment).* Kinder, die im frühen Kindesalter (12–24 Monate) eine sichere Bindung erleben, erfahren laut der Attachment-Theorie die Welt und die Bindungspersonen als
freundlich, wohlgesonnen und verlässlich und entwickeln ein positives Selbstbild.
Ein besonderes Kennzeichen der Attachment-Theorie ist die Annahme, dass die frühen Bindungen eine langandauernde Wirkung auf das Selbstbild und das Interak-
tionsverhalten von Kindern (und später Erwachsenen) haben: „Early relationships
have a profound impact upon personality formation." (Sroufe & Fleeson, 1986,
S. 67) In ähnlicher Weise verwies Rauh darauf, dass die Bindungsklassifikation eine
„erstaunliche Stabilität über die Zeit zeigt" (Rauh, 1995, S. 244); allerdings könnten
beispielsweise schwerwiegende Lebensereignisse eine sichere Bindung in eine unsi-
chere verwandeln.

Die Attachment-Theorie und ihre Vorhersagen zur Entwicklung von Kindern
und Jugendlichen besitzen bis heute eine große Bedeutung in der Entwicklungspsychologie. Leider ist jedoch die empirische Basis für Aussagen über den Einfluss
der frühen Bindung auf die Persönlichkeit bzw. Selbstkonzepte von Erwachsenen
sehr spärlich. Betrachtet man die dafür nötigen längsschnittlichen Untersuchungs-
designs, ist dies gut nachvollziehbar. Die Attachment-Theorie soll in der vorliegenden Arbeit deshalb auch vorwiegend dazu benutzt werden, den Gedanken eines stabilen Selbstwertgefühls, das sich bereits in der frühen Kindheit entwickelt hat, zu
illustrieren.

2.1.4 Das Selbstwertgefühl als emotionales Rückgrat: Die Beiträge von Morris Rosenberg

Einen nachhaltigen Einfluss auf die weitere Forschung zum Selbstwertgefühl übten die Arbeiten von Rosenberg (1965, 1986) aus. Rosenberg (1965) untersuchte den Zusammenhang von Selbstwertgefühl und einer Fülle von Personenmerkmalen wie Geschlecht, sozialem Hintergrund und Ängstlichkeit. Noch bleibendere Wirkungen als die empirischen Befunde sollten jedoch Rosenbergs theoretische Fassung des Konstrukts sowie die von ihm entwickelte Skala haben. Rosenberg (1965) konzipierte das Selbstbild als Einstellung *(attitude)* einer Person zu sich selbst: „In the present study, we conceive of the self-image as an attitude toward an object. (…) Putting it baldly, there is no qualitative difference in the characteristics of attitudes toward the self and attitudes toward soup, soap, cereal, or suburbia." (Rosenberg, 1965, S. 5 f.) Eine solche Konzeptualisierung, argumentierte Rosenberg, erlaube es, bei der Erforschung des Selbst die gleichen Instrumente zu verwenden wie in der übrigen Einstellungsforschung.

Rosenberg (1965) entwickelte dementsprechend einen einfach und ökonomisch einzusetzenden, eindimensionalen und reliablen Fragebogen, die Rosenberg-Skala. Zehn Items erfragen auf einer vierstufigen Antwortskala generalisierte, affektiv-evaluative Selbsteinschätzungen. Ein Itembeispiel lautet: „At times I think I am no good at all." Dieser Fragebogen zum Selbstwertgefühl wird noch heute als Standardinstrument in unterschiedlichen Forschungskontexten eingesetzt (z.B. Brown & Dutton, 1995a; Ryff, 1989).

Von theoretischem Interesse sind die Ausdifferenzierungen, die Rosenberg (1965) beim Selbstwertgefühl vornahm. Rosenberg (1965, S. 30) trennte zwischen zwei unterschiedlichen Auffassungen des Selbstwertgefühls: Zum einen könne das Selbstwertgefühl als die Meinung einer Person verstanden werden, sie weise hinsichtlich bestimmter Fähigkeiten oder Attribute besondere Qualitäten aus, sie sei also „sehr gut" („very good"); zum anderen könne ein hohes Selbstwertgefühl aber auch bedeuten, dass eine Person von sich selbst sage, sie sei „gut genug" („good enough"). Die Rosenberg-Skala erfasst nach Ansicht ihres Autors letztere Selbstsicht.

Rosenberg (1986) betonte die besondere Rolle des Selbstwertgefühls in der Phase der Adoleszenz. Zwar sei das Selbstwertgefühl in allen Lebensphasen gleich wichtig, seine Entwicklung gestalte sich in der Pubertät jedoch besonders problematisch. Zum einen entstehe in dieser Lebensphase eine vermehrte Beschäftigung mit den Eindrücken, die die eigene Person bei anderen hinterlässt. Hierbei würde einem Jugendlichen auch bewusst werden, dass verschiedene Personen eine unterschiedliche Einstellung zu ihm haben. Zusammen mit der durch einen zunehmenden kognitiven Entwicklungsstand erworbenen Möglichkeit, das Selbst in abstrakteren Begriffen zu beschreiben, anstatt sich auf äußere Merkmale zu konzentrieren, führe dies zu zunehmenden Zweifeln und Unsicherheit über sich selbst. Zum anderen komme die Notwendigkeit hinzu, sich mit Fragen der Zukunft auseinander zu setzen: Welcher Beruf passt zur eigenen Person? Wird man eine eigene Familie gründen können?

Rosenbergs Einflüsse auf die heutige Selbstkonzeptforschung sind unübersehbar, wenn sie sich auch vor allem auf den von ihm entwickelten Fragebogen und die vom ihm untersuchten Beziehungen zwischen dem Selbstwertgefühl und Außenvariablen erstrecken. Seine theoretischen Ansätze, beispielsweise hinsichtlich der Entwicklungsaufgaben in der Adoleszenz, wurden dagegen von zunehmend verfeinerten Wirkungsannahmen abgelöst (vgl. z.b. Harter, 1999).

2.1.5 Die „Instabilität" des Selbstkonzepts: Die Arbeiten von Hazel Markus

Die gedächtnispsychologisch begründeten Arbeiten von Markus (1977) brachten entscheidende Impulse, nicht nur die überdauernden Aspekte des Selbstkonzepts einer genaueren empirischen Analyse zu unterziehen, sondern auch situationale Ausprägungen. Nach Markus umfassen die stabilen Aspekte des Selbstkonzepts eine Reihe von verschiedenen Selbstkonzeptfacetten, wie beispielsweise die guten und schlechten Seiten der eigenen Person, das Ideal-Selbst und das negative Selbst. Gleichzeitig machte Markus darauf aufmerksam, dass in Abhängigkeit von der Situation unterschiedliche Verarbeitungsstrategien auftreten: „We propose that, although the self-concept is in some respects quite stable, this stability can mask significant local variations that arise when the individual responds systematically to events in the social environment." (Markus & Kunda, 1986, S. 859) Angelehnt an die Gedächtnispsychologie bezeichnete Markus die jeweils aktivierten Aspekte dieser Vorstellungen über das Selbst als *working self-concept*. Der Inhalt des jeweiligen *working self-concept* ist dabei nach Markus nicht nur durch die stabilen Selbstkonzepte bestimmt, sondern auch durch die jeweilige soziale Situation. Als Belege für ihre Vorstellungen führte Markus Ergebnisse aus experimentellen Studien an. So manipulierten beispielsweise Markus und Kunda (1986) das temporäre Selbstkonzept von Studentinnen, indem ihnen suggeriert wurde, sie würden extrem ähnliche („Ähnlichkeits"-Bedingung) bzw. unähnliche („Einzigartigkeits"-Bedingung) Präferenzen aufweisen wie drei gleichzeitig untersuchte Studierende. Markus und Kunda nahmen an, dass die experimentelle Manipulation dazu führen sollte, dass die Untersuchungsteilnehmerinnen in Reaktion auf die experimentelle Manipulation ihr tatsächliches Selbstkonzept aktualisieren sollten und dies zu bestimmten Reaktionen führen sollte. Tatsächlich fanden Markus und Kunda Belege dafür, dass das temporäre Selbstkonzept von Menschen auf bestimmte situationale Stimuli in charakteristischer Weise reagiert (vgl. Hannover, 1997, für eine kritische Bewertung dieser Experimente).

Die Arbeiten von Markus (1977; Markus & Wurf, 1987) haben eine Vielzahl von Studien insbesondere in der Sozialpsychologie angeregt, in denen die Reaktionsweise des Gedächtnissystems bei der Konfrontation mit selbstkonzeptrelevanten Stimuli beobachtet wurde (vgl. z.B. Hannover, 1997). Da in der vorliegenden Arbeit jedoch nicht das *working self-concept*, sondern primär die überdauernden, stabileren Anteile des Selbstsystems untersucht werden, werden die Arbeiten von Markus erst im Diskussionsteil erneut Eingang finden.

2.1.6 Die Selbstkonzeptentwicklung im Rahmen des Informationsverarbeitungsparadigmas: Die Konzeption von Sigrun-Heide Filipp

Wie Markus (1977) bezog sich auch Filipp (1979, 1980) in ihrer Konzeptualisierung des Selbstkonzepts explizit auf gedächtnispsychologische Ansätze:

> Aufbau und Wandel interner Selbstmodelle lassen sich schlüssig nur mit Rückgriff auf Theorien der menschlichen Informationsverarbeitung darstellen (…) denn das Wissen über die eigene Person unterscheidet sich nicht prinzipiell von dem Wissen um Gegenstände und Personen der Außenwelt. In beiden Fällen ist dieses Wissen ein Produkt der Erfahrung, also ein Resultat menschlicher Informationsverarbeitung. (Filipp, 1979, S. 130)

Während Rosenberg (1965) das Selbstwertgefühl als *Einstellung* zum Selbst verstand, konzipierte Filipp das Selbstkonzept also als *Wissensstruktur* hinsichtlich der eigenen Person. Welche selbstbezogenen Informationen stehen einem Individuum nun zur Verfügung? Filipp machte fünf Quellen selbstbezogener Informationen aus: *Direkte Prädikatenzuweisungen* sind Rückmeldungen, die sich direkt an die Zielperson richten, also beispielsweise ein Lob oder ein Vorwurf. Nach Filipp sind solche direkten Prädikatenzuweisungen „in vivo weit seltener, als es die Menge der auf dieser Annahme basierenden Untersuchungen nahe legt" (Filipp, 1979, S. 134). Zudem machte sie darauf aufmerksam, dass direkte Prädikatenzuweisungen individuell sehr unterschiedlich verarbeitet werden können. Obwohl von Filipp nicht genannt, scheint es gerechtfertigt, Schulnoten als eine Form direkter Prädikatenzuweisungen aufzufassen. Im Falle *indirekter Prädikatenzuweisungen* muss ein Individuum selbstbezogene Informationen im Zuge interpretativer Schlussfolgerungen aus dem Verhalten anderer Personen gewinnen, beispielsweise indem es deren Verhalten der eigenen Person gegenüber beobachtet; Filipp betrachtete die indirekte Prädikatenzuweisung als eine wesentliche Quelle selbstbezogener Informationen, machte jedoch gleichzeitig auf die komplexen Inferenzleistungen aufmerksam, die einer solchen Prädikatenzuweisung zu Grunde liegen. Die *komparative Prädikaten-Selbstzuweisung* umfasst den aktiven sozialen Vergleich mit Mitmenschen bezüglich bestimmter Merkmale, der möglicherweise besonders bei vagen Kriterien für die Bewertung eigener Handlungen und Meinungen eingesetzt werde; Filipp machte dabei gleichzeitig deutlich, dass soziale Vergleiche natürlich auch bei den zwei zuvor beschriebenen Prädikatenzuweisungen wirksam seien. Bei der *reflexiven Prädikaten-Selbstzuweisung* werden über eine Beobachtung des eigenen Verhaltens Rückschlüsse über die eigene Person gezogen; Filipp führte das Beispiel von Video-Aufzeichnungen in der Verhaltenstherapie an, mit deren Hilfe „unrealistische" Selbsteinschätzungen korrigiert werden könnten. In der *ideationalen Prädikaten-Selbstzuweisung* stellen der Akt des Erinnerns sowie der Entwurf von Zukunftsmodellen die Quellen des selbstbezogenen Wissens dar. Filipp wies darauf hin, dass das Erinnern nicht eine bloße Wiederbelebung früherer Erfahrungen, sondern als rekonstruktiver, beeinflussbarer Akt zu verstehen sei; ebenso seien Menschen in der Lage, relativ genaue, antizipatorische Selbstbilder zu entwerfen, die wiederum das „Wissen" über sich selbst beeinflussen.

Neben den Quellen selbstbezogenen Wissens hat Filipp (1979) auch den Prozess der Aufnahme und Verarbeitung selbstbezogener Informationen genauer aufgeschlüsselt. Sie unterschied dabei zwischen vier Phasen, nämlich der *Vorbereitungsphase*, in der die Diskrimination selbstbezogenen Wissens geschieht; der *Aneignungsphase*, in der die selbstbezogene Information in ein internes, aktualisiertes Selbstmodell integriert wird (vgl. Hannover, 1997; Markus, 1977); der *Speicherungsphase*, in der das selbstbezogene Wissen beispielsweise in der Form eines Schemas gespeichert wird; sowie der *Erinnerungsphase*, in der die selbstbezogenen Informationen abgerufen und handlungsleitend werden können.

Filipps Arbeiten (1979, 1980) stellen einen frühen Beitrag zur Verbindung von Forschung zum Selbstkonzept und zum Informationsverarbeitungsparadigma dar. Leider wurden ihre Überlegungen in der internationalen Selbstkonzeptforschung nur selten explizit aufgegriffen, was daran liegen dürfte, dass Filipps Ausführungen zum Selbstkonzept nur in deutscher Sprache veröffentlicht wurden. In der vorliegenden Arbeit wird insbesondere darauf eingegangen, inwieweit in der Schule unterschiedliche Selbstkonzeptfacetten auf unterschiedlichen Quellen selbstbezogenen Wissens beruhen; dabei spielen in erster Linie direkte (z.B. Noten, Lob), indirekte (Beobachtung des Verhaltens anderer) und komparative (soziale Vergleiche) Prädikatenzuweisungen eine Rolle. Allerdings wird dabei nicht explizit von Filipps Unterscheidung ausgegangen, sondern von den Arbeiten von Felson (1993), die in einem späteren Abschnitt ausführlich dargestellt werden.

2.1.7 Das multidimensionale und hierarchische Selbstkonzept nach Richard Shavelson und Mitarbeitern

Eine wichtige theoretische Fortführung und Erweiterung der Konzeption von James bietet die Arbeit von Shavelson et al. (1976), die insbesondere in der pädagogischen Psychologie großen Einfluss gewann: Shavelson und Mitarbeiter beklagten die ihrer Meinung nach atheoretische Orientierung der Selbstkonzeptforschung und die Tatsache, dass die meisten Instrumente auf ad-hoc-Basis konstruiert worden waren (vgl. auch Wylie, 1979). Sie schlugen unter Bezugnahme auf James (1892/1999) vor, das Selbstkonzept mehrdimensional und hierarchisch zu konzipieren. Das von ihnen ent-

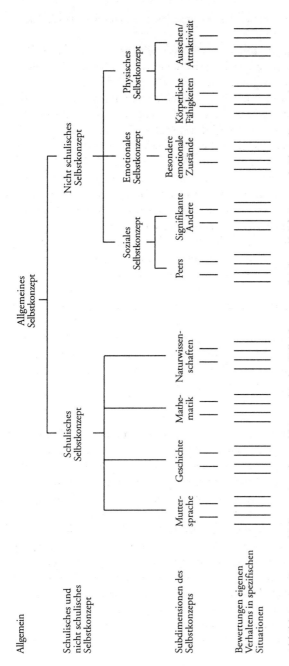

Abbildung 1: Das multidimensionale und hierarchische Selbstkonzept (leicht modifiziert nach Shavelson et al., 1976)

wickelte einflussreiche Modell zeichnet sich unter anderem durch folgende Charakteristika aus (vgl. Abb. 1):

(1) Das Selbstkonzept ist strukturiert. Um die Komplexität seiner Erfahrung mit der Umwelt zu reduzieren, organisiert ein Individuum diese Erfahrungen mithilfe von Kategorien. Eine Einteilung von Erfahrungen in Kategorien bedeutet auch, dass das Selbstkonzept mehrere Facetten hat, das heißt eine multidimensionale Struktur aufweist. Shavelson et al. argumentierten, dass das Kategoriensystem von Schülerinnen und Schülern zumindest die Facetten Schule, soziale Akzeptanz, physische Fähigkeiten sowie emotionaler Zustand beinhalte. Der Aspekt der Multidimensionalität ist heute allgemein akzeptiert (vgl. Harter, 1996; Marsh & Hattie, 1996).

(2) Darüber hinaus vermuteten Shavelson et al. (1976), dass das Selbstkonzept hierarchisch strukturiert ist. Sie verwiesen hierbei auf Konzepte der Intelligenzforschung, die von einem allgemeinen g-Faktor ausgehen, der gleichsam an der Spitze der Hierarchie steht, und mehreren spezifischeren Subfaktoren. So unterschieden die Autoren beispielsweise zwischen einem schulischen Selbstkonzept und einem nicht schulischen Selbstkonzept, wobei ersteres wiederum in fächerspezifische Facetten aufgeteilt wurde. An der Spitze der Selbstkonzeptpyramide steht, analog zu dem g-Faktor in Intelligenzmodellen, das allgemeine Selbstkonzept *(General Self-Concept)*. Dieses globale, allgemeine Selbstkonzept wird häufig mit dem Selbstwertgefühl gleichgesetzt (vgl. aber Marsh & Yeung, 1998b).

(3) Eine weitere wichtige Bestimmung nahmen Shavelson et al. (1976) in Hinblick auf die Stabilität des Selbstkonzepts vor. In ihrer Konzeption postulierten sie, dass insbesondere das allgemeine Selbstkonzept sehr stabil ist, die bereichsspezifischen Selbstkonzepte dagegen zunehmend instabiler, je weiter man die Hierarchie hinuntersteige. Das bedeutet, dass ein sehr bereichsspezifisches Selbstkonzept relativ schnell verändert werden könnte; dagegen wäre das globale Selbstwertgefühl gegenüber einzelnen, situationsspezifischen Rückmeldungen weitgehend stabil. Für die weitere Diskussion ist es wichtig, diesen Aspekt des Modells besonders hervorzuheben: Der Konzeption von Shavelson et al. liegt eine so genannte *Bottom-up*-Konzeption zu Grunde. Die Autoren nahmen an, dass sich bereichsspezifische Selbstkonzepte durch wiederholte, situationsspezifische Erfahrungen, die das bisherige Selbstkonzept infrage stellen, verändern. Beispielsweise könnte ein Schüler, der sich selbst eine geringe Fähigkeit zuschreibt, Arithmetik-Aufgaben adäquat zu lösen, durch Erfolgserlebnisse veranlasst werden, sein Arithmetik-Selbstkonzept zu verändern. Um das allgemeine Selbstkonzept zu verändern, würden dagegen wiederholte situationsspezifische Ereignisse benötigt werden, die inkonsistent mit dem bereichsspezifischen Selbstkonzept waren und jenes verändert haben. Um den Aspekt der Selbstkonzepthierarchie zu betonen, wird in dieser Arbeit auch von der „Selbstkonzeptpyramide" gesprochen.

(4) Shavelson et al. (1976) nahmen darüber hinaus an, dass sich das Selbstkonzept im Laufe der Entwicklung vom Kindes- zum Erwachsenenalter zunehmend dif-

ferenziert. Dies würde bedeuten, dass sich die Hierarchie mit zunehmendem Alter lockert und sich dafür mehr und stärker voneinander unabhängige bereichsspezifische Selbstkonzepte bilden sollten.

Das Shavelson-Modell enthält Facetten, die bis heute forschungsleitende Wirkung haben. Aus entwicklungspsychologischer und pädagogischer Perspektive wurden und werden insbesondere der leistungsbezogene, schulische Bereich der Selbstkonzeptpyramide sowie die Struktur des Selbstkonzepts ausgiebig untersucht (z.b. Byrne & Gavin, 1996; Marsh et al., 1999), während das Selbstkonzept des Aussehens eine besondere Stellung in der Sozialpsychologie einnimmt (Diener, Wolsic, & Fujita, 1995; Feingold, 1992). Auch das soziale Selbstkonzept gewann, insbesondere in jüngerer Vergangenheit (z.b. Byrne & Shavelson, 1996), verstärkte Aufmerksamkeit. Dagegen kam dem emotionalen Selbstkonzept vergleichsweise wenig Beachtung zu.

2.1.8 Abgrenzung des Selbstwertgefühls von verwandten Konstrukten

Das Konstrukt des Selbstwertgefühls hat sich im Laufe des 20. Jahrhunderts neben einer Reihe von anderen Konstrukten entwickelt, die teilweise Überschneidungsbereiche aufweisen. Dieser Abschnitt soll deshalb der Elaboration der in Kapitel 1 gegebenen Arbeitsdefinition und der Abgrenzung des Selbstwertgefühls und bereichsspezifischer Selbstkonzepte von anderen, verwandten Konstrukten gelten.

Das Selbstwertgefühl wird in dieser Arbeit im Sinne Rosenbergs (1965) als eine affektiv-evaluative Einstellung gegenüber der eigenen Person verstanden. Diese Selbstsicht betrifft nicht einzelne Bereiche der eigenen Person, sondern ist ein globales Urteil über sich selbst. Ein hohes Selbstwertgefühl drückt aus, dass eine Person sich selbst respektiert und sich als wertvoll begreift, ohne sich dabei notwendigerweise besser als andere vorzukommen. Ein niedriges Selbstwertgefühl drückt dagegen aus, dass eine Person sich selbst zurückweist, dass sie mit sich selbst unzufrieden ist oder sich sogar verachtet. Das Selbstwertgefühl entspricht damit im Großen und Ganzen dem „sense of worth" in der Konzeption von James (1892/1999). Betrachtet man das Shavelson-Modell, so kann das Selbstwertgefühl mit dem in Übereinstimmung gebracht werden, was Shavelson et al. (1976) *General Self-Concept* nannten (vgl. aber Marsh & Yeung, 1998b). Dagegen sind die domänenspezifischen Selbstkonzepte im Shavelson-Modell Selbstbeurteilungen einer Person, die ganz bestimmten Domänen gelten. Für solche bereichsspezifischen Selbstbewertungen werden in der vorliegenden Arbeit die Begriffe „bereichsspezifisches Selbstkonzept" sowie „domänenspezifisches Selbstkonzept" verwendet.

Die Konzeptualisierung des Selbstkonzepts steht – vor allem hinsichtlich der schulischen Facette – in „Konkurrenz" mit anderen Konstrukten, die auf den ersten Blick gewisse Ähnlichkeiten aufweisen. Insbesondere ist hier das Konzept der Selbstwirksamkeit nach Bandura (1986) zu nennen. Eine höhere Selbstwirksamkeit wird (ähnlich wie das schulische Selbstkonzept) mit höherem Lernfortschritt in Verbindung gebracht. Allerdings können die beiden Konzeptualisierungen sowohl theoretisch als auch empirisch unterschieden werden (Bandura, 1997; Bong & Clark, 1999; Köller, 2000; Lent, Brown, & Gore, 1997). Die Selbstwirksamkeitserwartung ist die subjektive Gewissheit, neue oder schwierige Anforderungssituationen aufgrund eigener Kompetenz bewältigen zu können (Bandura, 1997); Selbstwirksamkeitsüberzeugungen sind damit Urteile über eigene Fähigkeiten in spezifischen, nachfolgenden Handlungen. Selbstwirksamkeitsüberzeugungen beinhalten dabei stabile, internale Ursachenzuschreibungen hinsichtlich der Performanz bei einem bestimmten Verhalten. Selbstwirksamkeitsüberzeugungen entstehen insbesondere im direkten Kontakt mit den jeweiligen Aufgaben (kriterienorientiert) und werden in der Regel nur wenig von sozialen Vergleichen beispielsweise mit Mitschülern beeinflusst (Bandura, 1997).

Eine Unterscheidung zwischen Selbstkonzept und Selbstwirksamkeit ist sowohl auf theoretischer als auch auf empirischer Ebene möglich, obwohl deutliche Überschneidungsbereiche auftreten. Aus theoretischer Sicht sind Selbstkonzepte im Vergleich zu Selbstwirksamkeitsüberzeugungen oft genereller angelegt und weisen einen stärkeren Vergangenheitsbezug („Ich war schon immer gut in Mathematik") auf als die Selbstwirksamkeitsüberzeugungen, bei denen der Zukunftsaspekt im Vordergrund steht („Ich werde die Matheklausur gut bewältigen können"). Zudem sind Selbstkonzepte bereits das Ergebnis komplexer Verrechnungsprozesse, bei denen sowohl Selbstkonzepte hinsichtlich anderer Domänen (internaler, dimensionaler Vergleich) als auch Vergleiche mit der sozialen Umwelt eingehen (externaler Vergleich, vgl. das I/E-Modell von Marsh, 1990a, siehe Abschnitt 2.3). Entsprechend findet sich nach Bong und Clark (1999) der I/E-Effekt nur bei Verwendung von Selbstkonzeptskalen, nicht aber beim Einsatz von Selbstwirksamkeitsitems. Im Konzept der Selbstwirksamkeit führt die Art der bevorzugt benutzten Fragebogenitem dazu, dass intraindividuelle, ipsative Vergleiche nicht im Vordergrund stehen. Beim Selbstkonzept besteht zudem eine Nähe zu affektiven, interessenbezogenen Anteilen („Ich bin gut in Mathematik und mag das Fach gern"), während die theoretische Bestimmung der Selbstwirksamkeit solche Anteile nicht vorsieht. Eine weitere wichtige Facette im Konzept der Selbstwirksamkeitsüberzeugungen ist der Aspekt der Hürden bzw. Barrieren – Selbstwirksamkeitsüberzeugungen thematisieren ein Verhalten, das auch unter schwierigen Umständen gezeigt werden kann. Zudem beschränkt sich das Konzept der Selbstwirksamkeitsüberzeugungen explizit auf Kompetenz- bzw. Leistungsdomänen. Facetten wie das eigene Aussehen, das in der Selbstkonzeptforschung thematisiert wird, bleiben unberücksichtigt.

Empirisch lässt sich bei einer geeigneten Auswahl von Items das Selbstkonzept von Selbstwirksamkeitsüberzeugungen gut unterscheiden. So haben beispielsweise Lent et al. (1997) in konfirmatorischen Faktorenanalysen zeigen können, dass Modelle, in denen Selbstkonzepte und Selbstwirksamkeitsüberzeugungen als eigenständige Faktoren konzeptualisisiert wurden, eine bessere Anpassung an die Daten ergaben als unidimensionale Modelle. Allerdings zeigt ein genauer Blick auf Items aus beiden Konzeptionen, dass deren Operationalisierung oftmals sehr ähnlich ausfällt. So verwendeten Bandura et al. (2001, S.. 128) das Item „How well can you express your opinion when other classmates disagree with you" (Selbstwirksamkeit), während Fend und Prester (1986) das Item „Manchmal sage ich nichts, obwohl ich im Recht bin" (Selbstkonzept) einsetzten. Auch die wahrgenommene soziale Selbstwirksamkeit („Auch in einer ganz neuen Klasse kann ich schnell neue Freunde finden"; Satow, 1999) und das Selbstkonzept sozialer Anerkennung („Ich kann machen, was ich will, irgendwie komme ich bei meinen Klassenkameraden nicht an"; Fend & Prester, 1986) scheinen recht ähnlich zu sein. Im schulischen Bereich stehen sich Items wie „How well can you learn general mathematics" (Bandura, 2001) und „Kein Mensch kann alles. Für Mathematik habe ich einfach keine Begabung" (Jopt, 1978) gegenüber.

Schulische Selbstwirksamkeitsüberzeugen zeigen in aller Regel – zumindest in querschnittlichen Untersuchungen – einen höheren Zusammenhang mit schulischen Leistungsergebnissen als schulische Selbstkonzepte (vgl. Bandura, 1997; Bong & Clark, 1999). Dadurch kommt den Selbstwirksamkeitsüberzeugungen eine besondere Bedeutung in der pädagogischen Psychologie zu. Andererseits gewinnen Selbstkonzepte ihren theoretischen Charme teilweise gerade dadurch, dass sie Ergebnisse komplexer internaler und sozialer Vergleichsprozesse sind. Aufgrund der komplexen Mechanismen bei der Entstehung sowie ihrer besonderen Nähe zu Interessen sind Selbstkonzepte auch besonders wichtige Elemente in der Betrachtung der Identitätsentwicklung von Kindern und Jugendlichen. Selbstkonzepte sind deshalb aus gutem Grund die Basis für die vorliegende Studie, die die Selbstkonzeptentwicklung im Kontext Schule betrachtet.

Als ein weiteres mit dem Selbstwertgefühl verwandtes Konstrukt ist die Selbstakzeptanz *(self-acceptance)* zu nennen, die meist in Anschluss an Rogers (1951) konzipiert wird. Obwohl Skalen zur Selbstakzeptanz und zum Selbstwertgefühl in beträchtlichem Maße korrelieren (vgl. Ryff, 1989; Schütz, 2000), liegt die Betonung der Selbstakzeptanzitems stärker auf einer positiven Einstellung der eigenen Person, die auch *Schwächen* der eigenen Person mit einschließt. Rosenberg (1965) selbst grenzte das Selbstwertgefühl von der Selbstakzeptanz durch eine Betonung des Strebens nach Verbesserung ab, das bei Personen mit hohem Selbstwertgefühl vorhanden sei: „Our high self-esteem students do not simply accept themselves for what they are; they also want to grow, to improve, to overcome their deficiencies." (Rosenberg, 1965, S. 31) Gleichwohl darf angenommen werden, dass die Konstrukte Selbstakzeptanz und Selbstwertgefühl einen sehr breiten Überschneidungsbereich haben.

2.1.9 Zusammenfassung und Ausblick

Die im vorangegangenen Abschnitt beschriebenen Arbeiten haben die Selbstkonzept-forschung des 20. Jahrhunderts wesentlich geprägt; es lässt sich darüber hinaus un-schwer nachweisen, dass diese Arbeiten – in unterschiedlicher Zusammensetzung – wichtige Anknüpfungspunkte bzw. Angriffspunkte für moderne Konzeptionen dar-stellen: So hat James (1892/1999) ebenso wie Rosenberg (1965) einen Einfluss auf die Arbeiten von Harter (1998, 1999) genommen. Das Shavelson-Modell wiederum prägte ganz wesentlich die Selbstkonzeptforschung in der pädagogischen Psychologie und stimulierte die Forschungsarbeiten von Marsh (1990a). Sozialpsychologische Ansätze bauen bis heute auf den Ideen der symbolischen Interaktionisten auf, auch wenn deren Grundannahmen teilweise beträchtlich modifiziert wurden (vgl. Felson, 1993; Shrauger & Schoeneman, 1979).

Die folgenden Abschnitte beschreiben ausführlich vier Ansätze, die die aktuelle Forschung zum Selbstwertgefühl nachhaltig beeinflussen. Da das Selbstkonzept ein wichtiges Thema in verschiedenen Subdisziplinen der Psychologie ist und sich dabei teilweise eigenständige Forschungtraditionen gebildet haben, stellt die vertiefende Konzentration auf wenige Forschungsansätze natürlich eine zwar notwendige, trotz-dem aber zu bedauernde Vereinfachung dar. Einflussreiche Konzeptionen wie die von Higgins (1999; Moretti & Higgins, 1990; Van Hook & Higgins, 1988) und Bau-meister (1993b) werden gar nicht oder nur am Rande aufgenommen, und die Tradi-tion deutschsprachiger Selbstkonzeptforschung wird nicht in ihrer geschichtlichen Entwicklung, sondern nur anhand einzelner empirischer Arbeiten vorgestellt (vgl. für ausführlichere Darstellungen bzw. Zusammenstellungen wichtiger Arbeiten Bau-meister, 1993a; Bracken, 1996; Fend, 1994). Die hier zur vertieften Darstellung aus-gewählten Autoren ermöglichen eine besonders stringente Hinführung auf die For-schungsfragen und empirischen Studien der vorliegenden Arbeit.

2.2   Die entwicklungspsychologische Perspektive Susan Harters

Die entwicklungspsychologisch begründeten Arbeiten von Harter (z.B. 1983, 1990, 1998, 1999) haben in den letzten zwei Jahrzehnten einen großen Einfluss auf die Theorienentwicklung und Praxis ausgeübt. Harter entwickelte, aufbauend auf die Vorstellungen von James (1892/1999) sowie Piagets (1960) Modell der kognitiven Entwicklung, eine Theorie der Selbstkonzeptentwicklung, aus der sie Annahmen über die Struktur des Selbstkonzepts und die Prozesse der Veränderung in bestimm-ten geistigen Entwicklungsstufen ableiten konnte. Harter hat diese Annahmen in ei-nem breit angelegten Forschungsprogramm untersucht und ihr Modell ständig wei-terentwickelt. Aus methodischer Sicht sind die von Harter entwickelten Fragebögen hervorzuheben, die auf teilweise unkonventionelle, stets aber problemorientierte Art und Weise die Erlebniswelt von Kindern und Jugendlichen erfassen; in diesen Instrumenten schlugen sich auch die klinischen Erfahrungen Harters nieder. Im Folgenden wird zunächst auf die strukturellen Überlegungen Harters zur Selbstkonzeptentwicklung eingegangen, bevor die Prädiktoren eines hohen Selbstwertgefühls, der Zusammenhang mit der Depression sowie Geschlechterunterschiede beim Selbstkonzept beschrieben werden.

2.2.1 Eine neo-Piaget'sche Theorie der Selbstkonzeptentwicklung

In einem Beitrag für das *Handbook of Child Psychology* beschrieb Harter (1983) die Selbstkonzeptentwicklung anhand der bekannten Unterscheidung Piagets (1960) von präoperationalen, konkret-operationalen und formal-operationalen Prozessen. Harter griff dabei auf systematische Beobachtungen von Kindern und Jugendlichen zurück. Nach diesen Beobachtungen führen kleine Kinder, wenn sie sich selbst beschreiben sollten, konkrete, beobachtbare Charakteristika an. Sie nennen beispielsweise ihre körperlichen Attribute, ihre Besitztümer und Verhaltensweisen. Kinder im mittleren bis späten Kindesalter benutzen dagegen Beschreibungen, die eine Organisation des Denkens in hierarchisch gegliederten Einheiten voraussetzen. So verwenden sie beispielsweise die Beschreibung „Ich bin klug" – eine Beschreibung einer Eigenschaft mit transsituationaler Stabilität. Nach den Beobachtungen von Harter (1983) entstehen schließlich in der Phase der Adoleszenz zunehmend abstraktere Selbst-Beschreibungen, die komplexere psychische Prozesse, Emotionen, Einstellungen usw. umfassen. Diese Fähigkeit zur umfassenden Abstraktion sowie zur Introspektion wurden als Hinweise auf das Vorhandensein formal-operationaler Denkprozesse verstanden.

Obwohl Harters (1983) Theorie der Selbstkonzeptentwicklung zu ihrer Entstehungszeit in ihrer genaueren Fassung von Altersverläufen einen Fortschritt gegenüber früheren Konzeptionen darstellte, brachte die neo-Piaget'sche Reformulierung (vgl. Case, 1991, 1992) der von Piaget (1960) postulierten Entwicklungsstufen auch für die Selbstkonzeptforschung neue Impulse. Die Weiterentwicklungen betrafen dabei insbesondere die folgenden Facetten des Modells von Piaget (vgl. Case, 1992; Harter, 1998, 1999):

– Anstatt von drei wichtigen strukturellen Veränderungen auszugehen, die jeweils einen gewaltigen Entwicklungssprung erfordern, wurde die Kontinuität von Veränderungsprozessen betont und zwischen einer größeren Anzahl von Entwicklungsstufen unterschieden.

– Es wurde zunehmend anerkannt, dass die kognitive Entwicklung in unterschiedlichen Domänen verschieden schnell sein kann. Gleichzeitig wurde angenommen, dass es obere Grenzen der Entwicklung in jeder Altersstufe gibt.

Tabelle 1: Struktur, Inhalt und Veridikalität des Selbstkonzepts vom Säuglingsalter
bis zur späten Pubertät nach Harter (1998)

Age period	Structure/organization	Salient content	Valence/accuracy
Toddlerhood to early childhood	Isolated representations; lack of coherence, coordination; all-or-none thinking	Concrete, observable characteristics; taxonomic attributes in the form of abilities, activities, possessions	Unrealistically positive; inability to distinguish real from ideal selves
Early to middle childhood	Rudimentary links between representations; links typically opposites; all-or-none thinking	Elaboration of taxonomic temporal comparisons with own past performance	Typically positive; inaccuracies persist
Middle to late childhood	Higher-order generalization that subsumes several behaviors; ability to integrate opposing attributes	Trait labels that focus on abilities and interpersonal characteristics; comparative assessments with peers	Both positive and negative evaluations; greater accuracy
Early adolescence	Intercoordination of trait labels into simple abstractions; abstractions compartmentalized; all-or-none thinking; don't detect, integrate, opposing abstractions	Social skills/attributes that influence interactions with others or one's social appeal	Positive attributes at one point in time; negative attributes at another; leads to inaccurate over-generalizations
Middle adolescence	Initial links between single abstractions, often opposing attributes; cognitive conflict caused by seemingly contradictory characteristics	Differentiation of attributes associated with different roles and relational contexts	Simultaneous recognition of positive and negative attributes; instability, leading to confusion and inaccuracies
Late adolescence	Higher-order abstractions that meaningfully integrate single abstractions and resolve inconsistencies, conflict	Normalization of different role-related attributes; attributes reflecting personal beliefs, values, and moral standards	More balanced, stable view of both positive and negative attributes; greater accuracy

Tabelle unverändert aus Harter (1998, S. 568).

– Zudem wurden diejenigen Prozesse genauer spezifiziert, die den Übergang von
einer Entwicklungsstufe zur nächsten charakterisieren.

Harters (1998, 1999) Verdienst ist es, diese neo-Piaget'sche Formulierung der Entwicklung des Denkens im Kindes- und Jugendalter in ihre Theorie der Entwicklung von Selbstkonzepten integriert zu haben. Dabei rekurrierte Harter auch auf die Unterscheidung von James (1892/1999) zwischen dem *I-self* (als Architekt des Selbstkonzepts) und dem *Me-self* (als entstandene Konstruktion, als Selbstkonzept). In ihren eigenen Worten:

Many of these contemporary principles have direct relevance for the development of the self, particularly given the well-accepted perspective that the self is a cognitive construction. Such principles provide a framework for considering how particular cognitive-developmental changes in the I-self, as agent, knower, and constructor, influence the differences we observe in the Me-self, the self as known or constructed. From a neo-Piagetian perspective, the self is viewed as one particular domain of knowledge where the level of development may differ from that in other domains. (Harter, 1998, S. 568)

Harter (1998, 1999) beschrieb für sechs Altersstufen vom Säuglingsalter bis zum späten Jugendalter die *Struktur/Organisation* und *wichtige Inhalte* von Selbstkonzepten sowie deren *Veridikalität* (vgl. Tab. 1). Da für die vorliegende Arbeit die Entwicklung des Selbstkonzepts in der späten Kindheit und in der Jugend von besonderem Interesse sind, werden im Folgenden Harters (1998, 1999) Vorstellungen für diese Altersperiode detaillierter vorgestellt.

Das Denken bezüglich der eigenen Person in der *frühen bis mittleren Kindheit* weist deutliche Beschränkungen hinsichtlich der Komplexität und Interkoordination unterschiedlicher Domänen auf. So zeigen Kinder ein „Alles-oder-nichts"-Denken: Man kann nur „gut" oder „schlecht" sein, nicht aber beides zugleich. Typischerweise betreffen Selbstbeschreibungen beobachtbare Attribute wie Eigentum oder Fähigkeiten; zudem sind die Bewertungen der eigenen Person unrealistisch positiv, was Harter (1998, 1999) unter anderem darauf zurückführte, dass soziale Vergleichsinformation noch nicht systematisch dafür genutzt wird, um die eigene Leistung in Relation zu der anderer zu setzen (vgl. Frey & Ruble, 1990; Ruble & Frey, 1987).

Das *mittlere bis späte Kindesalter* bringt wesentliche Veränderungen bei der Organisation von Selbstkonzepten: Zum einen werden bereichsspezifische Attribute hierarchisch zusammengefasst; beispielsweise kann ein Kind sich selbst als sportlich begabt erleben, da es schnell rennen *und* Fußball spielen kann. Ein entscheidendes Merkmal ist darüber hinaus, dass auch negative Eigenschaften in das Selbstkonzept integriert werden und sich damit gegensätzliche Attribute bei einer Person („gut" und „schlecht") nicht mehr völlig ausschließen. Leistung und interpersonelle Beziehungen sind wesentliche Bereiche des Selbstkonzepts, bei dem es zu einer zunehmenden Differenzierung kommt. Diese Differenzierung wird dabei sowohl durch soziale Vergleiche („Schüler XY ist in Englisch besser als ich") als auch durch intraindividuelle bzw. dimensionale Vergleiche („In Mathe bin ich besser als in Englisch") stimuliert. Laut Harter ist in dieser Altersgruppe das primäre Ziel aktiver sozialer Vergleiche die Einordnung der eigenen Leistung im Vergleich zu Alterskameraden. Insgesamt werden Selbstkonzepte in dieser Altersstufe zunehmend realistischer.

Eine wesentliche Errungenschaft der *frühen Adoleszenz* ist laut Harter (1998, 1999) die Fähigkeit zum abstrakten Denken. Die Jugendlichen können abstraktere Repräsentationen des Selbst bilden, indem beispielsweise Persönlichkeitszüge *(traits)* kombiniert werden. So kann die Abstraktion „intelligent" aus der Kombination von schnellem und kreativem Denken resultieren. Allerdings erlauben es nach Harter die

kognitiven Beschränkungen in dieser Entwicklungsstufe noch nicht, gegensätzliche
Abstraktionen (z.b. introvertiert und extravertiert) zu integrieren, was zu einer neuen
Form des Alles-oder-nichts-Denkens führt. Attribute, die für den Umgang mit anderen Menschen wichtig sind (wie beispielsweise soziale Fertigkeiten), genießen eine besondere Aufmerksamkeit. Positive Selbstbeschreibungen wechseln sich ab mit negativen Selbstbeschreibungen; Übergeneralisierungen kommen häufig vor, was eine
zeitweise globale Selbstabwertung der eigenen Person zur Folge haben kann.

Die *mittlere Adoleszenz* ist nach Harter (1998, 1999) geprägt von dem Versuch,
verschiedene Abstraktionen zu integrieren. Dies gelingt jedoch nur unzureichend, sodass Widersprüche im Selbstbild zurückbleiben. Somit wiederholt sich das „Alles-
oder-nichts-Denken" auf einer höheren Stufe. Damit einhergehend sind vermehrt
Schwankungen in der Stimmungslage beobachtbar. Das Selbstbild wird zunehmend
mit kulturellen, sozialen und normativen Rollenzuweisungen und Erwartungen in
Beziehung gebracht. Geschlechterpezifische Aufgabenstellungen, Elternerwartungen
und Einflüsse von Peers können konfligieren und zu beträchtlicher Unsicherheit und
Verwirrung bei den Jugendlichen führen. Ein besonderes Merkmal dieser Altersstufe
ist die Suche nach einem kohärenten Selbst. Dabei wird auf die zunehmende Fähigkeit zur Introspektion zurückgegriffen und überlegt, wie die eigene Person auf andere wirkt: „In their search for a coherent self, adolescents in this age period are often
morbidly preoccupied with how they appear in the eyes of others." (Harter, 1998,
S. 573)

Höherwertige Abstraktionen, die es erlauben, einfache Abstraktionen sinnvoll zu
verbinden, sollen es laut Harter Jugendlichen in der *späten Adoleszenz* ermöglichen,
zu einer integrierteren Selbsttheorie zu gelangen. Allerdings scheint der Erwerb dieser
Integrationsfähigkeiten vorauszusetzen, dass die soziale Umwelt entsprechende Hilfe-
stellungen und Herausforderungen bereithält. Durch höherwertige Abstraktionen
(z.B. „Ich bin flexibel") können scheinbar gegensätzliche Abstraktionen (wie „introvertiert" und „extravertiert") integriert werden. Zunehmend kommt es in Hinblick
auf rollenspezifische Erwartungen und Attribute, Werte und Standards zu der He-
rausbildung eigener Zielvorstellungen. Insgesamt werden die Selbstkonzepte stabiler
und ausgewogener, und ihre Veridikalität nimmt zu.

2.2.2 Die Prädiktoren des Selbstwertgefühls

Neben der allgemeinen, altersnormativen Entwicklung der Struktur des Selbstkonzepts sind für die vorliegende Arbeit Harters (1998, 1999) Ansichten darüber, wie es
zu unterschiedlich hohem Selbstwertgefühl kommt, von besonderem Interesse.
Harter entwarf hierzu ein Modell, das sich stark auf die Theorien von James (1892/
1999) sowie Cooley (1902) stützt. Von James (1892/1999) übernahm Harter die Annahme, dass das Selbstwertgefühl eine Funktion von Erfolg in Relation zum An-

spruch sei. Hat eine Person also Erfolg in Bereichen, die für sie wichtig sind, sollte daraus ein hohes Selbstwertgefühl resultieren. In der Tradition der symbolischen Interaktionisten (z.b. Cooley, 1902; Mead, 1934) steht die Betonung der sozialen Umwelt, die bei Harter einen wesentlichen Beitrag zur Entwicklung des Selbstwertgefühls leistet.

Harters (1990; Harter, Marold, & Whitesell, 1992; Harter & Whitesell, 1996) eigene Arbeiten sowie Befunde verschiedener anderer Autoren bestätigen, dass Selbstkonzepte in wichtigen Domänen hoch mit dem Selbstwertgefühl korrelieren, was die Annahmen von James (1892/1999) untermauert. So berichtete Harter eine Korrelation zwischen selbst berichteten Kompetenzen in wichtigen Domänen und dem Selbstwertgefühl von .70, während die Korrelation zwischen selbst berichteten Kompetenzen in unwichtigen Domänen und dem Selbstwertgefühl lediglich .30 betrug. Harter betrachtete dies als Beleg dafür, dass es Schülern mit hohem Selbstwertgefühl gelingt, die Wichtigkeit der Bereiche, in denen sie ihrer Meinung nach nicht gut genug sind, bei denen sie also ein vergleichsweise niedriges Selbstkonzept haben, mental herabzustufen. Dieser Prozess der Abwertung *(discounting)* wurde bereits von James (1892/1999) postuliert und scheint in Harters Daten eine Bestätigung zu finden.

Allerdings ist, zumindest bei Schülerinnen und Schülern, auch feststellbar, dass es einige Bereiche gibt, die für die große Mehrheit von Kindern und Jugendlichen einen wichtigen Stellenwert haben. Dazu gehören laut Harter (1999) schulische Fähigkeiten, athletische Kompetenzen, Anerkennung bei den Mitschülern, Aussehen und das Verhalten *(behavioral conduct)*. Diese Bereiche wurden in Harters Studien von der großen Mehrheit der Schülerinnen und Schüler, das heißt von mindestens drei Viertel der Befragten, als wichtig empfunden, obschon es klare Unterschiede in den selbst erlebten Kompetenzen geben dürfte. Offensichtlich bestehen bei diesen Domänen Umwelteinflüsse, die es einzelnen Personen sehr schwer machen, diese Bereiche für unwichtig zu erklären: Sie sind für Schülerinnen und Schüler täglich höchst salient, und eine Konfrontation mit Leistungssituationen bzw. sozialen Vergleichsprozessen ist schwer vermeidbar. Hinsichtlich der Domäne sportliche Aktivität ist zu beachten, dass diese in den USA möglicherweise einen höheren Stellenwert besitzt als in Deutschland (vgl. aber Asendorpf & van Aken, 1993): Mannschaftssportarten sowie sportliche Wettkämpfe zwischen verschiedenen Schulen sind allgemein üblich. Für die fünf genannten Bereiche scheint es somit nicht sinnvoll zu sein, die Selbstkonzepte mit einer individuellen Wichtigkeitseinschätzung zu kombinieren, um eine bessere Vorhersage des allgemeinen Selbstwertgefühls zu erreichen (vgl. Marsh, 1993b, für eine weitergehende Analyse der Wichtigkeit von Selbstkonzeptdomänen).

Welche Selbstkonzeptbereiche sind nun am stärksten mit dem Selbstwertgefühl verbunden? Harters Analysen mit dem *Self-Perception-Profile* (Harter, 1985; im Deutschen Asendorpf & van Aken, 1993) belegten nachdrücklich die enge Verbindung zwischen dem Selbstkonzept des Aussehens und dem Selbstwertgefühl (Harter,

Tabelle 2: Korrelationen zwischen dem Selbstwert und einzelnen Selbstkonzeptdomänen (modifiziert nach Harter, 1999)

Selbstkonzeptbereich	Harters US-Stichproben	Andere Länder (einschl. Deutschland)	Nur Deutschland
Aussehen	.65	.62	.70
Schulische Begabung	.48	.41	.25
Soziale Anerkennung	.46	.49	.39
Verhalten	.45	.45	
Sportkompetenz	.33	.30	.42

US-Stichproben: 13 Studien von Harter. Andere Länder: Stichproben aus England, Irland, Australien,
Kanada, Italien, Holland, Japan und Deutschland (Angaben bei Harter, 1999). Nur Deutschland: Daten
von Asendorpf und van Aken (1993).

1999). Im Durchschnitt ergab sich in Harters Untersuchungen eine Korrelation von
.65 (vgl. Tab. 2). Hohe Korrelationen mit dem Selbstwertgefühl zeigten auch das
Selbstkonzept schulischer Begabung (.48), das Selbstkonzept der sozialen Anerkennung (.46) und das Selbstkonzept der sozialen Erwünschtheit des eigenen Verhaltens
(.45). Etwas niedriger lag mit .33 der Wert für die athletische Kompetenz. Tabelle 2
zeigt außerdem, dass in Untersuchungen außerhalb der USA Korrelationen ähnlicher
Höhe gefunden wurden.

Für eine deutsche Stichprobe mit Kindern der 2., 3. und 4. Klassenstufe berichteten Asendorpf und van Aken (1993) Korrelationen, die denen aus anderen Ländern in etwa entsprechen, wobei die von Harter untersuchte Domäne *behavioral conduct* von den Autoren wegen ihrer Wertbeladenheit ausgeklammert wurde. Auffällig
ist die vergleichsweise niedrige Korrelation zwischen dem Selbstwertgefühl und dem
Selbstkonzept der schulischen Begabung ($r = .25$). Eine konfirmatorische Faktoren-

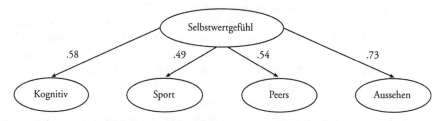

Abbildung 2: Ein hierarchisches Fünf-Faktoren-Modell des Selbstwerts und verschiedener Selbstkonzeptfacetten bei Schülern der 4. Klasse (nach Asendorpf
& van Aken, 1993)

analyse mit dem Selbstwertgefühl und vier bereichsspezifischen Selbstkonzepten zeigte jedoch, dass die Beziehung zwischen dem Selbstkonzept schulischer Begabung und dem Selbstwertgefühl durchaus so eng ist wie die von Peerakzeptanz und Sportkompetenz mit dem Selbstwertgefühl (vgl. Abb. 2; Asendorpf & van Aken, 1993, S. 76).

Betrachtet man die Prädiktoren des Selbstwerts, so spielt die Höhe wichtiger bereichsspezifischer Selbstkonzepte die entscheidende Rolle. Wie entstehen und entwickeln sich nun aber die bereichsspezifischen Selbstkonzepte? Hier baute Harter (1998, 1999) auf die Ansätze des symbolischen Interaktionismus auf, in denen der Prozess der Selbstkonzeptentwicklung als eine Übernahme von Fremdsichten beschrieben wird (vgl. Cooley, 1902; Mead, 1934). Selbstkonzepte werden demnach wesentlich durch soziale Interaktionen erworben, und ein hohes Selbstwertgefühl resultiert aus positiver Rückmeldung:

> With regard to the development of process [sic] through which one's level of self-worth is initially constructed, we are postulating that, during early and middle childhood, approval that validates the self is a critical precursor of high self-worth, as Cooley and others postulated. Thus, the directionality for young children is such that approval initially precedes self-worth, as opinions of others are internalized. (Harter, 1999, S. 186)

Zu Beginn des Lebens kommt nach Harter (1998, 1999) den Eltern eine besondere Bedeutung zu; in der Schulzeit gewännen dann auch die Lehrer, die Klassenkameraden und die engeren Freunde eine zunehmend wichtige Rolle. Vergleicht man den Einfluss dieser vier möglichen Quellen des Selbstwertgefühls, so nimmt für ältere Kinder die Anerkennung durch die Eltern und Klassenkameraden die wichtigste Rolle ein (Harter, 1999). Während der Einfluss der Klassenkameraden in Kindheit und Adoleszenz zunehmen soll (vgl. auch Pekrun, 1990; Rosenberg, 1979), ist empirisch bislang nicht eindeutig nachgewiesen worden, ob der Effekt der wahrgenommenen Elternakzeptanz abnimmt oder gleich bleibt. Harter selbst stellte keine Abnahme fest (1990; vgl. 1999).

Harter (1998, 1999) sah Cooleys Idee vom *looking-glass-self* durch die von ihr festgestellte Beziehung zwischen wahrgenommener Anerkennung durch die soziale Umwelt und dem Selbstwertgefühl nachhaltig gestützt. Kritisch sollen jedoch zwei Punkte angemerkt werden: Zum einen erhob Harter in ihren Studien lediglich die *wahrgenommene* Anerkennung und Unterstützung. Diese muss jedoch nicht mit der tatsächlichen Sicht der jeweiligen Bezugsperson übereinstimmen (vgl. Shrauger & Schoeneman, 1979). Zum anderen ist den Ausführungen von Harter nicht immer exakt zu entnehmen, in welcher Beziehung die Anerkennung durch Eltern und Klassenkameraden zum Selbstwertgefühl steht: Wirkt sich die elterliche Fürsorge – quasi im Sinne der Attachment-Theorie – direkt auf das globale Selbstwertgefühl aus, oder werden wahrgenommene Rückmeldungen in bereichsspezifische Selbstkonzepte integriert, die wiederum das Selbstwertgefühl beeinflussen? Harters Überlegungen hinsichtlich der Entwicklungsstufen des Selbstkonzepts würden vermuten lassen, dass hierbei Veränderungen mit dem Alter auftreten sollten.

Harter (1999) warnte vor problematischen Folgen für das Selbstwertgefühl, wenn die elterliche Fürsorge bzw. die Unterstützung wichtiger Bezugspersonen zu wünschen übrig lässt: „Caregivers lacking nurturance, encouragement, and approval, as well as socializing agents who are rejecting or punitive, will produce children with very negative self-evaluations." (Harter, 1999, S. 167) Während dies als Bottom-up-Konzeption zu deuten ist, machte Harter interessanterweise noch eine zweite wichtige Gefährdung für Kinder und Jugendliche aus, die direkt im Zusammenhang mit den *looking-glass-self* steht, also der Idee, dass sich Personen mit den Augen von wichtigen Bezugspersonen sehen: Bei denjenigen, die es in der späten Kindheit bzw. Adoleszenz nicht vermocht hätten, eigene Standards zu entwickeln und sich selbst als aktive Personen zu sehen, deren Fähigkeiten die Wahrnehmung der sozialen Umwelt wesentlich bestimmen, könne es zu einer übermäßigen Orientierung an Bezugspersonen und damit auch zu negativen Folgen kommen: „Liabilities also emerge for those who remain drawn like a magnet to the social mirror as a source of self-evaluation, seemingly unable to incorporate the standards and opinions of others in a personal sense of self that guides behavior." (Harter, 1999, S. 167)

2.2.3 Selbstwert und Depression

Einen wichtigen Grund, sich wissenschaftlich und in der therapeutischen Arbeit mit dem Selbstwertgefühl auseinander zu setzen, sah Harter (1999) in der engen Verknüpfung des Selbstwertgefühls mit Depressionen. Während Harter (z.B. Harter, 1986) Depression noch als Folge eines niedrigen Selbstwertgefühls sah – das Selbstwertgefühl also als Mediator zwischen der Wahrnehmung der eigenen Leistung bzw. der Akzeptanz bei anderen und der Depression wirkte –, wurde diese Annahme später aufgegeben. In dem aktuellen Modell von Harter (1999) werden ein niedriges Selbstwertgefühl und die Depression gleichermaßen als Folge von niedrigen Selbstkonzepten sowie fehlender wahrgenommener Anerkennung durch Eltern und Peers angesehen. Depressionen und ein niedriges Selbstwertgefühl wiederum erhöhen die Wahrscheinlichkeit, dass ein Kind bzw. Jugendlicher Selbstmordgedanken *(suicidal ideation)* berichtet.

2.2.4 Geschlechterunterschiede bei der Selbstkonzeptentwicklung

Nach Harter (1998, 1999) erwerben Schülerinnen und Schüler in der Adoleszenz ein zunehmendes Verständnis von Rollen und Rollenerwartungen. Somit können spätestens in diesem Alter neben allgemeinen Entwicklungsverläufen auch differenzielle Entwicklungen erwartet werden, wobei Unterschiede zwischen Jungen und Mädchen naturgemäß von besonderem Interesse sind. Auf die Bedeutung des Selbstkonzepts des Aussehens für das Selbstwertgefühl wurde bereits hingewiesen; beim Selbstkonzept des Aussehens sind in besonderer Weise geschlechterspezifische Effekte zu erwarten. Harter betonte, dass die Proliferation von Schönheitsvorbildern in Werbung, Film und Zeitschriften insbesondere für Frauen Möglichkeiten zu sozialen Aufwärtsvergleichen bieten. Dabei sind die kulturell vorgegebenen Freiheitsgrade hinsichtlich dessen, was „gut" bzw. „schön" ist, in Bezug auf „Weiblichkeit" vergleichsweise gering. Frauen sind nach Harter den Ansprüchen ausgesetzt, sowohl die Rolle einer aufmerksamen Schülerin, einer hingebungsvollen Freundin bzw. einer kompetenten Mutter adäquat auszufüllen, als auch kulturell verankerten Schönheitsidealen nahe zu kommen. Dies kann sich nach Harter schnell als Überforderung erweisen.

Obwohl Harter (1999) auch bei Männern eine zunehmende Wichtigkeit des Aussehens wahrnahm, stellte sie dennoch fest, dass Attraktivität bei Männern weniger genau kulturell festgelegt ist:

> It would appear that there is still more latitude in the standards of attractiveness for men. Moreover, for men there is not the singular focus on physical features (e.g., face, hair, body, weight) as the criteria for attractiveness and the pathway to acceptance and esteem that one finds for women. For men, intelligence, job competence, athletic ability, wealth, and power, are all routes to positive evaluations of appearance in the eyes of others as well as the self. (Harter, 1999, S. 160 f.)

In der Tat fanden sich bei den von Harter untersuchten Jungen und Mädchen auffällige Unterschiede in der Höhe und im Verlauf des Selbstkonzepts des Aussehens. Während im Alter von etwa acht Jahren die beiden Geschlechter noch ungefähr gleich hohe Mittelwerte aufwiesen, blieben jene bei den Jungen bis zur späten Adoleszenz fast stabil, während sie bei Mädchen rasch abfielen und sich auch nicht wieder stabilisierten.

2.2.5 Zusammenfassung

Harters (1998, 1999) Präzisierung von Modellvorstellungen über die Selbstkonzeptentwicklung stellte eine wesentliche Erweiterung vorangegangener Theorien dar. Dabei rückte das Alter der Befragten ins Blickfeld: Die Veränderung von Strukturen, Inhalten und der Veridikalität des Selbstkonzepts endet nicht mit dem Erreichen formal-operatorischen Denkens, sondern zieht sich durch die Pubertät hindurch. Harter beschrieb unter anderem die veränderte Wichtigkeit von einzelnen Selbstkonzeptbereichen, die zunehmende Differenzierung des Selbstbilds und die Integration von Rollenerwartungen. In der Selbstkonzeptentwicklung zeigen sich nach Harter auch deutliche, in der Adoleszenz zunehmende Geschlechterunterschiede. Obwohl Harter eine Reihe von empirischen Belegen für ihre Theorie anführen kann, bleiben einige Fragen unter anderem deshalb offen, weil Kausalannahmen bei Harter häufig in Studien mit querschnittlichen Designs überprüft wurden.

2.3   Die Modellierung der Multidimensionalität: Die empirischen Beiträge von Herbert W. Marsh

Wichtige konzeptuelle Erweiterungen, Verfeinerungen und anhaltende Stimulierung hat die Selbstkonzeptforschung durch die Arbeiten Marshs erfahren. Marsh (z.B. 1990a; Marsh & Shavelson, 1985; Marsh & Yeung, 1998a, 1998b) ging zunächst von dem Shavelson-Modell aus (Shavelson et al., 1976) und entwickelte eine Reihe von Fragebögen zur Messung von bereichsspezifischen Selbstkonzepten. Wiederholte Befunde, die sich nicht mit dem Shavelson-Modell in Einklang bringen ließen, führten Marsh in der Folge dazu, das Modell zu modifizieren (Marsh, 1990a; Marsh & Shavelson, 1985). Seine rigorose empirische Überprüfung der Annahmen eines multidimensionalen, hierarchischen Modells des Selbstkonzepts haben dabei viel zur Klärung der wichtigsten Postulate und zur theoretischen Weiterentwicklung beigetragen (vgl. Marsh & Craven, 1997; Marsh & Hattie, 1996).

2.3.1   Modifikationen des Modells von Shavelson und Mitarbeitern

Das Shavelson-Modell (Shavelson et al., 1976) erlaubte es, theoretisch fundierte Selbstkonzeptinstrumente zu entwerfen und die Annahmen des Modells explizit empirischer Überprüfung zu unterziehen. Kritik an der ursprünglichen Form des Modells hat in der Folgezeit dazu geführt, dass Modifikationen verschiedener Reichweite vorgeschlagen wurden.

Die Struktur des schulischen Selbstkonzepts
Das ursprünglich von Shavelson et al. (1976) postulierte Modell sah zwei Faktoren höhererOrdnung vor (vgl. Abb. 1): einen, auf dem die schulischen Selbstkonzepte laden sollten, und einen zweiten, der die nicht schulischen Selbstkonzepte umfassen sollte. Das generelle schulische Selbstkonzept sollte damit die fachspezifischen Selbstkonzepte beispielsweise in Mathematik und Sprache integrieren. Allerdings wurde wiederholt festgestellt, dass das so genannte verbale Selbstkonzept nur unwesentlich, gar nicht oder sogar negativ mit dem mathematischen Selbstkonzept korreliert ist (Möller & Köller, 2002). Marsh und Shavelson (1985) stellten deshalb heraus, dass ein Konzept, das nur einen globalen Faktor des schulischen Selbstkonzepts annimmt, die empirischen Daten nicht zufriedenstellend abbilden kann, und argumentierten, dass es auf der Ebene globaler schulischer Faktoren *zwei* schulische Selbstkonzepte gebe: das verbale Selbstkonzept, das Selbsteinschätzungen zu Fächern wie Geschichte, Fremdsprachen und der Muttersprache umfasse, und das mathematische Selbstkonzept, in das Selbsteinschätzungen in Fächern wie Mathematik, Physik und Ökonomie einfließen würden. Tatsächlich lässt sich diese Aufteilung in konfirmatorischen Faktorenanalysen gut bestätigen (vgl. Köller, 2000; Marsh, Byrne, &

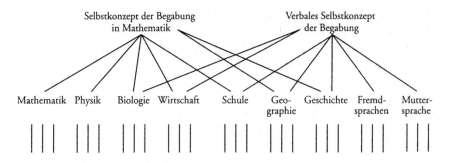

Abbildung 3: Struktur des schulischen Selbstkonzepts im revidierten Modell nach Shavelson et al. (vgl. Marsh et al., 1988)

Shavelson, 1988), und das, obwohl die Leistungen in den beiden Fächern hoch positiv miteinander korrelieren. Entsprechend wurde die Annahme eines hierarchischen Charakters des Modells hinsichtlich der schulischen Komponente fallen gelassen. Die Abbildung 3 zeigt diese Aufgliederung des schulischen Selbstkonzepts.

Um dem verblüffenden Befund, dass Schulnoten in Mathematik und der Muttersprache meist hoch miteinander korrelieren, die entsprechenden Selbstkonzepte dagegen nur mäßig oder gar nicht, Rechnung zu tragen, entwickelte Marsh das Modell der internalen und externalen Vergleiche (I/E-Modell; vgl. Marsh, 1990a). Während der externale Vergleich in Form eines sozialen Vergleichs mit Klassenkameraden eher eine hohe Korrelation zwischen den Selbstkonzepten Mathematik und Muttersprache begünstigen sollte, führt der internale, ipsative Vergleich (Vergleich der eigenen Leistungen in Mathematik und Muttersprache) zu einer Herabsetzung dieser Korrelation (vgl. Möller & Köller, 2002).

Hierarchischer Charakter der übrigen Selbstkonzeptfacetten
Zweifel an der von Shavelson et al. (1976) postulierten hierarchischen Struktur betrafen jedoch nicht nur die schulische Komponente, sondern bezogen sich auch auf die anderen Selbstkonzeptfacetten. Mit zunehmendem Alter der Befragten werden die Korrelationen zwischen verschiedenen Selbstkonzeptfacetten immer geringer. Marsh und Shavelson (1985) stellten anhand von Daten, die mit dem *Self Description Questionnaire* für junge Erwachsene, dem SDQ III, gewonnen wurden, heraus, dass hier die durchschnittliche Korrelation zwischen 13 verschiedenen Facetten nur noch $r = .09$ betrug. Die Autoren resümierten: „These findings indicate that, although self-concept is multifaceted, the hierarchical structure found in the preadolescent self-concept has nearly vanished. Instead the SDQ III appears to measure relatively distinct facets of self-concept." (Marsh & Shavelson, 1985, S. 115)

Berücksichtigung weiterer Selbstkonzeptbereiche

Bereits Shavelson et al. (1976) betonten, dass die von ihnen postulierten bereichsspezifischen Selbstkonzepte der zweiten Ebene in der Hierarchie (schulisches, soziales, emotionales und physisches Selbstkonzept) nur als vorläufige Einteilung zu verstehen wären. Weitere Selbstkonzeptdomänen könnten hinzutreten. Entsprechend wurden im Anschluss an Shavelson et al. von verschiedenen Autoren weitere Selbstkonzeptbereiche in der Forschung mit berücksichtigt. Vispoel (1993) beispielsweise schlug vor, ein Selbstkonzept Kunst *(self-concept in arts-related domains)* zu integrieren. Harter (1985), Marsh (1990c) sowie Byrne und Shavelson (1996) berücksichtigten das Selbstkonzept Familie. Es ist teilweise unklar, in welcher Beziehung die neu hinzugekommenen Selbstkonzeptdomänen mit den „alten" stehen. Beispielsweise deutet sich bei dem Selbstkonzept Kunst an, dass komplexe Verbindungen zu schulischen Selbstkonzepten bestehen (Marsh & Roche, 1996). Entsprechend kritisierte Harter (1999) die „Entdeckung" stets neuer Selbstkonzeptdomänen und gab zu bedenken, dass ein besonders umfassendes Modell nicht unbedingt ein besonders gutes Modell sein müsse.

2.3.2   Die Geringschätzung des Selbstwertgefühls

Im Gegensatz zu anderen Forschern stand Marsh (z.B. Marsh, 1986; Marsh & Yeung, 1998b, 1999) bislang dem Konzept des generellen Selbstwertgefühls eher kritisch gegenüber. Marshs Kritikpunkte betrafen dabei vor allem die Stabilität des Selbstwertgefühls sowie die fehlenden Belege dafür, dass das Selbstwertgefühl eine erklärungsmächtige Variable darstellt. Shavelson et al. (1976) hatten argumentiert, dass Selbstkonzepte an der Spitze der Hierarchie stabiler seien als Selbstkonzepte am unteren Ende der Hierarchie; das globale Selbstwertgefühl wäre nach diesen Vorstellungen besonders stabil. Marsh berichtete jedoch Befunde mit dem *Self Description Questionnaire* (SDQ), wonach die Selbstwertskala *(self-esteem),* die in Anlehnung an Rosenberg (1965) konstruiert wurde, in aller Regel die geringste Stabilität aller Skalen aufwies (Marsh, Richards, & Barnes, 1986; Marsh & Yeung, 1998b). Auch Befunde von Byrne (1986) wecken Zweifel an der These zur besonderen Stabilität des Selbstwertgefühls im Vergleich mit bereichsspezifischen Selbstkonzepten. Zudem argumentierte Marsh, dass gerade beim Selbstwertgefühl auch situationale Aspekte und der Kontext im Fragebogen eine Rolle spielen würden (Marsh & Yeung, 1999). Neben der zweifelhaften Stabilität des Selbstwertgefühls bemängelte Marsh insbesondere den fehlenden Nachweis, dass hierarchisch höher stehende Selbstkonzepte wie das Selbstwertgefühl Beiträge zum Verständnis von bereichsspezifischen Selbstkonzepten oder zum Verhalten liefern können (Marsh & Yeung, 1998b).

2.3.3 Selbstkonzepte, Leistung und Leistungsgruppierung

Marsh (vgl. Marsh & Craven, 1997) hat sich primär mit der Genese und den Effekten *schulischer* Selbstkonzepte beschäftigt. Der Zusammenhang zwischen der Leistungsentwicklung und bereichsspezifischen Selbstkonzepten kann mittlerweile als gut untersucht gelten (siehe z.b. Helmke & van Aken, 1995; Köller et al., 1999; Marsh & Hattie, 1996; Marsh & Yeung, 1997). Es konnten dabei sowohl Effekte der Fähigkeitsselbstkonzepte auf Lernprozesse in der Schule gefunden als auch die entscheidende Wirkung von leistungsspezifischen Rückmeldungen für die Entwicklung des Selbstkonzepts nachgewiesen werden. Marshs Beitrag zum Verständnis der Genese des Selbstkonzepts beruht insbesondere auf zwei Forschungszweigen: Während in dem bereits vorgestellten I/E-Modell besonders die Wirkung von internalen, ipsativen Vergleichen für die Entwicklung von Fähigkeitsselbstkonzepten hervorgehoben wird, gilt Marshs (z.B. 1990a) Interesse bei Bezugsgruppeneffekten primär den Opportunitäten für soziale Vergleiche.

Fähigkeitsselbstkonzepte basieren nach Shavelson et al. (1976) bzw. Marsh und Shavelson (1985) auf konkreten Leistungsrückmeldungen und den durch sie ausgelösten sozialen Vergleichen und Kausalattributionen. Den Bezugsrahmen für soziale Vergleiche scheint dabei primär die Klasse, der man angehört, zu definieren. Hierauf weisen Marshs Arbeiten zum so genannten *Fischteicheffekt (big-fish-little-pond effect,* BFLPE; vgl. Marsh, 1990a; im Deutschen Köller & Baumert, 2001) bzw. Bezugsgruppeneffekt (Schwarzer, 1979; Schwarzer & Jerusalem, 1983; Schwarzer, Lange, & Jerusalem, 1982) hin, in denen sich oftmals zeigte, dass besonders begabte Schüler ein relativ niedriges Selbstkonzept der Begabung haben, wenn sie sich in sehr leistungsstarken Klassen befinden, ihr Selbstkonzept aber dann höher ist, wenn sie in leistungsschwachen oder durchschnittlichen Klassen sind. Klassen mit sehr leistungsstarken Schülern bieten im Sinne dieses theoretischen Ansatzes offenbar mehr Möglichkeiten für soziale Aufwärtsvergleiche mit negativen Konsequenzen für die selbst eingeschätzten Fähigkeiten. Entsprechend belegen verschiedene Untersuchungen für das deutsche Schulsystem, dass Schülerinnen und Schüler im unteren Leistungsbereich am Ende der Primarstufe vom Wechsel in die Hauptschule im psychosozialen Bereich profitieren, da der ungünstige Leistungsvergleich mit deutlich leistungsstärkeren Schülern entfällt und die Noten besser ausfallen (Fend et al., 1976; Köller & Baumert, 2001; Schwarzer et al., 1982; im Überblick Wagner, 1999). Für leistungsstarke Schülerinnen und Schüler hat der Übergang auf das Gymnasium hinsichtlich ihrer selbst wahrgenommenen Fähigkeiten den entgegengesetzten Effekt. Gehörten sie in der Grundschule noch zu den Besten, so erleben sie auf dem Gymnasium, dass viele Mitschüler in der Leistung ebenbürtig oder besser sind. Zudem fallen die Noten in Klassenarbeiten oder Zeugnissen im Vergleich zur Grundschule schlechter aus. Soziale Vergleiche (Festinger, 1954) führen hier eher zu einem Absinken fähigkeitsbezogener Selbstkonzepte und des Selbstwertgefühls. Dieser Prozess mündet oft darin, dass das mittlere Fähigkeitsselbstkonzept (vgl. z.b. Jerusalem, 1984; Köller & Baumert, 2001; Schwarzer & Jerusalem, 1983; Wagner, 1999), aber auch das Selbstwertgefühl (Jerusalem, 1984) auf den verschiedenen Schulformen im Laufe der Sekundarstufe I konvergieren.

2.3.4 Zusammenfassung

Marsh (z.B. Marsh, 1990a; Marsh & Shavelson, 1985) hat viel dazu beigetragen, zu einem klareren Verständnis der Struktur des Selbstkonzepts zu kommen. Seine Studien belegen, dass es angemessen ist, von einem multidimensionalen Selbstkonzept auszugehen. Darüber hinaus galt Marshs Interesse der Beziehung von schulischen Selbstkonzepten, Leistungsfortschritten und Leistungsumwelten. Schulische Selbstkonzepte, das heißt die Wahrnehmung der eigenen Fähigkeit und Begabung für ein bestimmtes Unterrichtsfach, gelten in der pädagogisch-psychologischen Forschung – unter anderem aufgrund der Arbeiten von Marsh – als Personmerkmale, die leistungsthematisches Verhalten erklären und vorhersagen können. Marsh betonte dabei stets die Wichtigkeit der domänenspezifischen Selbstkonzepte: Diese ermöglichen es laut Marsh, Verhalten und Leistungsveränderung vorherzusagen – dagegen zeige das Selbstwertgefühl eine sehr viel geringere Eignung, Änderungen im Selbstkonzept bzw. in Leistungen aufzuklären. Es sollte dabei beachtet werden, dass sich Marshs Arbeiten, so sie denn „objektive" Verhaltensdaten beinhalten, bislang stark auf die Leistungsentwicklung konzentrierten.

2.4 Weiß ich, wie ich bin? Der modifizierte symbolische Interaktionismus in den Arbeiten von Richard B. Felson

Dem symbolischen Interaktionismus (Cooley, 1902; Mead, 1934) liegt die Annahme zu Grunde, dass wir Menschen die Meinung anderer über uns adoptieren und in unser eigenes Selbstkonzept integrieren. Der Prozess der Übernahme des Bildes der anderen enthält dabei drei Elemente (vgl. Felson, 1993; siehe Abb. 4): (1) Das Selbstbild einer Person *(Selbstkonzept* bzw. *self-appraisal),* (2) das Bild, das eine andere Person hat *(Fremdbild* bzw. *actual appraisals of significant others),* sowie (3) die Vorstellungen einer Person, was eine andere Person über sie denkt *(vorgestelltes oder wahrgenommenes Fremdbild* bzw. *reflected appraisals).* Während die ursprüngliche Theorie des symbolischen Interaktionismus eine Übereinstimmung aller drei Facetten erwarten lässt, wurde von verschiedener Seite (z.B. Felson, 1993; Shrauger & Schoeneman, 1979; Taylor & Brown, 1988) auf Befunde hingewiesen, die nicht im Einklang mit dieser Annahme stehen. Nach der Darstellung solcher empirischer Befunde im fol-

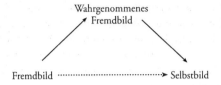

Abbildung 4: Der Zusammenhang zwischen Fremdbild, wahrgenommenem Fremdbild und Selbstbild

genden Abschnitt soll in den daran anschließenden Abschnitten eine Weiterentwicklung und Ausdifferenzierung des Ansatzes des symbolischen Interaktionismus durch Felson (1993) vorgestellt werden.

2.4.1 Der matte soziale Spiegel

Shrauger und Schoeneman (1979) fassten in einem einflussreichen Artikel Studien zur Übereinstimmung von Fremdbild, vorgestelltem Fremdbild und Selbstbild zusammen. In Bezug auf Arbeiten in ökologisch validen Kontexten stellten sie fest, dass in der Tat eine hohe Übereinstimmung zwischen Selbstbild und vorgestelltem Fremdbild besteht, dagegen jedoch eine recht geringe Übereinstimmung zwischen Selbstbild und Fremdbild zu finden ist.

Bei Menschen liegt also in der Regel eine Übereinstimmung zwischen dem vor, was sie selbst über sich glauben, und dem, was sie vermuten, dass andere Menschen über sie denken; allerdings entspricht dieses vorgestellte Fremdbild häufig nicht dem tatsächlichen Fremdbild. Ähnlich argumentierten Kenny und DePaulo (1993), die sich auf eine große Anzahl empirischer Arbeiten beriefen, dass es nicht das Feedback von anderen sei, welches das vorgestellte Fremdbild wesentlich bestimme, sondern die eigenen Selbsteinschätzungen. Felson (1985) sprach deshalb auch von einer „Projektion" des Selbstbilds auf das vorgestellte Fremdbild.

Shrauger und Schoeneman (1979) warfen darüber hinaus die Frage auf, ob das Selbstbild mehr mit dem wahrgenommenen Fremdbild wichtiger Einzelpersonen oder dem wahrgenommenen Fremdbild einer Gruppe (dem *generalized other,* vgl. Mead, 1934) zusammenhängt. Allerdings fehle zur Beantwortung dieser Frage eine ausreichende Anzahl von Studien. Dagegen berichteten Felson (1993) und Kenny und DePaulo (1993) über deutliche Hinweise, dass Personen ein genaueres Fremdbild im Sinne des *generalized other* als von spezifischen Bezugspersonen haben.

Schließlich betrachteten Shrauger und Schoeneman (1979) auch den Einfluss experimentell variierten Feedbacks auf Selbstkonzepte. Die experimentellen Studien folgten dabei der Logik, dass das Feedback durch den Experimentator das Fremdbild ausdrückt, welches das wahrgenommene Fremdbild sowie das Selbstbild der Versuchsteilnehmer beeinflussen sollte. Shrauger und Schoeneman zeigten auf, dass diese Studien zwar in aller Regel nachweisen konnten, dass Versuchsteilnehmer ihr Selbstbild in der erwarteten (induzierten) Richtung verändern; mit Verweis auf die ungeklärte externale Validität solcher Studien beurteilten sie die Wichtigkeit dieser Ergebnisse jedoch eher zurückhaltend.

Auch von anderen Forschergruppen, die teilweise nicht unmittelbar in der Forschungstradition des symbolischen Interaktionismus stehen, wurde wiederholt untersucht, inwieweit Selbstkonzepte mit der Fremdsicht bzw. der objektiven Realität übereinstimmen. Es sollen an dieser Stelle einige Untersuchungen zu den Bereichen des schulischen und des sozialen Selbstkonzepts sowie des Selbstkonzepts des Aussehens berichtet werden.

Schulisches Selbstkonzept. Eine Metaanalyse von 55 Studien von Mabe und West (1982) erbrachte eine mittlere Korrelation von $r = .29$ zwischen dem schulischen Selbstkonzept und einem Außenkriterium bei einer hohen Variabilität zwischen den Studien ($SD = .25$); bei einer Metaanalyse durch Hansford und Hattie (1982) mit 128 Stichproben lag die durchschnittliche Korrelation mit .21 etwas niedriger. Mabe und West fanden eine höhere Übereinstimmung zwischen Selbsteinschätzungen und Fremdrating, wenn (1) die Versuchsteilnehmer erwarteten, dass ihre Selbsteinschätzung mit einem objektiven Wert verglichen werden würde, (2) wenn die Teilnehmer bereits gewisse Erfahrungen mit Selbsteinschätzungen sammeln konnten, (3) der soziale Vergleich mit anderen betont wurde und (4) den Versuchsteilnehmern volle Anonymität der Selbsteinschätzung zugesichert wurde. Auch Hansford und Hattie berichteten eine Reihe von signifikanten Moderatoren, darunter die Klassenstufe (vgl. auch Helmke, 1998), die Fähigkeit der Versuchsteilnehmer sowie die verwendeten Fragebögen bzw. Leistungsindikatoren. In jüngerer Zeit zeigten Kruger und Dunning (1999) für verschiedene Leistungsbereiche, dass Überschätzungen insbesondere bei Personen mit geringen Fähigkeiten in diesen Bereichen auftreten. Kruger und Dunning führten die Fehleinschätzungen unter anderem auf die verringerten metakognitiven Kompetenzen der Versuchsteilnehmer mit schlechteren Leistungen zurück. In Bezug auf übliche Selbstkonzeptmaße machte Felson (1990) darauf aufmerksam, dass diese Items von den Probanden unterschiedlich verstanden werden können: Einige Versuchsteilnehmer würden die Selbstkonzeptitems als Aufforderung sehen, den „objektiven" Leistungsstand zu berichten, während andere dagegen ihre subjektive Zufriedenheit zum Ausdruck bringen würden. Man darf erwarten, dass das „objektive Verständnis" zu einer vergleichsweise höheren Korrelation zwischen Selbstkonzept und Außenkriterium führen sollte. Allerdings ist in der Selbstkonzeptforschung häufig die subjektivere Sicht von Interesse – so auch in der angesprochenen Arbeit von Felson (1990).

Soziales Selbstkonzept. Ergebnisse von Studien, die das soziale Selbstkonzept in Beziehung zu Lehrerurteilen und Berichten von Klassenkameraden setzten, weisen darauf hin, dass die Übereinstimmung – so sie überhaupt existiert – nur moderat ist. In einer Studie von Guay, Bovin und Hodges (1999) betrug die Korrelation zwischen der sozialen Anerkennung durch die Mitschüler und dem sozialen Selbstkonzept immerhin $r = .30$. Chambliss et al. (1978) befragten 93 Schülerinnen und Schüler aus drei Klassen der 8. und 9. Klassenstufe. Sie legten jedem Schüler eine Liste der Klassenkameraden vor und baten die Schüler anzugeben, (1) welche Mitschüler sie gerne mochten und (2) von welchen Mitschülern sie annahmen, selbst gemocht zu werden. Für jede Person berechneten die Autoren mehrere Werte, von denen an dieser Stelle der *Actual Popularity Index,* der ein Maß dafür ist, von wie vielen Klassenkameraden eine Schülerin bzw. ein Schüler gemocht wird, besonders interessant ist. Die Korrelation zwischen dem sozialen Selbstkonzept und dem *Actual Popularity Index* war dabei mit .29 signifikant, wenn auch nicht von beeindruckender Größe. Bei Fend (1998) wiesen in Extremgruppenvergleichen beliebte Schülerinnen und Schüler, vor allem aber so genannte Meinungsführer, höhere Werte im Selbstkonzept sozialer Anerkennung auf als die unbeachteten Jugendlichen bzw. diejenigen mit unauffälligem Geltungsstatus. Dagegen fanden Byrne und Shavelson (1996) bei Jugendlichen in der 7. Klassenstufe *negative* Korrelationen zwischen selbst berichteter sozialer Anpassung und Fremdratings durch Klassenlehrer, Klassenkameraden oder Eltern (vgl. auch Byrne & Schneider, 1986).

Selbstkonzept des Aussehens. Im seiner Metaanalyse zu Korrelaten physischer Attraktivität berichtete Feingold (1992) von 21 Studien mit insgesamt 43 unabhängigen Stichproben, in denen Fremdratings der physischen Attraktivität mit dem entsprechenden Selbstkonzept in Beziehung gesetzt wurden. Nach Gewichtung der Stichprobengrößen resultierte eine mittlere Korrelation von .25 (Frauen) und .24 (Männer) zwischen Selbst- und Fremdbericht. Es ist in diesem Zusammenhang allerdings darauf hingewiesen worden, dass bei der Erhebung „objektiver" Attraktivität insgesamt nur eine moderate Übereinstimmung verschiedener Beurteiler vorliegt (Diener, Wolsic, & Fujita, 1995; Feingold, 1992, berichtete eine mittlere Interraterreliabilität von .54 in 63 Studien). Doch selbst wenn man diese Einschränkung berücksichtigt, erscheinen die Korrelationen zwischen selbst berichtetem Aussehen und Fremdurteilen erstaunlich niedrig (vgl. Jovanovic, Lerner, & Lerner, 1989). In einer Studie jüngeren Datums erhoben Gabriel, Critelli und Ee (1994) deshalb die Attraktivität von Untersuchungsteilnehmern (Targets) in einem sehr aufwendigen Verfahren, indem sie Paarvergleiche zwischen dem Target und einem quasirepräsentativen Sample von Universitätsstudenten vornehmen ließen. Sie fanden eine nicht signifikante Korrelation von .13 zwischen Selbstkonzept und Fremdurteil bei Männern und −.02 bei Frauen.

Zusammenfassend zeigen die Befunde, dass die Korrelationen zwischen Selbstbild und Fremdbild sehr unterschiedlich hoch sind. Man muss bei den berichteten Studien berücksichtigen, dass nicht immer erhoben wurde, ob die beurteilende Person für die beurteilte Person „wichtig" ist – von daher sollten die zitierten Befunde nicht

ausnahmslos als Hinweise darauf herangezogen werden, dass der symbolische Interaktionismus zu kurz greift. Dennoch lassen es die Befunde angezeigt erscheinen, nach
Gründen für Fehleinschätzungen und nach der Beziehung zum Selbstwertgefühl zu
fragen. Zudem sind auch Implikationen für die Modellvorstellungen Harters (1998,
1999) sichtbar: Harter vermutete eine zunehmende Veridikalität von Selbstkonzepten mit zunehmendem Alter. Aus den hier vorgestellten kann man die Empfehlung
ableiten, bei der Veridikalität von Selbstkonzepten nicht nur das Alter zu beachten,
sondern auch die jeweilige Selbstkonzeptdomäne.

2.4.2 Formen der Rückmeldung

Angeregt von den insgesamt ernüchternden empirischen Befunden hinsichtlich der
Übereinstimmung von Selbstbild und Fremdbild stellte Felson (1980, 1985, 1993)
einige Gründe zusammen, die zu diesem Befundmuster beitragen könnten. Als eine
mögliche Ursache der niedrigen Kongruenz zwischen Fremdbild und wahrgenommenem Fremdbild vermutete Felson die Beschaffenheit von möglichen Rückmeldewegen.
Wenn, wie im symbolischen Interaktionismus angenommen, Fremdbilder zu Selbstbil-
dern werden sollen, so müssen jene – primär verbal – vermittelt werden. Felson bezweifelte jedoch, dass dieser Weg der Rückmeldung regelmäßig beschritten wird. Im Ge-
genteil: Gesellschaftliche Konventionen würden es in vielen Fällen verbieten, kritische
bzw. negative Rückmeldungen zu geben (Felson, 1993). Es soll vermieden werden, dass
einzelne Mitglieder der Gesellschaft ihr Gesicht verlieren: Gegenseitige Rücksicht in
Form eines *face-work* wird erwartet. Bereits Kinder scheinen diese Konvention gelernt
zu haben: „Although children may be blunt compared to adults, most of them ap-
parently engage in cooperative face-work." (Felson, 1993, S. 6) Ähnlich berichteten
auch Pomerantz et al. (1995), dass Schüler bereits im mittleren Kindesalter soziale Vergleiche weniger öffentlich anstellen, da dies von anderen negativ sanktioniert wird.
    Empirisch konnte Felson (1980) solche Kommunikationsbarrieren in einer Stu-
die mit Schülerinnen und Schülern der 4. bis 8. Jahrgangsstufe nachweisen. Felson
fragte die Untersuchungsteilnehmer, ob ihnen jemals von einem Klassenkameraden
direkt gesagt worden sei, er bzw. sie sähe gut (nicht gut) aus. Zudem wollte er wissen,
ob die Schülerinnen und Schüler schon einmal über Dritte erfahren hätten, dass
jemand anderes sie als gut aussehend (bzw. nicht gut aussehend) bezeichnet habe.
Felson fand Belege dafür, dass die Kinder insgesamt eine direkte, offene Kommunikation eher mieden, ganz besonders aber negative Bemerkungen. Somit waren deutliche
Kommunikationsbarrieren vorzufinden.
    Nichtsdestotrotz gab Felson (1993) auch Hinweise darauf, welche Möglichkeiten
einem Individuum zur Verfügung stehen, um ein realistisches Selbstbild zu erwerben.
Zum einen könnten in Situationen, in denen negative Rückmeldungen sozial „verbo-
ten" sind, Rückschlüsse aus der Abwesenheit positiver Rückmeldung gezogen wer-

den. Zudem gebe es gewisse Informationskanäle (z.B. enge Freunde und Lebenspartner), von denen man realitätsnahes Feedback erbitten könne. Informationen über die eigene Person, die nicht von Erwägungen der sozialen Erwünschtheit verzerrt sind, erhalte man gegebenenfalls auch über dritte Personen (Felson spricht von „messengers" und „spies"); solche Personen können einem berichten, was andere über einen gesagt haben (obwohl auch „messengers" und „spies" dazu neigen können, verstärkt positive Rückmeldungen zu geben; vgl. Felson, 1980). Eine besondere Rolle nehmen nach Felson (1993) institutionalisierte Leistungsrückmeldungen ein, wie man sie in der Schule bzw. in manchen Betrieben erhält: Sie könnten als relativ verlässliches Feedback angesehen werden. Solche Rückmeldungen sind natürlich besonders dann informativ, wenn sie gleichzeitig die relative Position zu anderen beinhalten und damit einen sozialen Vergleich ermöglichen.

Felson (1993) nahm somit an, dass ein direkter verbaler Rückmeldeprozess eher die Ausnahme als die Regel sei (vgl. auch Filipp, 1979). Neben den hier aufgeführten indirekten und institutionalisierten Rückmeldungen beschrieb Felson jedoch noch einen weiteren, indirekten Weg zur Selbsteinschätzung, bei dem gemeinsame Standards *(shared standards)* einer Bezugsgruppe eine besonders wichtige Rolle spielen. Nach dieser Annahme kann ein Individuum zu einer Repräsentation der eigenen Reputation kommen, indem es die in der Bezugsgruppe vorherrschenden Standards internalisiert und sich selbst daran misst: „The process can be explained in terms of the socialization of standards, or as the normative effect of reference groups. A normative effect suggests that individuals learn standards from others and then evaluate themselves using these standards." (Felson, 1993, S. 11) Solche Standards dürften jedoch wiederum sehr unterschiedlich klar definiert sein. Beispielsweise kann ein Neuling in einer Stammtisch-Gemeinschaft möglicherweise rasch erfassen, wie viel Gläser Bier man trinken „muss". Weniger eindeutig könnte beispielsweise der Grad an „Coolness" sein, den ein Jugendlicher im Vergleich zu seiner Peer-Gruppe an den Tag zu legen hat.

2.4.3 Verschiedene Selbstkonzepte, unterschiedliche Veridikalität

Die Beobachtung, dass Selbstkonzepte zum einen häufig keine adäquate Repräsentation der „Realität" darstellen und zum anderen in verschiedenen Domänen möglicherweise unterschiedlich stark von Fremdbildern abweichen, führte Felson (1993) zur Erarbeitung eines Modells der Selbsteinschätzung. Darin spielen sowohl Motive von Personen zur korrekten sowie zur positiven Selbsteinschätzung eine Rolle als auch die im vorigen Abschnitt geschilderten Kommunikationsbarrieren, die eine hohe Übereinstimmung zwischen Fremdbild und wahrgenommenem Fremdbild verhindern. Einen wichtigen Unterschied zu anderen Modellen des Selbstkonzepts bildet Felsons Annahme, dass Rückmeldungen in manchen Domänen – teilweise aufgrund institutioneller Gegebenheiten – eine größere Veridikalität aufweisen als in anderen. Dies ermöglichte es Felson, domänenspezifische Hypothesen über Prädiktoren des Selbstkonzepts zu spezifizieren, wie im Folgenden genauer ausgeführt werden soll. Felson (1993) konstatierte zunächst, dass Menschen ein Motiv der korrekten Selbsteinschätzung haben (vgl. Festinger, 1954); allerdings würde die korrekte Selbsteinschätzung aufgrund von Kommunikationsbarrieren behindert. Dem gleichzeitig vorhandenen Motiv der Selbstwerterhöhung, also dem Motiv, ein positives Selbstbild zu gewinnen, könne dagegen durch die oft unklare und widersprüchliche Rückmeldung bzw. das Ausbleiben von Rückmeldungen eine besondere Bedeutung zukommen. Insbesondere in Domänen, in denen Rückmeldungen nicht verifiziert werden können, seien somit fehlerhafte Selbstbilder zu erwarten. Die Tendenz, bei ambivalenter Rückmeldung zu einem eher positiven Selbstbild zu kommen, sei dabei bei der Mehrzahl der von ihm getesteten Untersuchungsteilnehmer zu beobachten, besonders stark aber bei Personen mit hohem Selbstwertgefühl: Bei unklaren Rückmeldungen sollte ein hohes Selbstwertgefühl in besonderem Maße dafür sorgen, dass ein positives bereichsspezifisches Selbstkonzept entsteht.

Empirisch untersuchten Bohrnstedt und Felson (1983) die postulierte Beeinflussung des Selbstwertgefühls durch Leistungen und Selbstkonzepte in den Domänen Sport und schulische Leistung, Bereichen also, in denen Rückmeldungen weniger missverständlich sind, sowie in der Domäne Popularität. Als Hypothese wurde fomuliert: „It was predicted that self-appraisals of verifiable attributes would affect self-esteem while self-esteem would affect self-appraisals of ambiguous attributes." (Felson, 1993, S. 22) Tatsächlich fanden die Autoren in Bezug auf Sport und Schulleistung eine Beeinflussung des Selbstkonzepts durch die Leistung. Dagegen bestand in der gleichen Studie nur eine geringe Beziehung zwischen der selbst eingeschätzten Popularität und Angaben von Klassenkameraden. Pfadmodelle, die einen Einfluss des Selbstwertgefühls auf das bereichsspezifische Selbstkonzept der Popularität spezifizierten, zeigten eine bessere Anpassungsgüte als Modelle, die eine gegensätzliche Beeinflussung annahmen. Interessanterweise fanden sich zudem Geschlechterunterschiede. In einer weiteren Studie untersuchte Felson (1981) das Selbstkonzept von Football-Spielern. Wiederum nahm Felson an, dass der Einfluss des allgemeinen Selbstwertgefühls auf solche Domänen größer sein sollte, für die weniger klare Kriterien vorliegen (wie z.B. „mentale Stärke", „Spielverständnis"), als für Domänen, die eindeutiger bestimmt werden können (z.B. „Schnelligkeit"). Tatsächlich konnten die Hypothesen bestätigt werden. Kritisch muss allerdings angemerkt werden, dass das Selbstwertgefühl als Einschätzung durch den jeweiligen Trainer konzeptualisiert wurde. Bei der Verwendung von Selbsteinschätzungen fanden sich etwas geringere Zusammenhänge.

2.4.4 Zusammenfassung

Die Arbeiten von Felson (1993) weisen darauf hin, dass die Entstehung von bereichsspezifischen Selbstkonzepten häufig weniger ausschließlich auf Fremdbilder bzw. auf objektive Daten zurückgeht, als dies das Modell von Shavelson et al. (1976) suggerieren mag. Vielmehr scheint die Entstehung von Selbstkonzepten komplexer zu sein, als es in einfachen Modellen ausgedrückt werden kann. Felsons Arbeiten machen insbesondere darauf aufmerksam, dass die Mechanismen der Selbstkonzeptentwicklung je nach Selbstkonzeptdomäne unterschiedlich ablaufen können. Dies scheint potenziell eine wesentliche Bereicherung für die durch das Shavelson-Modell geprägte pädagogisch-psychologische Theorienentwicklung zu sein. Allerdings muss hinsichtlich der empirischen Prüfung von Felsons Theorien kritisch eingeschränkt werden, dass diese Prüfung fast ausschließlich anhand querschnittlicher Untersuchungen erfolgte, obwohl Prozesse untersucht werden sollten.

2.5 Das Selbstwertgefühl als wertvolle Ressource: Die Arbeiten von Jonathon D. Brown

Als eine weitere einflussreiche Konzeption zum Selbstwertgefühl sollen die Arbeiten von Brown (1993; Brown, Collins, & Schmidt, 1988; Brown & Dutton, 1995b; Taylor & Brown, 1988) vorgestellt werden. Bei Brown stand bislang – in deutlichem Gegensatz beispielsweise zu Marsh – das Selbstwertgefühl im Zentrum der empirischen Arbeiten. Dabei ging Brown davon aus, dass das Selbstwertgefühl eine affektive Ressource ist, die früh im Leben erworben wird und einen maßgeblichen Einfluss auf bereichsspezifische Selbstkonzepte sowie auf Prozesse der Informationsverarbeitung hat; in diesem Sinne nahm Brown eine radikalere Position ein als beispielsweise Felson (1993). Obschon Brown (1993) in der vorliegenden Arbeit als Prototyp dieser Richtung herausgegriffen wird, soll darauf verwiesen werden, dass sich Überlegungen zur adaptiven Funktion des Selbstwertgefühls auch bei anderen Autoren finden (z.B. Taylor & Gollwitzer, 1995; Wills, 1981).

2.5.1 Die Ursprünge hohen und niedrigen Selbstwertgefühls

Bei Brown (1993) findet sich die Annahme, dass die Höhe des Selbstwertgefühls einer Person schon früh im Leben entscheidend beeinflusst wird und einen vergleichsweise stabilen Aspekt der Persönlichkeit darstellt:

> Our first assumption is that self-esteem is fundamentally based in affective processes. By affect we mean feelings of affection. HSE [high self-esteem; Anm. d. Verfassers] people like themselves and feel good about who they are; those with LSE [low self-esteem; Anm. d. Verfassers] either hold

ambivalent and mixed feelings toward themselves or dislike themselves. These feelings are not or-
dinarily founded on an assessment of one's more molecular qualities; instead they arise early in
life from the general perception that one is loved and valued. (…) Thus, although it is surely the
case that no one is born with a self-concept (Mead, 1934), affective tendencies present at birth
can affect the subsequent development and course of self-esteem. (Brown, 1993, S. 30 f.)

Das früh erworbene Selbstwertgefühl dient den Trägern als adaptive Ressource im
Umgang mit der Umwelt, wobei es eine aktive Funktion in der Psychoregulation einnimmt. Personen mit hohem Selbstwertgefühl sind nach Brown (1993) besonders
gut in der Lage, Informationen so zu filtern und zu interpretieren, dass eine positive
Einstellung zur eigenen Person aufrecht erhalten werden kann. Wie Felson (1993)
verwies auch Brown darauf, dass die meisten Situationen im Leben verschiedene
Deutungen und Wertungen erlauben, so dass das Selbstwertgefühl einen Einfluss auf
Selbstevaluationen nehmen kann: „Through transfer of affect processes and halo effects, positive feelings toward the self in general color people's evaluations of their specific attributes." (Brown, 1993, S. 31)

Allerdings bezweifelte auch Brown (1993) nicht, dass es Umstände gibt, in denen
bereichsspezifische Selbstkonzepte zu einer Veränderung des globalen Selbstwertgefühls führen können: „Appraisals of self in specific domains clearly have the poten-
tial to affect the development of self-esteem." (Brown, 1993, S. 35) Brown nannte
das Beispiel einer Person, die 200 Pfund Gewicht verloren hat: „In situations like
these, the change in self-evaluation serves as a catalyst to changing overall feelings of
self-worth." (Brown, 1993, S. 35)

2.5.2 Eine feste Burg ist unser Selbstwertgefühl

Taylor und Brown (1988) sowie Brown und Dutton (1995b) nahmen an, dass
Selbstüberschätzungen in einem breiten Bereich des Lebens einen adaptiven Wert
haben. Die Autoren betonten, dass häufig zur Erreichung eines Ziels nicht nur Fähigkeiten notwendig seien, sondern auch Motivation und Ausdauer. Während eine
realistische Fähigkeitseinschätzung beispielsweise dazu führen könne, Aufgaben im
Leistungskontext nicht anzugehen, würden Personen mit einer gewissen Selbstüberschätzung dieselben Aufgaben mit Schwung und mit Optimismus anpacken
(vgl. auch Taylor & Gollwitzer, 1995). Möglicherweise ist eine gewisse Selbstüberschätzung besonders in der Kindheit und in den ersten Schuljahren von Vorteil
(siehe z.B. Helmke, 1998). Dagegen ist der Bereich, in dem Selbstüberschätzungen
gefährliche – und zum Teil tödliche – Folgen haben könnten (vgl. Festinger, 1954),
eher klein. Allerdings gibt es durchaus auch Hinweise auf problematische Seiten von
Selbstüberschätzungen (Colvin, Block, & Funder, 1995; Schütz, 2000): So können
Selbstüberschätzungen unter anderem zu Schwierigkeiten im Umgang mit der sozialen Umwelt führen.

Um ein positives Selbstbild zu bewahren und damit Bedrohungen des Selbstwertgefühls abzuwenden, stehen Menschen nach Ansicht von Brown und Dutton (1995b) sowie von Taylor und Brown (1988) eine Vielzahl von „Tricks" zur Verfügung, die vor allem den Umgang mit Informationen über die eigene Person bzw. die eigene Leistung betreffen. Beispielsweise kann man ein negatives Feedback vermeiden oder jenem zumindest die Glaubwürdigkeit absprechen. In diesem Sinne zeigten Brown und Mitarbeiter (Brown, 1986; Brown & Dutton, 1995b; Brown & Gallagher, 1992) auf, dass Menschen eine starke Tendenz haben, ihre eigene Persönlichkeit in positivem Licht darzustellen, Informationen selektiv wahrzunehmen, positives Feedback anzustreben und negatives Feedback zu vermeiden.

Studien anderer Autoren (z.B. Festinger, 1954) zu sozialen Vergleichen in Leistungssituationen (so genannte *diagnostic tasks*) scheinen dagegen Theorien, dass Personen insbesondere positive Rückmeldungen suchen, zu widersprechen: Wenn Versuchsteilnehmer gefragt werden, mit wem sie ihre Testperformanz vergleichen wollen, so resultiert in aller Regel eine Bevorzugung etwas *besserer* Personen. Um ein positives Selbstbild zu stützen, sollte jedoch eher der Vergleich mit leistungsschwächeren Personen bevorzugt werden. Solche Befunde stellen infrage, ob das Streben nach einem positiven Selbstbild im Allgemeinen bzw. das individuelle Selbstwertgefühl im Besonderen notwendig zur Erklärung des Verhaltens und Erlebens in Leistungssituationen sind. Brown und Dutton (1995b) wendeten gegen diese Argumentation jedoch ein, dass Menschen keine Probleme damit haben, positives Feedback als valide anzuerkennen, negatives Feedback jedoch als nicht valide und wenig informativ abzuwerten. Somit würden *diagnostic tasks* tatsächlich keine potenzielle Bedrohung für ein positives Selbstbild und die damit einhergehenden positiven Emotionen darstellen.

2.5.3 Das Selbstwertgefühl in der experimentellen und quasi-experimentellen Forschung

Obwohl die Tendenz zum Aufbau und Erhalt eines positiven Selbstbilds bei den meisten Menschen festzustellen sei, gibt es nach Ansicht von Brown (1993) in dem allgemeinen menschlichen Bedürfnis und Streben, sich selbst positiv zu bewerten, beträchtliche Personenunterschiede. Personen mit hohem Selbstwertgefühl seien stärker als Personen mit geringerem Selbstwertgefühl davon überzeugt, hohe Fähigkeiten und Qualitäten zu besitzen, und sie seien besser in der Lage, mit Informationen umzugehen, die diese Selbstsicht infrage stellen. Brown glaubt also, dass es das hohe Selbstwertgefühl selbst ist, das die Informationssuche so beeinflusst, dass ein Selbstkonzept hoher Fähigkeiten in einzelnen Domänen entsteht. Brown argumentierte, dass Personen mit hohem Selbstwertgefühl in besonderem Maße Strategien zur Selbstwerterhöhung verwenden (z.B. Taylor & Brown, 1988) bzw. verstärkt direkte, „ich-bezogene" Strategien der Selbstwerterhöhung wählen, anstatt ihren Selbstwert über die Zugehörigkeit zu positiv eingeschätzten Gruppen zu erhöhen (Brown, Collins, & Schmidt, 1988). Beispielsweise berichtete Brown (1993) von Studien, bei denen das Selbstwertgefühl von Universitätsstudenten erhoben wurde und diese zudem ihre Qualitäten in verschiedenen Leistungs- und Persönlichkeitsbereichen einschätzen sollten. Ebenso wurden die Studenten danach gefragt, wie sie durchschnittliche andere Studenten einschätzten. Die Studien fanden starke Belege dafür, dass ein hohes Selbstwertgefühl bereichsspezifische Bewertungen der eigenen Person in sehr unterschiedlichen Domänen positiv beeinflusst, hingegen keinen Einfluss auf die Einschätzung der Durchschnittsperson hat.

Bei Brown (1993) findet sich die Annahme, dass sowohl Personen mit hohem als auch Personen mit niedrigem Selbstwertgefühl danach streben, ein positives Selbstbild zu gewinnen. Sie verfolgen dabei allerdings unterschiedliche Strategien, wie eine Arbeit von Brown et al. (1992) illustriert. In diesem Experiment wurden Studentinnen mit hohem bzw. niedrigem Selbstwertgefühl Fotos von attraktiven bzw. unattraktiven Frauen vorgelegt; psychologische Nähe (bzw. Ferne) zu den abgebildeten Frauen wurde dadurch hergestellt, dass den Versuchsteilnehmerinnen mitgeteilt wurde, dass die jeweilige Person am gleichen (nicht am gleichen) Tag Geburtstag habe wie sie selbst. Anschließend wurden die Versuchsteilnehmerinnen um eine Einschätzung ihrer eigenen Attraktivität gebeten. Wie erwartet fanden Brown et al. unter der Bedingung psychologischer Ferne einen Kontrasteffekt: Die Einschätzung des eigenen Aussehens erhöhte sich, wenn das Foto einer unattraktiven Person gezeigt wurde, und nahm ab, wenn eine attraktive Person abgebildet war. In der Situation mit psychologischer Nähe (gleicher Geburtstag von Versuchsteilnehmerin und abgebildeter Person) zeigte sich bei Personen mit niedrigem Selbstwertgefühl dagegen ein Assimilationseffekt: Sie schätzten ihre eigene Attraktivität *höher* ein, wenn sie das Foto einer attraktiven Person mit gleichem Geburtstag sahen. Bei Personen mit hohem Selbstwertgefühl fand sich dagegen wiederum ein Kontrasteffekt. Unabhängig von der psychologischen Nähe ergaben weitere Analysen mit dieser und drei weiteren Stichproben den Befund, dass Personen mit hohem Selbstwertgefühl ihr eigenes Aussehen umso höher einschätzten, je attraktiver sie die Vergleichsperson wahrnahmen. Brown et al. schlossen daraus, dass die Informationsverarbeitung bei Personen mit hohem Selbstwertgefühl vor allem von dem Bedürfnis motiviert ist, Überlegenheit über andere zu erlangen bzw. zu bewahren, während Personen mit niedrigem Selbstwertgefühl jenes dadurch verbessern wollen, dass sie von der stellvertretenden Anerkennung einer psychologisch nahe stehenden Person profitieren.

Inwieweit spielen selbstwertdienliche Strategien von Personen mit hohem bzw. niedrigem Selbstwertgefühl nicht nur im Bereich des Aussehens, sondern auch in Leistungssituationen eine Rolle? Dutton und Brown (1997) gaben studentischen Versuchsteilnehmern einen Test vor, dessen Schwierigkeit experimentell variiert wurde. Nach der Rückmeldung des Testergebnisses wurde nach kognitiven Reaktionen (Bewertung der Validität des Leistungstests) und emotionalen Reaktionen (Gefühle wie Stolz oder Scham) gefragt. In Hinblick auf negative Gefühle waren Personen mit hohem Selbstwertgefühl weniger von schlechten Testergebnissen betroffen als Personen mit niedrigerem Selbstwertgefühl. Auch die Wahrnehmung der Validität des Tests war vom Selbstwertgefühl beeinflusst; allerdings war dieser Einfluss durch die vor dem Experiment erhobene Leistungserwartung mediiert. Die letztgenannte Untersuchung kann somit auch zur Klärung der umstrittenen Frage beitragen, ob das Selbstwertgefühl oder bereichsspezifische Selbstkonzepte besser zur Vorhersage von Verhalten und Erleben geeignet sind (vgl. Marsh, 1990a; Marsh & Hattie, 1996): Nach Dutton und Brown spielen beide Ebenen eine Rolle, wobei die bereichsspezifischen Selbstkonzepte insbesondere Attributionen beeinflussen, das Selbstwertgefühl hingegen die emotionale Reaktion: „The effects of global self-esteem are not reducible to the way people think about their more constituent qualities." (Dutton & Brown, 1997, S. 143)

Betrachtet man die verschiedenen experimentellen Arbeiten Browns (z.B. Brown et al., 1992; Dutton & Brown, 1997), so lassen sich einige Gemeinsamkeiten feststellen: Brown verwendete das dispositionelle Selbstwertgefühl als eine quasi-experimentelle Variation und gab den Vergleichspersonen sodann als zweite experimentelle Variation soziale Vergleichsreize vor. In Übereinstimmung mit seiner Perspektive, dass das Selbstwertgefühl eine stabile Ressource sei, lehnte Brown eine experimentelle Beeinflussung des Selbstwertgefühls ab, da es nicht möglich sei, das Selbstwertgefühl dadurch experimentell zu beeinflussen, dass Personen vorgespielt werde, sie besäßen in einem bestimmten Gebiet hohe bzw. niedrige Fähigkeiten oder Qualitäten. Andererseits lässt Browns Konzeption des Selbstwertgefühls nicht zwingend notwendig erscheinen, dass den Versuchspersonen soziale Vergleichsinformationen *vorgegeben* werden, ohne dass es jenen ermöglicht würde, selbst zu bestimmen, welche sozialen Vergleiche sie vornehmen möchten. Auch in solchen Situationen sollten die verschiedenen Strategien zum Aufbau eines positiven Selbstbilds eine Rolle spielen können.

2.5.4　Zusammenfassung

Brown (Brown, 1993; Brown & Dutton, 1995a; Brown et al., 1992; Dutton & Brown, 1997) zog verschiedene Schlüsse aus seinen Forschungen: Er zweifelte an, dass das globale Selbstwertgefühl auf bereichsspezifischen Selbstevaluationen beruht, und konzeptualisierte das Selbstwertgefühl stattdessen als eine relativ stabile Instanz, die schon früh im Leben beeinflusst wird. Brown (z.B. 1993) sprach dem globalen Selbstwertgefühl eine wichtige Funktion beim Umgang mit Leistungsrückmeldungen zu und lehnte es ab, lediglich bereichsspezifische Selbstkonzepte zu untersuchen. Aufgrund der Studien von Brown ist zu erwarten, dass Personen mit hohem Selbstwertgefühl verstärkt danach streben, Überlegenheit über andere Personen zu erwerben bzw. zu erhalten, was ihre eigene Informationssuche steuern sollte. Allerdings ist die externe Validität von Browns Studienergebnissen unklar: Seine Stichproben setzten sich in aller Regel aus Universitätsstudenten zusammen, die im Laborsetting untersucht wurden. Brown beobachtete somit kurzfristige Reaktionen auf selbstwertrelevante Informationen, nicht aber deren langfristige Auswirkungen. Zudem ist zu überlegen, inwieweit Browns Erkenntnisse, die in Studien mit Studierenden gewonnen wurden, auch auf Kinder und Jugendliche übertragbar sind.

2.6   Die Bedeutung des Kontextes für die Selbstkonzeptentwicklung

In den vorangegangenen Abschnitten wurden verschiedene Konzeptionen der Entwicklung bzw. Kontinuität beim Selbstkonzept beschrieben. Harter (1998, 1999; vgl. auch Shavelson et al., 1976) konzeptualisierte in ihren entwicklungspsychologisch begründeten Annahmen die Selbstkonzeptentwicklung als einen fortschreitenden Vorgang der Differenzierung. In dieser Sicht gibt es eine festgelegte Folge von Entwicklungsschritten, wobei sukzessive eine zunehmend höhere Stufe der Entwicklung erreicht wird. Solchen Modellvorstellungen, die von Wigfield, Eccles und Pintrich (1996) auch „organismische" Modelle genannt wurden, wurde mit der Konzeption von Brown (1993) ein eher sich selbst stabilisierendes System selbstbezogener Vorstellungen gegenüber gestellt, bei dem mehr die Kontinuität als der Wechsel im Vordergrund steht. Wigfield et al. (1996) kontrastierten organismische Modelle mit Vorstellungen, die weniger eine sich selbst entfaltende Logik als vielmehr den *Kontext* der Entwicklung als entscheidende Determinante von Veränderungen betonen (vgl. Bronfenbrenner & Ceci, 1994). Im Folgenden wird kurz beschrieben, was unter solchen Effekten des Kontextes zu verstehen ist, bevor auf methodische Schwierigkeiten bei der Berücksichtigung von Kontexteffekten bei der Selbstkonzeptentwicklung eingegangen wird.

2.6.1   Was sind Kontexteffekte?

Das Leben von Jugendlichen vollzieht sich in sehr unterschiedlichen Kontexten: Sie sind unter anderem Teil einer Familie, Schüler einer Klasse und Mitglieder einer Freundesgruppe. Jeder dieser Kontexte bringt spezifische Anforderungen mit sich, die sich für individuelle Jugendliche ganz unterschiedlich darstellen. In der pädagogischen Psychologie sind diejenigen Kontexteffekte besonders augenfällig, die mit der Organisation und Qualität von Schule und Unterricht zu tun haben. So lässt sich beispielsweise zeigen, dass in verschiedenen Schulformen unterschiedliche Leistungsnormen vorliegen (vgl. Fend, 1997) und dass gymnasialer Unterricht einen höheren kognitiven Anregungsgehalt aufweist als der Unterricht in anderen Schulformen (Köller, 2002).

Beispiele für Kontexteffekte, die sich auf die mittlere Ausprägung eines Selbstkonzeptes auswirken, stellen Befunde zum Fischteicheffekt *(big-fish-little-pond effect;* siehe oben) dar (vgl. Köller, 2000; Marsh, 1990a; Schwarzer & Jerusalem, 1983). Der Wechsel von der Grundschule hat im Mittel einen negativen Effekt auf die Ausprägung des charakteristischen Selbstkonzepts bei den Gymnasiasten; dies lässt sich dadurch begründen, dass die Gymnasiasten in der Grundschule zu den leistungsstärkeren Schülern ihrer Klasse gehörten, sich nun aber mit gleichfalls leistungsstarken Mitschülern konfrontiert sehen. Da insbesondere die eigene Klasse den Bezugsrahmen für die Einschätzung der eigenen Leistungsfähigkeit bildet, führt dies bei den Gymnasiasten zu einer Absenkung fachspezifischer Fähigkeitsselbstkonzepte. Im Falle der Hauptschüler findet sich dagegen ein positiver Effekt, da diese nun keinem Vergleich mehr mit den leistungsstärksten Schülern eines Jahrgangs ausgesetzt sind. Der Fischteicheffekt veranschaulicht sehr gut kontextuelle Effekte auf die mittlere Ausprägung von Selbstkonzepten: Ein bei allen Schülern gleicher Mechanismus, hier also der Fischteicheffekt, führt bei unterschiedlichen Schülerinnen und Schülern zu entgegengesetzten Ergebnissen, da sie eine unterschiedliche Kontextveränderung mitmachen.

Bestimmte Kontexte bzw. Kontextwechsel können jedoch auch die strukturellen Zusammenhänge im Selbstkonzept verändern. Beispielsweise untersuchte Byrne (1988) anhand von Schülern der 11. und 12. Klassenstufe die Frage, ob in Gruppen guter Schülerinnen und Schüler ein engerer Zusammenhang zwischen schulischen Selbstkonzepten und dem Selbstwertgefühl besteht als bei schlechteren Schülern; dies war jedoch nicht der Fall. Marsh (1990a, 1993b) fand bei den von ihm untersuchten Schülerinnen und Schülern Hinweise darauf, dass das soziale Umfeld Schule es Jugendlichen erschwert, gewissen Selbstkonzeptdomänen ihre Wichtigkeit abzusprechen.

Schließlich können die Auswirkungen von Kontexten auf Vorgänge im Selbstkonzeptgefüge untersucht werden. Wirken je nach Kontext unterschiedliche kausale Prozesse im Selbstkonzept? Beispielsweise lässt sich untersuchen, ob unterschiedliche Kontexte die Prädominanz von Bottom-up- oder von Top-down-Effekten fördern. In gewisser Weise lässt sich die Beobachtung von Bohrnstedt und Felson (1983), wonach in unterschiedlichen Selbstkonzeptdomänen verschiedene Mechanismen zu beobachten sind, als eine Form von Prozesseffekten interpretieren: In einem Kontext, in dem Rückmeldungen wenig Interpretationsspielraum lassen, kommen verstärkt Bottom-up-Effekte zur Geltung.

2.6.2 Die Konfundierung von Kontext- und Entwicklungseffekten

Empirisch lassen sich Effekte des Kontextes und der entwicklungsbedingten Differenzierung oftmals aufgrund ihrer Konfundierung nicht eindeutig trennen. Dies soll anhand einiger Beispiele veranschaulicht werden. So findet sich in der frühen Adoleszenz ein Rückgang in den mittleren Ausprägungen vieler bereichsspezifischer Selbstkonzepte. Während einige Forschungsgruppen dies als Kennzeichen pubertärer Entwicklungen interpretierten, argumentierten Roeser und Eccles (1998), dass dieser Abfall im Selbstkonzept zumindest teilweise auf den in den USA zu diesem Zeitpunkt stattfindenden Wechsel auf die *High School* zurückgeführt werden kann. Dieser Schulwechsel führe zu instabilen Umgebungen und bringe mit dem stärker an der Leistung orientierten Unterrichtsklima neue Anforderungen an die Jugendlichen mit sich. In diesem Beispiel sind also mögliche Entwicklungs- und Alterseffekte konfundiert. In ähnlicher Weise lässt sich eine wachsende Bedeutung des Einflusses von Freunden sowohl als Hinweis auf die erfolgreiche Absolvierung einer Entwicklungsstufe als auch als ein Kontexteffekt deuten. Unterschiede zwischen Mädchen und Jungen spielen ebenfalls eine interessante Rolle für Entwicklungs- und Kontexttheorien, da zum einen aufgrund eines biologischen Entwicklungsvorsprungs von Mädchen gegenüber Jungen in der Pubertät, andererseits aber auch aufgrund von Kontexteffekten in Form von Geschlechterrollenstereotypien bei Lehrern und Eltern Unterschiede in bestimmten Selbstkonzeptdomänen erwartet werden können (vgl. Wigfield et al., 1996).

Entwicklungseffekte und Kontexteffekte weisen oftmals nicht nur aus methodischen Gesichtspunkten eine Konfundierung auf. Es lässt sich vielmehr feststellen, dass Kontexteffekte und Entwicklungseffekte zusammenwirken und sich gegenseitig beeinflussen können (vgl. Bronfenbrenner & Ceci, 1994). Effekte sollten also nicht lediglich als additiv wirksam betrachtet werden. Entsprechend berücksichtigen die oben aufgeführten theoretischen und empirischen Ansätze (z.B. Harter, 1990; Marsh, 1990a) sowohl Einflüsse der Differenzierung als auch des Kontextes. Gleichwohl sollten diese zwei Aspekte bei der Betrachtung von Forschungsansätzen und Befunden wegen ihrer theoretischen Bedeutung getrennt berücksichtigt und nach Möglichkeit analytisch unterschieden werden.

2.6.3 Zusammenfassung

Neben allgemeinen entwicklungspsychologischen Prozessen wurden mögliche Kontexteffekte vorgestellt, die bei der Untersuchung der Selbstkonzeptentwicklung im Auge behalten werden sollten. Für die Bewertung und Planung empirischer Studien ist es einerseits wichtig zu überprüfen, ob in den Untersuchungen zusätzlich zu den allgemeinen Entwicklungseffekten Kontexteffekte wirksam sein können; andererseits sollten nach Möglichkeit Untersuchungen konzipiert werden, die explizit die Kontextbedingungen variieren.

3 Stabilität und Veränderung: Wie entwickeln sich Selbstkonzepte?

Inwieweit sind Selbstkonzepte über das Leben hinweg stabil? Beeinflussen sich verschiedene Selbstkonzepte untereinander? Sind Veränderungen im generellen Selbstwertgefühl abhängig von Veränderungen in bereichsspezifischen Selbstkonzepten? In den vorangegangenen Kapiteln wurde diesen Fragen bereits bei der Schilderung einzelner Konzeptionen Beachtung geschenkt. An dieser Stelle soll nun eine vertiefte Diskussion folgen: Zunächst wird darauf eingegangen, was unter „Stabilität" bei Selbstkonzepten verstanden wird; anschließend werden Wirkfaktoren der Veränderung beschrieben und es wird untersucht, wie sich Selbstbeobachtungen, Selbstkonzepte und das Selbstwertgefühl gegenseitig beeinflussen und zu Veränderungen im Selbstbild führen.

3.1 Unterschiedliche Konzeptionen von Stabilität

Mortimer, Finch und Kumka (1982) unterschieden zwischen vier Stabilitätskonzeptionen, die in unterschiedlicher Häufigkeit Untersuchungen zum Selbstkonzept zu Grunde liegen: die normative Stabilität, die Mittelwertstabilität, die strukturelle Stabilität und die intraindividuelle Stabilität. Im Folgenden sollen diese verschiedenen Konzeptionen samt einiger Beispiele beschrieben werden.

3.1.1 Normative Stabilität

Unter normativer Stabilität *(normative stability, differential stability* oder *correlational stability)* verstehen Mortimer et al. (1982) die Stabilität von interindividuellen Unterschieden in Selbstkonzepten bei mehrmaliger Messung. Empirisch erfasst wird diese Art der Stabilität in der Regel durch die Korrelation der Werte derselben Personengruppe in zwei Messungen mit demselben Instrument. In dem Maße, in dem sich Rangpositionen zwischen den Messungen verschieben, sinkt die normative Stabilität. Andererseits wird die normative Stabilität durch eine Verschiebung des Mittelwerts zwischen den zwei Messungen nicht notwendigerweise gesenkt. Gewisse Freiheitsgrade bestehen in der Interpretation von Stabilitätsdaten dieser Art. Verweist beispielsweise eine Korrelation von .75 auf eine mittlere, hohe oder gar sehr hohe Stabilität eines Selbstkonzepts? Inwieweit soll bei einer Stabilitätsbestimmung dieser Art mit Messfehlerproblemen umgegangen werden? Sollen Minderungskorrekturen eingesetzt werden oder die Stabilitäten besser in Pfadmodellen geschätzt werden? Da es an allgemein gültigen Vorgaben fehlt, bleibt hier stets ein gewisser Ermessensspiel-

raum. Dies bedeutet jedoch auch, dass bei der Rezeption der Literatur auf diese Fein-
heiten geachtet werden muss.

Für die vorliegende Untersuchung sind diejenigen empirischen Hinweise beson-
ders relevant, die darauf hindeuten, dass das Selbstwertgefühl, gemessen mit der
Rosenberg-Skala oder vergleichbaren Instrumenten, im Vergleich zu anderen domä-
nenspezifischen Selbstkonzepten eher eine weniger hohe Stabilität aufweist (z.B.
Marsh & Yeung, 1998b; Marsh et al., 1986). Beispielsweise stellten Marsh et al. bei
Verwendung des *Self Description Questionnaire* fest, dass die Skala zum globalen
Selbstwertgefühl zu den am wenigsten stabilen Skalen gehört, obwohl sie eine sehr
hohe innere Konsistenz aufweist.

3.1.2   Mittelwertstabilität

Geht es darum, ob ein Merkmal bzw. ein Selbstkonzept bei mehrmaligen Messungen
im Gruppenmittel eine ähnliche Ausprägung aufweist, so sprechen Mortimer et al.
(1982) von der *level stability*. In der vorliegenden Arbeit wird auf das deutsche Wort
„Mittelwertstabilität" zurückgegriffen. Unterscheidet sich beispielsweise bei einer
Schülergruppe das schulische Selbstkonzept, das in der 5. Klasse erhoben wurde,
nicht von dem, das in der 10. Klasse erhoben wurde, so würde man dies als einen
Hinweis auf eine hohe Mittelwertstabilität deuten. Trotz einer hohen Stabilität des
Mittelwerts in der Gesamtgruppe kann es jedoch sehr wohl sein, dass das Selbstkon-
zept einzelner Schüler bzw. von Gruppen von Schülern zu- oder abnimmt.

Grundsätzlich lassen sich Studien danach unterscheiden, ob sie zur Bestimmung
der Mittelwertstabilität auf eine Kohorte zurückgreifen und diese längsschnittlich
verfolgen oder mehrere Kohorten querschnittlich untersuchen. Letzteres ist die gän-
gigere Variante (z.B. Marsh, 1989; Marsh et al., 1985). Im Idealfall werden die beiden Ansätze kombiniert. Eine Reihe von Studien untersuchte lediglich die Stabilität
des globalen Selbstwertgefühls, während andere auch bzw. ausschließlich für bestimmte bereichsspezifische Selbstkonzepte Werte berichteten.

Insgesamt weisen die Studien darauf hin, dass es sowohl beim globalen
Selbstwertgefühl als auch in einer Reihe von bereichsspezifischen Selbstkonzepten signifikante Mittelwertveränderungen gibt; differenziert man nach Geschlechtern, so
zeigen sich zudem im Hinblick auf den Verlauf der Mittelwerte Unterschiede, die den
allgemeinen Geschlechterstereotypien entsprechen (vgl. Marsh, 1989; Marsh &
Hattie, 1996; Skaalvik, 1986a, 1986b; vgl. näher Studie 1).

3.1.3   Strukturelle Stabilität bzw. Invarianz

Strukturelle Stabilität bzw. Invarianz *(structural invariance)* liegt nach Mortimer et al.
(1982) dann vor, wenn ein Konstrukt über die Zeit hinweg die gleichen Dimen-

sionen und dieselben Verbindungen zwischen diesen Domänen aufweist. In Bezug auf das Selbstkonzept stellt sich unter anderem die folgende Frage: Finden sich in verschiedenen Altersstufen vergleichbare Domänen des Selbstkonzepts, und ist deren Beziehung untereinander ähnlich? Man kann dabei die Beziehungen zwischen den einzelnen Selbstkonzepten noch feiner unterteilen: Geht es um eine Äquivalenz des Zusammenhangs (korrelative Beziehung) oder um eine Äquivalenz der Prozesse (kausale Beeinflussungen)? Eine strukturelle Invarianz lässt sich nicht nur zwischen verschiedenen Altersstufen prüfen, sondern auch zwischen verschiedenen Personengruppen, beispielsweise Mädchen und Jungen. Eine Möglichkeit, strukturelle Invarianz zu testen, bieten Strukturgleichungsmodelle. Mit diesen Verfahren können gezielt Hypothesen hinsichtlich der Ähnlichkeit bzw. Verschiedenheit von Strukturen überprüft werden (vgl. Byrne, 1998). Es liegen eine Reihe von empirischen Studien zur strukturellen Invarianz von Selbstkonzepten vor (z.B. Byrne & Shavelson, 1987; Marsh, 1987, 1989), die in Kapitel 5 genauer vorgestellt werden.

3.1.4 Ipsative Stabilität

Eine interessante, eher vernachlässigte Variante der Stabilität stellt die ipsative Stabilität *(ipsative stability;* Mortimer et al., 1982) dar. Eine hohe ipsative Stabilität ist dann gegeben, wenn bei einem Individuum die Organisation von verschiedenen Selbstkonzeptdomänen über die Jahre hinweg stabil bleibt. Beispielsweise könnte ein Jugendlicher von der 5. bis zur 10. Klasse immer ein hohes Selbstkonzept Mathematik, dafür aber ein niedriges soziales Selbstkonzept und ein mittelhohes Selbstkonzept des Aussehens haben. Das Ausmaß ipsativer Stabilität lässt sich über eine intraindividuelle Rangkorrelation, in Clusteranalysen mithilfe der Überprüfung der Zuordnung zu einem ähnlichen Cluster oder auch in sophistizierten Analysen unter Heranziehung von Mischverteilungsmodellen (vgl. Rost, 1996) abschätzen.

Deihl, Vicary und Deike (1997) verwendeten eine Clusteranalyse, um Jugendliche je nach Stabilität ihres Selbstwertgefühls in verschiedene Klassen einzuordnen. Sie fanden für Jugendliche mit konstant hohem, etwas ansteigendem bzw. chronisch niedrigem Selbstwertgefühl Korrelationen mit Außenmaßen, die hohe Augenscheinvalidität besitzen. Auch die Forschungsgruppe um DuBois (DuBois et al., 1999; DuBois & Tevendale, 1999) verwendete Clusteranalysen, um Selbstkonzeptprofile zu erstellen. Leider wurde nicht berichtet, inwieweit die Cluster über die Zeit repliziert werden konnten.

3.1.5 Inhaltliche Stabilität

Neben den von Mortimer et al. (1982) genannten Formen der Stabilität lässt sich auch die inhaltliche Stabilität unterscheiden. Inhaltliche Stabilität liegt dann vor, wenn Konstrukte bzw. Items für die Befragten über einen längeren Zeitraum stets dieselbe Bedeutung haben. So mag man sich überlegen, ob das Selbstkonzept Mathematik in der Grundschule und in der gymnasialen Oberstufe eine ähnliche Bedeutung hat – geht es doch in der Grundschule um einfache Rechenoperationen, in der gymnasialen Oberstufe dagegen unter anderem um Kurvendiskussionen, anspruchsvolle Geometrie sowie Wahrscheinlichkeitstheorie. Die inhaltliche Stabilität empirisch zu bestimmen ist eine komplexe Aufgabe, da idealerweise ein längsschnittliches Design mit einer aufwändigen Konstruktvalidierung kombiniert werden sollte. Für die vorliegende Arbeit, in der überschaubare Befragungsintervalle verwendet wurden, sollte die inhaltliche Stabilität allerdings ein eher untergeordnetes Problem darstellen.

3.1.6 Zusammenfassung

Wenn von der Stabilität des Selbstkonzepts die Rede ist, so können damit unterschiedliche theoretische Vorstellungen von Stabilität verbunden sein. Forschungsschwerpunkte lassen sich eindeutig bei der Mittelwertstabilität (z.b. Marsh, 1989), die häufig in Querschnittanalysen untersucht wurde, sowie – mit Abstrichen – bei der normativen Stabilität und bei der strukturellen Stabilität (z.b. Byrne & Shavelson, 1987; Marsh, 1993a) feststellen. Für die vorliegende Arbeit ist die Beobachtung wichtig, dass es bei Selbstkonzepten bzw. beim Selbstwertgefühl in einem Ausmaß Veränderungen gibt, die nicht trivial sind. Somit wird es interessant zu untersuchen, welche Mechanismen für Veränderungen im Selbstkonzept und Selbstwertgefühl verantwortlich sind. In den nächsten zwei Abschnitten werden mögliche Wirkfaktoren und Wirkungsrichtungen bei Selbstkonzeptänderungen besprochen.

3.2   Wirkfaktoren bei Veränderungen im Selbstkonzeptgefüge

Für ein Verständnis der wirksamen Faktoren bei der Veränderung von Selbstkonzepten unter längsschnittlicher Perspektive ist die Unterscheidung von „internen" und „externen" (bzw. moderierenden) Faktoren sinnvoll. Von „internen" Faktoren soll dann gesprochen werden, wenn es um die gegenseitige Beeinflussung von Faktoren im Selbstkonzept bzw. den zugehörigen Verhaltensweisen geht. Ein Beispiel: Die von Harter (1998, 1999) vermuteten Bottom-up-Effekte, bei denen der Kausalfluss vom bereichsspezifischen Selbstkonzept zum Selbstwertgefühl verläuft, konstituieren interne Effekte. Interne Effekte, also die Beeinflussungen innerhalb der Selbstkonzeptpyramide einschließlich der Verhaltensindikatoren, sind die zentralen Untersuchungsaspekte der vorliegenden Arbeit.

Unter externen bzw. moderierenden Faktoren (vgl. Baron & Kenny, 1986) werden dagegen unter anderem Effekte der körperlichen oder kognitiven Entwicklung, der Zugehörigkeit zu bestimmten Gruppen sowie Effekte bestimmter Lebenskontexte verstanden, die einen Einfluss auf die Ausprägung bzw. die Zusammenhänge im Selbstkonzeptgefüge nehmen. Unter diese externen bzw. moderierenden Faktoren fallen also sowohl Effekte, die durch die Befragung unterschiedlicher Altersbzw. Geschlechtergruppen gefunden werden, als auch jene, die durch ein verändertes Schulumfeld zustande kommen. Externe Faktoren lassen sich hinsichtlich der von ihnen bewirkten Veränderungen klassifizieren: Dabei sollen hier nur Produkt-, Struktur- und Prozesseffekte unterschieden werden.

Führen unterschiedliche Kontexte bzw. der Wechsel von einem Kontext in einen anderen zu Effekten auf die Ausprägung des Selbstwertgefühls oder bestimmter Selbstkonzeptfacetten, also zu Auswirkungen auf die Höhe von Selbstkonzepten, so soll im Folgenden von *Produkteffekten* gesprochen werden. Ein typisches Beispiel für einen Produkteffekt stellt der bereits mehrfach angeführte Fischteicheffekt dar, der besonders gut bei einer Veränderung der Zusammensetzung von Lerngruppen zu beobachten ist (vgl. Schwarzer et al., 1982). Aber auch das von Marsh (1989) berichtete Befundmuster, wonach schulische Selbstkonzepte Geschlechterstereotypien folgen, stellt einen Produkteffekt dar, der möglicherweise durch geschlechterrollentypische Rollenerwartungen der Umwelt entsteht.

Führen Geschlechter-, Alters- oder Kontextunterschiede dagegen zu *Struktureffekten,* so wird nicht bzw. nicht nur die Ausprägung des Selbstkonzepts beeinflusst, sondern es verändern sich die strukturellen Zusammenhänge im Selbstkonzept. Bei der Analyse von Struktureffekten werden keine Mittelwerte untersucht, sondern meistens korrelative Zusammenhänge. Ein Beispiel stellt die Frage dar, ob das Selbstkonzept Mathematik bei Jungen in einem engeren Zusammenhang mit dem Selbstwertgefühl steht als bei Mädchen.

Schließlich können die Auswirkungen von moderierenden Variablen auf *Prozesseffekte* im Selbstkonzept untersucht werden: Wirken etwa je nach Kontext unterschiedliche Prozesse im Selbstkonzeptgefüge? Gibt es womöglich einen Unterschied zwischen Jungen und Mädchen in der Prädominanz von Bottom-up- oder von Topdown-Effekten? Im Falle von Prozesseffekten führen externe Wirkfaktoren dazu, dass interne Prozesse beeinflusst werden.

Das Hauptaugenmerk der vorliegenden Arbeit liegt auf internen Faktoren der Beeinflussung, erweitert diese Perspektive aber an verschiedenen Stellen um den expliziten Einbezug externer Wirkfaktoren. Der nächste Abschnitt stellt nochmals kritisch klassische und aktuelle Konzeptionen der Selbstkonzeptentwicklung einander gegenüber, wobei besonderes Gewicht auf die internen Faktoren gelegt wird. Allerdings werden, wo dies angebracht ist, auch diejenigen Annahmen erläutert, die auf externen bzw. moderierenden Wirkfaktoren beruhen.

3.3   Wie es zu Veränderungen im Selbstkonzept und Verhalten kommt

3.3.1   William James: Das Wettrennen zwischen „I-self" und „Me-self"

William James (1892/1999) wird gemeinhin als Vertreter eines Bottom-up-Ansatzes angesehen (Harter, 1999; Shavelson et al., 1976). Betrachtet man die Ausführungen von James genauer, so sind jedoch sowohl Bottom-up-Effekte als auch Top-down-Effekte auszumachen. James (1892/1999) ging davon aus, dass Erfolg in wichtigen Bereichen ein hohes Selbstwertgefühl bedingt: „The normal provocative of self-feeling is one's actual success or failure" (James, 1892/1999, S. 72); dies entspricht der Bottom-up-Logik. Allerdings stammt von James auch die Überlegung, dass Menschen aktiv die Wichtigkeit von Bereichen abwerten können, sodass Misserfolg in diesen Bereichen nicht zu einer Beeinträchtigung des Selbstwertgefühls führt: „Our thought, incessantly deciding, among many things of a kind, which ones of it shall be realities, here chooses one of many possible selves or characters, and forthwith reckons it no shame to fail in any of those not adopted expressly as its own." (James, 1892/1999, S. 73) Diese Abwertung der Wichtigkeit kann nun aber wiederum als Top-down-Prozess verstanden werden.

Dies führt nun zur Frage, wie man sich diese genannten Beeinflussungen vorzustellen hat. Die Abbildung 5 zeigt verschiedene Möglichkeiten. Die Teilgraphik (a) zeigt den Bottom-up-Ansatz in seiner reinen Form. Erfolge in einem bestimmten Bereich führen zu einem höheren Selbstwertgefühl. In der Teilgraphik (b) wurde das von James (1892/1999) eingeführte Abwertungsprinzip berücksichtigt. Das Abwertungsprinzip führt dazu, dass die Wichtigkeit einzelner Leistungsbereiche herabgesetzt wird – der Einfluss dieses Gebiets nimmt damit ab. James betonte hierbei die Freiheit jedes Menschen, selbst zu entscheiden, was er „schultern" möchte. In Hinblick auf die vorliegende Arbeit ist zu beachten, dass James (1892/1999) das Selbstwertgefühl von *Erwachsenen* beschrieb und kein entwicklungspsychologisches Modell verfolgte; es wurde also nicht berücksichtigt, dass es in der Kindheit und Jugend möglicherweise Bereiche gibt, deren Wichtigkeit nur schwer abzuwerten ist (vgl. Marsh, 1986).

Es lässt sich nun weiter überlegen, in welcher Beziehung das Abwertungsprinzip und das Selbstwertgefühl stehen. Dabei liegt natürlich die Überlegung nahe, dass das Abwertungsprinzip besonders effektiv bei denjenigen Personen arbeitet, die über ein hohes Selbstwertgefühl verfügen. In diesem Falle wäre das Abwertungsprinzip selbst wiederum eine Funktion des „I-self" und die Abwertungseffekte wären im Sinne von Top-down-Effekten zu verstehen. Die Teilgraphik (c) veranschaulicht diese Verbindung zwischen dem Selbstwertgefühl und der Abwertungsinstanz, durch die in gewisser Weise ein selbst verstärkender Mechanismus bzw. eine Immunisierung des Selbstwertgefühls gegenüber Misserfolg herbeigeführt wird. Tatsächlich finden sich

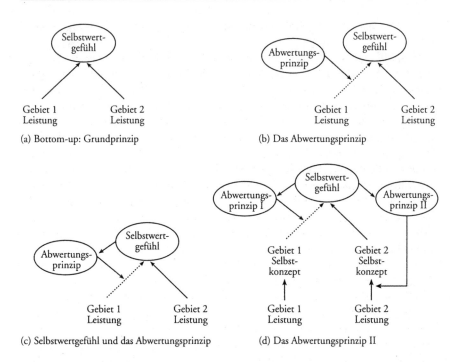

Abbildung 5: Das Grundprinzip von Bottom-up-Effekten im Selbstkonzept sowie die Wirkung des Abwertungsprinzips

ähnliche Annahmen bei Harter (1998, 1999); bei James (1892/1999) lassen die Ausführungen zu dem Verhältnis von Selbstwertgefühl und Abwertungsprinzip Raum für Spekulationen.

In Teilgraphik (d) wurden zwei weitere Veränderungen vorgenommen: Zum einen wurde hier nun explizit die Leistung in einem Teilgebiet von der Wahrnehmung dieser Leistung, dem Selbstkonzept, getrennt. Damit ergibt sich zum anderen die Möglichkeit, zwei unterschiedliche Arten von Abwertungsprozessen zu spezifizieren. Während das Abwertungsprinzip I nun die Wichtigkeit einer bestimmten Selbstkonzeptdomäne einschränkt, gilt das Abwertungsprinzip II dem Zusammenhang zwischen der tatsächlichen Leistung und dem Selbstkonzept der Leistung. Das Abwertungsprinzip beeinflusst also die Wahrnehmung bzw. Interpretation der eigenen Leistungen auf einem gewissen Teilgebiet. James' (1892/1999) Konzeption sah eine solche Ausdifferenzierung nicht vor; sie findet sich jedoch in abgewandelter Form unter anderem bei Felson (1993; siehe Abschnitt 3.3.5).

3.3.2   Das Shavelson-Modell: Eine Pyramide wird von unten nach oben gebaut

Das multidimensionale, hierarchische Modell des Selbstkonzepts nach Shavelson et al. (1976) ermöglicht es, Hypothesen über die Richtung der Beeinflussung zu formulieren. Allerdings liegen bereits in der Arbeit von Shavelson et al. – und damit zu Beginn der modernen Selbstkonzeptforschung in der pädagogischen Psychologie – die Wurzeln für mögliche Missverständnisse. Das erste Problem entsteht aus widersprüchlichen Aussagen zum Fluss der Kausalität: Shavelson et al. gaben in verschiedenen Passagen ihres Aufsatzes Erklärungen, die teilweise als Belege für das Bottom-up-Modell und teilweise als Belege für das Top-down-Modell verstanden werden können. Das Bottom-up-Modell scheint dabei das von den Autoren präferierte Modell zu sein. So schrieben die Autoren, „facets of self-concept may form a hierarchy from individual experiences in particular situations at the base of the hierarchy to general self-concept at the apex." (Shavelson et al., 1976, S. 412) Auch eine Passage in Shavelson und Bolus (1982) weist darauf hin, dass die Autoren eine Bottom-up-Konzeption vertreten: „Our theory posits changes in self-concept at higher levels to be a function of changes in self-concept at lower levels." (S. 9)

Ungeachtet ihrer Auffassung, dass sich das generelle Selbstwertgefühl als Folge von bereichsspezifischen Selbstkonzepten entwickelt, benutzten Shavelson et al. (1976) die Analogie des Intelligenzmodells, um das hierarchische Selbstkonzept zu beschreiben, und verwiesen dabei explizit auf das g-Faktor-Modell der Intelligenz, dem die Formulierung der Selbstkonzepthierarchie sehr ähnlich sei. Beim g-Faktor-Modell in der Intelligenzforschung ist es ein genereller Faktor, der Auswirkungen auch auf die Subkomponenten hat. Die inhärente Logik dieser Faktorenmodelle ist nun aber, dass die zu Grunde liegenden Faktoren die Subkomponenten beeinflussen. Man würde hier also einen Einfluss des generellen Selbstwertgefühls auf die Subkomponenten erwarten. Dies wäre nur dann nicht der Fall, wenn man lediglich ein multidimensionales, nicht aber hierarchisches Selbstkonzeptmodell postulieren würde.

Marsh und Hattie (1996) haben die Intelligenz-Analogie aufgenommen und genauer ausgearbeitet. Diese Autoren gingen insbesondere der Frage nach, ob es gerechtfertigt ist, vom Selbstkonzept als einer hierarchischen Struktur zu sprechen. In diesem Zusammenhang kann von unterschiedlich „strengen" Formen der Hierarchie ausgegangen werden: Man kann ein beinahe eindimensionales Modell annehmen, das eine strenge hierarchische Modellvorstellung nachhaltig stützen würde. Hierbei würde in einer (konfirmatorischen oder explorativen) Faktorenanalyse lediglich ein globaler Faktor gefunden werden, auf den bereichsspezifische Selbstkonzepte stark laden. Das andere Extrem – und damit einen Hinweis auf eine schwache Hierarchie – würde ein multidimensionales Modell darstellen, bei dem sich mehrere bereichsspezifische Faktoren finden ließen, die gar nicht oder nur schwach miteinander korreliert wären. Die Idee einer Hierarchie lässt sich auch dann aufrechterhalten, wenn man nur schwache Korrelationen findet (vgl. Marsh & Hattie, 1996). Es ist statistisch bereits dann gerechtfertigt, von einem hierarchischen Modell zu sprechen, wenn die Selbstkonzepte unterhalb des Selbstwertgefühls eine recht schwache Korrelation zeigen. In diesem Fall hat das Selbstwertgefühl jedoch insgesamt nur eine eingeschränkt erklärende Funktion.

Marsh (1987) konnte im Zusammenhang mit der Validierung seiner SDQ-Skalen zeigen, dass hierarchische Modelle mit Faktoren zweiter und dritter Ordnung, die mit konfirmatorischen Faktorenanalysen einer Prüfung unterzogen werden, eine akzeptable Passung aufweisen. Marsh und Hattie (1996) wiesen allerdings auch darauf hin, dass die Annahme einer hierarchischen Struktur im Selbstkonzept inhaltlich umso problematischer wird, je schwächer die Zusammenhänge zwischen Faktoren höherer Ordnung sind – nach Marsh und Hattie findet sich eine solche Aufweichung der Hierarchie am Ende der Kindheit und Jugend.

Insgesamt stiftet die von Shavelson et al. (1976) zitierte Analogie mit dem Intelligenz-Konstrukt somit eher Verwirrung, da sie der sonstigen Argumentation der Autoren teilweise zu widersprechen scheint. Sie bringt zudem noch ein zweites wesentliches Problem mit sich. Dieses Problem hängt mit der Basis *(base)* des Selbstkonzepts zusammen. Während bei der Intelligenz hier analog die Leistung in einer speziellen Aufgabe angesiedelt ist – die, so kann man argumentieren, tatsächlich ursächlich und hauptsächlich von der dahinterliegenden Fähigkeit bedingt ist –, ist aus der Arbeit von Shavelson et al. nicht klar ersichtlich, was die Basis des Selbstkonzepts bildet: Ist es das Verhalten, eine Wahrnehmung von Verhalten bzw. des Verhaltens anderer oder ein Selbstkonzept? Bei Shavelson et al. erscheint auf der niedrigsten Stufe der Selbstkonzepthierarchie die so genannte *Evaluation of Behavior in Specific Situations*. Andererseits sprechen die Autoren im Fließtext von *individual experiences in particular situations*, wobei unklar ist, ob mit *experience* bereits eine mentale Verarbeitung der speziellen Situation gemeint ist. Ob nun *evaluation* oder *experiences* – leider finden sich auch keine genauen Angaben darüber, welche Beziehung diese zu der „objektiven" Realität haben. Allerdings scheinen die Autoren die Meinung zu vertreten, dass das globale Selbstkonzept dafür sorgen könnte, dass bereichsspezifische Selbstkonzepte nicht durch eine einmalige, selbstkonzeptinkonsistente Rückmeldung verändert werden. Dies würde jedoch wiederum für eine Top-down-Komponente im Shavelson-Modell sprechen.

Kritisch kann auch nach einer möglichen Bereichsspezifität der Mechanismen im Selbstkonzept gefragt werden: Ist ein ähnlicher Mechanismus in allen Domänen zu erwarten? Möglicherweise könnte in Leistungssituationen der objektiven Rückmeldung mehr Gewicht zukommen als in anderen Bereichen, in denen Rückmeldungen einen höheren ambivalenten Charakter haben (Felson, 1993). Hier wäre es durchaus möglich, dass stabile generelle Selbstbewertungen die bereichsspezifische Selbstbewertung stärker beeinflussen. Verlässt man also den engeren Bereich des Selbstkonzepts und bezieht objektive Erfahrungen mit ein, so kommt möglicherweise an dieser Stelle ein qualitativ anderer Prozess mit ins Spiel.

Zusammenfassend kann man sagen, dass die Analogie der Selbstkonzepthierarchie mit der Intelligenz nur bedingt hilfreich für das Verständnis der Wirkrichtung im Selbstkonzept ist. Während bei einer querschnittlichen Modellierung des Selbstkonzepts die angenommene Kausalrichtung keinen zentralen Untersuchungsschwerpunkt bilden sollte, kann die gewählte Analogie bei längsschnittlich orientierter Forschung davon ablenken, dass Shavelson in mehreren Forschungsarbeiten (vgl. Byrne & Shavelson, 1996; Shavelson & Bolus, 1982) recht dezidiert die Bottom-up-Perspektive vertrat.

3.3.3   Ein Wechsel der Perspektive in der Pubertät? Empirische Studien von Harter

Harters (1990, 1998, 1999) Modell ist wesentlich geprägt von James (1892/1999) und der Arbeit der symbolischen Interaktionisten (Cooley, 1902; Mead, 1934). Von daher kann es nicht verwundern, dass die von ihr hauptsächlich thematisierte Kausalrichtung bei der Selbstwertentwicklung die Bottom-up-Perspektive ist. So sollen, zumindest bis zur frühen Adoleszenz, die Selbsteinschätzungen in wichtigen Bereichen das Selbstwertgefühl ursächlich beeinflussen. Gleichzeitig sieht das strukturgenetisch geprägte Entwicklungsmodell Harters (1999) die Ausbildung zunehmender Reflexion bezüglich der sozialen Natur von Selbstbeurteilungen vor und beschreibt die wachsende Bedeutung sozialer Vergleiche. Die Heranwachsenden gewinnen damit die Möglichkeit, ihr eigenes Gesamturteil über sich selbst zu beeinflussen. Zu der Bottom-up-Perspektive gesellt sich zumindest die theoretische Möglichkeit von Top-down-Prozessen. Obwohl Harter es bislang unterließ, Top-down-Prozesse direkt empirisch zu untersuchen, stellte sie Studien vor, in denen nach der *Wahrnehmung* des kausalen Flusses bei Jugendlichen gefragt wurde. Harter, Stocker und Robinson (1996) befragten Jugendliche direkt danach, ob die Anerkennung durch andere dem Selbstwertgefühl oder jenes ersterem vorangige; dass es keine Verbindung zwischen den zweien gäbe, stand als dritte Antwortmöglichkeit zur Verfügung. Diejenigen Befragten, die das Selbstwertgefühl als abhängig von der Anerkennung durch andere wahrnahmen, wiesen einen problematischeren psychosozialen Entwicklungsstand auf als jene, die angaben, dass das Selbstwertgefühl der wahrgenommenen Anerkennung durch andere vorausginge. Somit geht Harter einerseits von einem Bottom-up-Modell aus, fand jedoch gleichzeitig Hinweise auf problematische Konsequenzen, wenn Jugendliche selbst solche Annahmen besitzen.

3.3.4 Das Selbstwertgefühl als Fels in der Brandung: Die Ansichten von Brown

Eindeutig wie kaum ein anderer hat Brown (1993) in der Top-down/Bottom-up-Debatte Stellung bezogen: „I propose that this latter sequence (i.e., from global self-esteem to specific evaluations of self) may be the more common one, and that beliefs about the self in specific domains play a more important role in the promotion and maintenance of feelings of self-worth than in the development of HSE [high self-esteem; Anm. d. Verfassers]." (Brown, 1993, S. 29) Brown richtete sich damit explizit gegen Theorien wie die von Harter (1990) und Shavelson et al. (1976), indem er die Vorherrschaft einer positiven, affektiven Einstellung zum Selbst gegenüber bereichsspezifischen Selbstkonzepten postulierte.

Brown (1993) nahm eine frühe Beeinflussung des Selbstwertgefühls und eine hohe Stabilität desselben an (vgl. Abschnitt 2.5). Diese Annahmen werden wesentlich infrage gestellt, wenn das Selbstwertgefühl eine vergleichsweise geringe normative Stabilität zeigt, wie dies von Marsh (Marsh & Yeung, 1998b; Marsh et al., 1986) behauptet wird. Andererseits muss beachtet werden, dass die von Brown vorgeschlagene adaptive Funktion eines hohen Selbstwertgefühls (beispielsweise bei der Informationssuche und Informationsverarbeitung) keiner entwicklungspsychologischen Rechtfertigung bedarf: Ein hohes Selbstwertgefühl kann wichtige Auswirkungen auf das Verhalten haben, ohne dass es selbst über Jahre hinweg stabil sein muss.

3.3.5 Felson und die transdimensionale Beeinflussung

Die Ausführungen von Felson (1993) nehmen in gewisser Weise eine Position zwischen dezidierten Bottom-up-Konzeptionen (vgl. Shavelson et al., 1976) und eindeutigen Top-down-Vorstellungen (z.B. Brown, 1993) ein, indem unterschiedliche Prozesse bezüglich verschiedener Selbstkonzeptbereiche angenommen werden. Felson prüfte dabei insbesondere die Hypothese, dass die Richtung der Beeinflussung davon abhängt, wie eindeutig die Rückmeldungen in der jeweiligen Domäne ausfallen. In Bereichen, in denen Leistungs- und Verhaltensrückmeldungen ambivalent sind, sollte dabei eher das Selbstwertgefühl das domänenspezifische Selbstkonzept beeinflussen, bei Domänen mit eindeutiger Leistungsrückmeldung sollte dagegen die Richtung der kausalen Beeinflussung in der Art vorliegen, wie sie auch von Shavelson et al. (1976) postuliert wurde. Felson fand seine Annahmen in mehreren Studien im Großen und Ganzen bestätigt. Die Befunde weisen darauf hin, dass die Richtung kausaler Effekte in der Selbstkonzeptpyramide möglicherweise domänenspezifisch differenziert werden muss.

Die bislang erörterten Effekte waren stets im Großen und Ganzen mit der Idee einer Selbstkonzepthierarchie (vgl. das Shavelson-Modell) vereinbar: Selbstkonzepte auf „höherer" bzw. „niedrigerer" Ebene sowie die entsprechenden Verhaltensindikatoren beeinflussen sich gegenseitig. Neben solchen Effekten hat Felson (1993; Bohrnstedt & Felson, 1983) jedoch auch die Frage diskutiert, ob sich verschiedene domänenspezifische Selbstkonzepte und die entsprechenden Leistungsindikatoren untereinander – und ohne den Umweg über das generelle Selbstwertgefühl zu nehmen – beeinflussen; solche Beeinflussungen werden in der vorliegenden Arbeit *transdimensionale* Effekte genannt. Tatsächlich zeigten sich in der Studie von Bohrnstedt und Felson (1983) auch direkte Beeinflussungen zwischen unterschiedlichen Domänen: So hatte die Leistung in Basketball einen direkten, positiven Effekt auf das soziale Selbstkonzept bei den Jungen.

Transdimensionale Effekte können – wie in der genannten Studie von Bohrnstedt und Felson (1983) – in der Form von Effekten bestimmter Leistungsindikatoren auf Selbstkonzepte einer anderen Domäne vorliegen. Sie können positiv sein, sie können aber auch in der Form negativer Beeinflussungen auftreten: Ein Beispiel dafür ist der I/E-Effekt (vgl. Marsh, 1990a; siehe oben). Transdimensionale Effekte müssen sich jedoch nicht auf die Beeinflussung von Selbstkonzepten durch Verhaltensindikatoren beschränken: Es gibt Hinweise darauf, dass es transdimensionale Effekte von einer Selbstkonzeptfacette auf die Ausprägung einer anderen geben kann, ohne moderierende bzw. mediierende Wirkung des Selbstwertgefühls. Bereits im Abschnitt 2.4.1 wurde eine Arbeit von Guay et al. (1999) erwähnt, in der das soziale Selbstkonzept Auswirkungen auf die Leistungsentwicklung in der Schule hatte. Bei dieser Studie beeinflusste der soziale Status, mediiert über das soziale Selbstkonzept (bei den Autoren in Form von *loneliness* konzeptualisiert), das schulische Selbstkonzept. Schüler, die sich weniger akzeptiert fühlten, hatten dabei ein niedriges schulisches Selbstkonzept; dies wiederum führte in der Folge zu einer schwächeren Leistungsentwicklung. Obwohl das von den Autoren vorgestellte Modell in einer Überprüfung mit Strukturgleichungsmodellen eine gute Anpassungsgüte aufwies, ist man versucht, kritische Überlegungen hinsichtlich der Richtung des kausalen Flusses anzustellen. Dies insbesondere auch deshalb, weil wichtige Variablen im Modell (schulisches und soziales Selbstkonzept) nur zum ersten Messzeitpunkt erhoben wurden. Da die Selbstkonzepte jedoch als vermittelnde Variablen angesehen wurden, hätten sie zumindest zu zwei Messzeitpunkten erfasst werden sollen. Zudem wäre es vor dem Hintergrund des Shavelson-Modells natürlich interessant zu wissen, ob die behauptete Beeinflussung des schulischen Selbstkonzepts durch das soziale Selbstkonzept „direkt" erfolgte oder – wie man es nach dem Shavelson-Modell eher vermuten würde – vermittelt über das generelle Selbstwertgefühl. Trotzdem gibt die Arbeit der Autoren Hinweise darauf, dass es lohnend sein könnte, die Beziehungen zwischen dem allgemeinen schulischen Selbstkonzept und dem sozialen Selbstkonzept zu untersuchen.

Auch in einer Studie von Hoge, Smit und Hanson (1990), die dem Einfluss von schulischen Faktoren auf das Selbstwertgefühl galt, findet sich ein kleiner Hinweis darauf, dass sich domänenspezifische Selbstkonzepte gegenseitig beeinflussen. In dieser Studie hatte in der 6. Klassenstufe (nicht aber in der 7. Klassenstufe) das Selbstkonzept des Aussehens einen signifikanten positiven Einfluss auf das etwa acht bis neun Monate später erhobene mathematische Selbstkonzept.

3.3.6 Zusammenfassung

Zum Aspekt der gegenseitigen Beeinflussung von Selbstwertgefühl, Selbstkonzepten und Verhaltensweisen wurden verschiedene Theorien vorgestellt, die zu sehr unterschiedlichen, zum Teil diametral entgegengesetzten Vorhersagen kommen. Während in der Konzeption von Brown (1993) die Wichtigkeit des Selbstwertgefühls als Steuerungsmodul bei der Informationssuche und Bewertung von Rückmeldung betont wurde, nahmen in den Arbeiten von Marsh (1990a; Marsh & Craven, 1997; Marsh & Hattie, 1996) bereichsspezifische Selbstkonzepte die wichtigere Rolle ein. Harters (1998, 1999) Modell ist geprägt von Bottom-up-Annahmen; sie argumentierte jedoch gleichzeitig, dass eine bessere psychosoziale Entwicklung dann stattfinde, wenn Jugendliche selbst ein Top-down-Modell haben. Felson (1993) schließlich argumentierte, dass sowohl Top-down- als auch Bottom-up-Modelle Gültigkeit – jeweils jedoch nur für einen bestimmten Bereich – besitzen würden. Zudem finden sich bei ihm transdimensionale Effekte. Da solche Beeinflussungen im Modell von Shavelson et al. (1976), das die Forschungsbemühungen vieler Autoren ganz wesentlich beeinflusste, nicht vorgesehen waren, gibt es dazu eine geringere Anzahl von Studien. Einige Autoren mit Top-down-Orientierung argumentierten, dass das Selbstwertgefühl nicht nur domänenspezifische Selbstkonzepte beeinflusse; vielmehr sollen auch konkrete Verhaltensweisen von der Höhe des Selbstwertgefühls abhängen. Solche Annahmen, beispielsweise in Bezug auf den Umgang mit Leistungsrückmeldungen, finden sich in den Arbeiten von Brown (Brown, 1993; Brown & Dutton, 1995b; Dutton & Brown, 1997; Taylor & Brown, 1988).

4 Forschungsanliegen der vorliegenden Arbeit

Das Selbstwertgefühl nimmt in der psychologischen Forschung eine prominente Rolle ein; der Anteil von Arbeiten, in denen das Selbstwertgefühl erwähnt wird, verdoppelte sich – relativ zu allen in PsycINFO verzeichneten Arbeiten – seit den frühen 1970er Jahren (Twenge & Campbell, 2001). Sucht man nur nach wissenschaftlichen Arbeiten, die den Begriff *self-esteem* oder Selbstwertgefühl im Titel haben, so findet man in der Datenbank PsycINFO allein in dem Zehn-Jahres-Zeitraum von 1991 bis 2000 die beachtliche Anzahl von 2.471 Nennungen. Bei den Arbeiten sind verschiedene psychologische Disziplinen vertreten: die Entwicklungspsychologie ebenso wie die pädagogische Psychologie und die differenzielle Psychologie sowie die Sozialpsychologie, daneben aber auch die klinische Psychologie und die Psychopathologie. Im Kapitel 2 der vorliegenden Arbeit wurden die Arbeiten bedeutender Vertreter ausführlich dargestellt.

Die erhebliche Zahl der Publikationen mag suggerieren, dass das Selbstwertgefühl hinlänglich untersucht und weitere Forschung nicht nötig sei. Dem ist jedoch nicht so. Noch immer sind grundlegende Fragen heftig umstritten: Einige Wissenschaftler – wie Seligman (1993) – würden auf das Konstrukt des Selbstwertgefühls gern ganz verzichten, andere – wie Marsh (Marsh & Yeung, 1998b) – bezweifeln seine Erklärungsmächtigkeit, wiederum andere behandeln das Selbstwertgefühl als eine zentrale abhängige (Harter, 1999) oder unabhängige (Brown, 1993) Variable in ihren Konzeptionen.

Der vorliegenden Arbeit geben zwei globale Fragestellungen ihren Rahmen. Diese zwei Fragestellungen werden im Folgenden einführend dargestellt, bevor in den einzelnen Teilstudien jeweils spezifische Aspekte eingehender herausgearbeitet und nach Möglichkeit explizite empirische Forschungshypothesen abgeleitet werden.

(1) Die *erste Frage* lautet: Welchen Beitrag zur Erklärung des Selbstwertgefühls leisten schulspezifische Erfahrungen? Es wird hierbei also eine *Bottom-up-Beeinflussung* untersucht. Die Frage lässt sich weiter aufspalten in zwei Teilfragen: (a) In einem engeren Rahmen soll untersucht werden, ob und welche *bereichsspezifischen Selbstkonzepte* dazu beitragen, dass ein hohes bzw. niedriges Selbstwertgefühl entsteht. (b) In einem weiter gesteckten Rahmen sollen neben den bereichsspezifischen Selbstkonzepten *Verhaltens- und Leistungsindikatoren sowie Fremdbeurteilungen* der Person einbezogen werden, um deren Wirkung auf das Selbstwertgefühl zu untersuchen. Diese erste Frage steht insbesondere in der Tradition von Shavelson et al. (1976; Byrne & Shavelson, 1996), Harter (1983, 1998, 1999) sowie Felson (1993; Bohrnstedt & Felson, 1983).

(2) Die *zweite Frage* lautet: Welchen Beitrag kann das Selbstwertgefühl selbst bei der Erklärung schulspezifischer Kognitionen und Verhaltensweisen leisten? Die angenommene Wirkungsrichtung gibt die Idee einer Top-down-Beeinflussung wider.

Wiederum ergeben sich zwei Teilfragen: (a) Beeinflusst das Selbstwertgefühl *bereichs-spezifische, schulbezogene Selbstkonzepte?* (b) Lassen sich *schulrelevante Verhaltensweisen* mithilfe des Selbstwertgefühls vorhersagen? Ist das Selbstwertgefühl für die Vorher-sage ein besserer Prädiktor als andere Variablen, wie beispielsweise bereichsspezifische Selbstkonzepte?

Diese zweite Frage ist zum einen wesentlich beeinflusst durch Arbeiten aus der Sozial- und Persönlichkeitspsychologie (siehe Brown, 1993), in denen dem Selbstwertgefühl eine zentrale Rolle zugesprochen wird. Sie ist jedoch auch von den Ansichten beispielsweise von Marsh (1990a; Marsh & Yeung, 1997) geprägt, der auf die zentrale Bedeutung bereichsspezifischer Selbstkonzepte verweist und wenig Top-down-Wirkungen des Selbstwertgefühls erkennen kann.

Neben Top-down- und Bottom-up-Beeinflussungen im Selbstkonzeptgefüge, oben auch „interne Effekte" genannt, sollen zusätzlich externe, moderierende Effekte berücksichtigt werden, wobei sowohl Alters- und Geschlechtereffekte als auch Effekte des schulischen Kontextes untersucht werden sollen.

Selbstkonzeptforschung kann sowohl allgemeinpsychologisch betrieben werden wie auch mit einem differenzialpsychologischen Hintergrund. Um Missverständnis-sen vorzubeugen, ist an dieser Stelle eine Präzisierung der dieser Arbeit zu Grunde lie-genden Forschungsfrage und -designs vonnöten. Es geht generell um interindividu-elle Vergleiche, die vornehmlich über korrelationsanalytische Verfahren geprüft wer-den, und damit um differenzialpsychologische Fragestellungen. Es wird untersucht, inwieweit Unterschiede in einem Selbstkonzept X einen Einfluss auf interindividuelle Unterschiede im Selbstkonzept Y haben. Das Ausbleiben interindividueller Effekte in der Selbstkonzeptentwicklung beweist dagegen nicht, dass sich zwei Selbstkonzept-facetten nicht beeinflussen (vgl. Krapp, 1987; Schmitz, 2000).

Welchen Beitrag kann die vorliegende Arbeit bei der Klärung der offenen Fragen leisten? Natürlich ermöglichen die nachfolgenden sechs empirischen Studien nur Teilantworten auf die genannten Fragen. Trotzdem wird der Anspruch erhoben, dass die Teilstudien der vorliegenden Arbeit geeignet sind, ein besseres Verständnis vom Konstrukt des Selbstwertgefühls sowie dessen Auswirkungen zu erlangen. Dabei setzt die Arbeit insbesondere an den Stellen an, an denen bisherige Forschung inhaltlich oder methodisch nur eingeschränkt in der Lage war, die oben formulierten Fragen zu beantworten.

Eine erste ganz wesentliche Einschränkung der Aussagekraft hinsichtlich der kausalen Beeinflussungsrichtung (top-down vs. bottom-up) liegt natürlich vor, wenn – bei gleichzeitigem Verzicht auf ein experimentelles Vorgehen – querschnittliche Datensätze herangezogen werden, um die eigenen Theorien zu stützen. Wie oben bereits erläutert wurde, trifft diese Kritik unter anderem auf einen Großteil der Arbeiten Harters (z.B. Harter & Whitesell, 1996; Harter et al., 1992, 1996) zu; ebenso finden sich aber auch bei Shavelson (z.B. Byrne & Shavelson, 1996) Annahmen über die Entwicklung des Selbstkonzepts, die durch Querschnittsdaten überprüft wurden. Die Überprüfung der Bottom-up-Konzeption – aber auch der Top-down-Sichtweise – erfolgt in den Teilstudien 2, 3 und 4 deshalb dadurch, dass längsschnittliche Analysen präsentiert werden.

Ein weiterer wesentlicher Makel, den man insbesondere in der Forschungstradition des Shavelson-Modells (Shavelson et al., 1976) feststellen kann, betrifft den Mangel an Studien, die neben Selbstkonzepten auch Verhaltensindikatoren berücksichtigen. Zwar konnte dies anfangs gut begründet werden – man wollte zunächst die Struktur des Selbstkonzepts klären (*within-construct research;* vgl. Marsh & Hattie, 1996), bevor *between-construct studies* hinzukommen sollten –, gleichwohl fällt auf, dass sich Validierungsstudien fast ausschließlich auf Leistungsselbstkonzepte beschränken; entsprechend wurden insbesondere beim Aspekt des schulischen Selbstkonzepts weitere Verhaltenskriterien wie die Schulleistungen und Noten ausführlich untersucht (vgl. Marsh & Craven, 1997). Dagegen fanden andere Selbstkonzeptbereiche wie das soziale Selbstkonzept eine geringere Beachtung (vgl. Byrne & Shavelson, 1996), sodass die Struktur des sozialen Selbstkonzepts im Vergleich zum schulischen Selbstkonzept erstaunlich wenig empirisch überprüft wurde. Zudem mangelt es sehr stark an Studien, die das soziale Selbstkonzept in Beziehung zu Verhalten in sozialen Situationen setzen – und das, obgleich auch das soziale Verhalten von Schülerinnen und Schülern ein elementar wichtiger Aspekt ist. Entsprechend integrieren die Studien 4 und 6 diese Aspekte und überprüfen sie anhand des schulischen Problemverhaltens und sozialer Vergleiche in Leistungssituationen.

Wendet man sich Ansätzen zu, die die zentrale Stellung des Selbstwertgefühls als unabhängige Variable betonen, so fällt sofort die Zusammensetzung der Untersuchungsstichproben auf: Diese bestehen in der Mehrzahl aus Studierenden, die in experimentellen Settings im Rahmen von Studienverpflichtungen befragt wurden (z.B. Brown & Dutton, 1995a; Dutton & Brown, 1997). Da sich die Art des Denken über die eigene Person sowie die wichtigen Bereiche des eigenen Selbst aber möglicherweise in der Entwicklung vom Kind zum Erwachsenen verändern (siehe Harter, 1998, 1999; Abschnitt 2.2), ist bei Generalisierungen auf andere Lebensabschnitte Vorsicht angebracht. Harter (1999) argumentierte, dass erst in der Adoleszenz das Selbstwertgefühl beginnt, selbst als eine erklärende Variable auf das Verhalten zurückzuwirken. Die vorliegende Arbeit konzentriert sich auf die Adoleszenz und berücksichtigt Jugendliche, die zwischen 12 und 18 Jahre alt sind. Somit kann untersucht werden, ob Browns (1993) Annahmen hinsichtlich der Dominanz von Top-down-Effekten möglicherweise nur bei Erwachsenen zutreffen, dagegen bei Jugendlichen keine Geltung haben. Diese Übertragbarkeit wird unter anderem in Studie 2 und Studie 6 thematisiert.

Ein weiteres wichtiges Fragezeichen hinsichtlich der Aussagekraft der Befunde von Brown (1993) besteht darin, dass er in der Mehrzahl seiner Forschungsarbeiten

nur einen globalen Indikator des Selbstwertgefühls verwendete und keine bereichsspezifischen Selbstkonzepte berücksichtigte (für eine Ausnahme vgl. Dutton &
Brown, 1997). Werden nun Effekte des Selbstwertgefühls gefunden, so kann es
durchaus sein, dass bereichsspezifische Selbstkonzepte eine höhere Varianzaufklärung
ermöglicht hätten. Dies soll in den Teilstudien 4, 5 und 6 berücksichtigt werden.

Eine letzte wichtige Einschränkung der Validität von Untersuchungen zum Fluss
der Kausalität in der Selbstkonzeptpyramide ist häufig durch die Wahl der Untersu-
chungsmethode gegeben, wobei die Unterscheidung zwischen Feldversuchen und Experimenten gemacht werden muss. Letztere können natürlich nicht den langwierigen
Veränderungsvorgang abbilden, wohl aber Strategien des Umgangs mit sozialen und
Leistungssituationen. Die vorliegende Studie bedient sich einer forschungsmetho-
dologischen Doppelstrategie: Erstens wird den Fragen mithilfe einer großen Längsschnittuntersuchung, der Studie „Bildungsverläufe und psychosoziale Entwicklung
im Jugend- und jungen Erwachsenenalter" (BIJU), die vom Max-Planck-Institut für
Bildungsforschung, Berlin, sowie vom Institut für die Pädagogik der Naturwissenschaften in Kiel (IPN) verantwortet wird (vgl. Baumert et al., 1996; Gruehn, 2000;
Köller, 1998; Schnabel, 1998), nachgegangen. Größere Längsschnittuntersuchungen
sind, auch in der Selbstkonzeptforschung, leider die Ausnahme, obwohl viele Fragen
ein solches Design erfordern. Gleichzeitig haben solche Studien den Nachteil, dass sie
in gewisser Weise „schwerfällig" sind – man kann sie nicht beliebig oft wiederholen.
Dies kann dann ein Nachteil sein, wenn eines der benutzten Instrumente sich im
Nachhinein als unzureichend herausstellen sollte oder wenn sich aus den Ergebnissen
neue Forschungsfragen ergeben. Zudem bietet sich für manche Fragen ein experimentelles Vorgehen an. Aus diesen Gründen werden in der vorliegenden Arbeit die
Ergebnisse der BIJU-Längsschnittstudie durch eine experimentelle Studie bzw.
weitere Erhebungen ergänzt (Studien 5 und 6).

Im Einzelnen gliedert sich der empirische Teil der Arbeit wie folgt: Zunächst wird
die Struktur des Selbstkonzepts bei Jungen und Mädchen unterschiedlichen Alters
unter einer querschnittlichen Perspektive untersucht, wobei die angenommene Multidimensionalität des Selbstkonzepts im Mittelpunkt des Interesses steht. In diesem Zusammenhang gilt ein besonderes Augenmerk der Frage, ob sich die Ausprägungen
und Relationen im Selbstkonzept aufgrund von Alters- bzw. Geschlechtereffekten verändern. Zusätzlich wird die übliche Konzeption des sozialen Selbstkonzepts, bei der
die wahrgenommene soziale Anerkennung dominiert, um eine Facette der sozialen
Durchsetzungsfähigkeit ergänzt. Da die Studie 1 ebenso wie die Studien 2, 3 und 4 als
Datengrundlage auf die Daten der BIJU-Studie zurückgreift, werden an dieser Stelle
die Anlage dieser Studie und zentrale Instrumente ausführlich erläutert.

Während die erste Studie die Verträglichkeit empirischer Daten unterschiedlicher
Subgruppen mit der Annahme der Multidimensionalität des Selbstkonzepts untersucht, schließt sich in der zweiten empirischen Studie eine Betrachtung der wechsel-

seitigen Beeinflussung von Selbstkonzepten und Selbstwertgefühl an. Hierfür werden in längsschnittlichen Analysen konkurrierende theoretische Konzeptionen der Selbstkonzeptentwicklung simultan überprüft, nämlich horizontale, Bottom-up-, Top-down-, reziproke sowie transdimensionale Konzeptionen.

Studie 3 schränkt die Fragestellung auf schulische Selbstkonzepte ein, erweitert sie aber gleichzeitig, indem nun in den untersuchten Modellen Leistungsindikatoren integriert sind. Zudem wird hier explizit der Hypothese nachgegangen, dass der schulische Kontext moderierende Wirkung auf die Ausprägung des Selbstkonzepts (Produkteffekt) sowie auf die Dynamik im Selbstkonzeptgefüge (Prozesseffekt) hat.

Die vierte Studie untersucht anhand des schulischen Problemverhaltens erneut sowohl Bottom-up- als auch Top-down-Effekte des Selbstwertgefühls und bereichsspezifischer Selbstkonzepte. In dieser Teilstudie werden selbst berichtete Problemverhaltensweisen sowie der Peer-Status der Jugendlichen (Daten aus einem Soziogramm) in Verbindung mit Selbstkonzepten gebracht.

Die fünfte und sechste empirische Studie konzentrieren sich auf Top-down-Effekte: Hierbei wird untersucht, ob sich die – insbesondere in der differenziellen Psychologie und in der Sozialpsychologie – postulierten Top-down-Einflüsse im schulischen Setting finden lassen. Dieser Frage wird anhand der Unterrichtsbeteiligung (Studie 5) und sozialen Vergleichen in Leistungssituationen (Studie 6) nachgegangen. Es geht dabei also explizit, wie von Harter eingefordert, um „critical consequences in the everyday lives of children, adolescents, and adults" (Harter, 1998, S. 600).

Die empirischen Kapitel sind allesamt der Fragestellung verpflichtet, in welcher Beziehung im schulischen Kontext das Selbstwertgefühl, die bereichsspezifischen Selbstkonzepte sowie Verhaltensweisen stehen. Nichtsdestotrotz bildet jedes empirische Kapitel für sich selbst auch eine gewisse Einheit. Die jeweilige Fragestellung wird deshalb zu Beginn jeder Teilstudie unter Bezugnahme auf den in Kapitel 2 und 3 geschilderten theoretischen Hintergrund und gegebenenfalls durch Hinzunahme weiterer Arbeiten abgeleitet und dargestellt. Ebenso werden die jeweils verwendeten Daten an der entsprechenden Stelle erläutert. Die Diskussionen schließlich, die unmittelbar nach dem Ergebnisteil jeder Studie folgen, werden in Kapitel 10 durch eine kurze Gesamtdiskussion ergänzt.

5 Studie 1: Die konstituierenden Elemente des Selbstwerts

Im Mittelpunkt der ersten empirischen Teilstudie stehen mit den bereichsspezifischen Selbstkonzepten die konstituierenden Elemente des Selbstwertgefühls (vgl. Harter, 1998, 1999). Wie entwickeln sich wichtige Selbstkonzepte wie das Selbstkonzept des Aussehens und der sozialen Anerkennung, die schulischen Selbstkonzepte und das Selbstkonzept der Elternbeziehung bei Jungen und Mädchen zwischen der 7. und 10. Jahrgangsstufe? In welcher Beziehung steht das Selbstwertgefühl zu den bereichsspezifischen Selbstkonzepten? Verändert sich dieser Zusammenhang mit zunehmendem Alter? Sind hierbei wesentliche Unterschiede zwischen Jungen und Mädchen zu finden?

Studie 1 untersucht diese Fragen in einem querschnittlichen Design mit zwei Untersuchungskohorten von Jugendlichen in der 7. bzw. 10. Klassenstufe. Angesichts des querschnittlichen Designs sind kausale Wirkannahmen nicht gerechtfertigt. Es werden deshalb keine Kausalmodelle spezifiziert, in denen Effekte von bestimmten Selbstkonzeptfacetten auf das Selbstwertgefühl untersucht werden. Stattdessen steht der Zusammenhang der latenten Selbstkonzeptvariablen untereinander im Vordergrund.

Aus diesem Grund trägt die erste Teilstudie wenig dazu bei, die im vorangegangenen Kapitel spezifizierten Forschungsfragen direkt zu beantworten. Sie dient stärker dazu, den verwendeten Datensatz genauer vorzustellen; zudem gewinnt die generelle Anlage der Studie den Charakter einer partiellen Replikation der Arbeiten von Byrne und Shavelson (1987) sowie von Marsh (1989) anhand einer großen Stichprobe in Deutschland. Zum einen soll somit überprüft werden, ob die aufgrund theoretischer Annahmen (Fend, 1994, 1998; Harter, 1999) zu erwartenden Muster in der *Mittelwertstabilität* bei Jungen und Mädchen (vgl. Marsh, 1989) gefunden werden können. Zum anderen soll die *strukturelle Stabilität bzw. Invarianz* der Selbstkonzepte (vgl. Byrne & Shavelson, 1987; Marsh, 1993a) untersucht werden. Allerdings wird in der vorliegenden Studie gleichzeitig eine breitere Fassung des sozialen Selbstkonzepts durch die Ergänzung des Selbstkonzepts eigener Durchsetzungsfähigkeit vorgenommen und untersucht, ob sich diese Facette als eigenständiges Selbstkonzept in die Selbstkonzeptstruktur einfügen lässt. Es wurde im letzten Kapitel darauf verwiesen, dass für eine adäquate Untersuchung der widersprüchlichen Modellannahmen hinsichtlich der *normativen* Stabilität und des *kausalen Flusses* in der Selbstkonzeptpyramide eine längsschnittliche Modellierung angebracht ist; dieses Vorgehen findet sich in Studie 2.

5.1   Determinanten und Korrelate des Selbstwertgefühls

Im Folgenden werden die Kernaussagen verschiedener Theorien zur Vorhersage des Zusammenhangs des Selbstwertgefühls mit domänenspezifischen Selbstkonzepten zusammengefasst. Zunächst wird darauf eingegangen, welchen Selbstkonzepten in der Adoleszenz eine besondere Bedeutung zukommt. Daran anschließend wird auf die altersnormative Entwicklung des Selbstkonzepts sowie auf geschlechterspezifische Ausprägungen bzw. Entwicklungen eingegangen. Daraus werden die Fragestellungen für die vorliegende Studie 1 entwickelt.

5.1.1   Wichtige Facetten des Selbstkonzepts

Welche Selbstkonzeptdomänen sind von Bedeutung für das Selbstwertgefühl? Stehen beispielsweise alle 13 Facetten des von Marsh (1990d) entwickelten Selbstkonzeptinstruments SDQ III in einem bedeutsamen Zusammenhang mit dem Selbstwertgefühl? Marsh hat nur in wenigen Arbeiten (z.B. Marsh, 1993b) untersucht, inwieweit sich das Selbstwertgefühl durch bereichsspezifische Selbstkonzeptfaktoren erklären lässt bzw. welche Nähe es zu einzelnen Selbstkonzeptfacetten besitzt, da seine Forschungsbemühungen bislang nicht primär der Erklärung des Selbstwertgefühls bzw. dem relativen Gewicht einzelner Faktoren galten. Die von ihm postulierten Selbstkonzeptfacetten gewinnen ihre theoretische Daseinsberechtigung nicht aus einer möglichen prädiktiven Kraft für das Selbstwertgefühl, sondern weil ihre Berücksichtigung nach Meinung des Autors ein besseres Verständnis des Selbst erlaubt und zu einer genaueren Verhaltenvorhersage führen kann (Marsh, 1986, 1990a).

Harter (1998) vertrat die Position, dass eine Inflation von Selbstkonzeptfacetten nicht zwangsläufig zu einem besseren Verständnis der Selbstwertentwicklung und der Beziehung zwischen Selbstkonzept und Verhalten führen muss. Basierend auf James (1892/1999) argumentierte sie, dass für einen Menschen nur solche Selbstkonzeptfacetten von Bedeutung sind, die für das jeweilige Individuum große Wichtigkeit besitzen. Aus diesem Grund erhob Harter (z.B. Harter, Whitesell, & Junkin, 1998) neben den Selbstkonzepten auch die individuelle Wichtigkeit einzelner Domänen bzw. die Diskrepanzen zwischen Selbstbild und Idealselbst. Obwohl außer Frage steht, dass Kinder und Jugendliche während des Heranwachsens in vielen Kontexten Erfahrungen mit Außenstehenden sammeln und Wissen über sich selbst erwerben, können sie sich möglicherweise der Wirkung gewisser Sozialisationsinstanzen wie der Schule und der Familie nur schwer entziehen. Auf solche Mechanismen deutet zumindest der Befund von Marsh (1986, 1993b) hin, wonach zur Vorhersage des Selbstwertgefühls weniger die individuell berichtete Wichtigkeit eines Selbstkonzeptbereichs als vielmehr die über viele Jugendliche gemittelte Wichtigkeit von Selbstkonzeptdomänen zusätzliche Varianzaufklärung beisteuern kann (vgl. aber Crocker & Wolfe, 2001; Pelham & Swann, 1989).

Untersuchungsgegenstand der vorliegenden Arbeit sind solche Sozialisationsinstanzen und Selbstkonzeptdimensionen, die nach allgemeinem Dafürhalten für die Entwicklung des Selbstwertgefühls einer breiten Mehrheit von Kindern und Jugendlichen von Bedeutung sind. Dabei haben sich insbesondere drei Selbstkonzeptbereiche herausgebildet, die zu unterscheiden sich lohnt (vgl. z.b. Fend, 1994, 1997, 1998; Fend, Helmke, & Richter, 1984; Harter, 1998, 1999): Selbstkonzepte der schulischen Fähigkeiten, Selbstkonzepte der Anerkennung durch Peers (einschließlich des Selbstkonzepts des Aussehens) und das Selbstkonzept der Beziehung zu den Eltern.

Selbstkonzepte schulischer Fähigkeiten
Die Bedeutung schulischer Fähigkeitsselbstkonzepte liegt unter anderem in der motivationalen Kraft, die ihnen in Bezug auf die Leistung im schulischen Kontext zugeschrieben wird. So ergab eine frühe Studie von Brookover, Thomas und Paterson (1964) Hinweise darauf, dass das schulische Selbstkonzept als Prädiktor für spätere Leistung angesehen werden kann, ein Befund, der in jüngerer Zeit mehrfach belegt werden konnte (z.B. Helmke, 1992; Köller et al., 1999; Marsh & Yeung, 1997; vgl. genauer Studien 3 und 5). Neben den bereits erwähnten Studien von Asendorpf und van Aken (1993) sowie Marsh (1993b) illustriert auch eine Studie von Faber (1992) diesen Zusammenhang. In dieser Studie untersuchte Faber zum einen die Beziehung zwischen Leistungen und Selbstkonzepten und fand dabei Belege für Marshs Modell des internalen und externalen Bezugsrahmens (I/E-Modell, siehe Abschnitt 2.3); gleichzeitig – und hier noch wichtiger – galt Fabers Interesse aber auch dem Einfluss der schulischen Fähigkeitsselbstkonzepte auf das allgemeine Selbstwertgefühl. Hierbei fanden sich in Pfadmodellen Pfade der Größe .36 bis .39 (Varianzaufklärungen beim Selbstwertgefühl zwischen .38 und .40). Insgesamt kann man somit von einem gut belegten Zusammenhang zwischen schulischen Selbstkonzepten und dem Selbstwertgefühl ausgehen.

Soziales Selbstkonzept
Das soziale Selbstkonzept zog im Vergleich zum schulischen Selbstkonzept in der internationalen Forschung weniger Forschungsinteresse an (vgl. aber die umfassenden Arbeiten im deutschen Sprachraum von Fend, 1994, 1998). Byrne und Shavelson (1996) unterteilten das soziale Selbstkonzept (Ebene 2) in zwei große Bereiche (vgl. Abb. 6 – zur leichteren Kommunizierbarkeit wurden die Ebenen durch den Autor nummeriert), nämlich in das *schulische soziale Selbstkonzept* und das *familiäre soziale Selbstkonzept* (Ebene 3). Des Weiteren wurde auf der vierten Ebene beim schulischen sozialen Selbstkonzept zwischen den Klassenkameraden und den Lehrern unterschieden, beim familiären Selbstkonzept hingegen zwischen Eltern und Geschwistern.

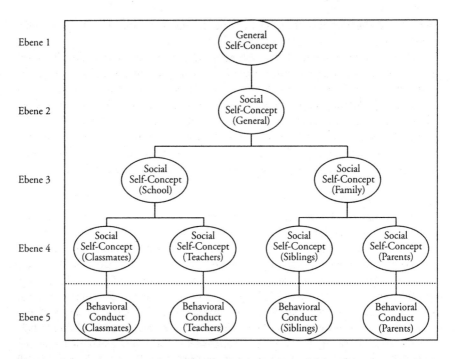

Abbildung 6: Die Ausarbeitung der Facette des sozialen Selbstkonzepts im Shavelson-Modell (Shavelson et al., 1976) durch Byrne und Shavelson (1996, S. 602)

Byrne und Shavelson (1996) überprüften das von ihnen postulierte Modell anhand von drei Stichproben aus der 3., 7. und 11. Klasse. Sie verwendeten als Selbstbericht die jeweils altersgerechte Form des SDQ (vgl. Marsh, 1984, 1990b, 1990c) und das *Self-Perception-Profile for Children* von Harter (1985). Konfirmatorische Faktorenanalysen ergaben eine gute Modellanpassung für die vorgeschlagene Struktur des Selbstkonzepts. Kritisch lassen sich jedoch einige Punkte anmerken: Zum einen fanden sich teilweise Korrelationsmuster, die mit der Idee der Selbstkonzepthierarchie schwer in Einklang zu bringen sind. Zum Beispiel korrelierte bei den Siebtklässlern das Selbstwertgefühl (Ebene 1) stärker mit dem Lehrer-Selbstkonzept der vierten Ebene, als es das soziale Selbstkonzept der zweiten bzw. das Schul-Selbstkonzept der dritten Ebene taten. Zusätzlich lassen es die Daten von Byrne und Shavelson (1996) fraglich erscheinen, ob man für die Messung des generellen sozialen Selbstkonzepts (Ebene 2 in Abb. 6) überhaupt eine differenzierte Erfassung des Familien-Selbstkonzepts und des Lehrer-Selbstkonzepts benötigt, da die latente Korrelation zwischen sozialem Selbstkonzept und dem Selbstkonzept hinsichtlich Peers sehr hoch ausfiel (rs zwischen .89 und .94). Entsprechend argumentierten die Autoren, „that, regardless of age, the perception one has concerning his or her social competence in general is clearly tied to social interactions with peers within the school environment" (S. 610). Hinsichtlich des familiären sozialen Selbstkonzepts spielten dagegen die Eltern (und nicht die Geschwister) die wichtigere Rolle. Aufgrund dieses Befunds sowie aufgrund der Arbeiten von Harter (1999), die die Beziehung zu den Eltern eher mit schulischen Selbstkonzepten, die Beziehung zu Peers dagegen eher mit dem Selbstkonzept des Aussehens und sportlicher Fähigkeit in Verbindung brachte, scheint es insgesamt geboten, das Selbstkonzept der Elternbeziehung getrennt von den Selbstkonzepten der Peer-Akzeptanz zu untersuchen (weitere Ausführungen zum Selbstkonzept der Elternbeziehung siehe unten).

Ergänzend ist kritisch anzumerken, dass das soziale Selbstkonzept bei Byrne und Shavelson (1996) lediglich hinsichtlich der Sozialpartner (z.B. Peers, Eltern) mehrdimensional ist, nicht hingegen bezüglich einer inhaltlichen Differenzierung. In anderen Worten: Die verwendeten Selbstkonzeptskalen fragten inhaltlich nach der wahrgenommenen *Anerkennung* bzw. nach der *Güte der Beziehung* (bei bzw. mit Freunden, Lehrern, Eltern und Geschwistern). Es kann jedoch argumentiert werden, dass das soziale Selbstkonzept daneben auch einer inhaltlichen Differenzierung bedarf. So verwiesen Schneider, Ackerman und Kanfer (1996) darauf, dass zur *sozialen Kompetenz* auch die Fähigkeit gehört, die *eigenen Interessen* verfolgen zu können: „We define social competence as socially effective behavior and its cognitive, affective and conative antecedents. Socially effective behavior is behavior that is instrumental in helping people achieve personal goals that are social in nature." (Schneider et al., 1996, S. 471)

In ganz ähnlicher Weise bezeichneten Rubin und Rose-Krasnor (1992) soziale Kompetenz als *„ability to achieve personal goals in social interactions while simultaneously maintaining positive relationships with others over time and across situations"* (S. 285, Hervorhebung im Original). Soziale *Kompetenz* wird also als erfolgreiches Verfolgen zweier Ziele definiert, nämlich die eigenen Interessen durchzusetzen und gleichzeitig positive soziale Beziehungen aufrechtzuerhalten. Es gibt keinen nachvollziehbaren Grund, warum sich in Fragebögen das soziale *Selbstkonzept* auf den Aspekt der sozialen *Anerkennung* beschränkt und das soziale *Durchsetzungsvermögen* vernachlässigt wird.

Die Idee, dass das soziale Selbstkonzept zumindest aus den zwei Facetten Anerkennung und Durchsetzungsfähigkeit (bzw. Dominanz) besteht, findet sich auch in der Arbeit von Leary, Cottrell und Phillips (2001). Diese Autoren konnten in experimentellen Studien, bei denen Untersuchungsteilnehmern falsches Feedback darüber gegeben wurde, wie stark sie von anderen akzeptiert bzw. als dominierend erlebt wurden, nachweisen, dass diese beiden Aspekte jeweils eigene Anteile eines Maßes zur Erfassung von aktuellem Selbstwertgefühl *(state self-esteem)* erklären konnten. Interessanterweise fand sich in einer weiteren Studie, in der die Versuchsteilnehmer nach ihrer Akzeptanz und Dominanz in der Interaktion mit einer Reihe von vorgegebenen Personen (z.B. Mutter, bester Freund, Kommilitone, Fremder) befragt wurden, dagegen kein signifikanter, eigenständiger Effekt der Dominanz auf das Selbstwertgefühl im Sinne von Rosenberg (1965). Angesichts dieser unterschiedlichen Befunde stellt sich insbesondere die Frage nach der Wichtigkeit des Durchsetzungsvermögens für das Selbstwertgefühl im alltäglichen Leben.

Auch das *Selbstkonzept des Aussehens* weist theoretisch, vor allem aber empirisch eine solche Nähe zum Bereich der Peers auf, dass es hier angesprochen werden soll (vgl. Harter et al., 1996; Marsh, 1990c). Das Selbstkonzept des Aussehens findet sich unter verschienenen Bezeichnungen in der Literatur: Self-concept of physical attractiveness/physical appearance, Selbstkonzept des Aussehens, Selbstkonzept der physischen/körperlichen Attraktivität. In dieser Arbeit wird der Begriff „Selbstkonzept des Aussehens" verwendet, da dieser – klarer als der Begriff der Attraktivität – die visuelle Seite interpersonaler Anziehung hervorhebt. Es geht beim Selbstkonzept des Aussehens um eine generelle Selbsteinschätzung der eigenen visuellen Attraktivität – ein typisches Item lautet (vgl. Schwanzer, 2002): „Ich sehe gut aus". Wiederum lassen sich leicht Subfacetten finden: das Gesicht, die Figur, oder – noch feiner – die Augen, die Zähne, die Haare, die Schultern. Tatsächlich wurde empirisch untersucht, welche Körperteile Befragte als besonders wichtig für das Konzept der Attraktivität ansehen. Lerner, Krabenick und Stuart (1973) konnten zeigen, dass Männer und Frauen die Wichtigkeit von verschiedenen Körperteilen für die physische Attraktivität relativ ähnlich einschätzen. An vorderster Stelle fanden sich dabei die Gesichtsschönheit und die Figur. In verschiedenen Studien wurden der Einfluss der Zufriedenheit mit einzelnen Facetten des Selbstkonzepts des Aussehens untersucht und mit der ihnen zugesprochenen Wichtigkeit in Beziehung gesetzt (Boldrick, 1983; Lerner et al., 1973); dieses Vorgehen erbrachte jedoch in Übereinstimmung mit Ergebnissen bei anderen Selbstkonzepten (Marsh, 1993b) nur wenig zusätzliche Varianzaufklärung hinsichtlich des Selbstwertgefühls.

Feingold (1992) zeigte in einer Meta-Analyse, dass korrelativ angelegte Forschung im Allgemeinen keine signifikanten Beziehungen zwischen „objektiver", das heißt durch Fremdrating erhobener physischer Attraktivität, und Leistungs- und Persönlichkeitsmaßen fand. Allerdings gibt es auch einige Ausnahmen: So wiesen in einer Reihe von Studien als attraktiv eingeschätzte Personen weniger soziale Ängstlichkeit und Einsamkeit, dafür aber höhere soziale Fertigkeiten und mehr sexuelle Erfahrungen auf. Diener et al. (1995) untersuchten den Zusammenhang zwischen objektiver Attraktivität und subjektivem Wohlbefinden und fanden Korrelation zwischen .03 und .33. Nach Meinung der Autoren könnte dieses Ergebnis dadurch verursacht worden sein, dass glücklichere Menschen mehr für ihr Aussehen tun (z.B. Make-up, Kleidung), was als Top-down-Hypothese verstanden werden kann. Wird anstatt der objektiven Attraktivität das Selbstkonzept des Aussehens erhoben, so finden sich deutlich mehr signifikante Beziehungen zu anderen Maßen (Feingold, 1992). Die bereits berichteten geringen Übereinstimmungen zwischen Selbstkonzepten und Fremdratings durch Lehrer und Mitschüler sowie zwischen unabhängigen Beurteilern (vgl. Diener et al., 1995; Feingold, 1992; Jovanovic et al., 1989), der enge Zusammenhang mit dem Selbstwertgefühl (vgl. Harter, 1999) sowie Befunde, dass Aussehens-Items in Faktorenanalysen oftmals Nebenladungen auf dem Selbstwertfaktor aufweisen (vgl. u.a. Schwanzer, 2002) stellen Bottom-up-Erklärungen infrage und weisen auf eine Sonderstellung des Selbstkonzepts des Aussehens im Selbstkonzeptgefüge hin.

Selbstkonzept der Beziehung zu den Eltern
Die Beziehung der Eltern zu den Kindern genießt, wie in Kapitel 2 erläutert, eine Schlüsselrolle in der Attachment-Theorie. Eltern gelten Theoretikern des symbolischen Interaktionismus als besonders bedeutsame „Spiegel" und sind damit sehr wichtig bei der Entstehung des Selbstwertgefühls. Dem Selbstkonzept der Beziehung zu Eltern wird höchste Wichtigkeit in der Kindheit zugebilligt (Feiring & Taska, 1996). In Forschungsarbeiten, die sich mit dem Einfluss der Beziehung von Eltern und Kind im Säuglingsalter und in der Kindheit beschäftigen, wird häufig zwischen der Beziehung zum Vater und der Beziehung zur Mutter unterschieden. Insbesondere in der Attachment-Theorie (Bowlby, 1969; vgl. Rauh, 1995) nimmt die Mutter-Kind-Beziehung eine besondere Rolle ein. Allerdings wurde verschiedentlich darauf verwiesen, dass auch die Vater-Kind-Beziehung von großer Bedeutung ist (Feiring & Taska, 1996).

Der vermutete Einfluss der Eltern beschränkt sich jedoch nicht auf die frühe Kindheit; auch in der späten Kindheit und der Adoleszenz sind die Eltern natürliche und wichtige Bezugspersonen (Byrne & Shavelson, 1996; Fend, 1998); allerdings nehmen verschiedene Autoren einen abnehmenden Einfluss der Elternbeziehung auf das Selbstwertgefühl an (Harter, 1990; Rosenberg, 1979), da Peers an Bedeutung gewinnen würden. Somit würden sich zwar – im Idealfall – das Beziehungsgefüge und die Familienkommunikation verändern, eine wichtige Rolle der Eltern in Bezug auf Rückmeldung und Unterstützung bliebe jedoch bestehen. Anders als die psychoanalytisch geprägte Forschung zum Beziehungsverhalten in der frühen Kindheit, sprechen viele Forscherinnen und Forscher, die die Rolle zu den Eltern in der Adoleszenz untersuchen, frühen Bindungserfahrungen keine dominierende Rolle für die in der Adoleszenz vorhandene Beziehung zu den Eltern zu. Zudem wird die Unterscheidung zwischen Mutter und Vater – unter anderem deshalb, weil Jugendliche ihre Beziehung zu beiden Elternteilen ähnlich beschreiben (vgl. Fend, 1998) – weniger stark hervorgehoben (vgl. Feiring & Taska, 1996).

Wie entwickelt sich die Beziehung zwischen Jugendlichen und ihren Eltern in der Adoleszenz und welche Auswirkungen hat die Beziehungsqualität auf das Selbstwertgefühl? Fend (1998) befragte Jugendliche im Alter zwischen 12 und 15 Jahren und fand bei Jungen und Mädchen einen statistisch signifikanten Rückgang der Beziehungsqualität zu den Eltern, wobei Mädchen über eine etwas bessere Beziehungsqualität berichteten. Der Rückgang in der Beziehungsqualität war jedoch vom Ausmaß her eher unbedeutend. Auch in Hinblick auf die Häufigkeit von Dissens zwischen Eltern und Jugendlichen fand sich – überraschenderweise – kein Anstieg der Konflikte.

Kinder und Jugendliche verbringen in der Regel einen bedeutsamen Teil des Tages im Elternhaus – es ist deshalb leicht verständlich, dass Kind-Eltern-Beziehungen, die als suboptimal empfunden werden, einen negativen Einfluss auf das psychische Wohlbefinden einschließlich des Selbstwertgefühls haben können. Tatsächlich zeigten empirische Untersuchungen die erwarteten Ergebnismuster (siehe beispielsweise Fend, 1998; Schwarzer, 1983). Dabei konnte in verschiedenen Untersuchungen der bereits von Rosenberg (1965) angedeutete Befund repliziert werden, dass weniger die Struktur der Familie (z.B. Ein-Eltern-Familie vs. klassische Zwei-Eltern-Familie) als vielmehr die Kommunikation mit und die Beziehung zu den Eltern von besonderer Bedeutung ist (z.B. Fend, 1998; Harter, 1998; vgl. Schick, 2000).

5.1.2 Normative Entwicklung

Mehrere Autoren (Harter, 1999; Shavelson et al., 1976; vgl. auch Bandura, 1990) haben betont, dass die Selbstkonzeptentwicklung im Kindes- und Jugendalter durch eine zunehmende Differenzierung gekennzeichnet ist: Jüngeren Kindern ermögliche es ihre kognitive Entwicklung noch nicht, sich selbst sehr differenziert zu beschreiben; das halte sie unter anderem davon ab, sich sowohl persönliche Stärken als auch Schwächen in ähnlichen oder verschiedenen Domänen zuzuschreiben. Mit zunehmendem Alter würden dann kognitive Ressourcen verfügbar, die zu einer genaueren Selbstbeschreibung führen. Die Modellvorstellung einer zunehmenden Differenzierung von Selbstkonzepten ist gut mit einer neo-Piaget'schen Entwicklungstheorie vereinbar (Harter, 1998, 1999; vgl. Abschnitt 2.2). Kinder erwerben demnach im Austausch mit der sozialen Umwelt und als Antwort auf kognitive Herausforderungen differenziertere Konzepte von sich selbst und ihren Fähigkeiten, und zunehmend fällt es ihnen leichter, bei sich selbst relative Stärken und Schwächen zu erkennen. Überprüfen lassen sich diese theoretischen Annahmen, indem man Korrelationsmuster zwischen Selbstkonzeptfacetten betrachtet: Je älter die Kinder bzw. Jugendlichen, desto geringer sollten die Korrelationen zwischen unterschiedlichen Selbstkonzeptdomänen ausfallen (vgl. Byrne & Shavelson, 1996; Harter, 1999; Marsh, 1990a).

Die Idee einer zunehmenden Differenzierung schlug sich bei Marsh (1984, 1990b, 1990c) auch praktisch nieder: Marsh führte bei seinem Selbstbeschreibungsfragebogen (SDQ), der in Versionen für Kinder (SDQ I), Jugendliche (SDQ II) und junge Erwachsene (SDQ III) vorliegt, in den Versionen für die älteren Befragten zusätzliche Selbstkonzeptdomänen ein bzw. spaltete einzelne Domänen in mehrere Facetten auf. Während beispielsweise der SDQ I bei der wahrgenommenen Beziehung zu Peers noch nicht zwischen Beziehungen zu Jungen und Beziehungen zu Mädchen unterscheidet, erfragt der SDQ II für Jugendliche explizit nach dem wahrgenommenen Verhältnis zu Peers des eigenen und des anderen Geschlechts. Die Forschungsgruppe um Marsh (vgl. im Überblick Marsh & Craven, 1997; Marsh & Hattie, 1996) hat gezeigt, dass es mit elaborierten Methoden möglich ist, eine Vielzahl von Selbstkonzeptfacetten analytisch zu trennen. So unterscheidet der SDQ III für Jugendliche und junge Erwachsene zwischen 13 Dimensionen, und der Akademische Selbstbeschreibungsbogen (ASDQ; Marsh, 1990b) kommt allein im schulischen Bereich auf 14 fachspezifische Selbstkonzepte sowie ein globales Selbstkonzept schulischer Fähigkeiten. Marsh zeigte jedoch auch, dass sich diese Selbstkonzeptdimensionen teilweise hierarchisch ordnen lassen, das heißt, es fanden sich bei ihm gut definierte Faktoren zweiter Ordnung.

Vor dem Hintergrund einer entwicklungspsychologisch begründeten Differenzierungsannahme (Harter, 1998, 1999) lassen sich neben den Auswirkungen auf den Zusammenhang zwischen einzelnen Selbstkonzeptbereichen auch Annahmen hinsichtlich der Veränderungen der mittleren Ausprägung von Selbstkonzepten ableiten: Insgesamt entwickelt sich laut Harter die Selbsteinschätzung von einer überaus positiven Selbstsicht in der frühen Kindheit hin zu einer realistischeren, manchmal aber auch global selbstabwertenden Selbstsicht in der frühen bis mittleren Adoleszenz. Danach sollte eine zunehmende Stabilisierung der Selbstsicht eintreten, die insgesamt auch mit einer positiveren Selbstbewertung einhergeht.

Tatsächlich gibt es für Harters Vorhersagen bezüglich des *Mittelwertverlaufs* einige empirische Evidenz (Fend, 1994; Helmke, 1998; Marsh, 1989). So fand beispielsweise Helmke (1998) in einer Untersuchung mit Grundschulkindern einen deutlichen Rückgang der Mittelwerte beim schulischen Selbstvertrauen zwischen der 1. und 6. Schulklasse. Während Kinder zu Beginn der Schulzeit eine deutliche Überschätzung ihrer eigenen Leistung zeigten, war diese bei Kindern der 6. Klassenstufe nur noch gering ausgeprägt.

Marsh, Parker und Barnes (1985) untersuchten 901 Jugendliche im Alter zwischen 11 und 18 Jahren mit dem SDQ II. Das Selbstwertgefühl und Selbstkonzeptwerte für diverse Domänen nahmen bis zur 9. Klasse eher ab, um danach wieder anzusteigen. Somit fand sich bei den meisten Selbstkonzeptdomänen ein quadratischer Trend. Diese Befunde konnte Marsh (1989, 1993a) in umfassenden Analysen mit dem SDQ I, SDQ II und SDQ III bestätigen, wobei Marsh die Beziehungen mit dem Alter als eher schwach einstufte.

Hinsichtlich der *strukturellen Stabilität* zeigten sich sowohl Belege für eine zunehmende Differenzierung, als auch Hinweise darauf, dass eine solche Differenzierung
bereits in der frühen Adoleszenz abgeschlossen ist. So stellte Marsh (1987, 1989) die
von Shavelson et al. (1976) formulierte Hypothese infrage, dass sich mit fortschrei-
tendem Alter eine zunehmende Differenzierung des Selbstkonzepts finden lasse.
Marsh untersuchte dabei die mittleren Korrelationen zwischen Selbstkonzeptdomänen und stellte fest, dass die Größe dieser Korrelationen bis zur 5. Klasse tatsächlich
abnimmt – danach jedoch stabil bleibt. Marsh beschränkte deshalb die Annahme
einer zunehmenden Differenzierung auf die Altersstufen bis zur 5. Klasse.

5.1.3 Der Einfluss der Geschlechterzugehörigkeit und des kulturellen Kontextes

Auch Geschlechtereffekte bei Selbstkonzepten wurden ausführlich diskutiert (z.B.
Byrne & Shavelson, 1987; Hannover, 1997; Harter, 1999; Hattie, 1992; Marsh,
1987; Rustemeyer, 1982; Wigfield et al., 1996). Gründe für mögliche Geschlechterunterschiede können dabei sowohl in biologischen und genetischen Faktoren wie
dem Entwicklungsvorsprung der Mädchen in der frühen Adoleszenz, als auch in unterschiedlichen Sozialisationsumwelten von Jungen und Mädchen vermutet werden
(vgl. Wigfield et al., 1996). So wurden unter anderem beim sozialen Selbstkonzept
sowie beim Selbstkonzept des Aussehens Geschlechterunterschiede vermutet, da
Mädchen und Frauen dem Selbstkonzept des Aussehens sowie der sozialen Kontakte
eine wichtigere Bedeutung in der Identitätsentwicklung beimessen würden als Jungen
und Männer, wohingegen letztere ihr Selbstbild insbesondere auf Leistungen im
schulischen Bereich begründen würden (vgl. Fend, 1994; Harter, 1999; Josephs,
Markus, & Tafarodi, 1992). Entsprechend empfahl Moschner (2001), geschlechterspezifischen Differenzen im Hinblick auf verschiedene Selbstkonzeptbereiche besondere Forschungsbemühungen zukommen zu lassen, wobei ökologische, kulturelle
und historische Bedingungen beachtet werden sollten.
  Nach einer Übersicht von Hattie (1992) konnten geschlechterbezogene Differenzen in Bezug auf selbstbezogene Kognitionen in der Mehrzahl der vorliegenden empirischen Studien nicht nachgewiesen werden. Allerdings mag dies speziell für globale
Selbstkonzeptmaße gelten (vgl. Moschner, 2001). Bei Untersuchungen mit bereichsspezifischen Instrumenten wurden wiederholt Geschlechterunterschiede in den *Mittelwerten und Mittelwertverläufen* gefunden: So berichteten Marsh et al. (1985) bei
8 von 13 Skalen des SDQ II signifikante Beiträge zur Varianzaufklärung durch die
Geschlechtervariable. Zur Varianzerklärung bei der Skala „General Self", die die
Items zum globalen Selbstwertgefühl enthält, trug der Einschluss der Geschlechtervariable nicht bei. Marsh (1989) fand zudem in einer Stichprobe von über 12.000
Schülern und Studenten Geschlechterunterschiede zwischen Jungen und Mädchen
bei spezifischen Selbstkonzeptskalen, die die gängigen Geschlechterstereotypen wi-

derspiegelten und sich als relativ stabil vom frühen Schulkindalter bis ins Alter von über 20 Jahren erwiesen. Allerdings vermochte die Geschlechtervariable nur vergleichsweise wenig Varianz aufzuklären, und in einigen Domänen fanden sich die Geschlechterunterschiede nur in einer bestimmten Altersgruppe. Für die vorliegende Arbeit sind vor allem die Befunde mit dem SDQ II, dessen Zielgruppe Jugendliche in der Adoleszenz sind, interessant. Der prominenteste Geschlechterunterschied fand sich hier beim Selbstkonzept des Aussehens, das bei den Jungen höher lag als bei den Mädchen. Auch hinsichtlich des mathematischen Selbstkonzepts zeigte sich ein signifikant höherer Mittelwert bei den Jungen; Mädchen hatten dagegen ein signifikant höheres verbales Selbstkonzept, einen höheren Wert beim Ehrlichkeitsselbstkonzept und beim Selbstkonzept der Beziehung zu Jugendlichen des eigenen Geschlechts. Im Vergleich zum Effekt, der sich beim Selbstkonzept des Aussehens finden ließ, muteten sich alle anderen Mittelwertunterschiede eher gering an.

Die von Marsh (1989) berichteten Geschlechterunterschiede beim sozialen Selbstkonzept sowie beim Selbstkonzept des Aussehens fanden einige Bestätigung auch in anderen Studien (vgl. Harter, 1999). Zudem maßen in Fends (1994) Untersuchungen die Mädchen bereits in jüngerem Alter als die Jungen dem Aussehen einen besonderen Stellenwert bei (vgl. auch Skaalvik, 1986a). Dies entspricht den üblichen Geschlechterstereotypien und lässt sich gut einpassen in Theorien, wonach für Mädchen und Frauen das Aussehen evolutionär eine höhere Wichtigkeit habe (vgl. Lerner, Orlos, & Knapp, 1976).

In Bezug auf die schulischen Selbstkonzepte ist zudem verschiedentlich festgestellt worden, dass Differenzen im Fähigkeitsselbstkonzept Mathematik zu Gunsten von Jungen höher sind, als man das aufgrund der gezeigten Mathematikleistung erwarten sollte (vgl. z.B. Rustemeyer, 1982).

Während die genannten Studien deutliche Hinweise auf klar definierte Geschlechterunterschiede hinsichtlich der Mittelwerte und der Mittelwertverläufe bei gewissen Selbstkonzeptdomänen geben, bieten Arbeiten zur *Struktur des Selbstkonzepts* interessanterweise kaum Evidenz für Geschlechtereffekte, sondern belegen vielmehr eine Invarianz zwischen den Geschlechtern. Beispielsweise untersuchte Marsh (1987) die Struktur des Selbstkonzepts auf Basis von Daten, die mit dem SDQ I gewonnen wurden, mithilfe von konfirmatorischen Faktorenanalysen. Die Ergebnisse wiesen auf eine faktorielle Invarianz der Selbstkonzepte bei Mädchen und Jungen hin, das heißt, eine Gleichsetzung der Messmodelle und der Korrelationen der latenten Selbstkonzepte zwischen Mädchen und Jungen führte zu keiner wesentlichen Verschlechterung der Modellgüte.

Eine etwas andere Ergebnislage berichteten Byrne und Shavelson (1987) hinsichtlich schulischer Selbstkonzepte: Obwohl die faktorielle Invarianz bei schulischen Selbstkonzepten im Großen und Ganzen bestätigt werden konnte, hatte das Mathematik-Selbstkonzept bei Jungen eine höhere latente Korrelation mit dem schulischen

Selbstkonzept sowie tendenziell mit dem generellen Selbstkonzept. Dagegen fand Marsh (1993a) eine deutliche Unterstützung für eine faktorielle Invarianz des mathematischen, verbalen, globalen schulischen sowie des Selbstwertgefühls zwischen Mädchen und Jungen aus vier Altersstufen (7. bis 10. Jahrgangsstufe). Eine Invarianzsetzung von Faktorladungen, Faktorkovarianzen und Faktorvarianzen führte zu keinerlei Verschlechterung der Modellanpassung, wobei Marsh zur Beurteilung der Güte verschiedener Modelle ausschließlich den Tucker-Lewis-Index (TLI) verwendete. Lediglich eine Gleichsetzung der Messfehler der manifesten Variablen ergab eine Verschlechterung im TLI von .960 auf .943, einen Unterschied, den Marsh als „not large" bezeichnete (S. 852). Hätte Marsh bei der Beurteilung der Modellgüten anstatt des TLI den χ^2-Differenzentest verwendet, wäre allerdings bereits die Gleichsetzung der Faktorladungen als signifikante Modellverschlechterung zu bewerten gewesen. In einer weiteren Studie erwies sich auch die Beeinflussung von der Leistung in Mathematik und Englisch durch Selbstkonzepte bei Jungen und Mädchen als ähnlich (Marsh & Yeung, 1998a).

Zusammenfassung
Der Überblick über die Forschung hat gezeigt, dass bei Mädchen und Jungen und über die verschiedenen Altersstufen Differenzen in den *Mittelwerten* unterschiedlicher Selbstkonzepte gefunden werden können (vgl. Marsh & Hattie, 1996). Andererseits haben Studien, die die *Struktur* des Selbstkonzepts untersuchten, überwiegend Belege für eine Invarianz über die Geschlechter und Altersstufen erbracht (vgl. Byrne & Shavelson, 1987; Marsh, 1993a). Allerdings wurde weniger intensiv überprüft, ob die Beziehungen zwischen schulischen und nicht schulischen Selbstkonzepten geschlechtertypische Muster aufweisen.

5.1.4 Ableitung der Fragestellung

Im Folgenden werden (1) mögliche Unterschiede in den mittleren Ausprägungen der bereichsspezifischen Selbstkonzepte und des Selbstwertgefühls sowie (2) mögliche Differenzen im Korrelationsmuster der bereichsspezifischen Selbstkonzepte unter besonderer Berücksichtigung der Korrelation bereichsspezifischer Selbstkonzepte mit dem Selbstwertgefühl bei Jungen und Mädchen der 7. und 10. Jahrgangsstufe analysiert. Es soll dabei den folgenden Fragestellungen nachgegangen werden.

Erstens ist aufgrund der bei Harter (1999) beschriebenen Veränderungen in Struktur, Salienz und Valenz von Selbstkonzepten sowie aufgrund der Befunde von Marsh (1989) anzunehmen, dass die kritische Selbstbeurteilung, die in der frühen Pubertät zu finden ist, in der Klassenstufe 10 überwunden sein sollte. Es ist also insgesamt mit einer Zunahme der mittleren Ausprägung der Selbstkonzepte zu rechnen. Aufgrund der Differenzierung des Selbstkonzepts mit zunehmendem Alter ist zudem zu erwarten, dass die untersuchten bereichsspezifischen Selbstkonzeptfacetten in der 7. Jahrgangsstufe enger miteinander verbunden sind als in der 10. Jahrgangsstufe (vgl. Harter, 1999). Die Idee einer Differenzierung des Selbstkonzepts impliziert auch, dass mit zunehmendem Alter das Selbstwertgefühl auf zunehmend mehr Bereiche des Selbst begründet wird. Somit lässt sich in der 10. Jahrgangsstufe eine niedrigere Korrelation der Selbstkonzepte mit dem Selbstwertgefühl als in der 7. Jahrgangsstufe erwarten. Allerdings kann als Gegenhypothese formuliert werden, dass sich der Lebenskontext von Schülerinnen und Schülern in Deutschland zwischen der 7. und 10. Jahrgangsstufe vergleichsweise wenig verändert: Es sind keine Schulwechsel vorgesehen, Schüler befinden sich oftmals in einem festen Klassenkontext und wohnen in aller Regel bei ihren Eltern; möglicherweise kann dies dazu führen, dass sich der Zusammenhang bestimmter Selbstkonzeptbereiche mit dem Selbstwertgefühl vergleichsweise wenig verändert.

Zweitens können aufgrund des biologischen Entwicklungsvorsprungs von Mädchen in der Adoleszenz (Wigfield et al., 1996) sowie aufgrund von kulturell vorgeformten Erwartungen der Umwelt an Mädchen bzw. Jungen (vgl. Harter, 1999; Rustemeyer, 1982) geschlechterspezifische Entwicklungsmuster erwartet werden. Einerseits sollten diese die schulischen Selbstkonzepte Mathematik und Deutsch betreffen (günstigere Entwicklung des Selbstkonzepts Mathematik bei Jungen sowie des Selbstkonzepts Deutsch bei Mädchen; vgl. die empirischen Belege bei Marsh, 1989), andererseits die Bedeutung sozialer Selbstkonzepte sowie des Selbstkonzepts des Aussehens, die bei den Mädchen bereits in jüngerem Alter besonders eng mit dem Selbstwertgefühl verknüpft sein sollten (Harter, 1999). Obgleich sie auf einen anderen theoretischen Hintergrund aufbauen, würden auch Konzeptionen, die evolutionäre Einflüsse betonen (vgl. Lerner et al., 1976), eine besonders enge Verbindung zwischen dem Selbstkonzept des Aussehens und dem Selbstwertgefühl bei Mädchen vermuten lassen.

Schließlich wird drittens der Annahme nachgegangen, dass die übliche Konzeption des sozialen Selbstkonzepts, bei der ausschließlich Skalen zur sozialen *Anerkennung* zur Anwendung kommen (z.B. Byrne & Shavelson, 1996; Harter, 1985; Marsh, 1984, 1990b, 1990c), durch die Berücksichtigung des Selbstkonzepts eigener *Durchsetzungsfähigkeit* bereichert werden kann und sollte (vgl. Leary et al., 2001). Dies setzt voraus, dass sich das Selbstkonzept eigener Durchsetzungsfähigkeit zumindest in einer der untersuchten Gruppen faktoriell von dem Selbstkonzept sozialer Anerkennung unterscheiden lässt und es keine Nullkorrelation mit dem Selbstwertgefühl aufweist.

5.2   Methode

5.2.1   Untersuchungsteilnehmer

Datengrundlage für die vorliegende Studie 1 bildet die Mehr-Kohorten-Längs-schnittuntersuchung „Bildungsverläufe und psychosoziale Entwicklung im Jugend-und jungen Erwachsenenalter" (BIJU). Ausführliche Beschreibungen dieser Studie finden sich in Arbeiten von Baumert et al. (1996), Gruehn (2000), Köller (1998) und Schnabel (1998). In der BIJU-Untersuchung wurden zwei Schülerkohorten längs-schnittlich verfolgt. Abbildung 7 zeigt das Erhebungsdesign der BIJU-Studie. Längs-schnitt 1 (L1) ist die Hauptkohorte der Untersuchung. Der erste Messzeitpunkt von L1 lag am Schuljahresbeginn des Schuljahrs 1991/92, zu dem 5.948 Schülerinnen und Schüler der 7. Jahrgangsstufe aus den drei Bundesländern Nordrhein-Westfalen, Sachsen-Anhalt sowie Mecklenburg-Vorpommern an der Untersuchung teilnahmen. Zum zweiten Erhebungszeitpunkt in der Mitte desselben Schuljahrs kamen 2.445 Ju-gendliche aus Berlin (Ost und West) hinzu. Die Schüler aller vier Bundesländer wur-den erneut am Ende des Schuljahrs befragt, wobei zu diesem Zeitpunkt insgesamt 6.263 Studienteilnehmer angetroffen werden konnten. Weitere Befragungen erfolg-ten mit denselben Schülern sowie neu hinzugekommenen Klassenkameraden in Klas-

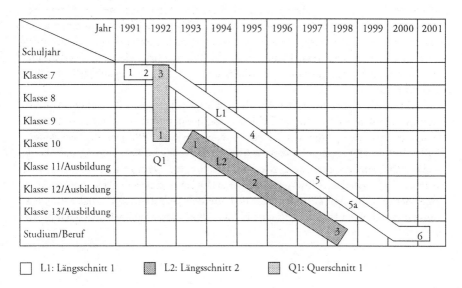

Abbildung 7: Kohortenplan und Erhebungsdesign der BIJU-Studie

senstufe 10 und 12. Im Jahr 2001 fand zudem eine postalische Befragung der Untersuchungsteilnehmer statt.

Die erste Erhebung im Längsschnitt 2 (L2) fand im Schuljahr 1992/93 mit 1.261 Untersuchungsteilnehmern der 10. Jahrgangsstufe aus den drei Bundesländern Nordrhein-Westfalen, Sachsen-Anhalt sowie Mecklenburg-Vorpommern statt. Die Jugendlichen wurden erneut zwei Jahre später in der Schule oder postalisch befragt; eine dritte Erhebung fand postalisch im Jahr 1998 statt. Zusätzlich erfolgte eine querschnittliche Erhebung im Jahr 1992 in der 10. Jahrgangsstufe (Q1), deren Schwerpunkt auf der politischen Sozialisation von Jugendlichen lag.

In der BIJU-Untersuchung wurden Schulleistungstests, Tests zur psychometrischen Intelligenz sowie Fragebögen eingesetzt. Einige dieser Instrumente wurden in identischer Form in beiden Längsschnittkohorten und über mehrere Erhebungen hinweg verwendet, während andere Instrumente lediglich in einer Stichprobe und/oder nur zu einem Messzeitpunkt zum Einsatz kamen. Diese Einschränkungen beeinflussen die Auswahl der jeweiligen Untersuchungsstichprobe.

In Studie 1 wurde jeweils ein Messzeitpunkt der beiden Längsschnitte verwendet: Aus L1 wurde der dritte Messzeitpunkt (Ende Klassenstufe 7) herangezogen, da in dieser Erhebungswelle zum ersten Mal eine Skala zur Beziehung zu den Eltern zum Einsatz gekommen war. Um eine hohe Vergleichbarkeit mit dem Längsschnitt 2 zu ermöglichen, wurde auf eine Berücksichtigung der Berliner Schüler verzichtet. Insgesamt lagen damit in der Kohorte L1 für diesen Erhebungszeitpunkt Daten von 4.633 Schülerinnen und Schülern (53,8 % weiblich) aus dem Gymnasium (48,9 %), der Realschule (29,2 %), der Hauptschule (15,1 %) sowie der Gesamtschule (6,8 %) vor. Zudem wurde aus der Kohorte L2 der erste Messzeitpunkt (Ende Klassenstufe 10) untersucht, da in dieser Erhebungswelle noch alle Befragten zur Schule gingen und entsprechend nach ihren schulischen Selbstkonzepten befragt werden konnten. Da von einigen Jugendlichen die Geschlechterangabe fehlte, reduzierte sich die Stichprobe aus Kohorte L2 auf insgesamt 1.178 Schülerinnen und Schüler aus dem Gymnasium (32,2 %), der Realschule (31,7 %), der Hauptschule (23,8 %) sowie der Gesamtschule (12,1 %). In beiden Kohorten bestand ein nahezu ausgeglichenes Verhältnis von Teilnehmern aus den alten und neuen Bundesländern (L1: 51,2 % alte Bundesländer; L2: 52,6 % alte Bundesländer).

5.2.2 Instrumente

Selbstwertgefühl. Für die vorliegende Arbeit ist die Operationalisierung des globalen Selbstwertgefühls von besonderem Interesse. In der wissenschaftlichen Literatur zum Selbstkonzept finden sich insbesondere drei Konzeptionen des globalen Selbstkonzepts (vgl. Marsh & Yeung, 1998b): (1) Das globale Selbstkonzept wird durch eine Vielzahl von Items erfasst, die einer unklaren Konzeption entstammen und verschiedene Dimensionen umfassen. (2) Das globale Selbstkonzept wird als ein latentes Konstrukt höherer Ordnung verstanden. Hierbei wird das globale Selbstkonzept nicht direkt erfasst, sondern über eine empirische Gewichtung und Verrechnung darunter liegender Faktoren errechnet. (3) Es wird eine Skala zur Messung des globalen Selbstkonzepts eingesetzt, die eine generelle Einstellung des Individuums zu sich selbst misst, ohne Bezug auf einzelne Fähigkeitsfelder bzw. persönliche Attribute zu nehmen. Wie oben bereits erläutert wurde, wird der Begriff „Selbstwertgefühl" in dieser Arbeit im Sinne der letzteren Konzeption verwendet. Typischerweise wird dabei in der Forschung die zehn Items umfassende Rosenberg-Skala (Rosenberg, 1965) eingesetzt, von der es inzwischen auch eine deutsche Übersetzung gibt (Ferring & Filipp, 1996). Item-Beispiele lauten wie folgt: „Ich fürchte, es gibt nicht viel, worauf ich stolz sein kann", „Alles in allem bin ich mit mir selbst zufrieden", „Hin und wieder denke ich, dass ich gar nichts tauge." Die Rosenberg-Skala weist eine eindimensionale Struktur auf (Corwyn, 2000), wobei jedoch in konfirmatorischen Faktorenanalysen eine zusätzliche Berücksichtigung von zwei Methodenfaktoren (positiv gepolte Items, negativ gepolte Items) eine noch bessere Anpassungsgüte des Modells an empirische Daten von Jugendlichen und Erwachsenen erbrachte (Corwyn, 2000; Marsh, 1996).

Da die Übersetzung der Rosenberg-Skala durch Ferring und Filipp (1996) sowie die Arbeiten zur Struktur der Rosenberg-Skala zum Zeitpunkt der ersten Datenerhebung im Jahr 1992 noch nicht vorlagen, kamen in der BIJU-Studie vier negativ formulierte Items aus einer deutschen Übersetzung der Rosenberg-Skala (vgl. Jerusalem, 1984) zum Einsatz, die wiederum auf einer Adaptation von Fend et al. (1976) aufbaute. Der Wortlaut dieser Items überschneidet sich mit der Übersetzung von Ferring und Filipp teilweise sehr stark. Die vier Items lauten: „Ich denke oft, ich tauge überhaupt nichts", „Ich wünsche mir oft, ein anderer zu sein", „Manchmal komme ich mir wirklich nutzlos vor", „Im Großen und Ganzen halte ich mich für einen Versager". Zur Beantwortung stand den Schülerinnen und Schülern eine vierstufige Skala mit den Bezeichnungen „trifft überhaupt nicht zu", „trifft eher nicht zu", „trifft eher zu" und „trifft völlig zu" zur Verfügung. Die Antworten wurden so kodiert, dass ein hoher Wert einer hohen Ausprägung des Selbstwertgefühls entspricht.

Angesichts des unterschiedlichen Wortlauts sowie der Beschränkung auf die negativ formulierten Items stellt sich die Frage, inwieweit die in der BIJU-Studie verwendete, verkürzte Adaptation der Rosenberg-Skala mit der neueren, vollständigen Version in der Übersetzung von Ferring und Filipp (1996) übereinstimmt. Deshalb wurde der Zusammenhang zwischen beiden Instrumenten im Schuljahr 2000/01 anhand einer Stichprobe von 210 Schülerinnen und Schülern der Jahrgangsstufen 7 bis 10 eines Berliner Gymnasiums untersucht. Es resultierte eine Korrelation der beiden Skalen von $r = .79$. Der Zusammenhang wurde zudem mit einer konfirmatorischen Faktorenanalyse unter Verwendung von AMOS 4.0 (Arbuckle, 1999) überprüft. Bei

Tabelle 3: Übersicht über die verwendeten Items zur Erfassung der domänenspezifischen Selbstkonzepte

---

Selbstkonzeptskalen und Selbstkonzeptitems

Selbstkonzept Mathematik/Deutsch (Jerusalem, 1984; Jopt, 1978)
(1) Mathematik [Deutsch] würde ich viel lieber machen, wenn das Fach nicht so schwer wäre.
(2) Kein Mensch kann alles. – Für Mathe [Deutsch] habe ich einfach keine Begabung.
(3) Bei manchen Sachen in Mathe [Deutsch], die ich nicht verstanden habe, weiß ich von vornherein:
„Das verstehe ich nie."
(4) Mathematik [Deutsch] liegt mir nicht besonders.

Selbstkonzept sozialer Anerkennung (Fend & Prester, 1986)
(1) Wenn andere in den Pausen etwas zusammen machen, werde ich häufig nicht beachtet.
(2) Ich kann machen, was ich will, irgendwie komme ich bei meinen Klassenkameraden nicht an.
(3) Ich fühle mich in der Klasse manchmal ein bisschen als Außenseiter.

Selbstkonzept eigener Durchsetzungsfähigkeit (Fend & Prester, 1986)
(1) Manchmal sage ich nichts, obwohl ich im Recht bin.
(2) Ich glaube, ich kann mich nicht so gut durchsetzen wie andere.
(3) Auch wenn ich eigentlich im Recht bin, traue ich mir nicht zu, mich zu beschweren.

Selbstkonzept des Aussehens (Seiffge-Krenke, 1987)
(1) Ich fühle mich oft hässlich und unattraktiv.

Selbstkonzept der Elternbeziehung (Fend & Prester, 1986)
(1) Wenn ich Probleme habe, behalte ich sie lieber für mich, als meine Eltern um Rat zu fragen.
(2) Zwischen meinen Eltern und mir kommt es oft zu Reibereien.
(3) Meine Eltern haben viel Verständnis für meine Probleme.
(4) Meine Eltern hören mir immer aufmerksam zu, wenn ich etwas erzähle.
(5) Meine Eltern interessieren sich recht wenig dafür, was ich so denke und tue.

---

der Spezifikation eines Zwei-Faktoren-Modells mit den latenten Variablen
„Selbstwertgefühl nach Ferring und Filipp (1996)" und „Selbstwertgefühl BIJU" ergab sich eine latente Korrelation von $r = 1$ ($\chi^2[73] = 144.07$, Tucker-Lewis-Index =
.990, RMSEA = .067)[1]. Dementsprechend zeigte ein χ^2-Differenzentest keine Überlegenheit des Zwei-Faktoren-Modells gegenüber einem Ein-Faktor-Modell, $\Delta\chi^2(1)$ =
2.78. Insgesamt weist die kurze Skala also eine sehr hohe Vergleichbarkeit mit der
Rosenberg-Skala auf. Die inneren Konsistenzen (Cronbachs α) der in den BIJU-
Stichproben L1 und L2 verwendeten Skala lagen für die untersuchten Messzeitpunkte bei .82 bzw. .75.

Selbstkonzept Mathematik und Deutsch. Aufgrund der Befunde von Marsh (z.B.
Marsh & Shavelson, 1985; vgl. Abschnitt 2.3), wonach nur eine geringe Korrelation
zwischen dem Selbstkonzept in der Muttersprache und in Mathematik besteht,

---

1   Um eine Überschätzung der latenten Korrelation zu vermeiden, wurde bei den drei Items der beiden
Skalen, die sich lediglich im Wortlaut unterscheiden, eine Korrelation der Fehlerterme zugelassen.

wurde entschieden, in die vorliegende Studie kein globales schulisches Selbstkonzept einzubeziehen. Stattdessen wurden je vier Items zur Erfassung der fachspezifischen Selbstkonzepte in Mathematik und Deutsch berücksichtigt, die aus Arbeiten von Jopt (1978) und Jerusalem (1984) übernommen wurden; diese Items sind bis auf die Fachbezeichnung in beiden Fächern identisch formuliert (siehe Tab. 3).

Sie thematisieren insbesondere Kognitionen über die eigene Fähigkeit im jeweiligen Fach sowie die Schwierigkeit von Aufgaben, die mit der eigenen mangelnden Fähigkeit zu tun haben. Motivationale bzw. emotionale Facetten treten demgegenüber zurück (vgl. die kritischen Anmerkungen von Bong & Clark, 1999, zum Einbezug emotionaler und motivationaler Facetten in Selbstkonzeptbögen; vgl. auch Schwanzer, 2002). Wiederum wurde eine vierstufige Antwortskala verwendet (von „trifft überhaupt nicht zu" bis „trifft voll und ganz zu"), wobei ein hoher Wert auf ein hohes Selbstkonzept hinweist. Die inneren Konsistenzen der verwendeten Skalen lagen in beiden Stichproben über .80 (Mathematik – L1: α = .88; L2: α = .89; Deutsch – L1: α = .83; L2: α = .86). Ausführliche Validitätshinweise für die genannten Skalen finden sich unter anderem bei Köller (2000).

Soziales Selbstkonzept. Zur Erfassung des sozialen Selbstkonzepts wurden zwei unterschiedliche Skalen verwendet, wobei die erste die wahrgenommene Anerkennung durch die Mitschüler thematisiert, die zweite hingegen den Aspekt der Durchsetzungsfähigkeit. Beide Skalen wurden von Fend und Prester (1986) übernommen. Die Items finden sich wiederum in Tabelle 3. Dieselbe vierstufige Antwortskala wie beim Selbstwertgefühl kam zur Anwendung, und alle Items wurden so kodiert, dass hohe Zahlenwerte eine hohe Ausprägung von wahrgenommener Durchsetzungsfähigkeit bzw. sozialer Anerkennung bedeuten. Die inneren Konsistenzen (Cronbachs α) in L1 und L2 beliefen sich auf .79 und .85 (Anerkennung) sowie .63 und .69 (Durchsetzungsfähigkeit). Validitätshinweise für diese Skalen finden sich bei Fend et al. (1984).

Selbstkonzept des Aussehens. Das Selbstkonzept des eigenen Aussehens wurde in der BIJU-Studie zu den hier interessierenden Messzeitpunkten unzureichend erfasst. Zum ersten Messzeitpunkt von L1 wurde eine Skala gebildet, in die Items von Fend und Prester (1986), Seiffge-Krenke (1987) sowie selbst entwickelte Items einflossen. Diese Skala erwies sich jedoch als nicht ausreichend reliabel (Cronbachs α = .47), sodass lediglich zwei Items in den Folgeuntersuchungen wieder verwendet wurden: „Manchmal beneide ich andere in der Klasse, die besser aussehen als ich" und „Ich fühle mich oft hässlich und unattraktiv". Beim ersten Item, das stark den sozialen Aufwärtsvergleich in der Form des Neids ausdrückt, scheint zudem die inhaltliche Validität nicht unproblematisch zu sein. Da das Selbstkonzept des Aussehens jedoch – insbesondere auch in Hinblick auf mögliche Geschlechter- und Alterseffekte – von potenziell großer Bedeutung ist, wurde es in der vorliegenden Arbeit auf Einzelindikatorebene („Ich fühle mich oft hässlich und unattraktiv") konzeptualisiert, wobei dieselbe Antwortskala wie beim Selbstwertgefühl zur Anwendung kam.

Selbstkonzept der Elternbeziehung. Die wahrgenommene Beziehung der Jugendlichen zu ihren Eltern wurde mit einer Kurzfassung der Skala Transparenz und Interesse von Fend und Prester (1986) erfasst, die von den Autoren in früheren Veröffentlichungen auch „Vertrauen und Engagement" genannt wurde (vgl. Fend & Specht,
1986; vgl. aber auch Fend, 1998). Die Items sind ebenfalls in Tabelle 3 abgedruckt.
In der BIJU-Untersuchung erfolgte die Befragung in den Erhebungswellen 3 und 4
des ersten Längsschnitts getrennt für den Vater und die Mutter, indem der Itemstamm erweitert wurde. Die Befragten sollten sowohl die Mutter als auch den Vater
auf der bereits bekannten vierstufigen Antwortskala einschätzen: „Diese Aussage trifft
auf meine Mutter [meinen Vater] zu." Da von einem Teil der Jugendlichen lediglich
zu einem Elternteil Angaben gemacht wurden, die Korrelation zwischen der Beziehung zur Mutter und zum Vater (bei mäßigen inneren Konsistenzen von .67 bis .73)
insgesamt recht hoch lag (nicht messfehlerkorrigierte Korrelation von $r = .69$ in L1
sowie von .67 in L2) und die getrennte Befragung nach der Beziehung zum Vater
bzw. zur Mutter ab der fünften Befragungswelle des ersten Längsschnitts aufgegeben
wurde, wurden in der vorliegenden Arbeit die über beide Elternteile gemittelten
Werte verwendet. Antwortmöglichkeiten reichten von „trifft überhaupt nicht zu" bis
„trifft voll und ganz zu". Die Items wurden so rekodiert, dass ein hoher Zahlenwert
eine gute Beziehung zu den Eltern ausdrückt. Die inneren Konsistenzen der gebildeten Skalen fielen befriedigend aus (L1: Cronbachs $\alpha = .70$; L2: $\alpha = .74$).

Es muss kritisch hinterfragt werden, inwieweit es gerechtfertigt ist, die Skala zur
Elternbeziehung als „Selbstkonzeptskala" zu bezeichnen. Offensichtlich thematisieren die verwendeten Items insbesondere die mit den Eltern stattfindende Kommunikation, wobei weniger die eigenen Fähigkeiten, diese Beziehung positiv zu gestalten,
im Vordergrund stehen, als vielmehr das Verhalten der Eltern (vgl. Tab. 3, insbesondere die Items 3, 4, 5). Somit sind in den Items eher Eigenschaften der Eltern angesprochen als eigene Qualitäten der Jugendlichen. Fend und Specht (1986) argumentierten, dass die Skala „in sozusagen klassischer Weise die Qualität der Eltern-Kind-
Beziehungen erfasst, also die Beziehungsdimension der familiären Umwelt" (S. 131).
Das, was in der vorliegenden Arbeit als Selbstkonzept der Elternbeziehung bezeichnet
wird, umfasst somit in erster Linie die von den Jugendlichen wahrgenommene Qualität der Beziehung zu den Eltern.

Ein Vergleich mit gängigen Instrumenten der Selbstkonzeptforschung zeigt, dass
eine solche Konzeptualisierung des Eltern-Selbstkonzepts durchaus üblich ist. So finden sich im SDQ III (Marsh, 1990c), der nach Byrne (1996) zu den besten Selbstkonzeptinstrumenten gehört, bei sieben der verwendeten zehn Items zur Erfassung
des Selbstkonzepts der Elternbeziehung recht hohe Überschneidungen mit den Items
in der BIJU-Studie. Die Items 1, 4, 6 und 9 des SDQ III (vgl. Items in Tab. 4) thematisieren den Aspekt des Verständnisses, den man auch im Item 3 der in BIJU verwendeten Skala findet. Item 3 des SDQs sowie Item 2 in BIJU thematisieren Kon-

Tabelle 4: Items zur Erfassung des Selbstkonzepts der Elternbeziehung aus dem
SDQ III (Marsh, 1990c)

Item	Itemtext
1	I hardly ever saw things the same way as my parents when I was growing up.
2	I would like to bring up children of my own (if I have any) like my parents raised me.
3	I still have many unresolved conflicts with my parents.
4	My parents have usually been unhappy or disappointed with what I do and have done.
5	My values are similar to those of my parents.
6	My parents have never had much respect for me.
7	My parents treated me fairly when I was young.
8	It has often been difficult for me to talk to my parents.
9	My parents understand me.
10	I like my parents.

flikte bzw. Reibereien. Die (gestörte) Kommunikation sowie die (ungerechte) Behandlung durch die Eltern findet sich in den Items 7 und 8 (SDQ) bzw. 1 und 4
(BIJU). Die in den Items 2 und 5 des SDQ thematisierten Wertvorstellungen sowie
der Aspekt der Zuneigung in Item 10 tauchen dagegen in der in BIJU verwendeten
Skala von Fend und Prester (1986) nicht auf.

Insgesamt lassen sich demnach deutliche Überschneidungen zwischen dem hier
verwendeten Instrument und einem führenden Selbstkonzeptinstrument, dem SDQ
(Marsh, 1990c), nachweisen. Zudem ähneln sich die beiden Instrumente darin, dass
nicht so sehr eigene Fertigkeiten thematisiert werden als vielmehr Beziehungsquali-
täten bzw. das wahrgenommene Verhalten der Eltern. Es scheint damit gerechtfertigt
zu sein, in Anlehnung an die Selbstkonzeptforschung bei der verwendeten Skala von
einem Selbstkonzept der Elternbeziehung zu sprechen. Gleichzeitig werden die vorgestellten Kritikpunkte jedoch in der Gesamtdiskussion aufgegriffen.

5.2.3 Statistisches Vorgehen

Die Überprüfung der Forschungsfragen erfolgte in einem mehrstufigen Verfahren.
Zunächst wurde in zweifaktoriellen Varianzanalysen möglichen Mittelwertunter-
schieden nachgegangen, bevor im Rahmen von konfirmatorischen Faktorenanalysen
Strukturvergleiche zwischen unterschiedlichen Gruppen vorgenommen wurden. Auf
einige methodische Aspekte, die im Kontext der vorliegenden Studie von Bedeutung
sind, soll im Folgenden eingegangen werden.

Umgang mit hierarchischen Daten
Die hierarchische Datenstruktur in der BIJU-Stichprobe erfordert eine spezielle Beachtung. In BIJU wurden nach Möglichkeit stets alle Schüler einer Klasse sowie immer zwei Klassen pro untersuchter Schule bei der Befragung herangezogen. Nun ist anzunehmen, dass die Schülerinnen und Schüler einer Klasse möglicherweise in ähnlicher Weise von der psychologischen Umwelt dieser Klasse beeinflusst sind; damit stellen sie aus statistischer Sicht keine unabhängigen Untersuchungseinheiten dar. Man kann davon sprechen, dass die Daten in hierarchischer Form vorliegen: Auf einer ersten Ebene sind Schüler innerhalb einer Klasse geschachtelt. Eine weitere hierarchische Schachtelung ergibt sich auf den nächsten Aggregationsebenen: Es wurden Schülerinnen und Schüler von verschiedenen Schulen (je zwei Klassen pro Schule) sowie Schultypen (Hauptschule, Realschule, Gymnasium, Gesamtschule) untersucht; schließlich wurden diese Schultypen in vier verschiedenen Bundesländern untersucht. Wie verschiedentlich gezeigt wurde, kann eine Nichtberücksichtigung der hierarchischen Struktur von Daten zu Fehlschlüssen führen (vgl. Bryk & Raudenbush, 1992; Cronbach, 1976).

Im vorliegenden Fall, in dem die Struktur des Selbstkonzepts mit konfirmatorischen Faktorenanalysen untersucht werden soll, kann eine Nichtberücksichtigung der hierarchischen Struktur zu einer *Unterschätzung* der Standardfehler und damit zu einer Überschätzung der Bedeutung einzelner Koeffizienten führen. Eine Möglichkeit, mit diesem Problem umzugehen, besteht darin, dass man mithilfe der Intraklassenkorrelation eine korrigierte Stichprobengröße berechnet. In der vorliegenden Arbeit wurde die bei Kish (1987) vorgestellte Formel verwendet und die resultierende *effektive Stichprobengröße* zur Grundlage der folgenden Berechnungen gemacht. Die Formel von Kish lautet wie folgt:

$$n_{SRS} = \frac{n}{1 + \rho \cdot (b - 1)}$$

mit n_{SRS} effektive Stichprobengröße (*S*imple *R*andom *S*ample)
 n tatsächlicher Stichprobenumfang
 b mittlere Klassengröße
 ρ Intraklassenkorrelation

Kishs Formel wurde angewendet, um für die vier untersuchten Gruppen (Jungen und Mädchen der jüngeren und älteren Kohorte) die effektive Stichprobengröße zu berechnen. Bei der Berechnung der Intraklassenkorrelation wurde ein konservatives Vorgehen ausgewählt, indem in jeder der vier untersuchten Gruppen jeweils dasjenige Selbstkonzept herangezogen wurde, das die größte Intraklassenkorrelation aufwies (zwischen ρ = .079 für das Selbstkonzept eigener Durchsetzungsfähigkeit bei den Jungen in L2 und ρ = .174 für das Selbstwertgefühl bei den Jungen aus L1); die mittleren „Klassengrößen" fielen aufgrund der getrennten Berechnung für Jungen und Mädchen mit Werten zwischen 6.3 (Jungen in L2) und 10.7 (Mädchen in L1) recht klein aus. Insgesamt führte dieses Verfahren zu einer erheblichen Reduktion der Stichprobengröße, die von 5.811 (kombinierte Ausgangsstichprobengröße aus L1 und L2) auf 2.852 (effektive Stichprobengröße) abnahm. Dabei lag der prozentuale Rückgang der Stichprobengröße in den vier untersuchten Gruppen zwischen 30 Prozent (L2 Jungen) und 59 Prozent (L1 Jungen). Die reduzierte, effektive Stichprobengröße wurde bei sämtlichen statistischen Berechnungen herangezogen.

Gewichtung der Daten nach der Schulformzugehörigkeit
Obwohl die Schulformzugehörigkeit in der Selbstkonzeptforschung zu Recht eine bedeutsame Rolle spielt (vgl. die Arbeiten von Köller, 2000; Schwarzer, 1979), ist sie in der vorliegenden Arbeit nur von untergeordnetem Interesse, sodass der Einfluss der Schulformzugehörigkeit kontrolliert werden musste. Dadurch wurde eine weitere Anpassung der Stichprobengröße bezüglich der Schulformzugehörigkeit notwendig. Wie oben dargelegt wurde, unterschied sich die Zusammensetzung der Kohorten L1 und L2, da es in der Kohorte L1 insbesondere zu einer Überrepräsentation der Gymnasiasten gekommen war. Bei der Überprüfung von Alterseffekten kann es bei der geschilderten Ausgangslage zu einer Konfundierung von Kohorten- und Schulformeffekten kommen. Aus diesem Grund wurde eine Gewichtungsvariable erstellt, mit deren Hilfe in Kohorte L1 der Anteil von Schülern jeder Schulform dem entsprechenden Anteil in Kohorte L2 angeglichen wurde.

Umgang mit fehlenden Werten
Fehlende Werte *(missing values)* einzelner Untersuchungsteilnehmer stellen für die sozialwissenschaftliche Forschung eine besondere Herausforderung dar (vgl. Little & Rubin, 1989). Wie in ähnlich gelagerten Untersuchungen gibt es in der BIJU-Stichprobe in jeder Befragungswelle eine gewisse Anzahl fehlender Werte. Die fehlenden Werte betreffen teilweise ganze Klassen, unter anderem weil administrative Probleme (Wandertage, Projektwochen usw.) auftraten oder die Schulleitung eine weitere Teilnahme an der Untersuchung nicht erlaubte, andererseits einzelne Schüler von teilnehmenden Klassen, etwa weil jene durch Krankheit verhindert waren, oder lediglich einzelne Items bei bestimmten Schülern, weil diese übersehen bzw. gar nicht oder nur uneindeutig ausgefüllt wurden. Rubin (1976) unterschied drei Prozesse, die zu fehlenden Werten führen können. Erstens können einzelne Daten völlig zufällig fehlen (*missing completely at random,* MCAR). Von einem solchen Prozess ist beispielsweise dann auszugehen, wenn einzelne Fragebögen Fehler aufweisen oder wenn eine Klasse wegen administrativer Probleme nicht befragt werden kann. Zweitens können Daten *missing at random* (MAR) sein. In diesem Fall fehlen zwar bestimmte Daten von bestimmten Personen, der Prozess, der zu den fehlenden Daten führte, ist jedoch bekannt. Man kann sich beispielsweise vorstellen, dass einige Schülerinnen und Schüler

nicht den gesamten Fragebogen in der dafür zur Verfügung stehenden Zeit bewältigen konnten; ist das Muster dieser fehlenden Werte durch andere Variablen wie kognitive Grundfähigkeit und Lesekompetenz vorhersagbar, sind die fehlenden Werte *missing at random.* Das Beispiel zeigt die Problematik des Begriffs *missing at random* auf – die fehlenden Werte fehlen nicht wirklich zufällig, es ist aber der Mechanismus bekannt, der zu den fehlenden Werten führte. Schließlich können Daten nicht zufällig fehlen *(missing not at random,* MNAR). In diesem Falle lässt sich das Fehlen eines Wertes bei einer bestimmten Person nicht aufgrund anderer Variablen voraussagen, sondern das Fehlen hängt systematisch von der Ausprägung dieser Variable ab. Beispielsweise wäre es möglich, dass Schülerinnen und Schüler mit schlechteren Noten weniger dazu bereit sind, ihre Noten mitzuteilen, als jene mit besseren Noten.

In der vorliegenden Studie fehlten für Schülerinnen und Schüler der Kohorte L1 im Durchschnitt 13,4 Prozent der Werte, in L2 20,2 Prozent der Werte. Durch welche Prozesse sind diese fehlenden Werte zustande gekommen? Zu den fehlenden Werten trugen fehlerhafte Fragebögen bei, bei denen einzelne Items fehlten. Fehlende Daten, die diesen fehlerhaften Fragebögen zuzuschreiben sind, sind MCAR. Des Weiteren dürften Erschöpfung und Motivationsprobleme zu fehlenden Werten geführt haben; für diese Werte gilt die Annahme von MCAR nicht. Das Problem der Stichprobenmortalität und der daraus folgenden Frage, wie mit dieser Mortalität umgegangen werden soll, bestand dagegen nicht, da in Studie 1 lediglich querschnittliche Analysen berichtet werden.

Wie in verschiedenen Simulationsstudien gezeigt werden konnte (z.B. Hox, 1999; Huisman, 1999), ergeben sich bei klassischen Verfahren zum Umgang mit fehlenden Werten wie *mean substitution, hot deck, listwise deletion* oder *pairwise deletion* im besten Falle suboptimale, im schlechtesten Falle systematisch fehlerhafte Schätzungen. Sind Daten MCAR, so führt beispielsweise eine *listwise deletion* zu korrekten Parameterschätzungen (Mittelwerte, Varianzen usw.), aber die Teststärke ist reduziert; der Einsatz von *mean substitution* hat eine Verringerung der Varianzen zur Folge. Führen dagegen systematische Prozesse dazu, dass einzelne Werte fehlen, so ergibt die Verwendung klassischer Verfahren zum Umgang mit fehlenden Werten in der Regel verzerrte Parameterschätzungen (Collins, Schafer, & Kam, 2001; Sinharay, Stern, & Russell, 2001). Eine bessere Schätzung fehlender Werte ermöglichen Verfahren, die modellbasiert die fehlenden Werte bzw. die Struktur der Daten vorhersagen und auch dann zu guten Schätzungen der fehlenden Werte kommen, wenn diese MAR sind. Derzeit finden insbesondere zwei Verfahren zunehmende Akzeptanz (Collins et al., 2001; Hox, 1999): zum einen Maximum-Likelihood-Schätzungen und zum anderen Verfahren zur mehrmaligen Schätzung der fehlenden Werte *(multiple imputation).* Bei Verfahren, die auf Maximum-Likelihood-Schätzungen beruhen, hat sich unter anderem der EM-Schätzer *(expectation maximization)* in SPSS bewährt (vgl. Hox, 1999), der aufgrund der vorhandenen Datenstruktur die fehlenden Werte schätzt.

Ein besonderer Vorteil der EM-Schätzung gegenüber einer einfachen Schätzung fehlender Werte über die Regressionsmethode besteht darin, dass bei der EM-Schätzung den erzeugten Daten ein Fehlerterm hinzugefügt wird; dies führt, insbesondere bei größeren Datensätzen, zu konservativeren Schätzungen der Standardfehler (vgl. Allison, 2001; Hox, 1999). Über die Verwendung des EM-Schätzers lassen sich in SPSS 10.0 Kovarianzmatrizen erzeugen, die anschließend in Strukturgleichungsprogramme wie LISREL 8.3 (Jöreskog & Sörbom, 1999) bzw. AMOS 4.0 (Arbuckle, 1999) eingelesen werden können. Der EM-Schätzer hat sich in Simulationsstudien beim Vorliegen von Daten, die MCAR sind, Techniken wie *pairwise deletion, listwise deletion* und anderen einfacheren Substitutionsmethoden als zumindest ebenbürtig und bei Daten, die MAR sind, als überlegen erwiesen (vgl. Allison, 2001; Hox, 1999).

Aus diesem Grund wurden in der vorliegenden Studie fehlende Werte auf Einzelitemebene über den EM-Schätzer in SPSS 10.0 geschätzt, bevor die jeweiligen Items zu Skalen zusammengefasst wurden. Mit dem EM-Schätzer können einerseits – wie es hier erfolgt ist – zunächst die fehlenden Werte im Datensatz ersetzt werden, bevor eine Weiterverarbeitung der vervollständigten Daten stattfindet (auch *single imputation* genannt), andererseits aber auch direkte Schätzungen von Mittelwerten bzw. Korrelationen vorgenommen werden. Dabei ist zu beachten, dass sich die Standardabweichungen, nicht aber die Mittelwerte, bei Verwendung der beiden Verfahren unterscheiden. Wird zunächst eine Ersetzung von fehlenden Werten vorgenommen, bevor weitere Rechenschritte erfolgen, so ist mit einer Unterschätzung der Standardfehler zu rechnen, womit bei Gruppenvergleichen die Wahrscheinlichkeit von α-Fehlern steigt (d. h. es steigt die Chance, dass die Alternativhypothese angenommen wird, obwohl die Nullhypothese zutrifft). Aus diesem Grund ist es allgemein vorzuziehen, statistische Tests lediglich mit den direkten Schätzungen von Mittelwerten, Kovarianzen usw. vorzunehmen. Dies war allerdings im vorliegenden Fall nicht möglich, weil in SPSS 10.0 bei Anwendung des *missing-values*-Moduls noch keine gleichzeitige Gewichtung der Daten möglich ist. Um möglichen α-Fehlern aufgrund der Unterschätzung der Standardfehler vorzubeugen, wurde bei sämtlichen Berechnungen ein Signifikanzniveau von α = .01 verwendet.

Überprüfung der Modellanpassung in Strukturgleichungsmodellen

Zur Prüfung der Forschungsfragen wurden unter anderem konfirmatorische Faktorenanalysen in den vier untersuchten Gruppen eingesetzt. Das Vorgehen gestaltete sich dabei wie folgt: Zunächst wurde für alle Gruppen getrennt die postulierte Struktur untersucht. Wie zu sehen ist, wurden im Basismodell (vgl. Abb. 8) insgesamt sieben latente, interkorrelierende Faktoren postuliert, wobei das Selbstkonzept des Aussehens lediglich durch eine Variable gemessen wurde. Im Basismodell wurden keinerlei korrelierende Fehler spezifiziert.

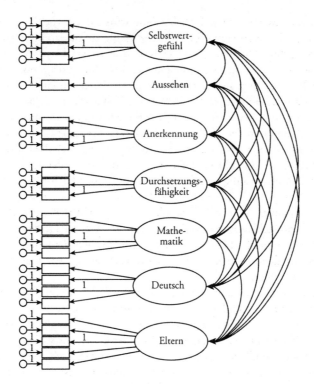

Abbildung 8: Basismodell der Beziehungen zwischen dem Selbstwertgefühl und bereichsspezifischen Selbstkonzepten

Unter der Voraussetzung, dass sich für das Basismodell in allen vier Gruppen eine empirische Unterstützung finden würde, sollten anschließend Unterschiede und Gemeinsamkeiten im Mess- und Strukturmodell herausgearbeitet werden. Gruppenunterschiede werden in Strukturgleichungsmodellen gemeinhin dadurch untersucht, dass bestimmte Beziehungen über zwei oder mehr zu untersuchende Gruppen als invariant spezifiziert werden und überprüft wird, ob diese Invarianzspezifikationen die Anpassungsgüte des Modells verschlechtern. Zentrales Interesse sollte dabei denjenigen Invarianzspezifikationen gelten, die in der entsprechenden Studie von theoretischer Relevanz sind (vgl. Bentler, 1988; Bollen, 1989). Im vorliegenden Fall betraf dies zum einen die Faktorladungen, mehr aber noch die latenten Korrelationen zwischen den Selbstkonzepten. Einen empirischen Hinweis auf Gruppenunterschiede stellt ein Befund dar, wonach sich die Anpassungsgüte des Modells mit Invarianzspezifikationen gegenüber einem nicht bzw. weniger restringierten Modell verschlechtert (vgl. Byrne, 1998). Üblicherweise wird zur Überprüfung der Invarianz von Modellen über mehrere Gruppen der χ^2-Differenzentest eingesetzt (Arbuckle, 1999; Byrne, 1998). Allerdings ist dieser Test – ebenso wie der χ^2-Test zur Überprüfung der Modellgüte – von der Größe der untersuchten Stichprobe abhängig: Bei großen Stichproben zeigt sich mit hoher Wahrscheinlichkeit eine statistisch signifikante Modellabweichung (Bentler & Bonett, 1980; Marsh, Balla, & McDonald, 1988). Um die Güte eines Modells zu bestimmen, wurden aus diesem Grund eine Reihe von alternativen Fit-Maßen vorgeschlagen. Prominente Vertreter sind beispielsweise der „Root mean square error of approximation" (RMSEA, Browne & Cudeck, 1989), der „Goodness-of-Fit Index" (GFI) sowie der Tucker-Lewis-Index (TLI, auch NNFI genannt; Bentler & Bonett, 1980; Marsh et al., 1988), wobei beim TLI Werte größer .90 sowie beim RMSEA Werte kleiner .08 allgemein als Hinweise auf akzeptabler Fit angesehen werden (vgl. aber Hu & Bentler, 1999). Zudem wurde auch vorgeschlagen, das Verhältnis von χ^2-Wert zu Freiheitsgraden (χ^2/df Ratio; vgl. Marsh et al., 1988) bei einer vergleichenden Beurteilung von Modellgüten heranzuziehen, da hierbei eine nachvollziehbare „Bestrafung" weniger sparsamer Modelle erfolgt.

Die genannten und andere Fit-Maße werden als Ergänzung (z.B. Byrne, 1998) oder aber anstatt des χ^2-Differenzentests verwendet (Marsh, 1993a), um die Modellanpassung unterschiedlich restringierter Modelle miteinander zu vergleichen. Anders als der χ^2-Differenzentest stellen diese Indizes allerdings keine statistische Kenngröße im Sinne eines Signifikanztests zum unmittelbaren Vergleich zweier Modelle dar. Deshalb ist zu fragen, ab welcher Größe Unterschiede in diesen Indizes als bedeutsam zu beurteilen sind, eine Frage, für die es bislang keine allgemein akzeptierte Antwort gibt. In der vorliegenden Arbeit wird, wie bei Marsh (1993a), zur Beurteilung der Modellanpassung insbesondere der TLI und RMSEA herangezogen, aber auch zusätzlich der GFI angegeben. Dabei interessiert weniger die absolute Höhe des TLI, RMSEA und GFI, sondern die Veränderung dieser Indizes bei zusätzlich vorgenommenen Restriktionen. Zudem werden χ^2-Differenzen berichtet.

5.3   Ergebnisse

5.3.1   Selbstkonzept und Selbstwertgefühl bei Jungen und Mädchen in der 7. und 10. Jahrgangsstufe

Die mittleren Ausprägungen des Selbstwertgefühls sowie der sechs untersuchten bereichsspezifischen Selbstkonzepte wurden für Jungen und Mädchen aus der 7. und 10. Jahrgangsstufe getrennt berechnet. Tabelle 5 zeigt Mittelwerte und Standardabweichungen.

Tabelle 5: Selbstwertgefühl und bereichsspezifische Selbstkonzepte bei Mädchen und Jungen der 7. und 10. Jahrgangsstufe (Mittelwerte und in Klammern Standardabweichungen)

Selbstkonzeptbereich	Jahrgangsstufe 7: Kohorte L1		Jahrgangsstufe 10: Kohorte L2	
	weiblich	männlich	weiblich	männlich
Aussehen	2.68 (0.88)	2.93 (0.85)	2.88 (0.84)	3.18 (0.80)
Anerkennung	3.02 (0.70)	2.85 (0.70)	3.38 (0.57)	3.29 (0.58)
Durchsetzungsfähigkeit	2.74 (0.65)	2.75 (0.66)	2.92 (0.65)	2.89 (0.63)
Mathematik	2.72 (0.76)	2.87 (0.75)	2.66 (0.78)	3.02 (0.67)
Deutsch	3.04 (0.67)	2.90 (0.74)	3.10 (0.59)	2.86 (0.63)
Eltern	2.91 (0.56)	2.81 (0.52)	2.92 (0.56)	2.91 (0.53)
Selbstwertgefühl	3.05 (0.70)	2.98 (0.74)	3.39 (0.58)	3.58 (0.48)

Wie zu erkennen ist, lagen die Mittelwerte der Selbstkonzeptfacetten sowie des Selbstwertgefühls in allen vier Gruppen jeweils über dem theoretischen Skalenmittelpunkt von 2.5. In anderen Worten: Insgesamt fand sich eine eher positive Ausprägung bei den genannten Selbstkonzepten; dieses Befundmuster ist aus der Literatur gut bekannt (vgl. z.B. Marsh, 1989; Taylor & Brown, 1988). Eine Inspektion der Tabelle 5 zeigt zudem Gruppenunterschiede, die in einigen Domänen von beträchtlicher Ausprägung waren. Eine multivariate 2 (Geschlecht: weiblich vs. männlich) × 2 (Jahrgangsstufe: 7 vs. 10) × 7 (Selbstkonzeptbereiche) Varianzanalyse mit der Kovariate Herkunft (West vs. Ost) ergab signifikante Effekte des Geschlechts, $F(7, 2843)$ = 43.23, $p < .001$, $\eta^2 = .096$, der Kohorte, $F(7, 2843)$ = 60.35, $p < .001$, $\eta^2 = .129$, sowie der Interaktion Geschlecht × Herkunft, $F(7, 2843)$ = 6.69, $p < .001$, $\eta^2 = .016$. Diesen Effekten wurde genauer in univariaten 2 (Geschlecht: weiblich vs. männlich) × 2 (Jahrgangsstufe: 7 vs. 10) Varianzanalysen mit der Kovariaten Herkunft (West vs. Ost) nachgegangen. Die folgenden Unterschiede ließen sich statistisch belegen: Hinsichtlich des Selbstkonzepts Aussehen fand sich ein signifikanter Haupteffekt des Geschlechts, $F(1, 2848)$ = 58.87, $p < .001$, $\eta^2 = .020$, wonach Jungen über ein höheres Selbstkonzept des Aussehens als Mädchen verfügten. Zudem wurde der Haupteffekt Kohorte signifikant, $F(1, 2848)$ = 38.09, $p < .001$, $\eta^2 = .013$. Auch beim Selbstkonzept sozialer Anerkennung waren Unterschiede zwischen Mädchen und Jungen feststellbar, $F(1, 2848)$ = 22.49, $p < .001$, $\eta^2 = .008$, wobei in diesem Fall die Mittelwerte der Mädchen höher lagen. Zudem nahm der Mittelwert beim Selbstkonzept sozialer Anerkennung von Klassenstufe 7 nach Klassenstufe 10 zu, wobei der Beitrag des Haupteffekts Kohorte zur Varianzaufklärung vergleichsweise hoch war, $F(1, 2848)$ = 205.91, $p < .001$, $\eta^2 = .067$. Hinsichtlich des Selbstkonzepts eigener Durchsetzungsfähigkeit war lediglich der Haupteffekt Kohorte signifikant, $F(1, 2848) = 33.60$, $p < .001$, $\eta^2 = .012$; auch bei dieser Selbstkonzept-domäne war also eine Zunahme in der Selbstkonzeptausprägung festzustellen.

In Bezug auf die schulischen Selbstkonzepte Mathematik und Deutsch zeigte sich das erwartete Muster: Jungen wiesen ein höheres Selbstkonzept Mathematik auf $F(1, 2848) = 66.25$, $p < .001$, $\eta^2 = .022$, wobei ein zusätzlicher signifikanter Inter-aktionseffekt Geschlecht x Kohorte zeigte, dass sich der Abstand zu den Mädchen zwischen der 7. und 10. Jahrgangsstufe vergrößerte, $F(1, 2848) = 11.35$, $p < .001$, $\eta^2 = .004$. Dagegen fand sich bei Mädchen ein höheres Selbstkonzept Deutsch als bei Jungen $F(1, 2848) = 45.34$, $p < .001$, $\eta^2 = .016$ (der Interaktionseffekt Geschlecht × Kohorte $F[1, 2848] = 3.22$, $p < .10$, verfehlte das Signifikanzniveau von $\alpha = .01$).

Keine Geschlechter- oder Alterseffekte waren beim Selbstkonzept der Elternbezie-hung zu verzeichnen (alle *ps* $> .01$). Dagegen fand sich hinsichtlich des Selbstwert-gefühls ein signifikanter Effekt der Kohorte, $F(1, 2848) = 271.52$, $p < .001$, $\eta^2 = .087$; zudem erreichte der Interaktionseffekt Geschlecht × Kohorte das Signifikanz-niveau $F(1, 2848) = 21.54$, $p < .001$, $\eta^2 = .008$.

Die erwarteten Mittelwertunterschiede konnten im Großen und Ganzen also be-stätigt werden: Das Selbstkonzept des Aussehens war bei den Jungen höher ausge-prägt als bei den Mädchen und lag insgesamt in der älteren Untersuchungsgruppe höher. Dagegen berichteten Mädchen hypothesenkonform ein höheres Selbstkonzept sozialer Anerkennung. Zudem war hier ein relativ großer Effekt des Alters festzustel-len. Die Entwicklung schulischer Selbstkonzepte folgte den bekannten Geschlech-terstereotypien: Jungen besaßen ein höheres Selbstkonzept Mathematik, und dieser Vorteil war in der älteren Gruppe stärker ausgeprägt; die Unterschiede wuchsen hier also mit dem Alter an. Mädchen verfügten über ein höheres Selbstkonzept Deutsch. Zudem zeigte sich, dass das Eltern-Selbstkonzept nicht abnahm. Schließlich fand sich beim Selbstwertgefühl bei den Jungen ein stärkerer Anstieg zwischen Klasse 7 und 10 als bei den Mädchen.

5.3.2 Struktur des Selbstkonzepts: Mehrgruppenvergleiche

Die Güte des Basismodells in den vier Gruppen
Das in Abbildung 8 gezeigte Basismodell zeigte insgesamt eine zufriedenstellende Modellgüte. Wie in Tabelle 6 (Modell 1) zu erkennen ist, wiesen der Tucker-Lewis-Index mit .917 und der GFI mit .927 auf eine akzeptable Modellanpassung hin, und der RMSEA zeigte mit .026 eine sehr gute Anpassungsgüte. Gleichzeitig fand sich ein signifikanter χ^2-Wert, was nicht verwundern kann, wenn man die Größe der verwen-deten Stichproben bedenkt (vgl. Bentler, 1992; Marsh et al., 1988), und auch die $\chi^2/$ *df*-Ratio fiel mit 2.981 relativ hoch aus. Allerdings zeigten zusätzliche Analysen mit den vier spezifizierten Teilgruppen problematische Ergebnisse. Die Anpassungsgüte erwies sich lediglich in den zwei Teilgruppen der Mädchen als gut (TLI von über .90

Tabelle 6: Modellgütemaße für die verglichenen Strukturgleichungsmodelle

Modell	Beschreibung	χ^2	df	χ^2/df	TLI	RMSEA	GFI
M1	*Basismodell*	2766.71	928	2.981	.917	.026	.927
M2	*Modifiziertes Basismodell:* Basismodell und drei korrelierende Fehler	1829.29	916	1.997	.958	.019	.949
M3	*Äquivalenzmodell I:* Alle Faktorladungen invariant gesetzt	2056.95	967	2.127	.953	.020	.943
M4	*Äquivalenzmodell II:* Alle Faktorladungen und Faktorkovarianzen invariant gesetzt	2255.76	1030	2.190	.950	.020	.938

Effektives $N = 2.852$.

und RMSEA von unter .050). Zudem zeigten die Modifikationsindizes an, dass sich die Anpassungsgüte in allen Subgruppen noch wesentlich verbessern ließe, wenn drei korrelierende Fehler spezifiert würden. Dies betraf zum einen die Items „Meine Eltern haben viel Verständnis für meine Probleme" und „Meine Eltern hören mir immer aufmerksam zu, wenn ich etwas erzähle" aus dem Faktor Selbstkonzept der Elternbeziehung. Da diese zwei Items neben dem identischen Itemstamm „Meine Eltern" auch eine große inhaltliche Nähe besitzen, erschien es gut vertretbar, eine Fehlerkorrelation zwischen diesen zwei Items zuzulassen. Zum anderen ließ sich laut Modifikationsindizes die Anpassungsgüte in allen vier Teilgruppen deutlich steigern, wenn zwei Fehlerkovarianzen zwischen jeweils korrespondierenden Items aus den Selbstkonzepten Deutsch und Mathematik spezifiert würden. Die betreffenden Items verfügen (bis auf die Nennung des Fachs) jeweils über den exakt gleichen Itemwortlaut („Mathematik [Deutsch] würde ich viel lieber machen, wenn das Fach nicht so schwer wäre"; „Bei manchen Sachen in Mathematik [Deutsch], die ich nicht verstanden habe, weiß ich von vornherein: ‚Das verstehe ich nie'"). Wegen der Übereinstimmung im Itemwortlauf erschienen auch diese Modifikationen gut vertretbar.

Modellgütewerte für das entsprechend *modifizierte Basismodell* finden sich in Tabelle 6 (siehe Modell M2). Wie zu erkennen ist, brachten die Modifikationen eine deutliche Verbesserung der Anpassungsgüte mit sich. Zudem zeigte sich nun in den vier Teilgruppen eine zufriedenstellende Modellanpassung (TLI > .90 und RMSEA < .08 in allen vier Gruppen).

Latente Korrelationen

Das modifizierte Basismodell wurde zunächst für eine Inspektion der latenten Faktorkorrelationen verwendet. Wie aus Tabelle 7 zu ersehen ist, bestanden zwischen allen bereichsspezifischen Selbstkonzepten positive Zusammenhänge. Die um die Unrelia-

Tabelle 7: Die Höhe des Zusammenhangs (Korrelationen) zwischen verschiedenen
           Selbstkonzepten sowie zwischen Selbstkonzepten und dem Selbstwert-
           gefühl bei Mädchen (vor) und bei Jungen (nach dem Schrägstrich) in
           Kohorte L1 (unter) und in Kohorte L2 (über der Diagonalen)

Selbstkonzeptbereich	(1)	(2)	(3)	(4)	(5)	(6)	(7)
(1) Aussehen		.43/.60	.41/.41	.10/.18	.15/.20	.29/.24	.51/.41
(2) Anerkennung	.54/.66		.61/.64	.02/.12	.29/.30	.32/.36	.53/.57
(3) Durchsetzungsfähigkeit	.49/.56	.74/.87		.05/.24	.28/.44	.23/.24	.52/.44
(4) Mathematik	.20/.17	.21/.22	.22/.24		.01/.20	.09/.19	.26/.38
(5) Deutsch	.20/.14	.29/.19	.25/.21	.25/.32		.14/.08	.25/.20
(6) Eltern	.24/.25	.31/.40	.25/.34	.16/.33	.24/.26		.39/.44
(7) Selbstwertgefühl	.43/.30	.51/.46	.50/.47	.34/.38	.42/.42	.40/.39	

Effektive Stichprobengrößen von n = 394 (L2 Jungen), n = 409 (L2 Mädchen), n = 926 (L1 Jungen) und
n = 1.124 (L1 Mädchen).

bilität der Skalen korrigierten mittleren Korrelationen zwischen den Faktoren der bereichsspezifischen Selbstkonzepte waren in der älteren Kohorte etwas niedriger als in
der jüngeren Kohorte (L1 Mädchen: .31; L1 Jungen: .34; L2 Mädchen: .23; L2 Jungen: .30). Die latenten Korrelationen der bereichsspezifischen Selbstkonzepte mit
dem Selbstwertgefühl zeigten im Mittel keinen Rückgang (L1 Mädchen: .43; L1 Jungen: .40; L2 Mädchen: .41; L2 Jungen: .41). Somit fand sich also nur eine mäßige
Abnahme der mittleren Zusammenhänge zwischen den bereichsspezifischen Selbstkonzepten und kein Rückgang der Korrelation mit dem Selbstwertgefühl.

    Eine genauere Betrachtung der Korrelationen zeigte, dass in den vier untersuch-
ten Gruppen der Zusammenhang zwischen den Selbstkonzepten sozialer Anerkennung und eigener Durchsetzungsfähigkeit auffallend hoch ausfiel (zwischen .63 und
.87). Es wurde deshalb überprüft, ob eine noch bessere Güte der Modellanpassung
erreicht werden könnte, wenn die zwei Aspekte des sozialen Selbstkonzepts als ge-
meinsamer Faktor modelliert würden. Allerdings erwies sich dieses Modell dem oben
dargestellten modifizierten Basismodell als unterlegen ($\chi^2[940]$ = 2225.93; TLI =
.942; RMSEA = .022; es fand sich somit eine Zunahme von 16.53 χ^2-Punkten pro
hinzugewonnenem Freiheitsgrad).

    Des Weiteren ist zu erkennen, dass die Muster der Beziehungen zwischen einzel-
nen Selbstkonzepten bzw. zwischen Selbstkonzepten und dem Selbstwertgefühl
gängigen Annahmen über alters- und geschlechtertypische Einflüsse entsprachen. So
zeigten sich insbesondere in L2 höhere Korrelationen zwischen dem Selbstkonzept
Mathematik und dem Selbstwertgefühl bei Jungen als bei Mädchen, während sich ein
umgekehrtes Muster in Bezug auf das Selbstkonzept Deutsch andeutete. Bei Mädchen bestand insgesamt eine höhere Korrelation zwischen dem Selbstkonzept Ausse-

hen und dem Selbstwertgefühl. Zudem nahmen die Korrelationen zwischen sozialen Selbstkonzepten und dem Selbstwertgefühl bei Jungen und Mädchen von der 7. zur 10. Jahrgangsstufe zu.

Strukturelle Äquivalenz
Die bisherigen Analysen zeigten mehrere Unterschiede in der Struktur des Selbstkonzepts, die sich gut mit der Idee der Differenzierung bzw. der geschlechterrollentypischen Entwicklung in Einklang bringen lassen. Betrachtet man allerdings die absolute Höhe der latenten Korrelationen, so fielen diese Unterschiede insgesamt recht gering aus. Es wurde deshalb in einem nächsten Schritt überprüft, ob eine Gleichsetzung bestimmter Parameter im Mess- oder Strukturmodell der vier Gruppen zu einer Verschlechterung der Modellanpassung führen würde.

Hierfür wurden, ausgehend vom modifizierten Basismodell (Modell M2 in Tab. 6), sukzessive Invarianzbeschränkungen eingeführt. Zunächst wurden die Faktorladungen der latenten Konstrukte über alle vier Gruppen gleichgesetzt (Modell M3). Bei einem Zugewinn von 51 Freiheitsgraden erhöhte sich der χ^2-Wert um 227.66 Punkte, was nach dem χ^2-Differenzentest eine signifikante Verschlechterung der Modellanpassungsgüte impliziert ($p < .001$). Aufgrund der bekannten Probleme bei der Anwendung des χ^2-Differenzentests bei größeren Stichproben wurde jedoch besonderes Gewicht auf den TLI und den RMSEA gelegt. Beide wiesen auf eine nur geringfügige Verschlechterung der Modellanpassungsgüte hin, sodass es trotz einer gewissen Verschlechterung der χ^2/df-Ratio vertretbar schien, gleiche Messmodelle in allen Gruppen anzunehmen. In Modell M4 wurden zusätzlich sämtliche Kovarianzen des Strukturmodells invariant gesetzt. Es zeigte sich gegenüber Modell M3 eine Verschlechterung des χ^2-Werts um 198.80 Punkte bei einem Zugewinn von 63 Freiheitsgraden; der Tucker-Lewis-Index wies ebenso wie der RMSEA und der GFI eine recht geringfügige Verschlechterung auf, und auch die χ^2/df-Ratio nahm nur leicht zu. Dies deutet darauf hin, dass die Struktur des Selbstkonzepts in allen vier untersuchten Gruppen insgesamt ähnlich war. Es wurden zusätzliche Analysen durchgeführt, bei denen neben den Faktorladungen jeweils nur eine Kovarianz als invariant spezifiziert wurde. Hierbei zeigte sich, dass rund ein Viertel der Verschlechterung im χ^2-Wert auf die Invarianzsetzung der Beziehung zwischen dem Selbstkonzept Deutsch und dem Selbstwertgefühl zurückging (47.04 χ^2-Punkte). Das Selbstkonzept Deutsch war bei den Jugendlichen aus Klassenstufe 7 enger mit dem Selbstwertgefühl verknüpft als bei älteren Schülerinnen und Schülern. Bei drei weiteren Invarianzspezifikationen von latenten Korrelationen zeigte sich ein Zuwachs von mehr als 20 χ^2-Punkten: Durchsetzungsfähigkeit/Anerkennung (26.73 χ^2-Punkte), Mathematik/Deutsch (24.03 χ^2-Punkte) sowie Anerkennung/Aussehen (22.14 χ^2-Punkte). Bei diesen drei Korrelationen waren jeweils bei den jüngeren Untersuchungsteilnehmern sowie bei den Jungen engere Zusammenhänge zwischen den jeweiligen Selbstkonzeptfacetten gefunden worden.

Zusammenfassend deutet dies darauf hin, dass die erwarteten geschlechter- und altersspezifischen Unterschiede in der Struktur des Selbstkonzepts tendenziell bestanden, jedoch von eher mäßiger Bedeutung waren.

5.4   Diskussion

Die vorliegende Teilstudie 1 untersuchte Mittelwertverläufe in schulischen und sozialen Selbstkonzeptdomänen und beim Selbstkonzept der Elternbeziehung sowie den Zusammenhang dieser Selbstkonzepte mit dem Selbstwertgefühl. Dabei galt das Augenmerk einerseits theoretisch abgeleiteten Hypothesen in Bezug auf Geschlechter- und Alterseffekte (7. vs. 10. Klasse), andererseits wurde mit dem Selbstkonzept der Durchsetzungsfähigkeit eine in der Selbstkonzeptforschung bislang wenig beachtete Domäne herangezogen. Den Annahmen von Harter (1998, 1999) folgend, wonach die überaus kritische Selbstbetrachtung der frühen Pubertät einer etwas weniger kritischen Selbstbeurteilung weichen sollte, sowie aufgrund von Befunden bei Marsh (1989), die ein solches Muster belegen, wurde eine Zunahme in der mittleren Ausprägung der Selbstkonzeptdomänen sowie des Selbstwertgefühls vermutet; außerdem wurde gemutmaßt, dass eine Differenzierung im Selbstkonzeptgefüge auftreten sollte, die sich in niedrigeren Zusammenhängen zwischen den bereichsspezifischen Selbstkonzepten ausdrücken sollte.

Insgesamt lassen sich die Befunde wie folgt zusammenfassen: In Bezug auf die vermuteten *Alterseffekte* konnten für die Selbstkonzepte des Aussehens, das Selbstkonzept sozialer Anerkennung und Durchsetzungsfähigkeit sowie für das Selbstwertgefühl eine Bestätigung der Annahmen hinsichtlich des Mittelwertverlaufs gefunden werden, nicht jedoch bei den übrigen Selbstkonzeptfacetten. Die mit dem Faktor Kohorte verbundene Varianzaufklärung beim Selbstwertgefühl und beim Selbstkonzept sozialer Anerkennung ist mit 6,7 Prozent (soziale Anerkennung) sowie 8,7 Prozent (Selbstwertgefühl) durchaus bemerkenswert. Für die Annahme einer zunehmenden Differenzierung des Selbstkonzepts fanden sich keine überzeugenden Belege: Obwohl eine Abnahme der mittleren Korrelation zwischen den Selbstkonzepten zu verzeichnen war, war diese von ihrem Ausmaß her eher gering, sodass in Strukturgleichungsmodellen eine Äquivalenzsetzung der latenten Korrelationen zwischen den Selbstkonzeptfacetten zu keiner wesentlichen Verschlechterung der Modellanpassungsgüte führte.

Des Weiteren wurden aufgrund des biologischen Entwicklungsvorsprungs von Mädchen in der Adoleszenz (vgl. Wigfield et al., 1996) sowie aufgrund kulturell vorgeformter Erwartungen der Umwelt an Mädchen und Jungen bestimmte *geschlechterspezifische* Entwicklungsmuster erwartet. Bestätigung fand sich zum einen hinsichtlich der vermuteten Geschlechterunterschiede bei den schulischen Selbstkonzepten

Deutsch und Mathematik: Es fanden sich ein höheres Selbstkonzept Deutsch bei Mädchen, ein höheres Selbstkonzept Mathematik bei Jungen sowie eine Zunahme dieses Unterschieds von Klassenstufe 7 zu 10 in Mathematik. Mit zunehmendem Alter waren die geschlechterstereotypischen Muster also ausgeprägter. Zum anderen zeigte sich erwartungsgemäß, dass soziale Selbstkonzepte inklusive des Selbstkonzepts eigenen Aussehens bei den Mädchen bereits in jüngerem Alter einen größeren Zusammenhang mit dem Selbstwertgefühl aufwiesen.

Hinsichtlich der Frage, ob die übliche Konzeption des sozialen Selbstkonzepts als Selbstkonzept sozialer Anerkennung um die Facette Durchsetzungsfähigkeit ergänzt werden sollte, fanden sich gemischte Ergebnisse. Einerseits zeigte das Selbstkonzept eigener Durchsetzungsfähigkeit einen hohen Zusammenhang mit dem Selbstwertgefühl. Andererseits war gleichzeitig, beispielsweise bei den Jungen der 7. Jahrgangsstufe, eine sehr hohe latente Korrelation von .87 mit dem Selbstkonzept sozialer Anerkennung zu verzeichnen, was die Unabhängigkeit dieses Faktors infrage stellt. Einige wichtige Aspekte der Studie 1 sowie ihre Implikationen werden im Folgenden eingehend diskutiert.

5.4.1 Differenzierung und Stabilität

Ein bemerkenswertes Ergebnis stellt der Befund dar, dass eine nur geringe Zunahme in der Differenzierung des Selbstkonzepts zwischen der 7. und 10. Jahrgangsstufe zu finden war. Sowohl der Zusammenhang zwischen bereichsspezifischen Selbstkonzepten als auch die Relation zum Selbstwertgefühl war in beiden untersuchten Altersstufen ähnlich hoch. Dabei ist zu beachten, dass möglicherweise im Alter von 12 bis 13 Jahren schon eine relativ hohe Differenzierung erreicht ist. Dies könnte der Grund dafür sein, dass eine ähnlich gelagerte Untersuchung von Marsh (1993a) wenig Hinweise auf Differenzierungseffekte in dieser Altersstufe finden konnte. Somit spricht das gefundene Ergebnismuster nicht generell gegen die Differenzierungshypothese, impliziert jedoch, dass die untersuchte Altersspanne nicht von stark abnehmenden Zusammenhängen im Selbstkonzept geprägt ist.

Während die mittlere Korrelation der Selbstkonzepte mit dem Selbstwertgefühl nicht abnahm, fanden sich gleichzeitig bereichsspezifisch unterschiedliche Muster: Die sozialen Selbstkonzepte (inklusive des Selbstkonzepts Aussehen) hingen insgesamt in der 10. Jahrgangsstufe enger mit dem Selbstwertgefühl zusammen als in der 7. Jahrgangsstufe, wohingegen sich beim Selbstkonzept Deutsch sowohl bei Mädchen als auch bei Jungen eine niedrigere Korrelation in L2 als in L1 zeigte. Über die Ursachen für letzteren Befund lässt sich an dieser Stelle nur spekulieren. Möglicherweise verliert das Fach Deutsch im Laufe der Mittelstufe in der Repräsentation der Jugendlichen etwas von seiner Wichtigkeit. Dazu könnte womöglich die abnehmende Stundenzahl des Faches Deutsch im Verlauf der Mittelstufe einen Beitrag leisten (wobei allerdings beachtet werden muss, dass auch die Stundenzahl in Mathematik abnimmt). Außerdem findet bei Leistungskontrollen zunehmend eine Verschiebung hin zu Aufsätzen statt, während Diktate zwar weiterhin geschrieben werden, aber möglicherweise etwas an Bedeutung verlieren. Geht man davon aus, dass Diktate als eher „objektive" Leistungsrückmeldung angesehen werden, der Bewertung von Aufsätzen dagegen eine subjektive Komponente (in der Person der Lehrkraft) zugesprochen wird, ist es denkbar, dass Leistungsrückmeldungen in Deutsch zunehmend weniger Veridikalität beigemessen werden (vgl. oben Felson, 1993); die darauf beruhenden Selbstkonzepte könnten dann unter diesem Malus leiden. Angesichts der Tatsache, dass der schwächere Zusammenhang zwischen Selbstwertgefühl und Selbstkonzept Deutsch in der älteren Kohorte so nicht antizipiert worden war, wäre eine Replikation der Studie anhand einer unabhängigen Stichprobe wünschenswert.

5.4.2 Die Rolle der Durchsetzungsfähigkeit als Bestandteil des sozialen Selbstkonzepts

Das berichtete Datenmuster kann als Beleg dafür angesehen werden, dass das Selbstkonzept eigenen Durchsetzungsvermögens als eigenständiger Faktor neben dem Selbstkonzept Anerkennung betrachtet werden sollte. Zwar bestand eine hohe Korrelation mit dem Selbstkonzept Anerkennung, andererseits erwiesen sich Modelle, in denen von einem gemeinsamen Selbstkonzept ausgegangen wurde, denjenigen Modellen als unterlegen, die eine Separierung dieser zwei Facetten des sozialen Selbstkonzepts vornahmen.

Das Selbstkonzept eigener Durchsetzungsfähigkeit hat in der wissenschaftlichen Literatur erst jüngst wieder verstärkt Interesse gefunden (vgl. Leary et al., 2001). Die Durchsetzungsfähigkeit wird als wichtiger Bestandteil sozialer Kompetenzen betrachtet (vgl. Rubin & Rose-Krasnor, 1992). So mag es erstaunen, dass das Selbstkonzept der Durchsetzungsfähigkeit im Zusammenhang mit einem hierarchischen Selbstkonzept wenig untersucht wurde; betrachtet man die oben beschriebene Einteilung des sozialen Selbstkonzepts nach Byrne und Shavelson (1996), so findet man eine vollständige Konzentration auf die Facette der sozialen Anerkennung. Neben seiner Beziehung zum und möglichen prädiktiven Kraft für das Selbstwertgefühl ist das Selbstkonzept eigener Durchsetzungsfähigkeit möglicherweise auch längsschnittlich von besonderem Interesse; so lässt sich durchaus überlegen, ob schulischer Erfolg – neben seinem Einfluss auf die soziale Akzeptanz bei Mitschülern (vgl. Fend, 1994) – auch dazu führen kann, dass Schülerinnen und Schüler ein höheres Selbstkonzept eigener Durchsetzungsfähigkeit erwerben (vgl. unten Studie 2); zudem ist es möglich, dass es in der Schule vor Übergriffen von Mitschülern schützt (vgl. Egan & Perry, 1998).

Es ließe sich überlegen, ob das soziale Selbstkonzept neben den Facetten Anerkennung und Durchsetzungsfähigkeit nicht noch weitere Aspekte enthält. So ist es durchaus plausibel, dass Aspekte wie die selbstberichtete Fähigkeit zur Perspektivenübernahme, die emotionale Betroffenheit sowie die Empathiefähigkeit (vgl. Davis, 1980; Fend & Prester, 1986) zum sozialen Selbstkonzept gehören. Möglicherweise wäre es lohnenswert, die hierarchische Struktur dieser Facetten des sozialen Selbstkonzepts genauer zu untersuchen.

5.4.3 Ausblick

Im Großen und Ganzen bestätigt die vorliegende Studie Ergebnisse aus englischsprachigen Ländern (z.B. Byrne & Shavelson, 1987, 1996; Harter, 1998, 1999), wonach das Selbstwertgefühl in einem engen Zusammenhang mit schulischen und sozialen Selbstkonzepten sowie mit dem Selbstkonzept der Elternbeziehung steht. Zudem konnte gezeigt werden, dass das Selbstkonzept eigener Durchsetzungsfähigkeit als eine weitere Facette Beachtung finden sollte.

Bei der Interpretation der vorliegenden Ergebnisse sind allerdings einige Aspekte besonders zu berücksichtigen. Zum einen sollte beachtet werden, dass die Datengrundlage für die vorliegende Studie eine große Schulleistungsstudie darstellt, in der nur bestimmte Selbstkonzeptmaße zur Anwendung kamen, die zudem teilweise heterogenen Ursprungs sind. So gehen die verwendeten Instrumente auf verschiedene Quellen zurück (z.B. Fend et al., 1976; Rosenberg, 1965), und gewisse weitere Facetten des Selbstkonzepts sind nicht in wünschenswertem Umfang erhoben worden (z.B. das Selbstkonzept des Aussehens). Leider stand zu dem Zeitpunkt, zu dem die berichteten Daten erhoben wurden, noch kein bewährtes, umfassendes und trotzdem kurzes Selbstkonzeptinstrumentarium zur Verfügung, welches hätte eingesetzt werden können. Erst seit Welle 6 der Längsschnittkohorte 1 werden in BIJU Subskalen einer extra dafür konzipierten deutschen Kurzform des SDQ III (siehe Schwanzer, 2002) verwendet.

Eine noch wichtigere Einschränkung betrifft die gewählten Datenanalysen: Die Beziehung zwischen Selbstkonzept und Selbstwertgefühl wurde hier in einem querschnittlichen Design untersucht. Dies entspricht dem Vorgehen vieler Autoren (vgl. Harter et al., 1996), lässt jedoch keine kausalen Aussagen etwa in dem Sinne zu, dass bereichsspezifische Selbstkonzepte das Selbstwertgefühl beeinflussen würden, da mit gutem Grund auch eine umgekehrte Beeinflussungsrichtung (vom Selbstwertgefühl hin zu Selbstkonzepten) postuliert werden kann (vgl. Brown, 1993; Felson, 1993). Aus diesem Grund wurde in der vorliegenden Studie auf eine kausalanalytische Modellierung verzichtet. Die folgende Teilstudie (Studie 2) untersucht dagegen explizit die gegenseitige Beeinflussung unter Verwendung eines längsschnittlichen Designs, wodurch sich Annahmen über die Richtung der Effekte besser rechtfertigen lassen.

6   Studie 2: Der kausale Fluss in der Selbstkonzeptpyramide

Unter Selbstkonzeptforschern wie Fend et al. (1984), Harter (1998, 1999), Marsh (1990a) sowie Byrne und Shavelson (1996) besteht Einigkeit darüber, dass insbesondere die bereichsspezifischen Selbstkonzepte in schulischen Kernfächern, das Eltern-Selbstkonzept sowie das soziale Selbstkonzept (inklusive des Selbstkonzepts des Aussehens) wesentlich mit dem Selbstwertgefühl zusammenhängen. Diese enge Verbindung konnte auch im vorangegangenen Kapitel bei Mädchen und Jungen der 7. und 10. Jahrgangsstufe belegt werden. Die in der Studie 1 untersuchten, querschnittlichen Modelle spezifizierten den Zusammenhang zwischen dem Selbstwertgefühl und bereichsspezifischen Selbstkonzepten in konfirmatorischen Faktorenanalysen. *Querschnittliche* Modellierungen sind jedoch kaum dazu geeignet, Aussagen über den kausalen Fluss in der Selbstkonzeptpyramide zu machen, auch wenn sich solche Analysen oft finden (z.B. Byrne & Shavelson, 1987; Harter et al., 1992).

In der zweiten Teilstudie wird deshalb die Entwicklung der verschiedenen Selbstkonzepte unter einer *längsschnittlichen* Perspektive betrachtet. Wie Marsh und Yeung (1998b) zu Recht beklagten, ist die Anzahl der Arbeiten zur gegenseitigen Beeinflussung von Selbstkonzepten eher gering. Nur wenige Studien modellierten Selbstkonzepte im Längsschnitt (z.B. Jerusalem, 1984; Köller, 2000; Marsh & Yeung, 1998a), und diese Arbeiten beziehen sich fast ausschließlich auf schulische Selbstkonzepte. In der folgenden Studie werden die Bottom-up- sowie die Top-down-Konzeption anhand von vier Selbstkonzeptdomänen untersucht. Neben den schulischen Selbstkonzepten Mathematik und Deutsch fließen wiederum soziale Selbstkonzepte (Anerkennung und Durchsetzungsfähigkeit) in die Analysen mit ein. In Studie 2 beschränken sich die Analysen auf Selbstkonzepte; in einem weiteren Schritt werden in Studie 3 zusätzlich Leistungsindikatoren berücksichtigt. Will man die hier adressierten Forschungsfragen auf das in Kapitel 4 vorgestellte Forschungsmodell rückbeziehen, so geht es in Studie 2 um die Teilfragestellungen 1a und 2a: Beeinflussen bestimmte bereichsspezifische Selbstkonzepte längerfristig die Höhe des Selbstwertgefühls und/oder beeinflusst das Selbstwertgefühl über die Zeit die bereichsspezifischen Selbstkonzepte?

6.1   Längsschnittliche Modellierung von Selbstkonzepten

Wie lässt sich der angenommene kausale Fluss in der Selbstkonzeptpyramide adäquat beschreiben und untersuchen? Marsh und Yeung (1998b) schlugen eine Klassifikation von Modellen zur Selbstkonzeptveränderung vor, deren Hauptzüge nachfolgend geschildert werden, jeweils angereichert um die Kernaussagen und empirischen Befunde von den bereits vorgestellten prototypischen Vertretern der einzelnen Auffassungen. Eine schematische Darstellung des hypothetischen Kausalflusses aus Marsh und Yeung (1998b) findet sich in Abbildung 9^2.

6.1.1 Bottom-up-Modelle

Bottom-up-Modelle (vgl. Abb. 9, links oben) gehen davon aus, dass Veränderungen in bereichsspezifischen Selbstkonzepten oder Verhaltensweisen über eine Generalisierung zu einer Veränderung globalerer Selbstkonzepte führen. Entsprechend finden sich in der Abbildung 9 Pfade von bereichsspezifischen Selbstkonzepten zum ersten Messzeitpunkt (T1-S1 bis T1-S9) zu einem globalen Selbstkonzept zum zweiten Messzeitpunkt (T2-G). Konzeptionen, die die menschliche Entwicklung als wesentlich durch soziale Austauschsprozesse bedingt konzipieren, sind vornehmlich den Bottom-up-Ansätzen zuzurechnen. In einem Übersichtsbeitrag charakterisierte Moschner (2001) soziale Erfahrungen als zentrale Quelle des selbstbezogenen Wissens, worunter direkte (verbale Zuschreibungen) oder indirekte Rückmeldungen (interaktive Verhaltensweisen, Ergebnisse sozialer Vergleichsprozesse bzw. von Bezugsgruppen) zu fassen sind.

Prototypische Vertreter des Bottom-up-Ansatzes wie Harter (1998, 1999) sowie Shavelson et al. (1976) wurden bereits ausführlich vorgestellt. Wie in Abschnitt 2.2 beschrieben, entsteht nach Harter (z.B. Harter, 1986, 1999; Harter et al., 1992) ein hohes Selbstwertgefühl unter anderem als Folge der Wahrnehmung eigener Qualitäten sowie der Anerkennung durch wichtige Bezugspersonen, die über die Bildung von bereichsspezifischen Selbstkonzepten auf das Selbstwertgefühl einwirken. Harters Befunde beruhen zwar auf kausalanalytischen Verfahren wie beispielsweise Pfadanalysen, jedoch wurden meist keine längsschnittlichen Datensätze verwendet (z.B. Harter et al., 1992). Dies lässt Vorsicht hinsichtlich einer kausalen Interpretation der dargestellten Bottom-up-Effekte angeraten erscheinen.

Neben der teilweise angreifbaren empirischen Untermauerung von Harters (1998, 1999) Bottom-up-Konzeption muss zudem einschränkend festgehalten werden, dass die Autorin selbst in zwei Facetten eine Erweiterung bzw. Modifikation ihrer Modellvorstellungen vornahm. Zum einen betonte Harter in jüngeren Veröffentlichungen (z.B. Harter, 1999), dass ihre Bottom-up-Vorstellungen insbesondere für die Zeit vor der Pubertät zutreffend sein sollen, womit offen gelassen wird, ob möglicherweise in der Pubertät andere Prozesse hinzukommen bzw. die ursprünglichen Prozesse der Selbstkonzeptentwicklung ersetzen. Zum anderen untersuchte Harter explizit, welche Konsequenzen die *subjektive Übernahme* der Bottom-up- bzw. Top-down-Perspektive

---

2   Zwei zusätzliche Modelle in Marsh und Yeung (1998b), bei denen zu jedem Messzeitpunkt ein zusätzlicher Faktor höherer Ordnung spezifiziert wurde, werden hier nicht berücksichtigt, da das globale Selbstkonzept bzw. Selbstwertgefühl in der vorliegenden Arbeit durchgängig über eine von der Rosenberg-Skala beeinflusste globale Selbstberichtsskala operationalisiert wird.

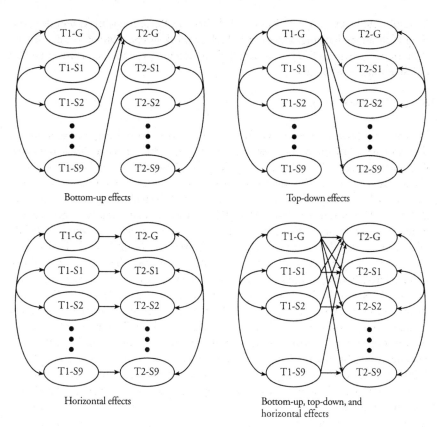

T1 = Messzeitpunkt 1, T2 = Messzeitpunkt 2, G = globales Selbstkonzept, S1 bis S9 = bereichsspezifische Selbstkonzepte.

Abbildung 9:   Der Kausalfluss in der Selbstkonzeptpyramide (nach Marsh & Yeung, 1998b, S. 514)

für einzelne Schülerinnen und Schüler hat (Harter et al., 1996), und wies auf mögliche negative Konsequenzen der Bottom-up-Perspektive hin.

Einige empirische Evidenz für ein Bottom-up-Modell fanden Skaalvik und Hagtvet (1990). Zwei Kohorten von Schülern, die zu Beginn der Studie die 3. bzw. 6. Jahrgangsstufe besuchten, wurden im Abstand von 18 Monaten zweimal nach ihrem globalen schulischen Selbstkonzept sowie nach ihrem Selbstwertgefühl befragt. Zusätzlich wurden Einschätzungen der Lehrer bezüglich des Leistungsstands erhoben.

Es resultierte in der jüngeren Kohorte lediglich ein Bottom-up-Effekt von der Leistung (Lehrereinschätzung) auf das schulische Selbstkonzept, während in der älteren Kohorte zusätzlich ein Effekt vom schulischen Selbstkonzept auf das Selbstwertgefühl das Signifikanzniveau erreichte.

6.1.2 Top-down-Modelle

Bei den Top-down-Modellen (vgl. Abb. 9, rechts oben) wird dagegen angenommen, dass globalere Selbstkonzepte wie das Selbstwertgefühl die hierarchisch darunterliegenden Konzepte beeinflussen, die wiederum Auswirkungen auf die Verhaltensebene haben können. Die vielleicht am prononciertesten vorgetragene Alternativtheorie zu Bottom-up-Modellen lässt sich in den Arbeiten von Brown finden (z.B. Brown, 1993; Dutton & Brown, 1997). Brown argumentierte, dass es vergleichsweise wenig längsschnittliche Wirkungen von Selbstkonzepten auf das Selbstwertgefühl gibt: „Many LSE [low self-esteem; Anm. d. Verfassers] people already believe they have many fine qualities, but these beliefs do not protect them from the pain of failure. These findings suggest that specific self-beliefs, however positive they may be, are not the key to having HSE [high self-esteem; Anm. d. Verfassers]." (Dutton & Brown, 1997, S. 146) Nach Ansicht der Autoren wird das Selbstwertgefühl also nicht in einem Bottom-up-Prozess gebildet. Vielmehr habe das Selbstwertgefühl steuernde Auswirkungen auf die Wahrnehmung und Verarbeitung von potenziell selbstwertrelevanten Begebenheiten. Allerdings kann eingewendet werden, dass die von Brown (1993) durchgeführten Studien wenig Belege für diese Annahmen liefern können, insbesondere deshalb, weil Brown bislang keine längsschnittlich angelegte Forschung betrieb. Zumindest für die Studie von Dutton und Brown (1997) erkannten die Autoren dieses Manko auch selbst an: „Unfortunately, the present research is better suited to showing what HSE [high self-esteem; Anm. d. Verfassers] is not than establishing what it is." (S. 146) Auch nach Felson (1993) würde man – jedoch nur bei Aspekten, bei denen Rückmeldungen von hoher Ambiguität gekennzeichnet sind – die Existenz von Top-down-Effekten erwarten.

In der bereits angesprochenen Studie von Skaalvik und Hagtvet (1990) fanden sich neben den Bottom-up-Effekten in der älteren Kohorte (6. bis 7. Jahrgangsstufe) zwei Top-down-Effekte: Einerseits hatte das Selbstkonzept Mathematik hier einen stärkeren Top-down-Effekt auf die Leistungsentwicklung als umgekehrt. Zum anderen fand sich ein *negativer* Effekt des globalen Selbstwertgefühls auf die Leistung zum zweiten Messzeitpunkt. Diese Effekte waren auf die ältere Kohorte beschränkt und fanden sich nicht in der jüngeren Kohorte (3. bis 4. Jahrgangsstufe). Die Unterschiede zwischen den zwei Kohorten interpretierten die Autoren als mögliche Hinweise auf altersspezifische Mechanismen in der Selbstkonzeptentwicklung, wiesen aber auch darauf hin, dass in ihrer Studie zwischen der 6. und 7. Jahrgangsstufe ein

Schulwechsel stattfand. Den negativen Pfadkoeffizienten des Selbstwertgefühls auf die Leistungsentwicklung sahen die Autoren dagegen in einer Art I/E-Effekt begründet: Bei Kontrolle des schulischen Selbstkonzepts sei das Selbstwertgefühl vor allem mit nichtschulischen Erfahrungen assoziiert; da nichtschulische Erfahrungen jedoch die Aufmerksamkeit von der Schule weglenken könnten, könne es möglicherweise zu negativen Auswirkungen auf die Leistungsentwicklung kommen.

6.1.3 Horizontale Modelle

In horizontalen Modellen wird angenommen, dass sich Selbstkonzepte auf verschiedenen Ebenen relativ unabhängig voneinander entwickeln. Diese Modelle betonen die Stabilitäten in der Selbstkonzeptpyramide. In ihrer strengen Form würde nach diesen Modellen somit eine Veränderung im globalen Selbstwertgefühl *keine* Veränderung beispielsweise im mathematischen Selbstkonzept nach sich ziehen (und umgekehrt). Stattdessen würden sich lediglich hohe Pfadkoeffizienten zwischen identischen Selbstkonzeptdomänen, die zu unterschiedlichen Messzeitpunkten erhoben werden, finden. In abgeschwächten horizontalen Modellen werden besonders starke horizontale Effekte angenommen, ohne jedoch Bottom-up- bzw. Top-down-Einflüsse auszuschließen.

In zwei Teilstudien erhoben Marsh und Yeung (1998b) Selbstkonzepte verschiedener Spezifitätsgrade (globalere Skalen vs. spezifischere Skalen) zu zwei Messzeitpunkten und untersuchten, ob Top-down-, Bottom-up-, reziproke oder horizontale Effekte vorherrschten. Zum Einsatz kamen dabei in der ersten Studie der *Physical Self Description Questionnaire* (PSDQ), der neben einer globalen Körperselbstkonzeptskala neun spezifische Bereiche erfasst (z.B. Kondition und Aussehen), sowie in der zweiten Studie der *Academic Self Description Questionnaire* (ASDQ), der neben einer allgemeinen Skala zum schulischen Selbstkonzept 14 fachspezifische Selbstkonzeptskalen (z.B. Mathematik und Fremdsprache) enthält. Der Untersuchungszeitraum der längsschnittlich angelegten Studien betrug ein bis zwei Jahre. In beiden Studien fanden die Autoren besonders starke Belege für horizontale Effekte, wobei die Stabilitäten der bereichsspezifischen Selbstkonzepte im Mittel so hoch bzw. höher lagen als die der globaleren Skalen. Für Bottom-up-Effekte fanden sich nur wenige Belege, wohingegen die Top-down-Effekte in der Mehrzahl signifikant waren, jedoch bescheidene Größen aufwiesen. Marsh und Yeung argumentierten aufgrund der Ergebnisse dieser Studien, dass es kaum Anhaltspunkte für kausale Beeinflussungen der einen oder der anderen Richtung gebe, dafür aber starke horizontale Effekte.

Die Befunde von Marsh und Yeung (1998b) können als Hinweis darauf interpretiert werden, dass kausale Beeinflussungen innerhalb der Selbstkonzepthierarchie nur eine geringe Rolle einnehmen. Allerdings lassen es einige Aspekte der Studie geraten erscheinen, eine solche Bewertung nicht vorschnell zu übernehmen. Erstens waren die untersuchten Schülergruppen relativ altersheterogen (in der einen Gruppe 12 bis 15 Jahre alt, keine Altersangabe bei der anderen Gruppe). Zweitens führte die Panel-mortalität in einer der beiden Studien dazu, dass anstatt der ursprünglichen vier Erhebungswellen nur zwei berücksichtigt werden konnten, wobei jeweils die ersten zwei und die letzten zwei Messzeitpunkte gemittelt wurden. Dies kann dazu führen, dass die Höhe der Stabilitäten überschätzt und andere Effekte unterschätzt werden. Drittens scheint ein Hinweis darauf wichtig zu sein, was Marsh und Yeung *nicht* un-tersucht haben: Die Autoren haben in ihren zwei Studien jeweils nur eine Selbstkon-zeptdomäne analysiert, nämlich das Selbstkonzept Sport sowie das schulische Selbst-konzept. Top-down- sowie Bottom-up-Effekte wurden jeweils nur innerhalb dieser beiden Domänen berücksichtigt, wobei als globale Selbstkonzepte das Selbstkonzept Sport bzw. das schulische Selbstkonzept fungierten. Das Selbstwertgefühl wurde in beiden Studien nicht untersucht. Schließlich fällt auf, dass die Überlegungen von Marsh und Yeung (1998b) offensichtlich in der Tradition von Shavelson et al. (1976) bzw. Marsh und Shavelson (1985) stehen. Die Möglichkeiten gegenseitiger Beein-flussung von Selbstkonzepten wird bei Marsh durch die hierarchische Struktur des Selbstkonzepts vorgegeben. In der Selbstkonzeptpyramide nach Shavelson et al. wer-den in besonderer Weise die Beziehungen von hierarchisch miteinander in Beziehung stehenden Selbstkonzepten thematisiert. Dies bedeutet, dass untersucht wird, inwie-weit beispielsweise das spezifische Selbstkonzept Mathematik das globalere schulische Selbstkonzept beeinflusst (bzw. umgekehrt). Möglicherweise wäre es jedoch sinnvoll, diese Effekte durch die Annahme *transdimensionaler Beeinflussung* zu ergänzen: Hier-bei würden sich domänenspezifische Selbstkonzepte gegenseitig beeinflussen, ohne den „Umweg" über das Selbstwertgefühl zu machen.

6.1.4 Reziproke und transdimensionale Effekte

Modelle, die horizontale Effekte nicht berücksichtigen, dürften angesichts der hohen Stabilität von Selbstkonzepten keine gute Anpassung an empirische Daten ermöglichen (Marsh & Yeung, 1998b). Von daher sollten horizontale Effekte in die entsprechenden Untersuchungsmodelle integriert werden. Wichtiger ist jedoch die Frage, ob zusätzlich zu den horizontalen Effekten Bottom-up- bzw. Top-down-Effekte zu beobachten sind. Selbstverständlich kann auch von einer Kombination von Top-down- und Bottom-up-Ansätzen ausgegangen werden und damit eine *reziproke Beeinflussung* behauptet wer-den. Beispielsweise nahmen Marsh und Yeung (1997) an, dass sowohl schulische Selbstkonzepte die nachfolgenden Leistungen beeinflussen wie auch die Leistungen die nachfolgenden schulischen Selbstkonzepte. Ebenso könnte natürlich das Selbstwert-gefühl bereichsspezifische Selbstkonzepte beeinflussen und jene das Selbstwertgefühl.

Zudem stellt sich die Frage nach *transdimensionalen* Effekten, also nach gegen-seitigen Beeinflussungen von domänenspezifischen Selbstkonzepten. Transdimensionale Beeinflussungen zeigten sich unter anderem bei Bohrnstedt und Felson (1983), in deren Studie die Fähigkeiten im Basketball bei Jungen einen direkten Einfluss auf das Selbstkonzept der Anerkennung hatten. Weitere Annahmen transdimensionaler Wirkungsflüsse finden sich bei Harter (1999) in der Beschreibung des männlichen Selbstkonzepts des Aussehens: Männer sollen demnach durch Errungenschaften in anderen Bereichen des Lebens ein höheres Selbstkonzept der Attraktivität aufbauen.

6.1.5 Ableitung der Fragestellung

Aus den oben beschriebenen theoretischen Konzeptionen und empirischen Befunden lassen sich unterschiedliche, teilweise diametral entgegengesetzte Vorhersagen ableiten. Das Vorhandensein von *horizontalen Effekten* ist mit allen beschriebenen Theorien vereinbar. Allerdings kann man nach Shavelson et al. (1976) erwarten, eine höhere Stabilität beim Selbstwertgefühl als bei den bereichsspezifischen Selbstkonzepten zu finden, da eine Veränderung des globalen Selbstkonzepts nach dieser Vorstellung nur über eine Veränderung bereichsspezifischer Selbstkonzepte erfolgt, während nach Marsh und Yeung (1998b) Skalen zur Erfassung des Selbstwertgefühls eine eher geringe Stabilität aufweisen sollten, da sie in besonderer Weise von Kontext- und Stimmungseffekten beeinflusst seien.

Folgt man den Annahmen von James (1892/1999), Shavelson et al. (1976) und Harter (1998, 1999), so sollten sich Belege für *Bottom-up-Effekte* finden lassen. Rückmeldungen wichtiger Bezugspersonen wie Eltern, Freunde oder Lehrer tragen laut dieser Konzeptionen zur Bildung bereichsspezifischer Selbstkonzepte bei, welche wiederum einen Einfluss auf das Selbstwertgefühl nehmen. Betrachtet man beispielsweise den Fall von Leistungsrückmeldungen im Fach Mathematik, so kann man also vermuten, dass jene das bereichsspezifische Selbstkonzept Mathematik beeinflussen, welches wiederum Effekte auf das Selbstwertgefühl haben sollte.

Top-down-Effekte wurden insbesondere von Brown (1993) angenommen. Das Selbstwertgefühl fungiert nach Brown als psychische Ressource, die Bedrohungen für das Selbst abwehren kann. Man würde nach dieser Konzeption erwarten, dass bei einer ähnlichen Leistungsentwicklung diejenigen Schülerinnen und Schüler eine günstigere Selbstkonzeptentwicklung aufweisen, die über ein höheres Selbstwertgefühl verfügen. Obwohl weniger prononciert vorgetragen, lassen sich auch in den Annahmen von Shavelson et al. (1976) Top-down-Mechanismen finden: „Changes at the lower levels of the hierarchy are probably attenuated by conceptualizations at higher levels, making self-concept resistant to change." (S. 414) Wenn hierarchisch höher stehende Selbstkonzept solche „Puffer"-Funktionen ausüben, so ist möglicherweise zu erwarten, dass sich diese besonders stark auf solche Bereiche auswirken, in denen Rückmeldungen mehr Interpretationsspielraum lassen (Bohrnstedt & Felson,

1983; Felson, 1993). Top-down-Effekte sollten sich bei Zutreffen dieser Annahme in der vorliegenden Studie somit vermehrt in Bezug auf die sozialen Selbstkonzepte finden lassen. Zudem sollte man erwarten, dass *transdimensionale Effekte* eher von schulischen Selbstkonzepten ausgehen und eine Wirkung auf soziale Selbstkonzepte zeigen.

6.2   Methode

6.2.1 Untersuchungsstichprobe

Als Datengrundlage diente wiederum die BIJU-Studie, die im vorangegangenen Kapitel bereits ausführlich vorgestellt wurde. Für die vorliegende Untersuchung wurden die ersten drei Messzeitpunkte der ersten Kohorte (L1) berücksichtigt. Das heißt, es wurden Daten verwendet, die am Anfang (T1), zur Mitte (T2) und gegen Ende (T3) der 7. Jahrgangsstufe gesammelt wurden. In Teilstudie 2 werden lediglich Daten von Schülerinnen und Schülern aus Mecklenburg-Vorpommern und Sachsen-Anhalt berücksichtigt. Berliner Schülerinnen und Schüler wurden ausgeschlossen, da sie erst ab dem zweiten Messzeitpunkt an der Studie teilnahmen. Jugendliche aus Nordrhein-Westfalen wurden nicht einbezogen, da sich zum Untersuchungszeitpunkt der schulische Kontext in Nordrhein-Westfalen wesentlich von dem in den neuen Bundesländern unterschied. Auf diese Unterschiede – sowie auf die Folgen für die Selbstkonzeptentwicklung – wird ausführlich in Teilstudie 3 eingegangen. Somit bildeten insgesamt 2.778 Schülerinnen und Schüler (54,8 % weiblich) die Stichprobe für die folgenden Analysen.

6.2.2 Instrumente

Selbstkonzepte. Von den Selbstkonzepten, die bereits aus Studie 1 bekannt sind, wurden diejenigen Facetten berücksichtigt, die zu allen drei Messzeitpunkten Teil der Befragung waren. Neben dem Selbstwertgefühl betraf dies die sozialen Selbstkonzepte der Anerkennung und Durchsetzungsfähigkeit sowie die schulischen Selbstkonzepte Deutsch und Mathematik. Das Eltern-Selbstkonzept wurde leider erst ab der dritten Befragungswelle erhoben, das Selbstkonzept des Aussehens nur in der ersten und dritten Befragungswelle. Die Erfassung erfolgte in allen drei Wellen in jeweils identischer Form und mit den in Studie 1 beschriebenen Instrumenten. Die inneren Konsistenzen der Skalen für das Selbstwertgefühl sowie die Selbstkonzepte Mathematik, Deutsch und soziale Anerkennung erwiesen sich zu den drei Messzeitpunkten als zufrieden stellend und schwankten zwischen .71 und .89, die inneren Konsistenzen für das Selbstkonzept der Durchsetzungsfähigkeit betrugen zwischen .62 und .65.

6.2.3 Statistisches Vorgehen

Untersuchte Modelle

Marsh und Yeung (1998b) forderten, dass Studien, die die gegenseitige Beeinflussung verschiedener Selbstkonzepte untersuchen, zwei Kriterien genügen müssten: Zum einen sollten mehrere Komponenten des Selbstkonzepts bei der gleichen Gruppe von Befragten zumindest zu zwei Messzeitpunkten erhoben werden. Zum anderen sollte die Anpassungsgüte unterschiedlicher, konkurrierender Modelle miteinander verglichen werden. Beiden Kriterien genügt die vorliegende Studie: Es wurde nicht nur eine zweimalige, sondern eine dreimalige Messung aller untersuchten Selbstkonzeptdomänen mit jeweils identischen Messinstrumenten vorgenommen, und es wurden jeweils mehrere Modelle gegeneinander getestet.

Zunächst wurde von einem horizontalen Modell ausgegangen (vgl. Abb. 9). Horizontale Effekte wurden von T1 nach T2, von T2 nach T3 und von T1 nach T3 angenommen. Daran anschließend wurden zusätzlich Bottom-up-, Top-down- und reziproke Effekte spezifiziert, wobei diese Effekte jeweils nur zwischen T1 und T2 sowie zwischen T2 und T3, nicht aber zwischen T1 und T3 modelliert wurden. Die von Marsh und Yeung (1998b) vorgeschlagenen Modelle wurden schließlich noch um ein Modell ergänzt, in dem zusätzlich zu horizontalen und reziproken Effekten auch transdimensionale Effekte spezifiziert wurden (vgl. Abb. 10). Es handelt sich damit um ein sehr wenig restringiertes Modell.

Um eine mögliche Kollinearität zwischen den sozialen Selbstkonzepten Anerkennung und Durchsetzungsfähigkeit zu vermeiden (vgl. die relativ hohen Korrelationen

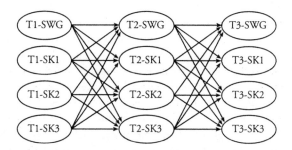

SWG = Selbstwertgefühl, SK1 bis SK3 = bereichsspezifische Selbstkonzepte (soziale Anerkennung, Durchsetzungsfähigkeit, Mathematik, Deutsch), T1, T2, T3 = 1., 2. und 3. Befragungszeitpunkt. Zur Vereinfachung sind die Indikatoren auf Itemebene, die Stabilitäten von T1 nach T3 sowie die Korrelationen zwischen den latenten Variablen nicht berücksichtigt.

Abbildung 10: Horizontale, reziproke und transdimensionale Effekte

in Studie 1), wurden alle Modelle zweifach gerechnet, einmal mit dem Selbstkonzept sozialer Anerkennung und zum anderen mit dem Selbstkonzept eigener Durchsetzungsfähigkeit.

In den analysierten Strukturgleichungsmodellen wurden korrelierende Fehler zwischen allen Items zugelassen, die auf identische Art und Weise zu allen drei Messzeitpunkten erfragt worden waren. Bei insgesamt 15 Items, die zu drei Messzeitpunkten eingesetzt worden waren, ergaben sich somit 45 korrelierende Fehler. Zudem wurden die Modifikationsindizes berücksichtigt, um weitere mögliche Fehlspezifikationen korrigieren zu können. Es zeigte sich, dass, analog zu den Befunden in Studie 1, das Zulassen korrelierender Fehler zwischen zwei wortgleichen Items in den Faktoren Deutsch und Mathematik zu einer signifikant besseren Modellanpassung führte. Diese korrelierenden Fehler wurden bei allen drei Erhebungswellen und bei den Jungen und Mädchen identisch spezifiziert. Die Korrelationen zwischen den Selbstkonzepten (bzw. deren Residuen) wurden innerhalb jedes Befragungszeitpunkts frei geschätzt.

Stichprobengrößen
Wie in Studie 1 wurde aufgrund der hierarchischen Struktur der Stichprobe eine Korrektur der Stichprobengröße nach der Formel von Kish (1987) vorgenommen, was zu einer konservativeren Signifikanzprüfung von Pfadkoeffizienten in Strukturgleichungsmodellen führt. Bei einer mittleren Klassengröße von 17.36 Schülerinnen und Schüler sowie einer mittleren Intraklassenkorrelation der untersuchten Selbstkonzeptfacetten von .08 resultierte eine effektive Stichprobengröße von $N = 1.189$.

Fehlende Werte
Insbesondere in längsschnittlichen Datensätzen gewinnt das Problem von fehlenden Werten eine besondere Bedeutung, wobei vor allem eine möglicherweise systematische Panelmortalität zu Fehlschlüssen in den empirischen Analysen führen kann. In der vorliegenden Studie lagen zum ersten Messzeitpunkt Daten von 2.778 Studienteilnehmern aus 160 Klassen vor. Infolge von organisatorischen Problemen, zu geringer Klassengrößen sowie wegen einzelner Verweigerungen fielen bei den Folgewellen eine Reihe von Klassen komplett aus (T2: 20 Klassen; T3: 37 Klassen), was relativ zur ersten Datenerhebung zu einem Verlust von 8,2 Prozent (T2) bzw. 18,1 Prozent (T3) der ursprünglichen Untersuchungsteilnehmer führte. Aufgrund von Krankheit, Schulwechsel oder Verweigerung einzelner Schülerinnen und Schüler (fehlende Werte auf Individualebene) verringerte sich die Stichprobe um weitere 5,1 (T2) bzw. 6,7 (T3) Prozent. Somit konnten insgesamt 2.409 Schülerinnen und Schüler (86,7 % der Ausgangsstichprobe) beim zweiten Messzeitpunkt sowie 2.090 (75,2 % der Ausgangsstichprobe) beim dritten Erhebungszeitpunkt erneut untersucht werden.

Hinweise darauf, dass der Ausfall auf der Klassenebene als zufällig angesehen werden kann *(missing completely at random)*, finden sich bei Baumert, Köller und Schnabel (2000), Hosenfeld (2001) und Köller (2002). Um zu überprüfen, welche Prozesse auf der individuellen Ebene zu einem Ausfall von Schülerinnen und Schülern geführt hatten, wurden schrittweise Regressionsanalysen durchgeführt, wobei diejenigen Schülerinnen und Schüler berücksichtigt wurden, deren Klassen erneut getestet wurden, von denen jedoch bei der zweiten oder dritten Welle keine Individualwerte vorlagen. Als Prädiktoren für den Ausfall wurden die Schulform (kodiert als zwei Dummy-Variablen), das Geschlecht, der soziale Hintergrund (Treiman-Wert; Treiman, 1977), Noten in Mathematik und Deutsch, Leistungsergebnisse in Mathematik sowie die Selbstkonzepte Mathematik, Deutsch, Anerkennung, Aussehen und Durchsetzungsfähigkeit verwendet. In schrittweisen logistischen Regressionsanalysen erwiesen sich zwei dieser Variablen als signifikant. Schülerinnen und Schüler mit besserer Mathematiknote vom Ende der 6. Klasse ($b = -.262$, $SE = 0.093$, exp$[b] = 0.769$) sowie jene mit höherem Selbstkonzept sozialer Anerkennung ($b = -.261$, $SE = 0.131$, exp$[b] = 1.298$) waren zu T2 relativ zu T1 überrepräsentiert. In der beim dritten Erhebungszeitpunkt angetroffenen Schülerstichprobe waren relativ zu T1 Jugendliche mit einem hohen Selbstwertgefühl ($b = .326$, $SE = 0.120$, exp$[b] = 1.386$) sowie guten Deutschnoten zum Ende der Klassenstufe 6 ($b = -.209$, $SE = 0.089$, exp$[b] = 0.811$) überrepräsentiert. Insgesamt ergaben sich also gewisse, wenn auch nur vergleichsweise schwache Hinweise auf einen systematischen Ausfall von Untersuchungsteilnehmern.

Eine Vernachlässigung der Problematik fehlender Werte kann zu systematischen Parameterfehlschätzungen führen, die Wahrscheinlichkeit von Alpha- und Betafehlern erhöhen sowie die statistische Power eines Tests herabsenken (vgl. Allison, 2001). Damit einher geht eine mangelnde Validität der entsprechenden empirischen Studien. Verschiedene Autoren empfahlen deshalb den Einsatz moderner Verfahren im Umgang mit fehlenden Daten. In jüngerer Zeit konnte wiederholt gezeigt werden, dass Maximum-Likelihood-Schätzungen und die mehrmalige Schätzung *(multiple imputation)* fehlender Werte zu validen Ergebnissen führen (Collins et al., 2001; Hox, 1999; Huisman, 1999; Sinharay et al., 2001), wenn das Muster der fehlenden Wert unsystematisch ist (MCAR) bzw. aufgrund anderer Variablen vorhersagbar ist (MAR). Selbst unter der Bedingung, dass unbekannte Prozesse das Muster der fehlenden Werte erzeugen (MNAR), sind diese Verfahren einfachen Methoden zum Umgang mit fehlenden Werten (z.B. *listwise deletion)* überlegen.

Sowohl das Verfahren der *Multiplen Imputation* als auch Maximum-Likelihood-Schätzungen erfordern eine Festlegung, welche Variablen mit welchen Prädiktoren geschätzt werden sollen. Es stellt sich dabei die Frage, ob neben jenen Variablen, die für das Fehlen von Werten prädiktiv sind, auch noch andere Variablen *(auxiliary variables;* siehe Collins et al., 2001) in den Schätzprozess einbezogen werden sollen. Für den Einsatz solcher Hilfsvariablen spricht, dass dadurch die Gefahr sinkt, dass Prädiktoren des Ausfallprozesses vergessen werden, dass eine erhöhte Effizienz der Schätzung ermöglicht wird und dass insgesamt geringere Fehlschätzungen auftreten (Collins et al., 2001). Kosten beim Einsatz von Hilfsvariablen sind dagegen als gering einzuschätzen.

In der vorliegenden Studie wurde deshalb wie folgt mit fehlenden Werten verfahren: Für den Einsatz in Strukturgleichungsmodellen wurden mithilfe des SPSS-Moduls *missing values* Kovarianzmatrizen geschätzt (Maximum-Likelihood-Schätzung); diese Schätzung berücksichtigte dabei simultan die Schulform (kodiert in Form von drei Dummy-Variablen), die regionale Herkunft, das Geschlecht, die Noten in Mathematik und Deutsch, Leistungsergebnisse in Mathematik sowie auf Itemebene die Indikatoren für die Selbstkonzepte Mathematik, Deutsch, Anerkennung und Durchsetzungsfähigkeit. Zudem wurden als Hilfsvariablen das Selbstkonzept des Aussehens und das Selbstkonzept der Elternbeziehung herangezogen. Für die deskriptiven Analysen wurden mittels des gleichen Moduls sowie bei identischem Vorgehen einfache Schätzungen der fehlenden Werte vorgenommen *(single imputation);* auf die damit einhergehende Unterschätzung der Standardfehler wurde bereits oben eingegangen.

6.3   Ergebnisse

6.3.1 Mittelwertstabilität und normative Stabilität

Mittelwerte und Standardabweichungen für die untersuchten Selbstkonzepte zu allen drei Messzeitpunkten zeigt Tabelle 8. Wie zu erkennen ist, entwickelten sich mit Ausnahme des Selbstkonzepts Mathematik alle Selbstkonzeptfacetten positiv, wobei tendenziell zu T2 die höchsten Mittelwerte resultierten. Somit ergibt sich auf den ersten Blick ein umgekehrt U-förmiger Verlauf bei diesen Selbstkonzepten. Möglichen statistisch signifikanten Veränderungen in der Ausprägung der untersuchten Selbst-

Tabelle 8: Mittelwerte *(M)* und Standardabweichungen *(SD)* zum Beginn (T1), der Mitte (T2) und zum Ende der 7. Jahrgangsstufe (T3)

Selbstkonzepte	T1		T2		T3	
	M	*SD*	*M*	*SD*	*M*	*SD*
Selbstwertgefühl	2.74	0.66	3.18	0.65	3.16	0.62
Anerkennung	2.92	0.67	3.16	0.66	2.99	0.63
Durchsetzungsfähigkeit	2.48	0.65	2.79	0.64	2.79	0.62
Mathematik	2.86	0.64	2.88	0.70	2.76	0.66
Deutsch	2.85	0.60	3.03	0.62	3.01	0.57

konzepte wurden in Messwiederholungsvarianzanalysen mit den Kovariaten Schulform und Geschlecht nachgegangen. Im Folgenden werden diejenigen Effekte des Befragungszeitpunkts berichtet, die auf dem Ein-Prozent-Niveau signifikant wurden und mindestens 1 Prozent zur Varianzaufklärung beitrugen.[3]

In Bezug auf das Selbstwertgefühl wurde der lineare Trend, $F(1, 2774) = 133.09$, $p < .001$, $\eta^2 = .046$, ebenso signifikant wie der quadratische Trend, $F(1, 2774) = 73.65$, $p < .001$, $\eta^2 = .023$. Das Selbstwertgefühl nahm also vom ersten zum zweiten Zeitpunkt deutlich zu, um danach dieses Niveau zu halten. Auch beim Selbstkonzept Anerkennung zeigte sich ein signifikanter linearer Trend, $F(1, 2774) = 45.56$, $p < .001$, $\eta^2 = .016$, sowie ein quadratischer Trend, $F(1, 2774) = 63.61$, $p < .001$, $\eta^2 = .022$. Hinsichtlich des Selbstkonzepts eigener Durchsetzungsfähigkeit erklärte lediglich der lineare Trend mehr als 1 Prozent Varianz, $F(1, 2774) = 147.84$, $p < .001$, $\eta^2 = .051$; das Gleiche gilt für das Selbstkonzept Deutsch, $F(1, 2774) = 74.66$, $p < .001$, $\eta^2 = .026$. Weder der lineare noch der quadratische Trend erklärten beim Selbstkonzept Mathematik 1 Prozent der Varianz.

Neben der Mittelwertstabilität wurde auch die normative Stabilität untersucht. Wie Tabelle 9 zeigt, bestanden zwischen den Messzeitpunkten moderate bis hohe Stabilitäten. Das Selbstkonzept Mathematik erwies sich als besonders stabil, gefolgt von dem Selbstwertgefühl und dem Selbstkonzept Deutsch. Die Beobachtung von Marsh und Yeung (1999), wonach das Selbstwertgefühl insgesamt eine weniger hohe Stabilität aufweise als bereichsspezifische Selbstkonzepte, konnte somit nicht vollständig repliziert werden.

Tabelle 9: Normative Stabilität der Selbstkonzepte zwischen erstem (T1), zweitem (T2) und drittem (T3) Befragungszeitpunkt

Selbstkonzepte	T1–T2	T2–T3	T1–T3
Anerkennung	.62	.53	.50
Durchsetzungsfähigkeit	.51	.54	.44
Mathematik	.65	.65	.58
Deutsch	.54	.66	.52
Selbstwertgefühl	.64	.60	.51

---

3   In der GLM-Prozedur zur Messwiederholung in SPSS 11.0 ist eine Gewichtung nicht möglich. Aus diesem Grund konnte nicht mit der effektiven Stichprobengröße gerechnet werden.

6.3.2 Die Richtung kausaler Beeinflussung zwischen Selbstwertgefühl und Selbstkonzepten: Ergebnisse der Strukturgleichungsmodelle

Um die Richtung der kausalen Beeinflussung in der Selbstkonzeptpyramide zu überprüfen, wurden insgesamt fünf verschiedene Modelle überprüft (vgl. Tab. 10), wobei
jeweils entweder das Selbstkonzept sozialer Anerkennung (Modelle 1a bis 5a) oder
das Selbstkonzept eigener Durchsetzungsfähigkeit berücksichtigt wurde (Modelle 1b
bis 5b). Die ersten vier Modelle sind konzeptionell von Marsh und Yeung (1998b)
übernommen (siehe oben). In Modell 5 wurden zusätzlich transdimensionale Beeinflussungen spezifiziert.

In dem Modell M1a wurde neben dem Selbstwertgefühl und den schulischen
Selbstkonzepten Mathematik und Deutsch das Selbstkonzept sozialer Anerkennung
berücksichtigt, in Modell M1b dagegen das Selbstkonzept eigener Durchsetzungsfähigkeit. Als einzige längsschnittliche Effekte wurden hier Stabilitäten bzw. horizontale Pfade spezifiziert. Sowohl M1a als auch M1b wiesen insgesamt eine befriedigende bis gute Anpassungsgüte auf (TLI > .950, RMSEA < .050). Der zusätzliche
Einbezug von Bottom-up-Effekten (siehe Modelle M2a und M2b) erbrachte jedoch
eine spürbare Verbesserung in den Fit-Indizes – pro Freiheitsgrad resultierte eine Verbesserung von 18.8 χ^2-Punkten (M2a vs. M1a) bzw. 11.78 χ^2-Punkten (M2b vs.
M1b) sowie leicht verbesserte Werte beim TLI und RMSEA. Wurden dagegen die
horizontalen Effekte ergänzt durch Pfade, die die Top-down-Kausalrichtung verkör-

Tabelle 10: Anpassungsgüte unterschiedlicher Modelle zur kausalen Beeinflussung
von Selbstkonzepten

Angenommene Kausal-richtung	Modell	SK	χ^2	df	χ^2/df	TLI	RMSEA	GFI
Horizontal	M1a	Anerk	1738.247	864	2.012	0.958	.029	0.937
	M1b	DSF	1631.578	864	1.888	0.960	.027	0.941
Horizontal + bottom-up	M2a	Anerk	1661.331	858	1.942	0.961	.028	0.941
	M2b	DSF	1560.858	858	1.819	0.963	.026	0.944
Horizontal + top-down	M3a	Anerk	1710.424	858	1.992	0.959	.029	0.938
	M3b	DSF	1607.810	858	1.874	0.960	.027	0.942
Horizontal + bottom-up + top-down	M4a	Anerk	1639.575	852	1.924	0.962	.028	0.941
	M4b	DSF	1542.062	852	1.812	0.963	.026	0.944
Horizontal + bottom-up + top-down + trans-dimensional	M5a	Anerk	1608.285	840	1.922	0.962	.028	0.943
	M5b	DSF	1521.270	840	1.811	0.963	.026	0.945

Effektives N = 1.189. Anerk = Selbstkonzept Anerkennung, DSF = Selbstkonzept Durchsetzungsfähigkeit.

perten (siehe Modelle M3a und M3b), so fand sich in allen untersuchten Güteindizes eine geringere Verbesserung der Güteindizes relativ zu M1a und M1b als bei der zusätzlichen Spezifikation der Bottom-up-Pfade; pro Freiheitsgrad resultierte ein Gewinn von 4.64 bzw. 3.92 χ^2-Punkten. Erwartungsgemäß führte eine gleichzeitige Freigabe der Bottom-up- und der Top-down-Pfade (Modelle M4a und M4b) zu einer besseren Anpassungsgüte, als wenn nur eine der beiden Einflussrichtungen spezifiziert wurde.

Die Pfadkoeffizienten für die Modelle M4a und M4b finden sich in Tabelle 11 (M4a) und Tabelle 12 (M4b). Wie unschwer zu erkennen ist, ließen sich starke Belege für horizontale Effekte (siehe die Diagonalen) finden: Die entsprechenden Pfadkoeffizienten zwischen T1 und T2 sowie zwischen T2 und T3 betrugen zwischen .377 und .672; zusätzliche signifikante horizontale Effekte waren bei allen Selbstkonzeptfacetten zwischen T1 und T3 zu beobachten. Daneben fanden sich einige Belege für Bottom-up-Effekte, während sich für Top-down-Effekte nur wenig Bestätigung finden ließ. Alle spezifizierten Bottom-up-Effekte von schulischen Selbstkonzepten zum Selbstwertgefühl erwiesen sich als signifikant, während hinsichtlich der sozialen Selbstkonzepte die Befundlage weniger konsistent war. Interessanterweise fanden sich auch bezüglich der Top-down-Pfade mehr signifikante Effekte bei den schulischen Selbstkonzepten. Lediglich auf das Selbstkonzept der Durchsetzungsfähigkeit zu T2 hatte das Selbstwertgefühl zu T1 einen signifikanten Effekt. Die genauere Analyse der signifikanten Top-down-Effekte ergab somit keine Belege für die Annahme, dass in besonderer Weise die bereichsspezifischen Selbstkonzepte sozialer Anerkennung und Durchsetzungsfähigkeit, bei denen Rückmeldeprozesse ein höheres Maß an Ambiguität aufweisen, von Top-down-Effekten beeinflusst sind.

Tabelle 11: Modell M4a – Pfadkoeffizienten im Strukturmodell

		T1				T2			
		Anerk	Mathe	Deutsch	SWG	Anerk	Mathe	Deutsch	SWG
T2	Anerkennung	.656***	0	0	−.005		0	0	0
	Mathe	0	.672***	0	.029	0		0	0
	Deutsch	0	0	.559***	.113***	0	0		0
	SWG	−.017	.162***	.085**	.579***	0	0	0	
T3	Anerkennung	.202***	0	0	0	.377***	0	0	.077
	Mathe	0	.271***	0	0	0	.400***	0	.070*
	Deutsch	0	0	.228***	0	0	0	.507***	.041
	SWG	0	0	0	.154***	.109**	.105***	.074*	.390***

Effektive Stichprobengröße von $N = 1.189$. T1, T2, T3 = Messzeitpunkte 1 bis 3, SWG = Selbstwertgefühl, Anerk = Selbstkonzept sozialer Anerkennung. Alle mit „0" gekennzeichneten Pfade wurden auf Null fixiert.
***$p < .001$, ** $p < .01$, * $p < .05$.

Tabelle 12: Modell M4b – Pfadkoeffizienten im Strukturmodell

	T1				T2			
	DSF	Mathe	Deutsch	SWG	DSF	Mathe	Deutsch	SWG
T2 DSF	.548***	0	0	.116*		0	0	0
Mathe	0	.668***	0	.034	0		0	0
Deutsch	0	0	.560***	.098**	0	0		0
SWG	−.037	.154***	.084**	.614***	0	0	0	
T3 DSF	.197**	0	0	0	.509***	0	0	.019
Mathe	0	.263***	0	0	0	.408***	0	.070*
Deutsch	0	0	.232***	0	0	0	.507***	.036
SWG	0	0	0	.131**	.078	.100**	.091**	.420***

Effektive Stichprobengröße von $N = 1.189$. T1, T2, T3 = Messzeitpunkte 1 bis 3, SWG = Selbstwertgefühl, DSF = Selbstkonzept eigener Durchsetzungsfähigkeit. Alle mit „0" gekennzeichneten Pfade wurden auf Null fixiert.
***$p < .001$, ** $p < .01$,* $p < .05$.

Neben den von Marsh und Yeung (1998b) berichteten Modellen wurde ein Modell spezifiziert, in dem zusätzlich zu den horizontalen, Bottom-up- und Top-down-Effekten transdimensionale Pfade spezifiziert wurden. Somit wurde also beispielsweise untersucht, ob schulische Selbstkonzepte bedeutsame Auswirkungen auf soziale Selbstkonzepte haben (Modelle M5a und M5b). Wie aus Tabelle 10 zu ersehen ist, führte die Berücksichtigung transdimensionaler Effekte zu einer vergleichsweise geringen Verbesserung der Anpassungsgüte. Gegenüber M4a verbesserte sich die Anpassungsgüte von M5a pro Freiheitsgrad um 2.60 χ^2-Punkte, während der Unterschied zwischen M5b und M4b 1.78 χ^2-Punkte pro Freiheitsgrad betrug. Sowohl der TLI als auch der RMSEA veränderten sich nur unmerklich. Es fanden sich bei den zusammen 24 (12 pro Modell) zusätzlich spezifizierten Pfaden vier signifikante Pfadkoeffizienten. T1 Anerkennung hatte eine Auswirkung auf T2 Deutsch ($\beta = .143$) und T2 Anerkennung beeinflusste signifikant T3 Deutsch ($\beta = .108$). Zudem erwiesen sich die Pfade von T2 Mathematik auf T3 Anerkennung ($\beta = .078$) bzw. auf T3 Durchsetzungsfähigkeit ($\beta = .085$) als signifikant.

6.4   Diskussion

In der vorliegenden Studie wurde unter längsschnittlicher Perspektive untersucht, wie sich Selbstkonzepte gegenseitig beeinflussen. Dabei wurden aus konfligierenden Theorien Hypothesen abgeleitet und gegeneinander getestet. Aufgrund der Annahmen von Harter (1998, 1999) konnte erwartet werden, neben horizontalen Effekten insbesondere Bottom-up-Effekte zu finden, während die Theorie von Brown (1993) impliziert, dass Top-down-Effekte stärker ausgeprägt sein sollten. Nach Felson (1993) konnte gemutmaßt werden, dass bei schulischen Selbstkonzepten Bottom-up-Effekte vorherrschen sollten, während bei den sozialen Selbstkonzepten eher mit Top-down-Effekten gerechnet werden sollte. Zusätzlich wurden transdimensionale Beeinflussungen, also direkte gegenseitige Effekte der bereichsspezifischen Selbstkonzepte, berücksichtigt. Anhand des Selbstwertgefühls sowie der bereichsspezifischen Selbstkonzepte Mathematik, Deutsch, soziale Anerkennung und Durchsetzungsfähigkeit wurden die postulierten Effekte in einer Untersuchung mit drei Messzeitpunkten in der 7. Jahrgangsstufe überprüft.

Zusammenfassend lässt sich konstatieren, dass sich starke Belege für horizontale Effekte, einige Hinweise auf Bottom-up-Beeinflussungen sowie lediglich spärliche Belege für Top-down-Effekte finden ließen. In Einklang mit Felson (1993) fielen die Bottom-up-Effekte bei den schulischen Selbstkonzepten am deutlichsten und konsistentesten aus. Die Top-down-Effekte beschränkten sich dagegen nicht auf diejenigen Selbstkonzeptbereiche, bei denen eine hohe Ambiguität bei Rückmeldeprozessen angenommen werden kann, sondern betrafen auch die Selbstkonzepte Mathematik und Deutsch. Transdimensionale Effekte waren wiederum vornehmlich mit dem Selbstkonzept der Anerkennung verbunden.

6.4.1 Die hierarchische Struktur des Selbstkonzepts

Während die Multidimensionalität des Selbstkonzepts empirisch gut bestätigt ist (Marsh & Hattie, 1996), fanden sich in jüngerer Zeit vermehrt Befunde, die die Annahmen von Shavelson et al. (1976) hinsichtlich der hierarchischen Organisation in Zweifel gezogen haben. Einer der Kritikpunkte galt dabei der Stabilität in der Selbstkonzeptpyramide. Marsh und Yeung (1998b) konnten – anders als von Shavelson et al. vorhergesagt – keine höheren Stabilitäten bei hierarchisch höheren Selbstkonzepten feststellen als bei bereichsspezifischen Maßen; insbesondere die Selbstwertskala zeigte sogar eher geringere Stabilitäten (Marsh & Yeung, 1999). In der vorliegenden Studie fand sich dagegen im Vergleich zu den bereichsspezifischen Skalen sowohl auf manifester als auch auf latenter Ebene eine zumindest durchschnittlich ausgeprägte Stabilität beim Selbstwertgefühl. Zumindest zwei Ursachen könnten hierfür infrage kommen: Erstens wurden, wie oben erläutert, in der BIJU-Studie nur die negativ formulierten Selbstwertitems verwendet. Die Forschung hat gezeigt, dass die Rosenberg-Skala (Rosenberg, 1965) insgesamt eine eindimensionale Struktur aufweist, jedoch trotzdem gewisse Methodeneffekte der positiv bzw. negativ formulierten Items festzustellen sind (Corwyn, 2000; Marsh, 1996). Nicht untersucht wurde dagegen, ob positive und negative Items der Rosenberg-Skala eine unterschiedliche Stabilität aufweisen. Dieser Aspekt sollte in weiteren Studien überprüft werden. Zweitens ist zu berücksichtigen, dass die Stabilität des Selbstwertgefühls relativ zur Stabilität der bereichsspezifischen Selbstkonzepte untersucht wurde – natürlich lässt sich die Frage stellen, ob die in der BIJU-Studie verwendeten Skalen zur Messung bereichsspezifischer Selbstkonzepte die stabilen Anteile des Selbstkonzepts adäquat erfassen. Allerdings lässt sich dieses Argument auch umdrehen und argumentieren, dass die von Marsh verwendete Adaptation der Rosenberg-Skala wenig dazu geeignet ist, die stabilen Facetten des Selbstwertgefühls zu erheben.

6.4.2 Top-down- und Bottom-up-Effekte im Selbstkonzeptgefüge

Während die vorliegende Studie in Übereinstimmung mit Annahmen von Harter (1998, 1999) Bottom-up-Effekte von schulischen Selbstkonzepten auf das Selbstwertgefühl belegen konnte, fiel die Befundlage in Bezug auf soziale Selbstkonzepte wenig konsistent aus. Weder zeigten sich konsistente Belege für die nach Harter zu erwartenden Bottom-up-Effekte, noch für die nach Felson bzw. Brown (1993) anzunehmenden Top-down-Effekte. Als Gründe für unterschiedliche Befundmuster in Untersuchungen zum kausalen Fluss im Selbstkonzeptgefüge kommen selbstverständlich zunächst Unterschiede in der Anlage und Durchführung der Studien infrage. So wurde bereits oben darauf hingewiesen, dass sowohl Harter als auch Felson ihre Annahmen auf querschnittliche Befunde gründeten – dies ist sicherlich problematisch, wenn es um die gegenseitige Beeinflussung von Selbstkonzeptfacetten geht. Auch in Browns experimentellen bzw. quasi-experimentellen Arbeiten ist die Zeitperspektive ausgeblendet; Brown untersucht vielmehr die kurzfristigen Effekte eines hohen bzw. niedrigen Selbstwertgefühls nach der Konfrontation mit unterschiedlichen Stimuli. Soll jedoch die Frage beantwortet werden, welche Beziehung zwischen unterschiedlichen Selbstkonzeptfacetten in ökologisch validen Kontexten besteht, scheint die in der vorliegenden Arbeit gewählte Vorgehensweise besonders gut geeignet.

Allerdings soll betont werden, dass in der vorliegenden Studie das Selbstkonzept des Aussehens nicht zum Einsatz kam. Aufgrund der geringen Korrelation zwischen Selbst- und Fremdurteil beim Aussehen kann jedoch gerade für dieses Selbstkonzept in besonderer Weise ein Top-down-Effekt erwartet werden. Zukünftige, längsschnittlich angelegte Studien sollten hierauf ein besonderes Augenmerk legen.

6.4.3 Der Verlauf von Mittelwerten

Studie 1 hatte einen Anstieg in der mittleren Ausprägung mehrerer Selbstkonzeptfacetten zwischen der 7. und 10. Jahrgangsstufe gezeigt. In Studie 2 wurde lediglich der Zeitraum eines Schuljahrs untersucht, und es waren keine Hypothesen bezüglich des Mittelwertverlaufs der untersuchten Facetten aufgestellt worden. Eine Analyse des Mittelwertverlaufs bei den untersuchten sozialen Selbstkonzepten sowie beim Selbstwertgefühl ergab jedoch Hinweise auf einen umgekehrt U-förmigen Verlauf (vgl. Tab. 8), der einen linearen Anstieg überlagerte.

Über Gründe für diesen Verlauf lässt sich an dieser Stelle nur spekulieren. Allerdings mag dieser Verlauf mit einer Besonderheit der vorliegenden Studie zu tun haben: In den untersuchten neuen Bundesländern war unmittelbar vor Beginn der vorliegenden Studie das „alte" Schulsystem der DDR von dem westdeutschen System abgelöst worden. Dies führte dazu, dass sich die Schülerinnen und Schüler der vorliegenden Studie ganz überwiegend in erst jüngst zusammengestellten Klassen befanden. Dies mag auch ein Grund dafür sein, dass zum ersten Zeitpunkt ein relativ niedriges Selbstwertgefühl sowie soziales Selbstkonzept resultierte. Man mag allerdings spekulieren, dass ähnliche Effekte möglicherweise nach den großen Schulferien auftreten könnten, wenn sich die Schülerinnen und Schüler zunächst „fremd" vorkommen. Allerdings lässt sich natürlich auch nicht ausschließen, dass geschichtliche bzw. gesamtgesellschaftliche Ereignisse und Kontexte eine Rolle spielten. Weitere Studien, die den Verlauf bei sozialen Selbstkonzepten und dem Selbstwertgefühl in engerer Taktung untersuchen, könnten hier möglicherweise zusätzlichen Aufschluss bringen. In der folgenden Teilstudie 3 wird beleuchtet, inwieweit Unterschiede in den Mittelwertverläufen bei ost- und westdeutschen Jugendlichen auftraten.

6.4.4 Ausblick

In der Studie 2 kamen neben dem Selbstwertgefühl und den schulischen Selbstkonzepten Mathematik und Deutsch das soziale Selbstkonzept der Anerkennung und Durchsetzungsfähigkeit zum Einsatz. Dagegen wurde darauf verzichtet, neben den schulischen Selbstkonzeptitems auch Indikatoren für die tatsächlichen schulischen Leistungen der Untersuchungsteilnehmer bzw. Indikatoren für deren tatsächlichen Status in ihrer Klasse in die Modelle zu integrieren, da deren Einbezug zu einer sehr hohen Komplexität der Modelle geführt hätte. In der folgenden Studie 3 wird dieser Punkt aufgenommen, indem neben den schulischen Selbstkonzepten auch die Leistungsentwicklung berücksichtigt wird. In Studie 4 erfolgt darüber hinaus eine Integration von Indikatoren des schulischen Problemverhaltens sowie der Integration in die Klassengemeinschaft.

Es wurde bereits darauf hingewiesen, dass die vorliegende Studie 2 ausschließlich Schülerinnen und Schüler aus zwei neuen Bundesländern unmittelbar nach der Adoption des westdeutschen Schulsystems durch die ostdeutschen Bundesländer berücksichtigte. Es ist durchaus möglich, dass die hier beschriebenen Effekte auch bzw. in erster Linie als „Kontexteffekte", als Effekte der Veränderung des schulischen Kontexts bzw. als Effekt des Fortbestehens eines besonderen Kontexts zu interpretieren sind. Die nun folgende Studie 3 geht dieser Frage nach, indem untersucht wird, ob im Selbstkonzeptgefüge zwischen Selbstwertgefühl und schulischen Selbstkonzepten regional unterschiedliche Effekte auftreten.

7 Studie 3: Ost und West, Up and Down – Die Rolle von Kontextfaktoren bei der Selbstkonzeptentwicklung

Die Entwicklung von Selbstkonzepten ist nicht unabhängig von Kontexten. Neben der Familie sowie dem Freundeskreis mit den jeweiligen Opportunitäten und Erwartungen spielt naturgemäß die Schule eine besonders bedeutsame Rolle. Dass individuelle Schüler ihre Schule ganz unterschiedlich wahrnehmen können, ist gut belegt (vgl. Fend, 1997). Daneben stellt sich natürlich aber auch die Frage, inwieweit Schulen als Einheiten so verschieden sein können, dass die Selbstkonzeptentwicklung an manchen Schulen unterschiedlichen Prozessen folgt als an anderen. Dem grundgesetzlich verankerten Gleichheitsgebot folgend, ist das deutsche Schulsystem in weiten Teilen darauf angelegt, dass das schulische Umfeld – einmal abgesehen von den Folgen, die das dreigliedrige Schulsystem mit sich bringt – möglichst wenig „Varianz" aufweist – jeder Schüler und jede Schülerin soll ähnlich gut beschult werden, soll ähnlich gut behandelt werden und soll auf ähnliche Art und Weise das Beste aus sich machen können. Lehrpläne und die geteilten Traditionen und Erfahrungen, mit denen Lehrkräfte in der Lehrerausbildung und -fortbildung in Kontakt kommen, führen tendenziell zu einer Vereinheitlichung von schulischem Unterricht und schulischem Leben. In einem solchen Umfeld fallen Schulen, die bewusst einen anderen, eigenen pädagogischen Weg zu gehen versuchen, notwendigerweise auf (vgl. Köller & Trautwein, 2003; Satow, 1999).

Für die pädagogisch-psychologische Forschung ist es durchaus willkommen, wenn sich schulische Kontexte unterscheiden, wenn sich, mit den Worten der Statistik ausgedrückt, Varianz im schulischen Umfeld finden lässt. Nur wenn sich schulische Kontexte hinreichend unterscheiden, lassen sich Effekte von differenziellen Entwicklungsmilieus nachweisen. So konnte in der Vergangenheit unter anderem gezeigt werden, dass Gymnasien in Bezug auf die schulische Leistung besondere Fördereffekte aufweisen (Köller & Baumert, 2002), was vor allem auf einen unterschiedlich anregenden Unterricht zurückgeführt wurde.

In diesem Sinne ist auch die deutsche Wiedervereinigung als Chance für die pädagogisch-psychologische Forschung anzusehen. Die Wiedervereinigung Deutschlands brachte es mit sich, dass Schülerinnen und Schüler, die in sehr unterschiedlichen schulischen Kontexten aufgewachsen waren, mit identischen Instrumenten untersucht werden konnten. Die vorliegende Teilstudie 3 nutzt diese besondere Situation, indem untersucht wird, ob sich Effekte des unterschiedlichen Kontexts auf die Selbstkonzeptentwicklung aufzeigen lassen. Hierbei werden neben dem Selbstwertgefühl die schulischen Selbstkonzepte Mathematik und Deutsch berücksichtigt. Die Studie 3 geht über die Studie 2 zudem in der Hinsicht hinaus, dass individuelle schulische Leistungen einbezogen (und damit auch kontrolliert) werden. In Teilstudie 3 geht es in Bezug auf das in Kapitel 4 vorgestellte Forschungsmodell in erster Linie um die

Teilfragestellungen 1a und 2a, also um die gegenseitige Beeinflussung von Selbstwertgefühl und bereichsspezifischen Selbstkonzepten. Der Einbezug der Leistungsindikatoren rückt jedoch zudem die Teilfragestellungen 1b und 2b, also die Frage nach den Effekten auf bzw. von Verhaltensindikatoren, in den Blickpunkt des Interesses.

7.1 Die Selbstkonzeptentwicklung in unterschiedlichen Kontexten

Welche Beziehung besteht zwischen Selbstwertgefühl, schulischen Selbstkonzepten und schulischer Leistung? Wie bereits ausgeführt, finden sich Belege für eine reziproke Beziehung zwischen schulischen Selbstkonzepten und der Leistungsentwicklung (Köller et al., 1999; Marsh & Yeung, 1999; Skaalvik & Hagtvet, 1990). Der Effekt vom Selbstwertgefühl auf die schulische Leistung scheint vollständig bzw. größtenteils über bereichsspezifische Selbstkonzepte mediiert zu sein (vgl. Rosenberg et al., 1995). Bereichsspezifische Selbstkonzepte wiederum können, wie auch in Teilstudie 2 gezeigt wurde, das Selbstwertgefühl beeinflussen. In dieser Teilstudie soll überprüft werden, inwieweit diese Effekte auf bestimmte Kontexte beschränkt sind.

7.1.1 Kontexte und Selbstkonzepte

Wie in Abschnitt 2.6 erläutert wurde, hat eine Reihe von Studien (vgl. Wigfield et al., 1996) die Sensibilität des Selbstkonzepts gegenüber Veränderungen im schulischen Kontext aufgezeigt. Dies gilt unter anderem für die Höhe sowie die Struktur des Selbstkonzepts Jugendlicher. Ein recht konsistenter Befund betrifft das Absinken von Selbstkonzeptwerten bei Jugendlichen, nachdem sie auf die *High School* wechseln. Dieses Absinken des Selbstkonzepts wurde mit der stärkeren Betonung von Leistungsevaluationen auf der *High School* erklärt (vgl. Wigfield et al., 1996). Zudem ist gerade nach Übergängen mit Bezugsgruppeneffekten (Schwarzer, 1979) bzw. dem Fischteicheffekt zu rechnen (vgl. Köller, 2000). Eine Reihe von Effekten des Kontexts auf die mittlere Ausprägung von Selbstkonzepten gilt mittlerweile als gut belegt.

Neben Mittelwerteffekten sowie Effekten des Kontexts auf die Struktur von Selbstkonzepten sind Effekte auf die Dynamik im Selbstkonzeptgefüge von besonderem Interesse. Gibt es Bedingungen, die das Vorhandensein von Bottom-up-Effekten bzw. von Top-down-Effekten begünstigen? Mögliche Hinweise auf solche Bedingungen gibt die Studie von Skaalvik und Hagtvet (1990), in der unterschiedliche Effekte in Stichproben von Dritt- bzw. Sechstklässlern gefunden wurden. Während die Autoren die differenzielle Befundlage auf Alterseffekte zurückführten, lassen sich auch Kontexteffekte als Ursache anführen: In der Studie von Skaalvik und Hagtvet bewältigten die Sechstklässler, nicht aber die Drittklässler einen schulischen Transformationsprozess – sie wechselten von der Primarschule in die Sekundarschule. Dieser Prozess könnte wiederum die Selbstkonzeptdynamik beeinflusst haben.

Auch Satow (1999) berichtete Befunde, die den Einfluss von moderierenden Kontexteffekten auf das Selbstkonzeptgefüge belegen. Satow untersuchte die Effekte von schülerzentriertem, unterstützendem Unterricht, bei dem Lehrkräfte verstärkt eine individuelle Bezugsnormorientierung verwenden; Satow nannte diese Konstellation „Mastery-Klima". In Klassen mit hohem Mastery-Klima beobachtete Satow, dass die globalere Selbstwirksamkeit die bereichsspezifische Selbstwirksamkeit beeinflusste, während in Klassen mit niedrigem Mastery-Klima die umgekehrte Wirkrichtung zu finden war.

Satows (1999) Befunde lassen sich gut mit weiteren Befunden aus der Forschung zum Klassenkontext in Einklang bringen. Insgesamt wird angenommen (vgl. Ames, 1992), dass ein Fokus auf soziale Vergleiche und die schulische Leistung dazu führt, dass schulische Leistung zu einem wichtigeren Bestandteil der Selbstdefinition wird – und dabei möglicherweise in besonderer Weise Bottom-up-Prozesse fördert.

7.1.2 Das west- und ostdeutsche Schulsystem vor der Wiedervereinigung

Um die moderierenden Einflüsse von unterschiedlichen Kontexten zu studieren, wird in der vorliegenden Studie wiederum auf die BIJU-Stichprobe zurückgegriffen, in der die Datensammlung kurz nach der Wiedervereinigung Deutschlands erfolgte. Obwohl West- und Ostdeutschland dasselbe kulturelle Erbe teilten, hatten sich sehr unterschiedliche Schulsysteme etabliert, die die jeweilige Staatsideologie reflektierten (vgl. Oettingen et al., 1994, für eine eingehende Darstellung der Unterschiede in den Schulsystemen).

Aus struktureller Sicht ist vor allem der Gegensatz zwischen dreigliedrigem Schulsystem im Westen und der Polytechnischen Oberschule (POS) als Gesamtschule für alle Schülerinnen und Schüler von der 1. bis zur 10. Klassenstufe in Ostdeutschland zu nennen. Daneben sind jedoch auch wichtige Unterschiede in der Schulkultur zu nennen (vgl. Marsh et al., 2001a; Oettingen et al., 1994; Waterkamp, 1990). Zum einen bekamen Schülerinnen und Schüler in Ostdeutschland von der 1. Klasse an numerische Noten, während die Beurteilung in westdeutschen Anfangsklassen zunächst als verbaler Bericht erfolgte. Zudem war eine realitätsnahe, adäquate Selbstsicht ein erklärtes Erziehungsziel in Ostdeutschland. Damit die Kinder und Jugendlichen ein realistisches Selbstbild gewinnen konnten, wurden von ostdeutschen Lehrkräften in besonderer Weise soziale Vergleiche verwendet, auch und besonders bei Leistungsrückmeldungen und oftmals vor der gesamten Klasse. Obwohl auch in Westdeutschland Leistungsrückmeldungen eine wichtige Rolle im schulischen Lernen spielten, dienten diese jedoch weniger explizit dazu, ein realistisches Selbstbild zu vermitteln. Zudem wurden soziale Vergleiche bei der Notenvergabe oftmals bewusst vermieden. Weitere Unterschiede betrafen die Notengebung. Da in Ostdeutschland eine gute Klassendurchschnittsnote auch signalisierte, dass die Lehrkraft die Klassenziele erreicht hat, fand sich insgesamt ein besserer Notendurchschnitt in Ostdeutschland (vgl. Marsh et al., 2001a).

Nach der Wiedervereinigung übernahmen die ostdeutschen Länder in großen Teilen das Schulsystem der alten Bundesrepublik. Somit gingen große Veränderungen in Ostdeutschland mit Kontinuität in den alten Bundesländern einher (Wilde, 2002). Andererseits wurde auch in den neuen Bundesländern der Lehrkörper – mit Ausnahme der politisch sensiblen Fächer – im Großen und Ganzen wenig verändert. Man kann somit insgesamt annehmen, dass die Lage in den neuen Bundesländern zum einen durch Wandel, zum anderen aber auch durch eine gewisse Konstanz gezeichnet war.

7.1.3 Ableitung der Fragestellung

Die Transformation des ostdeutschen Schulsystems stellt in gewisser Weise ein natürliches Experiment (vgl. Marsh et al., 2001a; Oettingen et al., 1994) dar, in dessen Rahmen Kontexteffekte auf die Dynamik im Selbstkonzeptgefüge getestet werden können. Das in BIJU untersuchte ostdeutsche Sample unterschied sich in zumindest zwei Aspekten wesentlich von der westdeutschen Stichprobe. Erstens waren die ostdeutschen Schüler in einem schulischen Kontext aufgewachsen, in dem in besonderer Weise soziale Vergleiche und die Erfüllung von Leistungsnormen betont worden waren. Zweitens hatten diese Schülerinnen und Schüler eine umfassende Veränderung ihres schulischen Umfelds zu bewältigen. Sie besuchten eine für sie neue Schule und hatten neue, zu einem großen Teil ihnen unbekannte Schulkameraden.

Angesichts dieser Unterschiede ist die vorliegende Studie gut geeignet, die Effekte von Kontextfaktoren auf das Selbstkonzept zu untersuchen. In Bezug auf mögliche Mittelwertunterschiede beim Selbstkonzept wurde angenommen (vgl. Wigfield et al., 1996), dass das Selbstkonzept bei den ostdeutschen Schülerinnen und Schülern zumindest unmittelbar nach dem Schulwechsel niedriger ausfallen sollte als bei den westdeutschen Jugendlichen. Dies sollte einerseits eine Verunsicherung durch die veränderte Schulumgebung widerspiegeln, andererseits aber auch durch zunehmend härtere Notenstandards in den neuen Bundesländern nach Übernahme des westdeutschen Schulsystems beeinflusst sein.

Zudem wurde vermutet, dass – relativ zur westdeutschen Stichprobe – Bottom-up-Effekte im ostdeutschen Sample verstärkt auftreten sollten. Hierfür sprachen zwei Argumentationslinien. Zum einen wurden soziale Vergleiche in Ostdeutschland besonders betont – solche sozialen Vergleiche können jedoch dazu führen, dass schulische Leistungen eine größere Bedeutung für das Selbstbild gewinnen (vgl. Ames,

1992; Midgley, Feldlaufer, & Eccles, 1989). Man darf vermuten, dass trotz der Übernahme des westdeutschen Schulsystems solche Effekte der Unterrichtskultur in gewisser Weise stabil blieben und damit in Ostdeutschland zu einem gewissen Grad weiter wirkten.

Zum anderen kann angenommen werden, dass Veränderungen im schulischen Umfeld, wie sie ein Wechsel in der schulischen Bezugsgruppe darstellt, zu einer Rekalibrierung bereichsspezifischer Selbstkonzepte führen können, was sich wiederum auf das allgemeine Selbstwertgefühl auswirken sollte. Auch diese Argumentationslinie lässt – relativ zur westdeutschen Stichprobe – verstärkte Bottom-up-Effekte in Ostdeutschland wahrscheinlich erscheinen.

7.2 Methode

7.2.1 Untersuchungsstichprobe

Die Teilstudie 3 greift wiederum auf die BIJU-Stichprobe (vgl. Teilstudie 1) zurück. Insgesamt 5.648 Siebtklässler (53,3 % Mädchen) aus 309 Klassen wurden zu Anfang (T1), in der Mitte (T2) und am Ende (T3) des Schuljahrs 1991/92 untersucht. 50,8 Prozent der Schülerinnen und Schüler kamen aus Nordrhein-Westfalen, die anderen 49,2 Prozent aus Sachsen-Anhalt und Mecklenburg-Vorpommern.

7.2.2 Instrumente

Bereichsspezifische Selbstkonzepte und Selbstwertgefühl. Es kamen wiederum die schon bekannten Skalen zum Selbstkonzept Mathematik und Deutsch sowie zum Selbstwertgefühl zur Anwendung. Cronbachs α lag dabei in allen drei Wellen konsistent über .80 (Selbstkonzepte Mathematik und Deutsch) bzw. über .70 (Selbstwertgefühl).

Leistungsindikatoren. Zwei Arten von Leistungsindikatoren konnten berücksichtigt werden, nämlich zum einen die selbst berichteten Schulnoten, zum anderen die Werte in standardisierten Leistungstests. Selbst berichtete *Schulnoten* für die Fächer Mathematik und Deutsch wurden zu Beginn der 7. Jahrgangsstufe (T1) erhoben. Es handelte sich dabei um die Zeugnisnoten, die zum Ende der 6. Klasse im Abschlusszeugnis vergeben wurden. Zudem erfolgte eine erneute Abfrage der Zeugnisnoten zu T2, wobei es sich um die Halbjahresnoten der 7. Jahrgangsstufe handelte. Keine Angaben liegen über die Noten im Abschlusszeugnis dieser Klassenstufe vor.

Außerdem wurden in der BIJU-Studie Fachleistungstests in Mathematik mit 30 (T1), 32 (T2) bzw. 36 (T3) Aufgaben eingesetzt. Die Aufgaben der Leistungstests stammten aus früheren internationalen Schulleistungsstudien der „International

Association for the Evaluation of Educational Achievement" (vgl. Burstein, 1992; Husén, 1967; Robitaille & Garden, 1989) und einer nationalen Schulleistungsstudie des Max-Planck-Instituts für Bildungsforschung, die 1969 durchgeführt wurde (vgl. Baumert et al., 1986). Die Items waren zuvor hinsichtlich ihrer curricularen Validität von Experten eingeschätzt worden und deckten verschiedene Stoffgebiete ab. Die Reliabilitäten (innere Konsistenzen) lagen zu allen drei Zeitpunkten über .80. Leistungswerte wurden auf der Grundlage von Item-Response-Modellen bestimmt und durch die Realisierung eines Anker-Item-Designs über die Erhebungswellen vergleichbar gemacht. Details zu den verwendeten Tests, zur Skalierung sowie zu deskriptiven Ergebnissen finden sich bei Köller (1998) sowie Schnabel (1998).

Schulform. Um Effekte der Schulformzugehörigkeit kontrollieren zu können, wurden zwei Dummy-Variablen gebildet (Gymnasium vs. andere; Hauptschule vs. andere).

7.2.3 Statistische Analysen

Das Vorgehen bei der Auswertung gleicht in weiten Teilen der Studie 2. Nach der Formel von Kish (1987) wurde die effektive Stichprobengröße bestimmt – sie belief sich auf 1.731 Jugendliche in Nordrhein-Westfalen und 1.202 Jugendliche in den neuen Bundesländern. Hinsichtlich der fehlenden Werte gilt das, was in Abschnitt 6.2.3 ausgeführt wurde. In Selektivitätsanalysen fanden sich wiederum nur schwache Hinweise auf einen systematischen Ausfall, der in erster Linie mit schwächeren Schulleistungen verbunden war. Für die Auswertungen über Strukturgleichungsmodelle wurden Kovarianzmatrizen mit dem EM-Algorithmus aus SPSS 11.0 geschätzt, die als Input in AMOS 4.01 (Arbuckle, 1999) verwendet wurden.

7.3   Ergebnisse

Zunächst werden auf Mittelwertebene die Effekte des Übergangs analysiert, bevor in einem nächsten Schritt die Wirkung des Kontexts auf die Dynamik im Selbstkonzeptgefüge berichtet wird.

7.3.1   Notengebung und Mittelwertunterschiede

Wie erwartet fand sich eine unterschiedliche Entwicklung der Noten in West- und Ostdeutschland: Während die Mathematiknoten in Nordrhein-Westfalen zwischen T1 und T2 relativ stabil waren (T1: $M = 3.01$, $SD = 0.92$; T2: $M = 3.09$, $SD = 0.91$), veränderte sich der Benotungsstandard in Ostdeutschland in Richtung der härteren Benotungspraxis im Westen (T1: $M = 2.17$, $SD = 0.91$; T2: $M = 2.81$, $SD = 0.85$).

Statistisch ließ sich ein signifikanter Haupteffekt Region, $F(1, 2931) = 340.27$, $p < .001$, $\eta^2 = .104$, ein signifikanter Effekt des Messzeitpunkts, $F(1, 2931) = 559.58$, $p < .001$, $\eta^2 = .160$ sowie, besonders bedeutsam, eine signifikante Interaktion Region × Messzeitpunkt, $F(1, 2931) = 114.19$, $p < .001$, $\eta^2 = .105$, nachweisen. Bezüglich der Deutschnoten ergab sich ein sehr ähnliches Muster. Westdeutsche Schülerinnen und Schüler erhielten insgesamt schlechtere Noten zu T1 (West: $M = 3.14$, $SD = 0.81$; Ost: $M = 2.07$, $SD = 0.84$) und T2 (West: $M = 3.15$, $SD = 0.78$; Ost: $M = 2.65$, $SD = 0.76$), aber der Unterschied nahm insgesamt ab. Dies resultierte in einen signifikanten Effekt der Region, $F(1, 2931) = 846.25$, $p < .001$, $\eta^2 = .224$, des Messzeitpunkts, $F(1, 2931) = 473.39$, $p < .001$, $\eta^2 = .139$, sowie eine signifikante Interaktion von Region × Messzeitpunkt, $F(1, 2931) = 466.18$, $p < .001$, $\eta^2 = .137$. Fasst man diese Befunde zusammen, so erlebten westdeutsche Jugendliche insgesamt strengere Benotungsstandards, während die ostdeutschen Jugendlichen von einer Verschärfung der Notenstandards betroffen waren.

Inwieweit reflektierte die Selbstkonzeptentwicklung in West- und Ostdeutschland die Unterschiede in der Stabilität der schulischen Umgebung? Mittelwerte und Standardabweichungen der untersuchten Selbstkonzepte sind in Tabelle 13 zu sehen. Getrennt für jede Variable wurde eine 2 (Region: Ost vs. West) × 3 (Messzeitpunkt: T1 vs. T2 vs. T3) multivariate Varianzanalyse mit Messwiederholung auf dem zweiten Faktor und Kontrolle von Schulform durchgeführt.[4] Insgesamt berichteten westdeutsche Jugendliche ein höheres Selbstwertgefühl $F(1, 5644) = 39.04$, $p < .001$, $\eta^2 = .007$. Zudem zeigte sich ein signifikanter linearer ($F[1, 5644] = 346.79$, $p < .001$, $\eta^2 = .059$) und quadratischer ($F[1, 5644] = 438.89$, $p < .001$, $\eta^2 = .072$) Trend, der anzeigt, dass das Niveau des Selbstwertgefühls von T1 zu T2 zunahm, diese Höhe jedoch nicht beibehielt. Schließlich waren auch die linearen ($F[1, 5644] = 297.94$, $p < .001$, $\eta^2 = .050$) und quadratischen ($F[1, 5644] = 8.55$, $p < .01$, $\eta^2 = .002$) Komponenten des Interaktionsterms Messzeitpunkt × Region signifikant; in Ostdeutschland gab es also eine stärker ausgeprägte positive Entwicklung des Selbstwertgefühls.

Ein ähnliches Bild ergab sich in Bezug auf das Selbstkonzept Mathematik und das Selbstkonzept Deutsch, die im Osten zu Beginn – nicht aber zum Ende – der 7. Jahrgangsstufe niedriger ausfielen. In Mathematik resultierte ein Effekt der Region, $F(1, 5644) = 90.63$, $p < .001$, $\eta^2 = .016$), ein linearer ($F[1, 5644] = 61.55$, $p < .001$, $\eta^2 = .011$) und ein quadratischer ($F[1, 5644] = 85.03$, $p < .001$, $\eta^2 = .015$) Trend. Zudem erwies sich die lineare Komponente des Interaktionsterms Messzeitpunkt × Region als signifikant, $F(1, 5644) = 6.84$, $p < .001$, $\eta^2 = .001$. In ähnlicher Weise fand sich ein höheres Selbstkonzept Deutsch bei den westdeutschen Jugendlichen, $F(1, 5644)$

---

4   Da die GLM-Routine aus SPSS 11.0 keine gewichteten Daten zulässt (vgl. Studie 2), wurden die folgenden Analysen mit der Gesamtstichprobe durchgeführt, das α-Fehler-Niveau jedoch auf .01 herabgesetzt.

Tabelle 13: Selbstwertgefühl, Selbstkonzept Mathematik und Deutsch in Ost und West (Mittelwerte und in Klammern Standardabweichungen)

Selbstkonzept-bereich	Ost			West		
	T1	T2	T3	T1	T2	T3
Selbstwertgefühl	2.72 (0.68)	3.18 (0.65)	3.17 (0.62)	2.89 (0.72)	3.14 (0.70)	2.99 (0.66)
Mathematik	2.86 (0.64)	2.88 (0.70)	2.76 (0.66)	2.98 (0.73)	3.00 (0.75)	2.82 (0.70)
Deutsch	2.85 (0.60)	3.03 (0.62)	3.01 (0.57)	2.93 (0.63)	3.10 (0.64)	2.98 (0.65)

= 45.12, $p < .001$, $\eta^2 = .008$. Zudem zeigten sich ein linearer ($F[1, 5644] = 70.20$, $p < .001$, $\eta^2 = .013$) und ein quadratischer ($F[1, 5644] = 120.45$, $p < .001$, $\eta^2 = .021$) Trend. Schließlich erreichten auch die lineare ($F[1, 5644] = 50.54$, $p < .001$, $\eta^2 = .009$) und die quadratische ($F[1, 5644] = 9.87$, $p < .001$, $\eta^2 = .002$) Komponente des Interaktionsterms Messzeitpunkt × Region das Signifikanzniveau. Zusammengenommen unterstützen die Befunde die Hypothese, dass Änderungen im schulischen Kontext die mittlere Ausprägung bereichsspezifischer Selbstkonzepte sowie des Selbstwertgefühls beeinflussen.

7.3.2 Strukturgleichungsmodelle

Möglichen Kontexteffekten auf die Dynamik des Selbstkonzepts wurde in Strukturgleichungsmodellen nachgegangen. Getrennt für Mathematik und Deutsch wurden Modelle spezifiziert, in denen jeweils das zeitlich vorangehende Selbstkonzept die jeweils zeitlich nachfolgenden Selbstkonzepte beeinflussten. Die Modelle unterschieden sich darin, dass die komplexesten Modelle horizontale (Stabilitäten), Bottom-up- und Top-down-Effekte zwischen Selbstwertgefühl und bereichsspezifischem Selbstkonzept spezifizierten, während das sparsamste Modell lediglich die Stabilitäten mo-

Tabelle 14: Mathematiknoten, Selbstkonzept Mathematik und Selbstwertgefühl – Modellgüteparameter aus Strukturgleichungsmodellen

Modell	Beschreibung	χ^2	df	χ^2/df	RMSEA
1-West	horizontal	614.49	295	2.08	0.025
2-West	horizontal + bottom-up	613.87	293	2.10	0.025
3-West	horizontal + top-down	582.45	293	1.99	0.024
4-West	horizontal + bottom-up + top-down	5.8234	291	2.00	0.024
1-Ost	horizontal	617.44	295	2.09	0.030
2-Ost	horizontal + bottom-up	583.33	293	1.99	0.029
3-Ost	horizontal + top-down	611.11	293	2.09	0.030
4-Ost	horizontal + bottom-up + top-down	579.12	291	1.99	0.029

dellierte. Um Effekte der Leistung bzw. der Noten zu kontrollieren, wurden dabei in allen Modellen Pfade der vorangegangenen Leistung bzw. der Noten auf die nachfolgenden Selbstkonzepte Mathematik und Deutsch sowie das Selbstwertgefühl berücksichtigt. Zudem wurde die Schulform (als zwei Dummy-Variablen) in allen Analysen als Prädiktor von T1 Leistung und Selbstkonzept sowie von Veränderungen im Selbstkonzept und in Leistungsindikatoren spezifiziert, um Schulformeffekte zu kontrollieren. In allen Modellen wurden Kovarianzen zwischen den Residuen identischer Indikatoren über die drei Wellen frei geschätzt; ebenso wurden Kovarianzen zwischen Residualvarianzen der latenten Selbstkonzeptvariablen zugelassen.

Im ersten Set von Analysen wurden Mathematiknoten als Leistungsindikatoren verwendet (vgl. Tab. 14). Zunächst wurden lediglich horizontale Effekte zwischen dem Selbstkonzept Mathematik und dem Selbstwertgefühl spezifiziert (1-West und 1-Ost). Wie zu er-kennen ist, zeigte sich eine hohe Modellgüte sowohl im westdeutschen Sample (RMSEA = 0.025) als auch in der ostdeutschen Stichprobe (RMSEA = 0.030). Im Modell 2 wurden Bottom-up-Effekte hinzugefügt. Dies führte zu einer besseren Modellanpassung bei den ostdeutschen Jugendlichen, $\Delta\chi^2$ ($df = 2$) = 34.11, $p < .001$; hingegen verbesserte die freie Schätzung der Bottom-up-Effekte die Modellgüte bei den westdeutschen Jugendlichen nicht, $\Delta\chi^2$ ($df = 2$) = 0.62, *ns*. Wurden hingegen die horizontalen Pfade durch Top-down-Effekte ergänzt (3-West und 3-Ost),

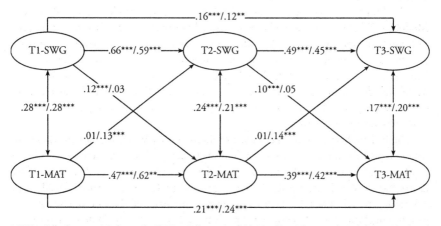

MAT = Selbstkonzept Mathematik, SWG = Selbstwertgefühl. Vor dem Schrägstrich sind die standardisierten Regressionskoeffizienten für die westdeutschen Jugendlichen, nach dem Schrägstrich die für die ostdeutschen Jugendlichen eingezeichnet.
*** $p < .001$, ** $p < .01$, * $p < .05$.

Abbildung 11: Die Selbstkonzeptdynamik – Modelle 4-West und 4-Ost

Tabelle 15: Mathematiktestleistung, Selbstkonzept Mathematik und Selbstwertgefühl – Modellgüteparameter aus Strukturgleichungsmodellen

Modell	Beschreibung	χ^2	df	χ^2/df	RMSEA
5-West	horizontal	627.60	313	2.01	0.024
6-West	horizontal + bottom-up	626.35	311	2.01	0.024
7-West	horizontal + top-down	598.71	311	1.93	0.023
8-West	horizontal + bottom-up + top-down	598.09	309	1.94	0.023
5-Ost	horizontal	633.03	313	2.02	0.029
6-Ost	horizontal + bottom-up	593.45	311	1.91	0.027
7-Ost	horizontal + top-down	626.62	311	2.02	0.029
8-Ost	horizontal + bottom-up + top-down	589.43	309	1.91	0.027

verbesserte sich die Modellgüte bei den westdeutschen Jugendlichen deutlich im Vergleich zu 1-West, $\Delta\chi^2$ (df = 2) = 32.04, $p < .001$; wohingegen eine weniger starke Verbesserung der Modellgüte bei der ostdeutschen Stichprobe auftrat, $\Delta\chi^2$ (df = 2) =
6.33, $p < .05$. In dem umfassendsten Modell (4-West und 4-Ost) wurden horizontale
und reziproke Effekte spezifiziert. Dies erbrachte in der westdeutschen Stichprobe
keinen Gewinn gegenüber dem sparsameren Modell 3-West, $\Delta\chi^2$ (df = 2) = 0.11, *ns,*
sowie eine nicht signifikante Verbesserung der Modellgüte bei Modell 4-Ost gegenüber 2-Ost, $\Delta\chi^2$ (df = 2) = 4.21, *ns.*

Abbildung 11 zeigt die zentralen Aspekte des Strukturmodells der umfassenden
Modelle 4-West und 4-Ost, wobei vor dem Schrägstrich die standardisierten Regressionskoeffizienten für die westdeutschen Jugendlichen, nach dem Schrägstrich dagegen die Koeffizienten für die ostdeutschen Jugendlichen zu sehen sind. Es wird deutlich, dass das Selbstwertgefühl lediglich bei den westdeutschen Jugendlichen das
nachfolgende Selbstkonzept Mathematik voraussagte, während ausschließlich bei den
ostdeutschen Jugendlichen das Selbstkonzept Mathematik einen Effekt auf das spätere Selbstwertgefühl hatte.

Die bislang berichteten Ergebnisse beruhten auf der Verwendung von Mathema-
tiknoten als Leistungsindikatoren. In den folgenden Analysen wurden standardisierte
Mathematikleistungstests herangezogen. Diese Leistungstests wurden zum selben
Zeitpunkt durchgeführt wie die Befragungen, sodass Leistungswerte zu T1, T2 und
T3 vorliegen. Wie aus Tabelle 15 zu ersehen ist, replizierten die mit den Testleistun-
gen durchgeführten Analysen beinahe perfekt die Ergebnisse, die in den Analysen mit
den Mathematiknoten gewonnen wurden. Wiederum fanden sich klare Belege für
Bottom-up-Effekte bei den ostdeutschen Jugendlichen, wohingegen bei den westdeutschen Jugendlichen Top-down-Effekte vorherrschten. In Tabelle 16 sind die standardisierten Pfadkoeffizienten des Modells 8-West (obere Hälfte der Tabelle) sowie
des Modells 8-Ost (untere Hälfte) zu sehen.

Tabelle 16: Die Dynamik des Selbstkonzepts – Mathematiktestleistung, Selbstkonzept Mathematik und Selbstwertgefühl (Standardisierte Pfadkoeffizienten)

	T1			T2		
	Selbst-wert-gefühl	SK Mathe-matik	Leistung Mathe-matik	Selbst-wert-gefühl	SK Mathe-matik	Leistung Mathe-matik
West						
T2 Selbstwertgefühl	.652***	.022	.073*	–	0	0
T2 SK Mathematik	.114***	.525**	.036	0	–	0
T2 Leistung Mathematik	.029	.097***	.452***	0	0	–
T3 Selbstwertgefühl	.163***	0	0	.486***	–.001	.043
T3 SK Mathematik	0	.197***	0	.091**	.384***	.076**
T3 Leistung Mathematik	0	0	.181***	.024	.028	.384***
Ost						
T2 Selbstwertgefühl	.587***	.162***	.044	–	0	0
T2 SK Mathematik	.027	.648**	.084**	0	–	0
T2 Leistung Mathematik	.006	.092***	.453***	0	0	–
T3 Selbstwertgefühl	.127***	0	0	.441***	.111***	.101**
T3 SK Mathematik	0	.251***	0	.056	.415***	.062
T3 Leistung Mathematik	0	0	.152***	.000	.022	.428***

Effektive Stichprobengröße von $n = 1.731$ in Nordrhein-Westfalen und 1.731 in den neuen Bundesländern. Ein Wert von 0 zeigt einen auf Null restringierten Parameter an. SK = Selbstkonzept.
***$p < .001$, ** $p < .01$, * $p < .05$.

Ähnliche Analysen wurden durchgeführt, um die Selbstkonzeptdynamik zu untersuchen, wenn anstatt des Selbstkonzepts Mathematik das Selbstkonzept Deutsch verwendet wird. Hierbei mussten die Analysen auf Noten als Leistungsindikatoren beschränkt bleiben, da in BIJU in den betreffenden Befragungswellen kein Deutsch-

Tabelle 17: Deutschnoten, Selbstkonzept Deutsch und Selbstwertgefühl – Modellgüteparameter aus Strukturgleichungsmodellen

Modell	Beschreibung	χ^2	df	χ^2/df	RMSEA
9-West	horizontal	682.40	295	2.31	0.028
10-West	horizontal + bottom-up	674.98	293	2.30	0.027
11-West	horizontal + top-down	631.18	293	2.15	0.026
12-West	horizontal + bottom-up + top-down	625.54	291	2.15	0.026
9-Ost	horizontal	658.63	295	2.23	0.032
10-Ost	horizontal + bottom-up	638.57	293	2.18	0.031
11-Ost	horizontal + top-down	648.68	293	2.21	0.032
12-Ost	horizontal + bottom-up + top-down	630.05	291	2.17	0.031

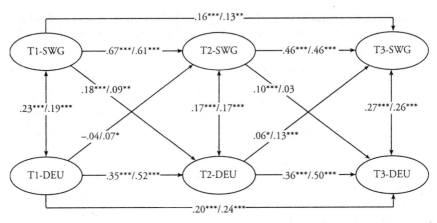

DEU = Selbstkonzept Deutsch, SWG = Selbstwertgefühl. Vor dem Schrägstrich sind die standardisierten Regressionskoeffizienten für die westdeutschen Jugendlichen, nach dem Schrägstrich die für die ostdeutschen Jugendlichen eingezeichnet.
*** $p < .001$, ** $p < .01$, * $p < .05$.

Abbildung 12: Die Selbstkonzeptdynamik – Modelle 12-West und 12-Ost

Leistungstest zum Einsatz kam. Die Modellgüteindizes der Strukturgleichungsmodelle sind in Tabelle 17 verzeichnet.

Wie gut zu erkennen ist, war das Muster der Effekte dem Befundmuster der Modelle mit Mathematik sehr ähnlich, vielleicht mit dem kleinen Unterschied, dass bei den Modellen mit den Deutschnoten und dem Selbstkonzept Deutsch auch bei den ostdeutschen Jugendlichen schwache Belege für Top-down-Effekte zu finden waren. Abbildung 12 zeigt die zentralen standardisierten Pfadkoeffizienten aus den Modellen 12-West (vor dem Schrägstrich) und 12-Ost (nach dem Schrägstrich).

7.4   Diskussion

Wie Teilstudie 2 untersuchte auch die Studie 3 die Dynamik im Selbstkonzeptgefüge, wobei allerdings neben schulischen Selbstkonzepten auch Indikatoren für die Schulleistung berücksichtigt wurden. Zudem wurden explizit Hypothesen zu Produkt- und Prozesseffekten des schulischen Kontexts formuliert. Diese Hypothesen gingen von der Beobachtung aus, dass ostdeutsche Jugendliche zum einen über Jahre einen Unterricht besuchten, in dem eine starke Betonung von sozialen Vergleichen stattfand und gezielt eine adäquate Selbsteinschätzung angestrebt wurde, und dass zum anderen die berichtete Untersuchung kurz nach der Transformation des Schulsystems in Ostdeutschland stattfand, die für die Jugendlichen den Übergang von einer Ge-samtschule auf das gegliederte Schulsystem mit sich brachte. Den Beobachtungen von Wigfield et al. (1996) über die Folgen von Schulwechseln folgend wurde erwar-tet, zum ersten Befragungszeitpunkt niedrigere Selbstkonzeptwerte bei den ostdeut-schen Jugendlichen zu beobachten (Produkteffekt). Sowohl die Betonung sozialer Vergleiche als auch die Transformationsprozesse, so außerdem die Vermutung, sollten dazu führen, dass Bottom-up-Effekte bei den ostdeutschen Jugendlichen relativ zu den westdeutschen Jugendlichen verstärkt vorkommen (Prozesseffekt).

Tatsächlich wurden die erwarteten Unterschiede in den Mittelwerten sowie im Verlauf der Mittelwerte in den zwei Regionen gefunden. Zudem zeigte sich, dass bei Schülerinnen und Schülern aus den neuen Bundesländern vermehrt Bottom-up-Effekte, dafür jedoch kaum Top-down-Effekte zwischen dem Selbstwertgefühl und den schulischen Selbstkonzepten zu finden waren, während in Nordrhein-Westfalen fast ausschließlich Top-down-Effekte wirkten. Somit fand sich sowohl für Bottom-up- als auch für Top-down-Effekte empirische Bestätigung – aber jeweils nur in be-stimmten Kontexten. Dies ist eine wichtige Erweiterung der Studie 2, in der nur die ostdeutschen Jugendlichen untersucht wurden. Im Folgenden werden einige wichtige Aspekte der Teilstudie 3 genauer diskutiert.

7.4.1 Bedeutung der Befunde für die Theorienentwicklung

In den Analysen der Teilstudie 2, in denen sich Bottom-up-Effekte der Selbstkon-zepte Mathematik und Deutsch auf das Selbstwertgefühl belegen ließen, wurden un-ter anderem schulische Selbstkonzepte und deren Veränderung berücksichtigt, nicht aber die tatsächliche Leistungsentwicklung. Bedenkt man, dass sich die Benotungs-maßstäbe nach der Transformation des ostdeutschen Schulsystems offenbar geändert haben, kann man sich natürlich fragen, ob Bottom-up-Effekte schulischer Selbstkon-zepte auf das Selbstwertgefühl, wie sie in Studie 2 festgestellt wurden, auch dann zu finden sind, wenn die tatsächliche Leistungsentwicklung berücksichtigt wird. Die in Studie 3 berichteten Analysen, bei denen neben dem Selbstwertgefühl und dem be-reichsspezifischen Selbstkonzept Mathematik bzw. Deutsch auch die Leistung in ei-nem standardisierten Mathematiktest, die Zeugnisnoten in Mathematik bzw. die Zeugnisnoten in Deutsch berücksichtigt wurden, demonstrieren nachdrücklich, dass die Bottom-up-Effekte bei den ostdeutschen Jugendlichen auch bei Kontrolle der Leistungsentwicklung zu beobachten sind und damit in einem Kontrast mit dem Be-fundmuster stehen, das bei den westdeutschen Jugendlichen resultierte.

Welche Implikationen hat das Ergebnismuster für die Theorienentwicklung? Ob-wohl sich sowohl Vertreter einer Bottom-up-Perspektive (z.B. Harter, 1998, 1999) als auch Vertreter der Top-down-Perspektive (Brown, 1993) von Teilen der Ergebnisse in ihren Ansichten bestätigt fühlen dürften, ist die vielleicht wichtigste Erkenntnis, die aus der vorliegenden Studie gezogen werden kann, dass je nach Kontextbedingung unterschiedliche *Prozesse* zwischen dem Selbstwertgefühl und bereichsspezifischen Selbstkonzepten ablaufen können. Dies belegt die Bedeutung von Kontexteffekten für die Selbstkonzeptentwicklung, eine Perspektive, die zuvor schon von Satow (1999) sowie von Wigfield et al. (1996) betont wurde.

Die berichteten Kontexteffekte legen eine Frage nahe: Liegt das differenzielle Befundmuster in Ost- und Westdeutschland vornehmlich an der unterschiedlichen Unterrichtstradition und der Betonung von sozialen Vergleichen in Ostdeutschland oder eher in der kurz vor der Studie erfolgten Transformation des ostdeutschen Schulsystems mit ihren vielen direkten Folgen für die ostdeutschen Jugendlichen? Diese Frage ist nicht eindeutig zu beantworten, da mit der regionalen Herkunft (Ost vs. West) eine relativ distale Variable untersucht wurde. Allerdings können aus den Daten einige erste Hinweise gewonnen werden.

Obwohl die Schülerinnen und Schüler in Ostdeutschland einem Wechsel ihres schulischen Kontextes ausgesetzt waren, fanden sich horizontale Effekte (= Stabilitäten) von auffallender Größe zwischen den drei Befragungszeitpunkten. Es war oben argumentiert worden, dass eine Veränderung des Kontexts möglicherweise zu einer Destabilisierung des Selbstkonzepts führen kann, die dadurch überwunden wird, dass eine Neuadjustierung des Selbstwertgefühls anhand der veränderten Leistungen bzw. bereichsspezifischen Selbstkonzepte stattfindet. Allerdings lassen sich für die angenommene Destabilisierung des Selbstkonzepts nur bezüglich des Mittelwertverlaufs, nicht aber hinsichtlich der normativen Stabilität überzeugende Belege finden: Die bereichsspezifischen Selbstkonzepte Mathematik und Deutsch erwiesen sich bei den Schülerinnen und Schülern aus den neuen Bundesländern zwischen T1 und T2 sogar als stabiler als bei Jugendlichen aus Nordrhein-Westfalen. Diese Stabilität mag unter anderem darauf beruhen, dass auch die Fachnoten – trotz des Übergangs von der POS in das dreigliedrige Schulsystem – eine erhebliche normative Stabilität aufgewiesen hatten, ihre Ursache vielleicht aber auch in einem langjährigen Prozess der Suche nach dem adäquaten Selbstbild haben, der von ostdeutschen Lehrkräften gefördert wurde. Die Befunde geben gleichwohl insgesamt wenige Hinweise darauf, dass eine umfassende „Neuorganisation" des Selbstkonzepts bei den Jugendlichen aus den neuen Bundesländern stattgefunden hat. Vielleicht deuten die Befunde deshalb stärker darauf hin, dass ein Kontextwechsel dazu führen kann, dass die Basis für das eigene Selbstwertgefühl kritisch überprüft wird und hierbei schulische Selbstkonzepte eine besondere Rolle einnehmen. Ebenso gut erscheint es jedoch möglich, dass im ostdeutschen Schulsystem die Betonung auf soziale Vergleiche – zumindest in der ersten Zeit – mit in das westdeutsche Schulsystem „gerettet" wurde und somit die stärkeren Bottom-up-Effekte als „Überreste" einer schulischen Kultur angesehen werden müssten, in der Schulleistung eine besonders wichtige Determinante des Selbstbilds war.

Eine Replikation und Erweiterung der vorliegenden Studie in den alten und neuen Bundesländern dürfte wenig erfolgversprechend sein, da viele pädagogische Unterschiede zwischen ost- und westdeutschen Lehrkräften mittlerweile nivelliert sein dürften. Gleichwohl scheint es ratsam, ähnlich geartete Untersuchungen vorzunehmen, wobei allerdings distale Indikatoren für die Bedeutung von schulischer Leistung im Leben Jugendlicher durch proximale Indikatoren (z.b. die durch die Schülerinnen und Schüler berichtete wahrgenommene Wichtigkeit der Noten) ergänzt bzw. ersetzt werden sollten.

7.4.2 Ausblick

Während Studie 3 davon profitierte, dass in der untersuchten Stichprobe für den schulischen Bereich adäquate Leistungsindikatoren vorlagen, bietet die BIJU-Studie zu den Erhebungspunkten in der 7. Jahrgangsstufe wenige Indikatoren für das soziale Verhalten in der Klasse, die wiederholt eingesetzt worden wären. So wurde beispielsweise erst ab der dritten Untersuchungswelle ein Selbstbericht über problematisches soziales Verhalten in der Klasse erhoben. Gerade in der Selbstkonzeptforschung besteht jedoch bislang eine einseitige Betonung der Beziehung zwischen schulischen Selbstkonzepten und der Leistungsentwicklung, während die Beziehung zwischen sozialen Selbstkonzepten und der Verhaltensebene weniger gut bekannt ist (vgl. Byrne & Shavelson, 1996). Es besteht von daher eine Notwendigkeit, die Beziehung zwischen Selbstkonzepten und sozialem Verhalten genauer zu untersuchen. Die nachfolgende Studie 4 stellt einen Schritt in diese Richtung dar.

8 Studie 4: Selbstwert und schulisches Problemverhalten

(...) es war ihm eher peinlich, wenn die Lehrer ihn lobten. Um nicht einen Musterschüler abzugeben,
konnte er ganz ruppig sein gegenüber den Lehrern.

Max Frisch, Montauk

Schülerinnen und Schüler beschäftigen sich in der Schule keineswegs ausschließlich mit der Aneignung von Wissen: Zeitweise wird absichtlich der Unterricht gestört, Mitschüler werden verbal oder physisch attackiert und manchmal bleiben Schüler dem Unterricht ganz fern (Fend, 1989; Tillmann et al., 1999). Diese Verhaltensweisen, die im Folgenden unter dem Begriff *schulisches Problemverhalten* subsumiert werden, haben in den vergangenen Jahren zunehmendes Interesse in der Öffentlichkeit und in wissenschaftlichen Zeitschriften gefunden, wobei allerdings eine Konzentration auf die „härteren" Formen des Problemverhaltens (Gewalt in der Schule und Bullying, vgl. z.b. Schäfer, 1997) festzustellen ist. Hierzu liegt mittlerweile national wie international eine Reihe von Befunden und Überblicksarbeiten vor (z.b. Kaplan, 1975; Kleiber & Meixner, 2000; Olweus, 1997; Oswald, 1997; Schäfer, 1997; Tillmann et al., 1999).

Wurde im vorigen Kapitel besonders intensiv der Zusammenhang zwischen schulischen Leistungen, schulischem Selbstkonzept und Selbstwertgefühl untersucht, so rückt bei der Betrachtung des Problemverhaltens neben dem Selbstwertgefühl die Facette des sozialen Selbstkonzepts in den Vordergrund des Interesses. Glaubt man beispielsweise der California Task Force (1990), so sollte ein hohes Selbstwertgefühl einen Schutz davor bieten, Problemverhalten zu zeigen, und wenn die Annahmen von Kaplan (1975) zutreffen, so sollten vor allem solche Jugendlichen zu Problemverhaltensweisen neigen, die sich selbst zurückweisen und sich von anderen zurückgewiesen fühlen. Anders als vermutet werden könnte, ist in der pädagogischen Psychologie systematische, *längsschnittlich* angelegte Forschung zu diesem Thema jedoch eher spärlich betrieben worden. In einem 80 Seiten langen Beitrag von Coie und Dodge (1998) zu Aggression und antisozialem Verhalten im *Handbook of Child Psychology* sind ganze 19 Zeilen dem Zusammenhang von Selbstkonzept und aggressivem Problemverhalten gewidmet, und die Botschaft dieser Zeilen lautet, dass das Selbstkonzept keinen Einfluss auf Problemverhalten habe. Andererseits hat der Zusammenhang zwischen Problemverhalten und der „psychologischen" Variable Selbstkonzept in der Soziologie großes Interesse gefunden (vgl. vor allem Kaplan, 1975; Kaplan, Martin, & Johnson, 1986; McCarthy & Hoge, 1984), und in diesem Zusammenhang wurden neben dem möglichen (protektiven) Einfluss eines hohen Selbstwertgefühls gegenüber Problemverhalten auch die Bedeutung eines Engagements in Problemverhaltensweisen für das spätere Selbstwertgefühl untersucht.

Die im Folgenden berichtete Studie soll durch eine längsschnittliche Analyse zum Wissensstand über die Beziehung von Selbstkonzept und Problemverhalten beitragen, wobei auch die Rolle potenziell bedeutsamer Drittvariablen (z.B. der Peer-Status) berücksichtigt wird. Es werden im Folgenden zunächst wichtige Facetten des Problemverhaltens unterschieden; daran anschließend wird auf die Rolle möglicher Prädiktoren (Alter, Geschlecht, Fähigkeit usw.) eingegangen, bevor abschließend Arbeiten zum Zusammenhang von Selbstkonzept und Problemverhalten beschrieben werden. Die statistischen Analysen erfolgten wiederum anhand von Daten aus dem BIJU-Projekt. In der Logik der in Kapitel 4 vorgegebenen Forschungsanliegen befasst sich dieser Teil der Arbeit – wie das vorangegangene Kapitel – sowohl mit möglichen Bottom-up-Effekten (Teilfragestellung 1) auf das Selbstwertgefühl als auch mit Top-down-Effekten (Teilfragestellung 2); der Einbezug von Verhaltensindikatoren (Problemverhalten) sowie von Fremdberichtsdaten (Peer-Status) führt dazu, dass die Teilfragestellungen 1b und 2b (also die Beziehungen zwischen Selbstkonzept und Verhalten) in den Mittelpunkt des Interesses rücken.

8.1 Determinanten und Effekte schulischen Problemverhaltens

8.1.1 Formen schulischen Problemverhaltens

Problemverhaltensweisen im schulischen Kontext können verschiedenen Grobkategorien zugeordnet werden (vgl. Busch & Todt, 2001; Fend, 1989; Oswald & Süss, 1994). Ein für Lehrer besonders auffälliges und problematisches Verhalten ist die Störung oder Nichtbeachtung des Unterrichts und der Lehrkraft (vgl. Oswald & Süss, 1994). Schülerinnen und Schüler können Lehrer bewusst ärgern, beispielsweise durch freche Antworten, oder dem Unterrichtsgeschehen mental nicht mehr folgen und stattdessen im Unterricht spielen oder Aufgaben für andere Fächer machen. Solche Verhaltensweisen, die im Folgenden unter dem Begriff _Unterrichtsstörungen_ subsumiert werden, beeinträchtigen den Fortgang des Unterrichts und erfordern spezielle, rasche Adaptationsleistungen auf Seiten der Lehrkraft (vgl. Brophy, 1988), da übertriebene Reaktionen auf kleinere Störungen sowie Machtkämpfe mit Jugendlichen den Unterrichtsablauf ebenso empfindlich behindern können wie eine _laissez-faire_-Einstellung der Lehrkräfte.

Daneben gibt es Problemverhalten, das sich nicht gegen den Unterricht bzw. die Lehrkraft, dafür aber gegen die Mitschüler oder gegen Dinge richtet, die zur Schulausstattung gehören. Dabei lässt sich die _physische Gewalt_ in Form von Prügeleien oder Sachbeschädigungen von der _psychischen Aggression_ abgrenzen, bei der in Form von Spott oder Schimpfworten das Selbstwertgefühl eines Mitschülers angegriffen wird. Untersuchungsbefunde aus skandinavischen Ländern (Olweus, 1995) aufnehmend und replizierend, ist in der letzten Zeit auch in Deutschland darauf hingewiesen worden, dass ein gewisser Prozentsatz von Schülern dauerhaft und systematisch von Mitschülern schikaniert wird (Schäfer, 1997; Tillmann, 1997). Oswald (1997) wies aber gleichzeitig darauf hin, dass nicht jede Auseinandersetzung zwischen Schülern als Schikanieren bzw. als inakzeptable Aggression betrachtet werden sollte. Vielmehr scheinen Auseinandersetzungen zum Teil auch notwendige „Übungseinheiten" zur Entwicklung von sozialen Kompetenzen zu sein. Indem die Heranwachsenden eigenverantwortlich ihre soziale Gemeinschaft definieren, können sie eine Streitkultur entwickeln, Deeskalationsstrategien erwerben und Gerechtigkeitsvorstellungen praktisch überprüfen. Des Weiteren führte Oswald aus, dass Heranwachsende auch eine besondere Art des Spiels, das „rough and tumble play", pflegen. Dazu gehören Verfolgungsjagden und spielerische Kämpfe, die einen speziellen Reiz auch daraus ziehen, dass sie an der Grenze zum Ernst gehalten werden. Hierbei scheint eine besondere Herausforderung (und ein Lernprozess) darin zu bestehen, dass die Heranwachsenden durch nonverbale Zeichen ihren „Mitspielern" signalisieren, dass die Auseinandersetzung als Spiel zu begreifen ist. Andererseits birgt dies die Schwierigkeit in sich, dass die Grenze zwischen Spaß und Ernst ständig in Gefahr ist. Für unbeteiligte Lehrer, die zudem den Beginn einer Auseinandersetzung in der Regel nicht verfolgen können, besteht eine besondere Herausforderung darin, adäquat auf Auseinandersetzungen zwischen den Schülern zu reagieren. Sie müssen einerseits den Jugendlichen den Raum für eine selbst gestaltete, selbst verantwortete Entwicklung ihrer sozialen Gemeinschaft geben, andererseits für einen wirksamen Schutz derjenigen Schülerinnen und Schüler sorgen, die unter Schikanen zu leiden haben. Ebenso ist natürlich in wissenschaftlichen Untersuchungen darauf zu achten, dass spielerische Raufereien von ernsthaften Auseinandersetzungen wie beispielsweise Prügeleien unterschieden werden.

Schülerinnen und Schüler verbringen nicht ihre gesamte Zeit in der Schule, und unangepasstes Verhalten beschränkt sich nicht auf jene Zeit in der Schule. Auch in der Freizeit wird Problemverhalten gezeigt, das sich beispielsweise in der mutwilligen Beschädigung fremden Eigentums (z.B. Mercedes-Stern klauen) oder in der Bedrohung anderer manifestieren kann (vgl. Coie & Dodge, 1998). Im englischen Sprachraum wird häufig von *delinquency*, also delinquentem Verhalten, gesprochen, worunter oftmals sowohl Problemverhaltensweisen subsumiert werden, die in der Schule gezeigt werden, als auch unerwünschtes Verhalten, das außerschulisch stattfindet. Die zu berichtende Teilstudie 4 konzentriert sich auf Problemverhaltensweisen, die in der Schule gezeigt werden; hierfür wird der bereits eingeführte Begriff des „Problemverhaltens" verwendet (vgl. Marsh et al., 2001b, die in ihrer Studie den Begriff *troublemaking* benutzten). Der Begriff „delinquentes Verhalten" wird nur dann verwendet, wenn er sich in einer jeweiligen Primärstudie findet. Aus theoretischen Gesichtspunkten können Arbeiten, die sich speziell mit den oben erläuterten Problemverhaltensweisen in der Schule beschäftigen, unterschieden werden von Studien, die sich mit aggressivem, normativ unerwünschtem bzw. selbst schädigendem Verhalten Jugendlicher in einer großen Bandbreite schulischer und außerschulischer Aktivitäten befassen. Da die letzteren jedoch in der Überzahl und erstere nicht in der wünschenswerten Fülle vorhanden sind, werden im Folgenden diejenigen wegweisenden Arbeiten vorgestellt, in denen das Problemverhalten in der Schule zumindest als *ein* Bereich von Problemverhalten thematisiert wurde.

8.1.2 Die Auswirkungen von Alter, Geschlecht, mentalen Fähigkeiten, soziometrischem Status, Klassenkontext und familiärer Situation auf das Problemverhalten

Die Art und Anzahl von aggressiven Akten ändert sich im Laufe der Entwicklung vom Kind zum Erwachsenen (Coie & Dodge, 1998). Insbesondere von der frühen Kindheit bis zum Grundschulalter, in der Zeit also, in der ein Kind beständig neue Verhaltensweisen erlernt, wird auch das Spektrum an aggressivem Verhalten stark erweitert, und aggressive Akte sind in großer Anzahl zu beobachten. Beim Eintritt in die Pubertät scheint bereits eine gewisse Stabilisierung eingetreten zu sein, die mit einem Rückgang der Anzahl – zumindest offen gezeigter – aggressiver Akte verbunden ist (Loeber, 1982). Allerdings wird das Repertoire an Problemverhaltensweisen ergänzt durch „harte" Formen von Gewalt wie beispielsweise die Bedrohung mit Waffen, Raub und Vergewaltigung; diese Erscheinungsweisen spielen in der vorliegenden Untersuchung jedoch keine Rolle. Obschon sich die Formen von Aggressionen über verschiedene Altersstufen ändern, scheint die individuelle Neigung zu aggressiven Verhaltensweisen insgesamt vergleichsweise stabil zu sein (Loeber, 1982; Olweus, 1979, 1997). Nach Loeber zeigen dabei insbesondere solche Jugendlichen ein erhebliches Risiko für eine spätere kriminelle Karriere, deren Problemverhalten schon in der Kindheit bzw. frühen Jugend besonders ausgeprägt bzw. „extrem" war, wobei das Einstiegsalter (also der Zeitpunkt der ersten Auffälligkeiten), die Häufigkeit von Problemverhaltensweisen, die Anzahl an verschiedenen Problemverhaltensweisen sowie ein Auftreten in verschiedenen Kontexten als Indikatoren für ein besonderes Delinquenzrisiko angesehen werden (vgl. auch Loeber et al., 1993).

Ab der Vorschulzeit sind deutliche *Geschlechterunterschiede* zu verzeichnen, wobei die Jungen sowohl in der Anzahl als auch der Qualität des Problemverhaltens ungünstigere Werte aufweisen (Loeber & Hay, 1993). Diese Unterschiede ziehen sich durch die gesamte Schulzeit hindurch und sind auch im Erwachsenenalter noch beobachtbar (Coie & Dodge, 1998). Deutsche Untersuchungen kamen ebenfalls einhellig zu dem Befund, dass Jungen mehr als Mädchen zum Schikanieren *(bullying)* neigen, eher an Vandalismus beteiligt sind und vermehrt den Unterricht stören bzw. boykottieren (vgl. Busch & Todt, 1997; Schäfer, 1996). Hinweise, welche Ursachen den Geschlechterunterschieden zu Grunde liegen, geben unter anderem Moffitt et al. (2001).

Als weitere wichtige Faktoren für die Entstehung und Aufrechterhaltung von Problemverhalten wurden die *Intelligenz* und der *Schulerfolg* herausgestellt (Boehnke et al., 1998; Hinshaw, 1992). Allerdings muss beachtet werden, dass auch das Problemverhalten zu einer suboptimalen schulischen Entwicklung beitragen kann, es also zu einem Teufelskreis kommen kann. Zudem wurde vermutet, dass möglicherweise nicht der Schulerfolg per se eine entscheidende Rolle bei der Entwicklung von Problemverhalten spielt, sondern vielmehr schulische Selbstkonzepte (siehe unten). Auch Mängel in der Fähigkeit zur Perspektivenübernahme wurden als Gründe dafür angeführt, dass manche Kinder bzw. Jugendlichen eine erhöhte Bereitschaft zum Engagement in Problemverhalten zeigen (z.B. Dodge & Coie, 1987; Zakriski & Coie, 1996).

In einer Reihe von Studien wurden soziometrische Instrumente verwendet, um die Beziehung zwischen *Peer-Status* und Problemverhalten zu ergründen (z.B. Coie, Dodge & Kupersmidt, 1990; Humphreys & Smith, 1987). Während frühe Untersuchungen sich darauf beschränkten, beliebte Mitschüler von unbeliebten Mitschülern zu unterscheiden (vgl. Coie & Dodge, 1998), benutzten Studien aus der jüngeren Vergangenheit eine feinere Abstufung von Statuszuweisungen, was sich im Zusammenhang mit Problemverhalten als sinnvoll erwiesen hat. Ganz allgemein zeigte sich in der Mehrzahl der Studien ein positiver Zusammenhang zwischen erhöhter Aggressionsneigung und der Ablehnung durch die Mitschüler bzw. Peers (im Überblick Coie & Dodge, 1998). Allerdings rechtfertigt die querschnittliche Anlage der meisten älteren Studien keine Aussagen über die Richtung der kausalen Beeinflussung. Inzwischen liegt eine Reihe von Belegen für beide kausale Richtungen vor, sodass von einer reziproken Beeinflussung ausgegangen werden kann. Beispielsweise führten Dodge et al. (1990) Laborstudien durch, die deutliche Hinweise darauf gaben, dass aggressives Verhalten in der Folgezeit zu Ablehnung durch Kameraden führt. Werden Schüler erst einmal abgelehnt, so wirkt dieser negative Peer-Status prädiktiv für spätere aggressive Akte, schlechtere schulische Leistungen und geringere allgemeine Anpassung (Bierman & Wargo, 1995; Coie & Dodge, 1998; Ladd, 1990).

Verschiedene Autoren gaben gleichzeitig zu bedenken, dass nicht alle aggressiven Schüler von ihren Mitschülern abgelehnt werden (Coie, Dodge, & Coppotelli, 1982; Rodkin et al., 2000). Zum einen wird aggressive Gegenwehr gegen andere Aggression nicht negativ sanktioniert (Coie & Dodge, 1998). Zum anderen fanden Coie et al. (1982) Hinweise darauf, dass aggressive Kinder häufig nicht generell abgelehnt, sondern „kontrovers" wahrgenommen werden – von den einen werden sie gemocht, von anderen dagegen abgelehnt. In diesem Zusammenhang gewinnen auch die Befunde von Fend (1989) einen besonderen Stellenwert: Fend erhob neben dem Beliebtheitsstatus (Beliebtheit und Ablehnung) von Schülerinnen und Schülern auch deren „Geltung"; hohe Geltung besitzen Jugendliche, die „oft im Mittelpunkt stehen", unabhängig davon, ob sie insgesamt auch überdurchschnittlich beliebt sind. Sowohl in der Hauptschule als auch im Gymnasium fand Fend bei den Schülern mit hoher Geltung ein besonderes Maß an abweichendem Verhalten wie Aggressionen gegen Lehrer und Mitschüler, Disziplinschwierigkeiten, Absentismus sowie Rauchen und Trinken. Gleichzeitig erzielten diese Schülerinnen und Schüler aber auch gute Noten und wiesen ein hohes Fähigkeitsselbstbild auf. Dagegen war bei Fend der Beliebtheitsstatus völlig unkorreliert mit jeglichem abweichendem Verhalten. Fends Analysen zeigen also, dass im Zusammenhang mit Problemverhalten die Dichotomie „beliebt" versus „unbeliebt" zu kurz greift. Dass aggressive Kinder und Jugendliche durchaus – zumindest von einem Teil der Mitschülerinnen und Mitschüler – positiv wahrgenommen werden können, belegen nachdrücklich auch die Ergebnisse der Studie von Rodkin et al. (2000), wonach in der Grundschule ein Teil der aggressiven Jungen sozial sehr anerkannt ist und im Mittelpunkt des Geschehens steht.

Die zuletzt vorgestellten Befunde lassen es auch wahrscheinlich erscheinen, dass ein aggressiver *Klassenkontext* fördernde Effekte auf die individuelle Neigung zum Problemverhalten hat. Busch und Todt (2001) führten hierzu aus, dass die Etablierung einer devianten Clique in einer Schule zu massiven Problemen führen kann, und auch Schubarth (1996) betonte Unterschiede zwischen einzelnen Schulen. Diese Annahme stützend, fand sich in einer Studie von Fend und Schneider (1984) ein deutlicher Zusammenhang der individuellen Auftretenswahrscheinlichkeit der Delinquenzneigung mit der Delinquenzbelastung in der jeweiligen Klasse, was dahingehend interpretiert werden kann, dass der Klassenkontext bei Problemverhaltensweisen einen starken normativen Einfluss hat. Allerdings müssen bei der Interpretation dieser Befunde drei Aspekte der Arbeit von Fend und Schneider bedacht werden: (1) Die Studie machte keine Aussagen über schulisches Problemverhalten im oben definierten Sinne, sondern behandelte mit der so genannten Delinquenzbelastung die – nach Meinung der Autoren – deutlichsten Gefährdungsindikatoren für normale Schul- und Berufslaufbahnen. (2) Ein Item dieser Batterie lautete „Zusammen mit Schulkameraden anderen Leuten Angst einjagen". Dieser explizite Einbezug der Schulkameraden in der Itemformulierung könnte zu einer künstlichen Erhöhung des Zusammenhangs zwischen individueller Delinquenzneigung und Delinquenzbelastung in der Klasse führen. (3) Die von Fend und Schneider (1984) berichteten Analysen sind ausschließlich querschnittlicher Natur. Nichtsdestotrotz ist die Annahme plausibel, dass ein Zusammenhang zwischen Auftretenshäufigkeit von Problemverhalten in einer Klasse und Zunahme dieses Problemverhaltens bei einzelnen Schülerinnen und Schülern vorhanden ist.

Nicht nur den Peer-Beziehungen, sondern auch den *familiären Bedingungen* werden Auswirkungen auf das Vorhandensein und die Intensität von Problemverhalten zugesprochen (Merkens, Classen, & Bergs-Winkels, 1997; Oswald & Süss, 1994; Rutter, 2002). Dabei scheinen familienstrukturelle Aspekte (z.B. Scheidung, Zahl der Kinder) eine weniger große Bedeutung zu haben als die Qualität und Kontinuität des innerfamiliären sozialen Austauschs (Rutter, 2002). In der Analyse von Oswald und

Süss (1994) zeigte sich ein signifikanter Zusammenhang zwischen Unterrichtsstörungen auf der einen und Familienvariablen wie elterliches Engagement in der Schule, alltägliche Konflikte innerhalb der Familie sowie „Eltern um Rat bitten" auf der anderen Seite; die letzteren beiden Variablen thematisierten dabei Aspekte der Familienbeziehung, die in der vorliegenden Untersuchung im Selbstkonzept der Elternbeziehung integriert sind. Außerdem waren Kinder aus Familien mit höherem sozioökonomischen Status besser angepasst. Mit dem *Bullying*-Verhalten zeigten dagegen nur ein höherer sozioökonomischer Status sowie – bei Jungen – die Häufigkeit alltäglicher Konflikte innerhalb der Familie einen signifikanten Zusammenhang. Bei Merkens et al. (1997) hatte ein gutes Familienklima (Itembeispiel: „Fühlst Du Dich zu Hause wohl?") eine protektive Wirkung gegenüber der Aggressionsneigung. Insgesamt weisen die empirischen Befunde damit auf einen gewissen Beitrag der familiären Umgebung für das Problemverhalten hin. Es muss nicht verwundern, dass Lehrer dazu neigen, problematischen Familienverhältnissen sogar die Hauptverantwortung für schulisches Problemverhalten zu geben (Miller, 1995).

8.1.3 Selbstkonzept und schulisches Problemverhalten

Die bislang berichteten Variablen haben allesamt eine gewisse prädiktive Kraft hinsichtlich schulischen Problemverhaltens gezeigt und sollten demnach in entsprechenden Untersuchungen berücksichtigt werden. Die Leistung und der Peer-Status wurden in den genannten Studien insbesondere durch eine Fremdeinschätzung erhoben. Neben diesen „harten" Indikatoren können jedoch auch die Selbstwahrnehmungen bzw. Selbstkonzepte von Schülerinnen und Schülern dazu benutzt werden, unangepasstes Verhalten vorherzusagen. Dies wurde beim Zusammenhang der Elternbeziehungen mit dem Problemverhalten bereits ansatzweise dargestellt. Zudem können Selbstbeschreibungen in Form von Selbstkonzepten auch als abhängige Variablen untersucht werden.

Selbstkonzept und Opfererfahrungen
Arbeiten, die sich mit dem Zusammenhang zwischen Selbstkonzept und Problemverhalten in der Adoleszenz beschäftigen, können grob zwei Kategorien zugeordnet werden. Die erste Gruppe von Studien analysierte das Selbstkonzept von Schülern bzw. Jugendlichen, die Opfererfahrungen machen bzw. gemacht haben. Das beste Beispiel für Ergebnisse dieser Arbeiten ist die in den letzten Jahren gut belegte These, wonach Schüler, die den Schikanen ihrer Mitschüler ausgesetzt sind, eine ungünstigere Selbstkonzeptentwicklung aufweisen als Mitschüler, die nicht schikaniert werden (vgl. Egan & Perry, 1998; Marsh et al., 2001b; Olweus, 1995; Schäfer, 1996). Negative Einflüsse wurden dabei – teilweise auch in *cross-lagged*-Designs – unter anderem für das allgemeine Selbstwertgefühl (z.B. Marsh et al., 2001b), für spezifische Selbstkon-

zeptfacetten (Egan & Perry, 1998; Schäfer, 1996) und für das allgemeine Wohlbefinden und die Schullust (Olweus, 1995) nachgewiesen. Aufgrund dieser recht eindeutigen Befundlage wird die Selbstkonzeptentwicklung von schikanierten Schülerinnen und Schülern an dieser Stelle nicht weiter verfolgt.

Die Idee der Selbstkonzept-Verhaltens-Harmonie
Die zweite Gruppe von Arbeiten zum Zusammenhang zwischen Selbstkonzept und Problemverhalten konzentriert sich auf Schüler bzw. Jugendliche als aktive Problemverursacher, als „Täter", wobei – wie oben angesprochen – oft keine klare konzeptuelle Unterscheidung zwischen unterschiedlichem Problemverhalten wie beispielsweise Unterrichtsstörungen und Aggressionen gegenüber Mitschülern getroffen wurde. Eine Reihe von Forschungsarbeiten folgte der Idee, dass ein hohes Selbstwertgefühl mit einem geringen Maß an Problemverhalten verbunden sein sollte (z.B. Byrne & Shavelson, 1996; California Task Force, 1990). Hierbei wurden sowohl Bottom-up- als auch Top-down-Effekte angenommen. So beschrieb die California Task Force (1990) die von ihr postulierte schützende Wirkung des Selbstwertgefühls gegenüber Problemverhalten folgendermaßen: „People who esteem themselves are less likely to engage in destructive and self-destructive behavior, including child abuse, alcohol abuse, abuse of other drugs (legal and illegal), violence, crime, and so on." (S. 5) Die Idee, dass ein hohes Selbstwertgefühl vor dem Engagement in Problemverhalten schützt, findet sich – in weniger plakativer Form – auch in den Arbeiten von Kaplan (1975), auf die weiter unten eingegangen wird.

Die umgekehrte Annahme, nämlich dass ein sozial angepasstes Verhalten – mediiert durch das soziale Selbstkonzept – positive Auswirkungen auf das Selbstwertgefühl haben sollte, scheint der bereits in Teilstudie 2 dargestellten Arbeit von Byrne und Shavelson (1996) zu Grunde zu liegen. Byrne und Shavelson unterteilten das soziale Selbstkonzept zunächst in die Bereiche Schule und Familie, wobei diese Selbstkonzeptfacetten weiter differenziert werden: Das soziale Selbstkonzept der Schule beispielsweise wurde wiederum aufgeteilt in ein Selbstkonzept der sozialen Anerkennung bei Mitschülern sowie das Selbstkonzept der Anerkennung durch den Lehrer. Basierend auf der Logik des Shavelson-Modells (Shavelson et al., 1976) wurde von Byrne und Shavelson angenommen, dass die spezifischeren Selbstkonzepte (z.B. *social self-concept classmates*) wesentlich davon beeinflusst werden sollten, wie das eigene Verhalten gegenüber den jeweiligen Zielpersonen ist bzw. wie jene das Verhalten wahrnehmen (z.B. *behavioral conduct classmates*). Für die vorliegende Untersuchung sind zwei Ergebnisse der querschnittlich angelegten Untersuchung besonders interessant: Zum einen zeigte sich, dass das allgemeine soziale Selbstkonzept der Jugendlichen ganz wesentlich von der wahrgenommenen Anerkennung bei den *Peers* (und viel weniger von der Anerkennung durch Lehrer oder in der Familie) bestimmt war; dies unterstreicht die zentrale Bedeutung der Freundschaften zu Peers im Jugendalter.

Zum anderen fand sich ein für die Autoren überraschendes Ergebnismuster in Hinsicht auf das Verhalten gegenüber Mitschülern und Lehrern: Von Mitschülern bzw. Lehrern berichtetes Verhalten, das Byrne und Shavelson als normativ unerwünscht beurteilten, war *positiv* mit dem bereichsspezifischen Selbstkonzept der sozialen Anerkennung korreliert. Dies deutet darauf hin, dass die von den Autoren gewählte Konzeptualisierung des sozialen Selbstkonzepts – zumindest auf der niedrigen Abstraktionsebene des *behavioral conducts* – problematisch ist.

„Paradoxe" Wirkungen des Problemverhaltens
Die Befunde von Byrne und Shavelson (1996) lassen sich schwer in Einklang bringen mit einer Position, die das soziale Verhalten analog zu schulischen Facetten des Selbstkonzepts konzipiert. Bekanntermaßen hat eine hohe Leistung positive Auswirkungen auf schulische Selbstkonzepte (siehe Studie 3); dagegen fanden sich in der Untersuchung von Byrne und Shavelson teilweise negative Korrelationen zwischen sozialem Verhalten und sozialem Selbstkonzept. Während diese Befunde zentralen Annahmen des Shavelson-Modells zu widersprechen scheinen, gibt es Übereinstimmungen mit den Annahmen anderer Theoretiker, die von zum Teil komplexen Beziehungen zwischen dem Selbstwertgefühl und dem Problemverhalten ausgehen.

So existiert in der Soziologie eine Forschungstradition, die sich ausgiebig mit dem Selbstkonzept jugendlicher Delinquenten beschäftigt (Kaplan, 1975; Kaplan, Martin, & Johnson, 1986; Mason, 2001; McCarthy & Hoge, 1984). Nach Kaplan (1975) besteht zwischen dem Selbstwertgefühl und delinquentem Verhalten eine nicht triviale Beziehung, die vor allem durch zwei Prozesse gekennzeichnet ist. Zum einen würden Jungen und Mädchen, die schlecht in ihre Bezugsgruppen integriert sind und damit negative emotionale Erfahrungen in einem nicht devianten Umfeld machen, ein niedrigeres Selbstwertgefühl erwerben; dies wiederum führe zu einer größeren Bereitschaft, deviante Peer-Beziehungen aufzunehmen, die auf delinquentem Verhalten fußen. Dagegen würde ein hohes Selbstwertgefühl vor solchen Peer-Beziehungen schützen und damit in Pfadmodellen einen negativen (d.h. protektiven) Effekt in Hinblick auf Problemverhalten ausüben *(self-defense hypothesis)*. In einer späteren Arbeit (Kaplan et al., 1986) ging der Autor von einem Zustand der Selbstzurückweisung *(self-rejection)* aus, der, vermittelt über eine erworbene Disposition zu devianten Handlungen, schließlich zum Ausdruck devianten Verhaltens führe. Neben der Schutzfunktion eines hohen Selbstwertgefühls wirke jedoch zum anderen auch eine problematische Beziehung zwischen delinquentem Verhalten und späterem Selbstwertgefühl (Kaplan, 1978): Der Einbezug in delinquente Subgruppen mit dem Engagement in Problemverhalten führe über die Zeit zu einem erhöhten Selbstwertgefühl *(self-enhancement hypothesis)*.

Forschungsarbeiten, die Kaplans (1975) Theorie überprüften, erbrachten widersprüchliche Ergebnisse: McCarthy und Hoge (1984) untersuchten in einer Längsschnittstudie mit drei Messzeitpunkten 1.658 Schülerinnen und Schüler; Datenerhebungen fanden zunächst zeitgleich in 7., 9. und 11. Klassen statt und wurden in den zwei darauf folgenden Jahren wiederholt. Als Maß für das Selbstwertgefühl wurden neben der Rosenberg-Skala (Rosenberg, 1965) unter anderem der Fragebogen von Coopersmith (1967) sowie eine Skala „konventionelle Selbstbeschreibung" eingesetzt. Aus 31 Items zum Problemverhalten wurden vier Skalen konstruiert („ernsthafte Verbrechen", „Diebstahl-Vandalismus", „Verwicklung in Kämpfe", „statusunangepasstes Verhalten"). Eine fünfte Skala, „schulisches Fehlverhalten", beinhaltete diejenigen Items aus den anderen Skalen, die sich nur auf die Schule bezogen, und umfasste so unterschiedliche Bereiche wie Schuleschwänzen, Beschädigung von Schuleigentum, Betrügen bei Klassenarbeiten und Verwicklung in ernsthafte Prügeleien. Für Schüler, die zur dritten Befragung bereits in einem Betrieb arbeiteten, wurde der Wortlaut der Items vom Schulkontext auf den betrieblichen Kontext umformuliert. Das abgefragte schulische Fehlverhalten bestand also aus ernsthafterem, insbesondere interpersonellem Problemverhalten; im engeren, oben definierten Sinne wurde „unterrichtsstörendes Verhalten" nicht abgefragt. Die Autoren verwendeten Pfadanalysen, um die kausalen Zusammenhänge zwischen dem Selbstwertgefühl und Problemverhalten zu bestimmen. Die Ergebnisse lassen sich wie folgt zusammenfassen: Das Selbstwertgefühl hatte einen unwesentlichen Einfluss auf Problemverhalten; Pfade vom Problemverhalten auf das Selbstwertgefühl zeigten überwiegend schwache, tendenziell *negative* Effekte; eine zusätzliche Kontrolle der Schulleistung änderte wenig am Muster der Ergebnisse. Insgesamt widersprechen damit die Befunde von McCarthy und Hoge der Theorie von Kaplan (1975, 1978). Allerdings können einige Punkte in der Studie von McCarthy und Hoge (1984) kritisch angemerkt werden. Zum einen wurden nicht etwa *cross-lagged*-Modelle spezifiziert, sondern die Effekte von delinquentem Verhalten auf das Selbstwertgefühl wurden aufgrund von gleichzeitig erhobenen Maßen untersucht; dies ist insofern gerechtfertigt, als nach delinquentem Verhalten *innerhalb des letzten Jahres* gefragt wurde. Nichtsdestotrotz wäre es möglich, dass die gleichzeitige Abfrage eher negative denn positive Zusammenhänge fördert, beispielsweise in Form eines Priming-Effekts. Zudem lässt sich hinsichtlich der Skala Schuldevianz bemängeln, dass auch junge Erwachsene, die bereits die Schule verlassen hatten, Problemverhalten innerhalb des letzten Jahres angeben sollten, weshalb der Itemwortlaut verändert werden musste. Dies erhöht sicherlich nicht die Qualität der Skalen, und entsprechend wäre es wünschenswert, dass die jeweiligen Skalenkennwerte angegeben worden wären.[5]

---

5   Cronbachs α für die Skala „Schulisches Fehlverhalten", die für die vorliegende Arbeit von besonderem Interesse ist, betrug .61 zum ersten Messzeitpunkt. Innere Konsistenzen für die folgenden Messzeitpunkte sind weder der Veröffentlichung noch einem von den Autoren erhältlichen „Technical Appendix" zu entnehmen.

In einer Reanalyse von Daten aus der Studie *Youth in Transition* (Bachmann, 1974) berichtete Mason (2001) im Gegensatz zu McCarthy und Hoge (1984) Befunde, die die Theorie Kaplans (1975) stützen. Die in der Studie verwendeten Wachstumskurvenmodelle weisen darauf hin, dass delinquentes Verhalten zu einer Erhöhung des Selbstwertgefühls bei Jungen führte, die ursprünglich ein niedriges Selbstwertgefühl berichteten. Zudem fand sich die prognostizierte negative Beziehung zwischen dem Selbstwertgefühl und späterem Engagement in Delinquenz, womit also ein hohes Selbstwertgefühl als Puffer gegen Normverletzungen diente. Auch die Studie von Mason ist nicht frei von methodischen Problemen: Besonders fragwürdig ist die zweite Erfassung des Aggressionskonstrukts, die erst ein Jahr nach Abschluss der Schullaufbahn erfolgte. Dementsprechend wurden die meisten Items, die sich explizit auf die Schule bezogen (z.B. ob die Eltern wegen Fehlverhaltens in die Schule kommen mussten bzw. ob der Schüler bzw. die Schülerin schon einmal suspendiert worden war), nicht erneut verwendet. Zudem gibt es eine – aufgrund der Datenbasis unvermeidbare – Beschränkung auf Jungen. Auch erstaunt die fehlende Berücksichtigung von Leistungskonstrukten zur Erklärung von Aggression, da in der *Youth in Transition*-Studie durchaus Leistungsindikatoren vorhanden sind. Schließlich kann sich ein kritischer Leser bzw. eine kritische Leserin fragen, warum drei Autorengruppen bei Verwendung ein und desselben Datensatzes zu sehr unterschiedlichen Ergebnissen kommen (vgl. neben Mason, 2001, die Arbeiten von Rosenberg et al., 1989, sowie von Wells & Rankin, 1983).

Marsh et al. (2001b) untersuchten in ihrer Reanalyse der Daten aus der US-amerikanischen *National Educational Longitudinal Study of 1988* (NELS-88) sowohl den langfristigen Einfluss des Selbstwertgefühls auf selbst berichtetes Problemverhalten und auf Opfererfahrungen, als auch die umgekehrte Beeinflussungsrichtung. Für die vorliegende Studie sind insbesondere die Beziehungen zwischen dem Selbstwertgefühl und dem schulischen Problemverhalten von Interesse. Beide Konstrukte wurden in drei Wellen erhoben: Das Selbstwertgefühl war ähnlich konzipiert wie bei Rosenberg (1965) und wurde in identischer Form über alle drei Wellen erhoben; im Falle des Problemverhaltens unterschieden sich die Items teilweise über die Wellen. Das einzige Item, das durchgängig benutzt wurde, lautete: „I got into a physical fight with other students." Dieses Item ist auch das einzige, welches das Problemverhalten genauer spezifizierte (in diesem Falle also eine Prügelei), wobei unklar bleibt, ob die Person den Kampf selbst initiiert hat. Die Hauptergebnisse der Studie deuten darauf hin, dass das Problemverhalten vergleichsweise stabil ist und einen positiven Einfluss auf das nachfolgende Selbstwertgefühl hat. Obwohl ein hohes Selbstwertgefühl schwach negativ mit dem Problemverhalten zum ersten Messzeitpunkt korreliert war, fungierte ein hohes Selbstwertgefühl *nicht* als Protektor gegenüber späterem Problemverhalten.

In Hinblick auf Kaplans (1975) Thesen lassen sich die aufgeführten Studien wie folgt zusammenfassen: Hinweise darauf, dass das Engagement in Problemverhaltensweisen zu einer Verbesserung des Selbstwertgefühls führen kann, wurden in jüngerer Zeit auch von Marsh et al. (2001b) sowie von Mason (2001) berichtet. Entsprechend können diese Befunde, die an unabhängigen Datenbasen gewonnen wurden, als vergleichsweise starke Hinweise darauf gesehen werden, dass diese Richtung der Beeinflussung nicht völlig von der Hand zu weisen ist, obgleich man die kritische Zusammenfassung von McCarthy und Hoge (1984) nicht vergessen sollte. Für die protektive Wirkung des Selbstwertgefühls gegenüber Fehlverhalten findet sich bei Mason empirische Unterstützung, während das Selbstwertgefühl bei Marsh et al. (2001b) sowie bei McCarthy und Hoge (1984) wenig Wirksamkeit zeigt.

Forschungsdesiderata
Einige problematische Punkte sowie Forschungsdesiderata sollen zusammenfassend kritisch angemerkt werden. Zum einen fehlt in den aufgeführten Arbeiten eine genauere Spezifikation bzw. Trennung der Problemverhaltensweisen in theoretisch begründete Kategorien; es kann durchaus einen interessanten Unterschied darstellen, ob in der Schule geraucht, ein Lehrer geschlagen, fremdes Eigentum angezündet oder aber eine andere Person mit einer Pistole bedroht wird (alle Items aus Mason, 2001); Oswald und Süss (1994) haben zu Recht darauf aufmerksam gemacht, dass insbesondere der Zusammenhang von *Unterrichtsstörungen* mit anderen Variablen aus dem Schul-, Peer- und Elternkontext zu wenig untersucht wurde. Zudem wurden unterschiedliche Items zu den verschiedenen Messzeitpunkten verwendet (z.B. Marsh et al., 2001b; Mason, 2001).

Ein weiteres Problem stellt in den Studien von Mason (2001) sowie Marsh et al. (2001) die fehlende Kontrolle der Leistung bzw. des Selbstkonzepts der Fähigkeit dar. Wie verschiedene Studien gezeigt haben (vgl. Hinshaw, 1992), hat eine schlechte Schulleistung einen förderlichen Einfluss auf die Entstehung bzw. Aufrechterhaltung von Problemverhalten. Alternativ bzw. zusätzlich zu einer ergänzten Abfrage von Selbstkonzepten könnten außerdem auch soziometrisch gewonnene Daten eingesetzt werden (vgl. Coie & Dodge, 1998). Hiermit könnte auch die bislang unzureichend geklärte Frage behandelt werden, ob Selbstkonzepte oder der aktuelle Peer-Status bessere Prädiktoren des Problemverhaltens darstellen.

Schließlich ist die eher spärliche Auswahl von Selbstkonzeptskalen in den beschriebenen Studien bedauerlich. In der Logik von Shavelson et al. (1976) sowie Marsh (1990a) könnte man spekulieren, dass es weniger das allgemeine Selbstwertgefühl als vielmehr bereichsspezifische Selbstkonzepte sind, die eng mit dem sozialen Verhalten zusammenhängen sollten. Diese Argumentation wird beispielsweise durch Forschung gestützt, die sich damit beschäftigt, welche Eigenschaften ein Kind davor schützen, Opfer von Übergriffen der Mitschüler zu werden (Egan & Perry, 1998). Als protektiv wirksam zeigte sich weniger das allgemeine Selbstwertgefühl als vielmehr das soziale Selbstkonzept sowie die selbst wahrgenommene Durchsetzungsfähigkeit *(self-efficacy for assertion).* Betrachtet man die oben besprochenen Arbeiten zum Zusammenhang von aktivem Problemverhalten und Selbstkonzept, so enthält lediglich das von McCarthy und Hoge (1984) verwendete Selbstkonzeptinstrument von Coopersmith (1967) einige Items, die das soziale Selbstkonzept betreffen. Insgesamt ist die Coopersmith-Skala jedoch wegen ihrer psychometrischen Qualitäten und aufgrund von konzeptuellen Überlegungen kritisiert worden (Byrne, 1996). Zusammenfassend kann man Mason (2001) zustimmen, der dazu auffordert, weitere längsschnittliche Studien zum Zusammenhang von Problemverhalten und Selbstbild durchzuführen, in denen auch nach dem Selbstkonzept sozialer Kompetenz sowie nach weiteren domänenspezifischen Selbstkonzepten gefragt werden sollte.

8.1.4 Ableitung der Fragestellung

Die Teilstudie 4 untersucht die Beziehung zwischen Problemverhaltensweisen und dem Selbstkonzept, wobei in Anlehnung an das Modell von Shavelson et al. (1976) ein Schwerpunkt auf die Facetten des sozialen Selbstkonzepts gelegt wird. Der Annahme eines positiven Bottom-up-Effekts (vgl. Byrne & Shavelson, 1996), wonach angepasstes Verhalten zu einem höheren Selbstkonzept führen sollte, werden Überlegungen gegenübergestellt, wonach das Engagement in Problemverhaltensweisen zu einer Stärkung des Selbstwertgefühls bzw. von bereichsspezifischen Selbstkonzepten führen kann (Kaplan, 1975). Gleichzeitig wird überprüft, ob ein hohes Selbstwertgefühl bzw. eine positive Ausprägung bei bereichsspezifischen sozialen Selbstkonzepten einen protektiven Einfluss hinsichtlich des Engagements in Problemverhaltensweisen hat.

Gegenüber bisherigen Studien in diesem Bereich weist die vorliegende Studie folgende inhaltliche Besonderheiten auf: Erstens wird das Problemverhalten, das sich explizit im Unterricht bzw. gegenüber der Lehrkraft zeigt („Unterrichtsstörungen"), getrennt von Problemverhalten, das sich gegen Mitschüler bzw. Gegenstände richtet („physische Aggression bzw. Gewaltanwendung"). Zweitens wird explizit nicht nur das Selbstwertgefühl betrachtet, sondern auch das Selbstkonzept der Anerkennung und das Selbstkonzept des Durchsetzungsvermögens als bereichsspezifische Selbstkonzeptfacetten. Neben den Selbstkonzepten sozialer Anerkennung und Durchsetzungsfähigkeit wird zusätzlich die selbst berichtete Beziehung zu den Eltern untersucht. Drittens werden neben dem Geschlecht weitere wichtige Kontrollvariablen, nämlich der sozioökonomische Hintergrund und die schulische Mathematikleistung der Schülerinnen und Schüler berücksichtigt. Einen vierten wichtigen Punkt stellt der Einbezug von Soziogrammdaten dar, mit deren Hilfe Aussagen über den Peer-Status der Jugendlichen getroffen werden können. Aufgrund von Annahmen aus dem symbolischen Interaktionismus (vgl. Felson, 1993) sollte erwartet werden, dass der Peer-Status (als Fremdbild) langfristig das Selbstbild beeinflusst und demnach als Prädiktor sozialer Selbstkonzepte dienen kann. Dabei sollte man annehmen, dass der Beliebtheits- und der Unbeliebtheitsstatus insbesondere das Selbstkonzept der Anerkennung beeinflussen, während der Geltungsstatus („im Mittelpunkt stehen") verstärkt Auswirkungen auf das Selbstkonzept der Durchsetzungsfähigkeit haben sollte. Neben den Effekten auf Selbstkonzepte lassen sich jedoch auch direkte Verbindungen zwischen Peer-Status und Problemverhalten postulieren, wobei ein ungünstiger Sympathiestatus und möglicherweise ein hoher Geltungsstatus zu vermehrtem Problemverhalten führen sollte.

Zudem soll dem Einfluss einer insgesamt „problematischen" Klasse auf die individuelle Neigung zu Problemverhalten nachgegangen werden (vgl. Busch & Todt, 2001; Fend & Schneider, 1984; Schubarth, 1996). Es wird erwartet, dass Klassenkontexte, in denen viel Problemverhalten zu finden ist, auch auf einzelne Schüler einen negativen Einfluss haben; möglicherweise sollte dies insbesondere bei denjenigen Jugendlichen der Fall sein, die über ein niedriges Selbstkonzept verfügen (vgl. Kaplan, 1975).

Neben den genannten inhaltlichen Aspekten weist die vorliegende Studie im Vergleich mit anderen Forschungsarbeiten auch methodische Besonderheiten auf. Zum einen wurde ein vergleichsweise langer Beobachtungszeitraum von drei Jahren gewählt. Sollten nach diesem recht langen Zeitraum noch signifikante Wirkungen der Selbstkonzepte bzw. der Problemverhaltensweisen statistisch nachzuweisen sein, ist dies ein vergleichsweise starker Beleg für die Hypothesen, zumal jeweils die Ausgangswerte kontrolliert werden (also Veränderungen untersucht werden). Zum anderen überprüft die vorliegende Studie explizit, welche Auswirkungen Klassen haben, in denen ein vergleichsweise hoher Grad an Problemverhalten zu finden ist (siehe oben). Werden einzelne Schülerinnen und Schüler davon „angesteckt", wenn sie sich in einer solchen Klasse befinden? Oder werden nur bestimmte Schüler „angesteckt"? Zur Beantwortung dieser Fragen wird die Mehrebenenanalyse eingesetzt.

Zusammenfassend sollen die Hypothesen genannt werden, die in der Studie untersucht werden sollen: Es wird aufgrund der Theorie von Kaplan (1975) und aufgrund der überwiegend unterstützenden Befunde aus jüngerer Zeit (Marsh et al., 2001b; Mason, 2001) angenommen, dass das Engagement in Problemverhalten langfristig positive Effekte auf die Entwicklung des Selbstwertgefühls hat. Obgleich hierfür keine empirischen Belege vorliegen, wird ein mindestens ebenso großer Einfluss auf die domänenspezifischen Selbstkonzepte sozialer Anerkennung und des Durchsetzungsvermögens vermutet, da diese Selbstkonzeptdomänen „näher" an den jeweiligen Verhaltensweisen liegen (vgl. Shavelson et al., 1976). Was die Rolle des Selbstwertgefühls als protektivem Faktor gegenüber Problemverhalten angeht, spricht die empirische Forschungslage (entgegen der theoretischen Postulate von Kaplan, 1975) eher für die Annahme, dass keine schützende Wirkung nachzuweisen ist (Marsh et al., 2001b; McCarthy & Hoge, 1984). Auch hinsichtlich der bereichsspezifischen

Selbstkonzepte lassen sich aus den vorliegenden Arbeiten keine Vorhersagen ableiten; gleichwohl gilt auch hier, dass die Beziehung zwischen den bereichsspezifischen Selbstkonzepten und dem Verhalten mindestens so eng sein sollte wie zwischen Selbstwertgefühl und Verhalten.

Hinsichtlich der Daten zum Sozialstatus der Jugendlichen als zweitem Indikator für deren soziale Anpassung und Eingebundenheit in der Klasse wird aufgrund der Argumentation des symbolischen Interaktionismus angenommen, dass Kinder mit hohem Beliebtheitsstatus sowie geringen Werten bei der Ablehnung langfristig ein günstigeres Selbstkonzept sozialer Anerkennung aufweisen, während der Geltungsstatus eher einen positiven Einfluss auf das Selbstkonzept Durchsetzungsfähigkeit zeigen sollte. Zudem kann der Peer-Status direkt zur Vorhersage des Problemverhaltens herangezogen werden (vgl. Coie & Dodge, 1998; Coie et al., 1990). Hierbei ist zu vermuten, dass unbeliebte Jugendliche – und möglicherweise auch Jugendliche mit hohem Geltungsstatus – langfristig eine ungünstige Entwicklung des Problemverhaltens zeigen.

8.2 Methode

8.2.1 Stichprobe

Zur Überprüfung der Hypothesen wurde eine Teilstichprobe aus der bereits ausführlich dargestellten BIJU-Studie herangezogen. Alle Schülerinnen und Schüler, die am Ende der Klasse 7 (im Folgenden T1 genannt) an den Befragungen teilgenommen hatten und deren Klassen auch in der Klassenstufe 10 (T2) befragt werden konnten, wurden berücksichtigt. Insgesamt gingen die Daten von 4.305 Schülerinnen und Schüler (55,5 % Mädchen) aus 203 Klassen in die Untersuchung ein.

8.2.2 Instrumente

Problemverhalten. Vier Items, die von Fend und Prester (1986) stammen,[6] wurden als Indikatoren für das schulische Problemverhalten verwendet (vgl. Tab. 18). Die Abfrage der Problemverhaltensweisen war überschrieben mit folgender Instruktion:

> *„Keiner ist ein Engel!*
> Jetzt kommt eine Liste von Dingen, die Schüler in der Schule manchmal tun. Du kannst ganz

---

6   Neben den vier aufgeführten Items wurden in der BIJU-Studie weitere sechs Items eingesetzt, um drei andere Facetten des Problemverhaltens mit jeweils zwei Items zu erfassen: Spielen im Unterricht, verbale Aggression gegenüber Mitschülern und Schuleschwänzen. Auf Befunde zu diesen Facetten des Problemverhaltens wird jedoch in der vorliegenden Arbeit nicht eingegangen.

ehrlich sein, denn keiner ist ein Engel. Außerdem weißt Du ja, dass Deine Antworten ganz geheim bleiben. Gib aber bitte nur Dinge an, die wirklich stimmen!
Wie oft kommen folgende Dinge bei Dir vor?"

Daran anschließend folgte die Liste der Problemverhaltensweisen, wobei den Schülerinnen und Schülern eine vierstufige Antwortskala zur Verfügung stand, die von *nie* (1) bis *öfter* (4) reichte. Die inneren Konsistenzen der gebildeten Skalen waren in beiden Befragungswellen zufrieden stellend (.75 und .76 für die Unterrichtsstörungen sowie .72 in beiden Wellen bei der Gewaltanwendung).

Wie erkennbar ist, sind es bei der Skala Unterrichtsstörungen die Lehrkräfte, gegen die das Problemverhalten der Schülerinnen und Schüler primär gerichtet ist. Die Skala physische Aggression besteht dagegen aus zwei Items, bei denen eine Gewaltanwendung thematisiert wird, die sich entweder gegen Mitschüler oder gegen Gegenstände der Schule richtet.

Um Hinweise auf die Validität der Selbsteinschätzungen des Problemverhaltens zu bekommen, wurde anhand einer zusätzlichen Stichprobe von 81 Schülerinnen und Schülern aus drei Klassen der 7. Jahrgangsstufe eines Berliner Gymnasiums der Zusammenhang zwischen den von den Schülern berichteten Unterrichtsstörungen und einer Fremdeinschätzung durch Lehrkräfte untersucht. Den Schülern wurden die zwei Items hinsichtlich der Unterrichtsstörungen vorgegeben, wobei jedoch für den Englisch- und Mathematikunterricht getrennt nach der Häufigkeit des jeweiligen Verhaltens in den letzten zwei Wochen gefragt wurde.[7] Die Mathematik- und Englischlehrer bekamen dieselben Items vorgelegt, wobei als Frage formuliert wurde: „Wie oft kamen in den letzten zwei Wochen in Ihrem Unterricht folgende Dinge bei

Tabelle 18: Items zur Erfassung von Problemverhalten in der Schule

Items
Unterrichtsstörungen
Lehrer absichtlich ärgern
Lehrern freche Antworten geben
Physische Aggression (Gewaltanwendung)
Jemanden verhauen, der schwächer ist und einen ärgert
Sachen kaputtmachen, die der Schule gehören

Die Items stammen von Fend und Prester (1986) und sind teilweise leicht modifiziert.

---

7   Da die Englischlehrer von zwei Klassen nicht für eine Mitarbeit gewonnen werden konnten, beruhen die Ergebnisse für das Fach Englisch auf lediglich einer Klasse; hierbei reduzierte sich die Stichprobe für die Analysen im Fach Englisch auf $n = 32$. Aufgrund von Verzögerungen bei der Beantwortung der Lehrerfragebögen war das beobachtete Zeitintervall der „letzten zwei Wochen" bei Lehrern und Schülern nicht immer identisch. Dies dürfte zu einer gewissen Herabsetzung der Korrelation geführt haben.

diesem Schüler/dieser Schülerin vor?" Es resultierten signifikante Korrelationen zwischen dem Fremdbericht durch den Lehrer und dem Selbstbericht der Schülerinnen und Schüler von immerhin $r = .45$ ($p < .001$) im Fach Mathematik sowie $r = .63$ ($p < .001$) im Fach Englisch. Insgesamt unterstreichen damit die Lehrerurteile die Validität der verwendeten Skala zur Unterrichtsstörung.

Hinsichtlich der Gewaltanwendung war eine fachspezifische Validierung nicht sinnvoll, da die entsprechenden Verhaltensweisen insbesondere in Pausen gezeigt werden dürften; stattdessen wurde die Korrelation der Skala „physische Aggression" mit einer Globalbeurteilung durch den Mathematiklehrer („Dieser Schüler/diese Schülerin zeigt häufiger ein unangemessenes Verhalten." – vierstufige Antwortskala von „trifft überhaupt nicht zu" bis „trifft völlig zu") berechnet. Es resultierte eine Korrelation von $r = .58$ ($p < .001$), womit auch die Skala physische Aggression als hinreichend valide bezeichnet werden kann.

Selbstkonzeptskalen. Es wurden die am Ende der 7. bzw. 10. Klassenstufe erfassten und bereits aus Teilstudie 1 bekannten Skalen zum Selbstwertgefühl und zu domänenspezifischen Selbstkonzepten verwendet, wobei akzeptable bis gute innere Konsistenzen resultieren (Selbstwertgefühl: Cronbachs α in Jahrgangsstufe 7 bzw. 10 betrug in dem vorliegenden Sample .81 und .87; Selbstkonzept sozialer Anerkennung: α = .79 und .79; Selbstkonzept der Durchsetzungsfähigkeit: α = .62 und .67; Selbstkonzept Mathematik: α = .92; Selbstkonzept Deutsch: α = .87; Selbstkonzept der Elternbeziehung: α = .75).

Sozioökonomischer Hintergrund. Als Indikator für den sozialen Hintergrund wurde das Berufsprestige der Elternberufe verwendet. Konkret wurden die Elternberufe entsprechend der Vorschläge von Treiman (1977) bezüglich ihres Prestiges auf einer Skala abgetragen, die zwischen 12 (prestigearmer Beruf) und 78 (sehr prestigereicher Beruf) variiert. Steigendes Berufsprestige ist eng an einen höheren sozialen Hintergrund gekoppelt. Im vorliegenden Fall wurde der höhere Wert der beiden Elternangaben verwendet, das heißt, sofern in einer Familie das Prestige des mütterlichen Berufs über dem des väterlichen lag, wurde ersterer in den Analysen berücksichtigt, ansonsten letzterer.

Leistungstest Mathematik. Die Mathematikleistungen der teilnehmenden Schülerinnen und Schüler wurden durch Leistungstests mit 28 bzw. 30 Aufgaben erfasst (siehe Teilstudie 3), die innere Konsistenzen von über .80 aufwiesen. Daten für einen in der BIJU-Studie ebenfalls eingesetzten Englischtest liegen nur für Schüler aus den alten Bundesländern vor; um einen zu großen Verlust an Versuchsteilnehmern zu vermeiden, wurde darauf verzichtet, den Englischtest in die Auswertungen mit aufzunehmen. Die Verwendung der Daten aus dem Leistungstest Mathematik wurden dem Einsatz von Zeugnisnoten vorgezogen, da zu dem untersuchten Messzeitpunkt keine Schulnoten erhoben wurden und damit lediglich für eine Substichprobe die zu einem früheren Messzeitpunkt erhobenen Zeugnisnoten aus dem Halbjahreszeugnis vorlagen.

Peer-Status. Um die soziale Stellung eines Schülers bzw. einer Schülerin in der Klassengemeinschaft zu erfassen, wurde ein Soziogramm mit drei Fragen verwendet. Der *Beliebtheit* galt die erste Frage: „Welche Mitschüler/innen magst Du besonders gern?" Die zweite Frage galt der *Ablehnung* durch die Klassenkameraden: „Wen kannst Du Dir schwer als Freund oder Freundin vorstellen?" Schließlich wurde erfragt, welche Schülerinnen und Schüler in der Klasse am meisten gelten *(Geltungsstatus):* „Wessen Meinung wird beachtet, wer steht oft im Mittelpunkt?" Bei allen drei Fragen sollten die teilnehmenden Jugendlichen bis zu vier Mitschülerinnen bzw. Mitschüler nennen. Die Nennungen, die ein Schüler bzw. eine Schülerin in einer der drei Kategorien erhielt, wurden aufsummiert und klassenweise z-standardisiert, um Einflüsse der Klassengröße zu kontrollieren.

8.2.3 Statistisches Vorgehen

Umgang mit der hierarchischen Datenstruktur

Die Neigung, Problemverhalten an den Tag zu legen, hängt nach bisherigen Forschungsergebnissen teilweise von individuellen Merkmalen wie dem Selbstkonzept, der Schulleistung, der Elternbeziehung und dem Peer-Status ab. Darüber hinaus wurde jedoch auch die besondere Bedeutung des Kontexts betont (z.B. Silbereisen & Todt, 1994). Wie bereits angesprochen, ist es durchaus möglich, dass ein Schüler oder eine Schülerin von anderen in der Klasse, die ein hohes Maß an Problemverhalten zeigen, „angesteckt" wird. Auch ist möglich, dass sich das Ausmaß an Problemverhalten in verschiedenen Schulformen bzw. in West- und Ostdeutschland zwischen der 7. und 10. Klasse unterschiedlich entwickelt. Sollen wie im vorliegenden Fall Einflüsse von Kontextvariablen untersucht werden, ist es notwendig, die hierarchische Struktur der gewonnenen Daten zu berücksichtigen: Schülerinnen und Schüler befinden sich in Schulklassen, die wiederum bestimmte Merkmale wie Zugehörigkeit zu einer Schulform und vorhandenes Ausmaß an Unterrichtsstörungen aufweisen. Der Verzicht auf die Berücksichtigung der hierarchischen Struktur in einer statistischen Analyse kann nach Cronbach (1976) zu schwerwiegenden Fehlschlüssen führen. Ein adäquates Auswertungsverfahren für Daten mit hierarchischer Struktur stellt die Mehrebenenanalyse dar (vgl. Bryk & Raudenbush, 1992; Goldstein, 1987), die für die nachfolgenden Analysen verwendet wurde. Die Mehrebenenanalyse ist eine spezielle Form der Regressionsanalyse, die es erlaubt, simultan Prädiktoren auf mehreren Ebenen (z.B. Individualebene, Klassenebene) zu berücksichtigen.

Dies sei an der Variable Unterrichtsstörung veranschaulicht. Um die selbst berichtete Unterrichtsstörung zum zweiten Messzeitpunkt (US-T2) vorhersagen zu können, wurde zum einen der Selbstbericht der Schülerinnen und Schüler hinsichtlich ihrer Unterrichtsstörungen zum ersten Zeitpunkt (US-T1) erhoben und berücksichtigt. Neben dieser Unterrichtsstörung auf Individualebene ist jedoch auch von Interesse, wie stark das Ausmaß von Unterrichtsstörungen auf Klassenebene ist. Hierzu können die Angaben aller Schüler der betreffenden Klasse gemittelt werden, und dieser Mittelwert kann als weiterer Prädiktor verwendet werden (Unterrichtsstörung auf Klassenebene). Im Rahmen des mehrebenenanalytischen Ansatzes werden solche Kontexteinflüsse, bei denen sich die Kontextvariablen als Aggregat der Individualmerkmale ergeben, üblicherweise wie folgt modelliert:

Das zum zweiten Befragungszeitpunkt gezeigte Ausmaß an Unterrichtsstörung Y eines Schülers i in Klasse j ergibt sich aus dem Achsenabschnittsparameter (Regressionskonstante) β_{0j} der Klasse j, dem Einfluss β_{1j} der US-T1 des Schülers i in Klasse j und einem Residualterm e_{ij}, also:

$$Y_{ij} = \beta_{0j} + \beta_{1j}\,\text{US-T1}_{ij} + e_{ij} \tag{1}$$

Der Achsenabschnittsparameter β_{0j} stellt in diesem Fall die mittlere Unterrichtsstörung zu T2, korrigiert um den Effekt der US-T1 auf Individualebene, dar. Auf der Klassenebene werden der Achsenabschnittsparameter β_{0j} und der Regressionsparameter der US-T1 β_{1j} als abhängige Variablen betrachtet, die zwischen den Klassen variieren können. Will man die Abhängigkeit der US-T1 von der auf Klassenebene aggregierten Unterrichtsstörung $M_{\text{US-T1}}$ untersuchen, so lauten die entsprechenden Gleichungen:

$$\beta_{0j} = \gamma_{00} + \gamma_{01}\,M_{\text{US-T1}j} + u_{0j} \tag{2}$$

$$\beta_{1j} = \gamma_{10} + u_{1j} \tag{3}$$

Der Achsenabschnittsparameter β_{0j} wird also vorhergesagt durch den Koeffizienten γ_{00}, der mehr oder weniger als Gesamtmittelwert der Unterrichtsstörung über alle Klassen hinweg interpretiert werden kann, durch den Einfluss der gemittelten Unterrichtsstörungen in einer bestimmten Klasse ($\gamma_{01}\,M_{\text{US-T1}j}$) und durch einen klassenspezifischen Residualterm u_{0j}. Der Regressionskoeffizient der Unterrichtsstörungen auf Individualebene (β_{1j}) variiert zwischen den Klassen mit einem Fehlerterm u_{1j}. Setzt man die Gleichungen (2) und (3) in (1) ein, ergibt sich:

$$Y_{ij} = \gamma_{00} + \gamma_{01}\,M_{\text{US-T1}j} + \gamma_{10}\,\text{US-T1}_{ij} + u_{1j}\,\text{US-T1}_{ij} + u_{0j} + e_{ij} \tag{4}$$

Aus der zusammengesetzten Gleichung (4) wird ersichtlich, dass der Unterschied von Mehrebenenmodellen zu gewöhnlichen Regressionsmodellen vor allem in der komplexeren Residuenstruktur begründet liegt. Neben dem Effekt der aggregierten Unterrichtsstörungen auf den Achsenabschnittparameter β_{0j} lassen sich in Mehrebenenanalysen sehr einfach auch Interaktionseffekte zwischen mehreren Ebenen untersuchen. Man kann sich beispielsweise vorstellen, dass ein hohes Ausmaß von Unterrichtsstörungen auf Klassenebene besonders bei Schülern mit niedrigem Selbstwertgefühl zu einer „Ansteckung" führt. Um dies zu modellieren, könnte in einem um das Selbstwertgefühl erweiterten Modell ein Einfluss der aggregierten Unterrichtsstörungen auf den Regressionsparameter β_{2j} des Selbstwertgefühls spezifiziert werden.

Die gängigen Softwarepakete für Mehrebenenanalysen bieten allein unstandardisierte Regressionskoeffizienten in den Ergebnisausdrucken an, was die Interpretation der Regressionsgewichte aufgrund der oftmals arbiträren Metriken der Prädiktoren und Kriterien erschwert. Um die spätere Interpretation etwas zu vereinfachen, wurden alle nicht dichotomen Variablen z-standardisiert ($M = 0$; $SD = 1$).

Die HLM-Modelle werden für jede abhängige Variable getrennt gerechnet. Zwar wäre ein *cross-lagged*-Design durchaus angemessen, allerdings ist dies im Rahmen von Mehrebenenanalysen bislang nicht einfach zu spezifizieren. Die Bottom-up- und Top-down-Modelle der vorliegenden Teilstudie verwenden unterschiedliche Prädiktoren, zudem muss bei einer multivariaten Auswertung im Programmpaket HLM die abhängige Variable auf Itemebene konzeptualisiert werden. HLM oder ein anderes Mehrebenenprogramm sollte jedoch verwendet werden, um die hierarchische Datenstruktur zu berücksichtigen und mögliche Klasseneffekte zu testen. Da bei getrennten und gemeinsamen Modellen identische Ergebnisse zu erwarten sind, wurde in der vorliegenden Teilstudie auf die zusätzliche Komplexität durch die Modellierung von *cross-lagged*-Modellen verzichtet.

Umgang mit fehlenden Daten

Fehlende Werte stellen, wie in den beiden vorangegangenen Kapiteln bereits erläutert, besonders in Längsschnittuntersuchungen eine methodische Herausforderung dar. In der vorliegenden Teilstudie 4 ist dieses Problem gut ersichtlich: Von den 4.305 Jugendlichen der Ausgangsstichprobe konnten lediglich 62 Prozent auch bei der nächsten Datenerhebung befragt werden; zudem fanden sich bei einigen der teilnehmenden Schülerinnen und Schüler zusätzlich fehlende Werte bei einzelnen Variablen, sodass die Fragen beim ersten Messzeitpunkt im Durchschnitt von 91 Prozent, beim zweiten Befragungszeitpunkt dagegen nur von rund 55 Prozent der Ausgangsstichprobe beantwortet wurden. Es muss damit gerechnet werden, dass bei den Ursachen für das Fehlen zu T2 neben unsystematischen Faktoren (z.B. Krankheit) auch systematische Effekte (z.B. Nichtversetzung) wirksam waren.

Um Aufschluss darüber zu erlangen, ob ein systematisches Muster bei den fehlenden Werten vorlag, wurde eine schrittweise logistische Regressionsanalyse mit der abhängigen Variable „Teilnahme an der Untersuchung in Klassenstufe 10" durchgeführt, wobei die folgenden Prädiktoren berücksichtigt wurden:[8] Schulformzugehörigkeit (drei Dummy-Variablen), regionale Herkunft, sozialer Hintergrund (Treiman-Wert), Geschlecht, kognitive Grundfähigkeit (IST-Untertest Analogien; Amthauer, 1956), Leistungen (Mathematikleistungstest, Zeugnisnoten Deutsch und Mathema-

---

8   Die logistische Regressionsanalyse wurde mit einem effektiven N von 1.495 (siehe unten) durchgeführt.

Tabelle 19: Teilnahme an der Befragung in Klassenstufe 10 – Ergebnisse der logistischen Regressionsanalyse

	b	SE	$\exp[b]$	p
Mathematik Leistungstest	0.01	0.00	1.01	< .001
Mathematik Zeugnisnote	−0.25	0.04	0.78	< .001
Deutsch Zeugnisnote	−0.22	0.04	0.80	< .001
Kognitive Grundfähigkeit	0.14	0.04	1.15	< .001
Schule schwänzen	−0.18	0.05	0.83	< .001
Unterricht stören	−0.09	0.04	0.91	.030
Selbstkonzept Elternbeziehung	0.19	0.06	1.20	.002
Regionale Herkunft: 0 = West, 1 = Ost	−0.46	0.07	0.63	< .001
Geschlecht: 0 = weiblich, 1 = männlich	−0.14	0.07	0.87	.041

Teilnahme: 0 „nicht an Befragung in Klassenstufe 10 teilgenommen", 1 „an Befragung in Klassenstufe 10 teilgenommen".

tik des Schulhalbjahrs), Problemverhalten (Unterricht stören, physische Aggression, verbale Aggression, Schule schwänzen, im Unterricht spielen) sowie Selbstkonzepte (Deutsch, Mathematik, Anerkennung, Durchsetzungsfähigkeit, Eltern, Selbstwertgefühl). Bei dem in der logistischen Regressionsanalyse resultierenden Koeffizienten $\exp[b]$ handelt es sich um einen so genannten Wettquotienten. Ein Koeffizient von beispielsweise $\exp[b] = 2$ bedeutet, dass sich beim Anstieg des Prädiktors um eine Einheit (bei Konstanthaltung aller anderen Prädiktoren) die Chance (der Wettquotient) des Kriteriums (hier also die Teilnahme in Klassenstufe 10) verdoppelt (zu den Details vgl. Long, 1987). Die Analysen (vgl. Tab. 19) zeigten in Klassenstufe 10 eine Überrepräsentation von (1) besseren Schülern (höhere Leistungwerte, niedrigere Noten), (2) intelligenteren Schülern, (3) Schülern, die vergleichsweise wenig die Schule schwänzten oder den Unterricht störten, (4) Schülern, die von einer guten Eltern-Kind-Beziehung berichteten, (5) weiblichen Jugendlichen sowie (6) Jugendlichen aus Nordrhein-Westfalen oder West-Berlin.

Die logistische Regressionsanalyse ergab somit Hinweise darauf, dass zumindest teilweise ein systematischer Drop-out vorlag. Finden sich Prozesse, die systematische Einflüsse auf das Muster fehlender Werte nehmen, so ist davon auszugehen, dass beispielsweise bei einem paar- oder fallweisen Ausschluss der Daten verzerrte Parameterschätzungen resultieren, sodass der Einsatz leistungsstarker Algorithmen zur Schätzung der fehlenden Daten zu bevorzugen ist (Collins et al., 2001; Huisman, 1999; vgl. Studie 1, 2 und 3).

In der vorliegenden Teilstudie 4 sollte explizit die Mehrebenenstruktur der Daten berücksichtigt werden, weshalb Mehrebenenanalysen durchgeführt wurden; aus diesem Grund bot sich hinsichtlich des Umgangs mit fehlenden Daten das Verfahren der mehrfachen Schätzung *(Multiple Imputation)* der fehlenden Werte an (für ausführlichere Beschreibungen vgl. Allison, 2001; Collins et al., 2001).[9] Dabei wurde im Programmpaket Norm 2.03 (Schafer, 1999) eine fünffache Schätzung aller fehlenden Werte vorgenommen. Bei der vorgenommenen *Multiplen Imputation* kamen drei Gruppen von Variablen zum Einsatz:

(1) Die oben beschriebenen Untersuchungsvariablen;

(2) Interaktionsterme auf Individualebene zwischen dem Selbstwertgefühl bzw. den Selbstkonzepten Anerkennung und Durchsetzungsfähigkeit auf der einen Seite und Problemverhaltensweisen auf der anderen Seite; ein fehlender Einbezug von später als Prädiktoren verwendeten Interaktionseffekten bei der *Multiplen Imputation* kann zu einer Unterschätzung dieser Effekte führen (vgl. Allison, 2001; Collins et al., 2001);

(3) Eine Reihe von Hilfsvariablen (*auxiliary variables;* Collins et al., 2001; vgl. Studie 2), die dazu beitrugen, den Ausfallprozess zu erklären, und/oder mit den Untersuchungsvariablen korrelativ zusammenhingen. Zu den Hilfsvariablen zählten die Mathematikleistung in Klassenstufe 10, die Noten in Deutsch und Mathematik zu beiden Testzeitpunkten, die Intelligenz in Klassenstufe 7 sowie Problemverhaltensweisen zu beiden Untersuchungszeitpunkten (Schuleschwänzen, verbale Aggression, Spielen im Unterricht).

Der Einsatz der *Multiplen Imputation* führt dazu, dass anstelle des einen Ursprungsdatensatzes so viele Datensätze erzeugt werden, wie Imputationen vorgenommen wurden (im vorliegenden Fall also fünf). Das Programmpaket HLM 5 (Raudenbush et al., 2000) ist in der Lage, die bei einer *Multiplen Imputation* resultierenden Datensätze simultan zu verwenden, um Regressionsgewichte zu schätzen. Die berichteten Regressionsgewichte aus den Mehrebenenanalysen basieren somit auf einer simultanen Verwendung von fünf Datensätzen. Dagegen wurde für die deskriptive Darstellung sowie für varianzanalytische und korrelative Auswertungen einer der fünf entstandenen Datensätze zufällig ausgewählt.

8.3 Ergebnisse

Die Darstellung der Ergebnisse erfolgt in vier Schritten. Zunächst wird auf die Häufigkeit, Stabilität und auf Korrelate des schulischen Problemverhaltens eingegangen; anschließend wird der Zusammenhang zwischen Peer-Status und dem Selbstwertgefühl sowie sozialen Selbstkonzepten untersucht; es folgen Mehrebenenanalysen zur

---

9   Die gängigen Softwareprogramme für Mehrebenenanalysen wie HLM und *MLwiN* verwenden Rohdaten (und nicht Kovarianzmatrizen) als Dateninput. Dies spricht gegen die Verwendung des EM-Schätzers in SPSS 10.0 zur Schätzung der fehlenden Daten, da die auf diese Weise „vervollständigten" Datensätze durch eine Unterschätzung der Streuungen gekennzeichnet sind (vgl. Studie 1).

Tabelle 20: Korrelate des Problemverhaltens

	Problemverhalten Klassenstufe 7		Problemverhalten Klassenstufe 10	
	Unterrichts-störung	Physische Aggression	Unterrichts-störung	Physische Aggression
Schulform und Region				
Gymnasium	−.07	−.18	−.05	−.13
Realschule	.02	.05	.00	.03
Hauptschule	.04	.11	.06	.09
Regionale Herkunft				
(0 = West, 1 = Ost)	−.07	−.09	−.03	−.05
Hintergrund und Leistung				
Geschlecht				
(0 = weiblich, 1 = männlich)	.15	.35	.25	.40
Treiman-Wert	−.01	−.08	−.02	−.05
Mathematikleistung	−.12	−.23	−.09	−.16
Soziogramm				
Beliebtheit	.04	−.05	.01	−.07
Geltung	.19	.11	.16	.03
Ablehnung	−.01	.04	.03	.07
Selbstkonzepte Klasse 7				
Selbstwertgefühl	−.13	−.23	−.12	−.16
Anerkennung	−.08	−.21	−.05	−.10
Durchsetzungsfähigkeit	.01	−.09	.04	−.02
Elternbeziehung	−.22	−.26	−.14	−.13
Mathematik	−.12	−.10	−.07	−.02
Deutsch	−.14	−.19	−.14	−.17
Selbstkonzepte Klasse 10				
Selbstwertgefühl	−.01	−.03	−.04	−.10
Anerkennung	.03	−.06	.01	−.13
Durchsetzungsfähigkeit	.11	−.01	.09	−.07

Vorhersage schulischen Problemverhaltens in Klassenstufe 10 bei Kontrolle des Problemverhaltens in Klassenstufe 7; die abschließenden Mehrebenenanalysen gelten der Vorhersage der sozialen Selbstkonzepte und des Selbstwertgefühls unter Berücksichtigung des Problemverhaltens.

8.3.1 Häufigkeit, Stabilität und Korrelate des schulischen Problemverhaltens

Zunächst wurde für die beiden untersuchten Facetten schulischen Problemverhaltens die mittlere Häufigkeit bestimmt. Bei der Unterrichtsstörung war eine Zunahme zwischen T1 und T2 zu verzeichnen (T1: $M = 2.32$, $SD = 0.89$; T2: $M = 2.41$, $SD = 0.87$), während die physische Aggression leicht zurückging (T1: $M = 1.71$, $SD = 0.80$; T2: $M = 1.57$; $SD = 0.75$). Zufallskritisch ließen sich bei einer Korrektur der

Stichprobengröße gemäß der Formel von Kish (1987; vgl. Studie 1) auf ein effektives N von 1.495 ein signifikanter Haupteffekt der Art des Problemverhaltens, F (1, 1494) = 1862.28, $p < .001$, sowie ein signifikanter Interaktionseffekt Art des Problemverhaltens × Klassenstufe, F (1, 1494) = 87.82, $p < .001$, absichern. Der Haupteffekt Klassenstufe war dagegen nicht signifikant. Zwischen den beiden Facetten des Problemverhaltens fanden sich Korrelationen von .55 in Klassenstufe 7 sowie .51 in Klassenstufe 10. Beide Problemverhaltensweisen zeigten eine moderate Stabilität zwischen dem ersten und zweiten Befragungszeitpunkt (Unterrichtsstörung: $r = .44$; physische Aggression: $r = .37$).

Korrelate des Problemverhaltens in Klassenstufe 7 und 10 sind in Tabelle 20 aufgeführt. Da auch bei der Korrektur der Stichprobengröße das effektive N noch 1.495 Jugendliche betrug, erreichten bereits Korrelationen von $r = \pm .07$ das konservative Signifikanzniveau von .01. In der Tabelle wurde deshalb auf eine Angabe des Signifikanzniveaus verzichtet; stattdessen wurden alle Korrelationen von mindestens $\pm .15$ durch Fettdruck hervorgehoben. Nur diese Korrelationen werden im Folgenden erläutert.

Schülerinnen und Schüler von Gymnasien berichteten insgesamt über weniger eigene physische Gewaltanwendung als Jugendliche aus anderen Schultypen. Auffällig ist der Zusammenhang mit dem Geschlecht: Nach eigener Angabe neigten in beiden Altersgruppen die Jungen im Vergleich zu Mädchen stärker zu Problemverhalten. Die Mathematikleistung war in beiden Klassenstufen negativ mit der physischen Aggression korreliert. Hinsichtlich der Variablen des Soziogramms fand sich in beiden Klassenstufen ein positiver Zusammenhang zwischen dem Geltungsstatus (im Mittelpunkt stehen) und der Unterrichtsstörung. Das Selbstwertgefühl sowie das Selbstkonzept Deutsch zeigten jeweils eine negative Korrelation mit physischer Aggression in T1 und T2; das gleiche Muster fand sich für das Selbstkonzept sozialer Anerkennung zu T1. Das Selbstkonzept der Elternbeziehung schließlich stand mit beiden untersuchten Problemverhaltensindikatoren zu T1 in einer negativen Beziehung.

Insgesamt fanden sich also überwiegend Befunde, die mit Ergebnissen querschnittlich angelegter Forschung kompatibel sind. Ausdrücklich sei nochmals auf die negative Beziehung zwischen dem Selbstwertgefühl und der physischen Aggression hingewiesen ($r = -.23$ bzw. $r = -.16$), die Unterstützung für die Hypothese zu geben scheint, dass das Selbstwertgefühl als protektiver Faktor gegenüber Normverletzungen wirkt (vgl. California Task Force, 1990). Auch die Vermutung vieler Lehrer, dass Ursachen für schulisches Problemverhalten unter anderem im häuslichen Umfeld zu suchen seien (vgl. Miller, 1995), scheint in der negativen Korrelation zwischen dem Eltern-Selbstkonzept und dem Problemverhalten eine Bestätigung zu finden. Zudem wurde mit dem signifikanten Zusammenhang zwischen Geltungsstatus und Unterrichtsstörungen die bereits von Fend (1989) berichtete Befundmuster repliziert. Erwartungsgemäß waren schließlich die Leistungen in Mathematik sowie die Leistungsselbstkonzepte negativ mit Problemverhaltensweisen korreliert, wenngleich die hierzu gefundenen Zusammenhänge nicht besonders markant ausfielen.

8.3.2 Der Zusammenhang zwischen Selbstkonzept und Peer-Status

Wie aus Tabelle 21 hervorgeht, fanden sich im Querschnitt der Richtung nach die erwarteten Beziehungen zwischen dem Peer-Status und den Selbstkonzepten; allerdings war die Höhe dieser Zusammenhänge recht schwach ausgeprägt. Lediglich die Beziehungen zwischen dem Selbstkonzept sozialer Anerkennung und dem Beliebtheits- bzw. Ablehnungsstatus wiesen Korrelationen auf, die $\pm$ .15 überstiegen. Der beim Selbstkonzept eigener Durchsetzungsfähigkeit festzustellende positive Zusammenhang mit dem Geltungsstatus betrug lediglich .13; Korrelationen des Peer-Status mit dem Selbstwertgefühl überschritten $r = .10$ nicht.

Tabelle 21: Zusammenhang zwischen Selbstkonzepten und dem Peer-Status in Klassenstufe 7

	Beliebt	Geltung	Ablehnung	Selbstwert-gefühl	Anerken-nung
Geltung	.28				
Ablehnung	−.43	−.01			
Selbstwertgefühl	.05	.09	−.06		
Selbstkonzept Anerkennung	.16	.13	−.16	.41	
Selbstkonzept Durchsetzungsfähigkeit	.04	.14	−.01	.30	.48

Effektives $N = 1.495$.

8.3.3 Prädiktoren von Problemverhaltensweisen

Um den Einfluss verschiedener Prädiktoren aus Klassenstufe 7 auf das in Klassenstufe 10 berichtete Problemverhalten zu überprüfen, wurden getrennt für die Unterrichtsstörung und die physische Aggression jeweils zwei hierarchisch-lineare Regressionsanalysen mithilfe des Programmpakets HLM 5 (Raudenbush et al., 2000) durchgeführt. Da insbesondere die Frage untersucht werden sollte, ob Selbstkonzepte jenseits der Wirkung wichtiger Kontrollvariablen zusätzliche Varianz aufklären können, wurden zunächst alle Variablen außer den Selbstkonzepten eingeführt, bevor diese in einem zweiten Schritt hinzugefügt wurden. Modell 1a (vgl. Tab. 22) ist ein vergleichsweise sparsames Modell zur Vorhersage von Unterrichtsstörungen in Klassenstufe 10.

Hier fanden auf Klassenebene die Schulform, die Region sowie das Klassenmittel an Problemverhalten Eingang. Auf Individualebene wurde zum einen das in Klassen-

Tabelle 22: Vorhersage der selbst berichteten Unterrichtsstörung in Klassenstufe 10

	Modell 1a		Modell 1b	
	β	SE	β	SE
Klassenebene				
Schulform: Gymnasium	−0.03	0.11	−0.01	0.11
Schulform: Hauptschule	0.11	0.13	0.10	0.13
Schulform: Realschule	−0.08	0.11	−0.08	0.11
Region: 0 = West, 1 = Ost	0.00	0.05	−0.01	0.05
Unterricht stören (Klassenmittel)	0.00	0.03	0.00	0.03
Unterricht stören				
Individualwert	0.37***	0.02	0.35***	0.02
Kontrollvariablen				
Geschlecht:				
0 = weiblich, 1 = männlich	0.37***	0.03	0.35***	0.03
Treiman-Wert	−0.01	0.02	−0.01	0.02
Leistung Mathematik	0.00	0.03	0.01	0.03
Soziogramm				
Beliebtheit	0.01	0.03	0.01	0.03
Geltung	0.10***	0.02	0.10***	0.02
Ablehnung	0.01	0.02	0.01	0.02
Selbstkonzepte				
Selbstwertgefühl			−0.03	0.03
Anerkennung			−0.02	0.03
Durchsetzungsfähigkeit			0.03	0.03
Eltern			−0.01	0.02
Deutsch			−0.06	0.03
Mathematik			0.00	0.03
Interaktionen Klassenebene × Individualebene				
Stören (Klasse) × Selbstwertgefühl			−0.01	0.02
Stören (Klasse) × Selbstkonzept Anerkennung			0.00	0.03
Stören (Klasse) × Selbstkonzept Durchsetzungsfähigkeit			−0.01	0.02

*** $p < .001$, ** $p < .01$, * $p < .05$.

stufe 7 berichtete Problemverhalten eingeführt; dies führt dazu, dass signifikante β-Gewichte anderer Variablen direkt als Auswirkung auf die *Veränderung* des Problemverhaltens interpretierbar sind. Zudem wurden das Geschlecht, die Leistung in Mathematik, der soziale Hintergrund (Treiman-Wert) sowie der Peer-Status im Modell berücksichtigt. Wie zu erkennen ist, hatte insbesondere das in Klassenstufe 7 gezeigte Engagement in Unterrichtsstörungen einen großen Einfluss auf die selbst berichteten Unterrichtsstörungen in Klasse 10. Darüber hinaus nahmen Unterrichtsstörungen bei männlichen Jugendlichen stärker zu als bei weiblichen. Schließlich erwies sich der Geltungsstatus der Jugendlichen als statistisch signifikanter Prädiktor der Unterrichtsstörungen in Klasse 10: Je mehr die Jugendlichen in Klassenstufe 7 im Mittelpunkt standen, desto mehr neigten sie drei Jahre später zu Unterrichtsstörungen. In einem zweiten Schritt (vgl. Modell 1b) wurden die Selbstkonzeptvariablen sowie die Interaktionsterme Unterrichtsstörung (Klassenebene) × Selbstkonzepte eingeführt. Allerdings verfehlten sämtliche Selbstkonzeptmaße das Signifikanzniveau von .05, während sich der Einfluss der bereits im vorigen Schritt berücksichtigten Variablen nur geringfügig veränderte. Ergänzende Analysen, bei denen wegen der Gefahr der Multikollinearität zwischen dem Selbstwertgefühl, dem Selbstkonzept der Anerkennung und dem Selbstkonzept der Durchsetzungsfähigkeit jeweils nur einer dieser Prädiktoren berücksichtigt wurde, änderten das Befundmuster nicht.

Tabelle 23: Vorhersage der selbst berichteten Gewaltanwendung in Klassenstufe 10

	Modell 2a		Modell 2b	
	β	SE	β	SE
Klassenebene				
Schulform: Gymnasium	−0.05	0.11	0.03	0.11
Schulform: Hauptschule	−0.02	0.14	0.01	0.13
Schulform: Realschule	−0.07	0.11	−0.03	0.11
Region: 0 = West, 1 = Ost	0.01	0.06	−0.01	0.06
Physische Aggression(Klassenmittel)	0.07*	0.03	0.07*	0.03
Physische Aggression				
Individualwert	0.25***	0.03	0.23***	0.03
Kontrollvariablen				
Geschlecht: 0 = weiblich, 1 = männlich	0.57***	0.05	0.57***	0.05
Treiman-Wert	0.00	0.02	0.01	0.02
Leistung Mathematik	−0.06*	0.03	−0.07*	0.03
Soziogramm				
Beliebtheit	0.02	0.02	0.02	0.02
Geltung	0.01	0.02	0.01	0.02
Ablehnung	0.05**	0.02	0.04**	0.02
Selbstkonzepte				
Selbstwertgefühl			−0.05*	0.02
Anerkennung			0.01	0.02
Durchsetzungsfähigkeit			0.02	0.02
Eltern			−0.02	0.02
Deutsch			−0.07**	0.02
Mathematik			0.00	0.02
Interaktionen Klassenebene × Individualebene				
Aggression (Klasse) × Selbstwertgefühl			−0.01	0.02
Aggression (Klasse) × Selbstkonzept Anerkennung			−0.03	0.02
Aggression (Klasse) × Selbstkonzept Durchsetzungsfähigkeit			0.00	0.02

*** $p < .001$, ** $p < .01$, * $p < .05$.

Modelle zur Vorhersage der physischen Aggression wurden analog berechnet (Tab. 23). Das in Klassenstufe 7 berichtete Problemverhalten steuerte einen signifikanten Erklärungsbeitrag zu der in Klassenstufe 10 berichteten physischen Aggression bei (vgl. Modell 2a). Außerdem zeigte sich ein bedeutsamer Effekt des Geschlechts, womit erwartungsgemäß eine ungünstigere Entwicklung bei den Jungen belegt werden konnte. Zudem fand sich ein signifikanter Effekt des Klassenmittelwerts der physischen Aggression: In „aggressiven Klassen" verstärkte sich die Neigung von Jugendlichen, selbst aggressives Verhalten zu zeigen. Wiederum fand sich außerdem ein Effekt einer Peer-Status-Variable: Je stärker ein Jugendlicher bzw. eine Jugendliche in Klassenstufe 7 abgelehnt wurde, desto mehr physische Aggression zeigte er bzw. sie in Klassenstufe 10. Zudem war eine protektive Wirkung guter Mathematikleistungen zu erkennen. Die Hinzunahme der Selbstkonzepte (Modell 2b) erbrachte außerdem Hinweise auf die protektive Wirkung des Selbstwertgefühls sowie des Selbstkonzepts Deutsch: Eine höhere Ausprägung bei diesen Selbstkonzepten führte zu einer günstigeren Entwicklung des Problemverhaltens. Wie bei den Unterrichtsstörungen wurden Interaktionsterme zwischen dem mittleren Vorkommen physischer Gewaltanwendung in einer Klasse und den individuellen Selbstkonzepten spezifiziert und auf Signifikanz überprüft. Jedoch zeigte sich hierbei kein signifikanter Effekt.

Zusammenfassend sollen folgende Befunde bei der Vorhersage des Problemverhaltens in Klassenstufe 10 hervorgehoben werden: Zum einen fand sich, wie erwartet, ein großer Einfluss des in Klassenstufe 7 berichteten Problemverhaltens. Auch der Effekt des Geschlechts, wonach die Zunahme des Problemverhaltens bei Jungen stärker als bei Mädchen ausfällt, konnte antizipiert werden, wobei sich der Geschlechtereffekt besonders ausgeprägt bei der physischen Aggression fand. Von den Peer-Status-Variablen konnten der Geltungsstatus sowie die Ablehnung signifikante Erklärungsbeiträge beisteuern: Jugendliche mit hohem Geltungsstatus tendierten eher dazu, später unterrichtsstörendes Verhalten an den Tag zu legen, und abgelehnte Jugendliche zeigten eine ungünstigere Entwicklung hinsichtlich der physischen Aggressionen. Protektive Wirkungen fanden sich beim Selbstwertgefühl, jedoch nur in Bezug auf die physische Aggression.

8.3.4 Selbstkonzeptveränderungen als Folge des Engagements in Problemverhalten

Inwieweit hat das Engagement in Problemverhalten einen Einfluss auf spätere Selbstbewertungen? Aufgrund der Forschungslage (vgl. Marsh et al., 2001b) konnte erwartet werden, dass das Problemverhalten einen positiven, wenngleich schwachen Effekt haben sollte. In der vorliegenden Studie wurden als abhängige Variablen neben dem Selbstwertgefühl das Selbstkonzept der Anerkennung sowie das Selbstkonzept des Durchsetzungsvermögens untersucht. Die Problemverhaltensweisen wurden aufgrund ihrer bedeutsamen Interkorrelation ausschließlich getrennt als Prädiktoren eingeführt, das heißt, es wurden für jede abhängige Variable jeweils getrennte Modelle mit den Prädiktoren Unterrichtsstörung und physischer Aggression spezifiziert. Im Folgenden werden zunächst die Befunde für die bereichsspezifischen Selbstkonzepte Anerkennung (vgl. Modelle 3 und 4) und Durchsetzungsfähigkeit (Modelle 5 und 6) dargestellt, daran anschließend diejenigen für das Selbstwertgefühl (vgl. Modelle 7 und 8). Da das Ergebnismuster für die beiden untersuchten Arten des Problemverhaltens ähnlich war, werden die Befunde nach Möglichkeit für beide Problemverhaltensweisen gemeinsam erläutert, um Wiederholungen zu vermeiden.

Vorhersage des Selbstkonzepts sozialer Anerkennung
Es wurden mehrere Mehrebenenanalysen durchgeführt, bei denen sukzessive die einzelnen Prädiktoren bzw. Prädiktorengruppen hinzugefügt wurden. Da die Hinzunahme der weiteren Prädiktoren die Effekte bereits einbezogener Prädiktorvariablen in aller Regel nur unwesentlich veränderte (die Effekte mediierender bzw. konkurrierender Variablen also gering ausfielen), werden im Folgenden nur die Ergebnisse der Mehrebenenanalysen unter Einbezug aller Prädiktoren dargestellt. Diese Befunde zur Vorhersage des Selbstkonzepts Anerkennung in Klassenstufe 10 finden sich in Tabelle 24.

Wiederum ist zu beachten, dass durch den Einbezug des Selbstkonzepts Anerkennung in Klassenstufe 7 die Effekte der anderen Prädiktoren als Wirkungen auf die Veränderung interpretiert werden können. Wie zu erkennen ist, wies von den Prädiktoren auf Klassenebene nur die Schulformzugehörigkeit Gymnasium einen signifikanten Erklärungsbeitrag auf: Das Selbstkonzept sozialer Anerkennung von Gymnasialschülern entwickelte sich relativ zur Referenzkategorie Gesamtschule etwas günstiger. Die Variablen des Soziogramms zeigten die erwarteten Effekte: Schülerinnen und Schüler mit einem hohen Beliebtheitsstatus wiesen eine günstigere Selbstkonzeptentwicklung auf, abgelehnte Jugendliche dagegen eine ungünstigere. Sowohl Top-down- als auch transdimensionale Effekte waren bei den Selbstkonzepten zu beobachten, wobei das Selbstwertgefühl (Top-down-Effekt) den größten Einfluss zeigte.

Bis auf das Selbstkonzept eigener Durchsetzungsfähigkeit wiesen auch alle anderen Selbstkonzepte einen positiven, wenngleich geringen Erklärungsbeitrag (transdimensionale Effekte) hinsichtlich des Selbstkonzepts sozialer Anerkennung auf. Von den Kontrollvariablen zeigte die Mathematikleistung einen signifikanten, negativen Effekt; bessere Mathematikleistungen führten demnach eher zu einem niedrigeren sozialen Selbstkonzept. Dieser Effekt verlor jedoch seine statistische Signifikanz, sobald das Selbstkonzept Mathematik aus dem Modell entfernt wurde, was auf das Vorhandensein von Multikollinearität hinweist; umgekehrt behielt das Selbstkonzept Mathematik auch bei Elimination der Mathematikleistung seine prädiktive Kraft.

Tabelle 24: Ergebnisse der Mehrebenenanalysen zur Vorhersage des Selbstkonzepts sozialer Anerkennung in Klassenstufe 10 unter Einbezug der Unterrichtsstörungen (Modell 3) bzw. physischer Gewaltanwendung (Modell 4)

	Modell 3 Einbezogenes Problemverhalten: Unterrichtsstörungen		Modell 4 Einbezogenes Problemverhalten: Physische Gewaltanwendung	
	β	SE	β	SE
Klassenebene				
Schulform: Gymnasium	0.22*	0.09	0.23*	0.10
Schulform: Hauptschule	0.00	0.10	0.01	0.10
Schulform: Realschule	0.05	0.09	0.06	0.09
Region: 0 = West, 1 = Ost	0.05	0.06	0.04	0.05
Problemverhalten (Klassenmittel)	−0.01	0.02	−0.02	0.02
Problemverhalten				
Individualwert	0.09***	0.02	0.04	0.03
Kontrollvariablen				
Geschlecht:				
0 = weiblich, 1 = männlich	0.01	0.05	0.01	0.05
Treiman-Wert	−0.01	0.02	−0.01	0.02
Leistung Mathematik	−0.05*	0.02	−0.05*	0.02
Soziogramm				
Beliebtheit	0.04	0.02	0.05*	0.02
Geltung	0.04	0.03	0.05	0.03
Ablehnung	−0.07***	0.02	−0.07***	0.02
Selbstkonzepte				
Selbstwertgefühl	0.10**	0.03	0.10**	0.03
Anerkennung	0.18***	0.03	0.18***	0.03
Durchsetzungsfähigkeit	0.05	0.02	0.06*	0.02
Eltern	0.07*	0.02	0.06*	0.03
Deutsch	0.04*	0.02	0.04*	0.02
Mathematik	0.06**	0.02	0.05*	0.02
Interaktion				
Selbstkonzept Anerkennung × Problemverhalten (Individualwert)	−0.01	0.02	−0.06*	0.02

*** $p < .001$, ** $p < .01$, * $p < .05$.

Von besonderem Interesse ist der Effekt der Problemverhaltensweisen. Hier zeigte sich je nach Problemverhalten ein differenzieller Befund: Unterrichtsstörungen hatten insgesamt einen positiven Effekt auf die Entwicklung des Selbstkonzepts sozialer Anerkennung. Dagegen zeigte sich kein positiver Haupteffekt physischer Gewaltanwendung, wohl aber ein signifikanter Interaktionseffekt: Vom Engagement in physischer Gewaltanwendung profitierten Jugendliche mit einem anfänglich niedrigen

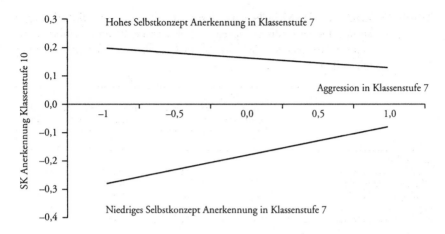

Abbildung 13: Vorhersage des Selbstkonzepts (SK) sozialer Anerkennung in Klassenstufe 10 für Schülergruppen mit hohem Selbstkonzept Anerkennung in Klassenstufe 7 (eine Standardabweichung über dem Mittelwert) und Schülergruppen mit niedrigem Selbstkonzept Anerkennung in Klassenstufe 7 (eine Standardabweichung unter dem Mittelwert) in Abhängigkeit vom selbst berichteten Engagement in physischen Aggressionshandlungen

Selbstkonzept sozialer Anerkennung, während das Selbstkonzept von Jugendlichen mit anfänglich hohem Selbstkonzept sozialer Anerkennung eher darunter litt. Abbildung 13 veranschaulicht diesen Interaktionseffekt graphisch (vgl. Aiken & West, 1991): Es wird für zwei Schülergruppen mit einem Selbstkonzept Anerkennung in Klassenstufe 7 von einer Standardabweichung über bzw. einer Standardabweichung unter dem Mittelwert gezeigt, welche Selbstkonzepthöhe in Klasse 10 in Abhängigkeit davon erwartet werden kann, wie sehr die Schülerinnen und Schüler in Klasse 7 physische Gewaltanwendung angaben.

Wie deutlich zu erkennen ist, hatte die physische Gewaltanwendung lediglich bei denjenigen Jugendlichen einen positiven Effekt, die über ein vergleichsweise niedriges Selbstkonzept sozialer Anerkennung in Klassenstufe 7 verfügten, dagegen eher negative Auswirkungen bei den Jugendlichen mit einem hohen Selbstkonzept.

Vorhersage des Selbstkonzepts eigener Durchsetzungsfähigkeit
Das Befundmuster bei der Vorhersage des Selbstkonzepts eigener Durchsetzungsfähigkeit in Klassenstufe 10 (vgl. Tab. 25) wies neben einigen Ähnlichkeiten auch

Tabelle 25: Ergebnisse der Mehrebenenanalysen zur Vorhersage des Selbstkonzepts eigener Durchsetzungsfähigkeit in Klassenstufe 10 unter Einbezug der Unterrichtsstörungen (Modell 5) bzw. physischer Gewaltanwendung (Modell 6)

	Modell 5 Einbezogenes Problemverhalten: Unterrichtsstörungen		Modell 6 Einbezogenes Problemverhalten: Physische Gewaltanwendung	
	β	SE	β	SE
Klassenebene				
Schulform: Gymnasium	0.25**	0.08	0.29**	0.09
Schulform: Hauptschule	–0.10	0.08	–0.09	0.08
Schulform: Realschule	0.09	0.07	0.11	0.07
Region: 0 = West, 1 = Ost	0.04	0.04	0.02	0.04
Problemverhalten (Klassenmittel)	0.04	0.02	0.03	0.02
Problemverhalten				
Individualwert	0.13***	0.02	0.07***	0.02
Kontrollvariablen				
Geschlecht:				
0 = weiblich, 1 = männlich	–0.08	0.05	–0.08	0.06
Treiman-Wert	–0.03	0.02	–0.02	0.02
Leistung Mathematik	–0.06	0.03	–0.06	0.03
Soziogramm				
Beliebtheit	0.04	0.03	–0.03	0.03
Geltung	0.08**	0.02	0.09**	0.02
Ablehnung	–0.02	0.02	–0.02	0.02
Selbstkonzepte				
Selbstwertgefühl	0.07*	0.03	0.07*	0.03
Anerkennung	0.02	0.04	0.03	0.04
Durchsetzungsfähigkeit	0.25***	0.02	0.26***	0.02
Eltern	0.03	0.03	0.02	0.03
Deutsch	0.08*	0.03	0.07*	0.03
Mathematik	0.11***	0.02	0.10***	0.02
Interaktion				
Selbstkonzept Durchsetzungs- fähigkeit × Problemverhalten (Individualwert)	–0.05	0.03	–0.07*	0.03

*** $p < .001$, ** $p < .01$, * $p < .05$.

charakteristische Unterschiede zu dem Ergebnismuster beim Selbstkonzept sozialer Anerkennung auf.

Wiederum fand sich auf Klassenebene ein positiver Effekt des Gymnasialbesuchs. Die Kontrollvariablen Geschlecht, sozialer Hintergrund und Mathematikleistung verfehlten das Signifikanzniveau von .05. Dagegen fand sich bei den Peer-Status-Variablen

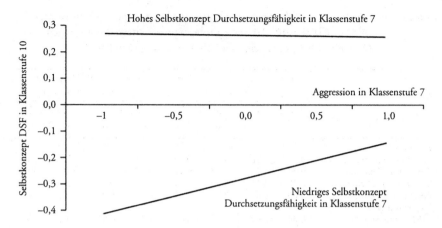

Abbildung 14:   Vorhersage des Selbstkonzepts eigener Durchsetzungsfähigkeit (DSF) in Klassenstufe 10 für Schülergruppen mit hohem Selbstkonzept Durchsetzungsfähigkeit in Klassenstufe 7 (eine Standardabweichung über dem Mittelwert) und Schülergruppen mit niedrigem Selbstkonzept Durchsetzungsfähigkeit in Klassenstufe 7 (eine Standardabweichung unter dem Mittelwert) in Abhängigkeit vom selbst berichteten Engagement in physischen Aggressionshandlungen

ein positiver Effekt des Geltungsstatus: Wer über einen hohen Geltungsstatus verfügte, zeigte eine günstigere Entwicklung des Selbstkonzepts eigener Durchsetzungsfähigkeit. Die untersuchten Selbstkonzeptfacetten hatten, mit Ausnahme der Selbstkonzepte sozialer Anerkennung und Elternbeziehung, alle eine förderliche Wirkung.

Von besonderem Interesse ist wieder das Befundmuster hinsichtlich des Problemverhaltens: Sowohl das Stören desUnterrichts als auch der Einsatz physischer Gewalt hatten einen positiven Effekt auf die Selbstkonzeptentwicklung. Zusätzlich fand sich bei der physischen Aggression ein signifikanter Interaktionseffekt Problemverhalten × Selbstkonzept eigener Durchsetzungsfähigkeit in Klasse 7: Von der Gewaltanwendung profitierten offenbar diejenigen Jugendlichen, die in Klassenstufe 7 über ein vergleichsweise niedriges Selbstkonzept verfügt hatten (vgl. Abb. 14).

Die Entwicklung des Selbstwertgefühls
Im Unterschied zu den bislang dargestellten Analysen werden hinsichtlich der Vorhersage des Selbstwertgefühls vier statt zwei Modelle dargestellt.Da bei der Vorhersage des Selbstwertgefühls insbesondere von Interesse war, ob die Effekte der Problemverhaltensweisens bzw. des Peer-Status über die Selbstkonzepte sozialer Anerkennung

Tabelle 26: Ergebnisse der Mehrebenenanalysen zur Vorhersage des Selbstwertgefühls in Klassenstufe 10 unter Einbezug der Unterrichtsstörungen
(Modell 7) bzw. physischer Gewaltanwendung (Modell 8)

	Einbezogenes Problemverhalten: Unterrichtsstörungen				Einbezogenes Problemverhalten: Physische Gewaltanwendung			
	Modell 7a		Modell 7b		Modell 8a		Modell 8b	
	β	SE	β	SE	β	SE	β	SE
Klassenebene								
Schulform: Gymnasium	0.13	0.10	0.12	0.10	0.14	0.11	0.13	0.11
Schulform: Hauptschule	0.27*	0.12	0.27*	0.12	0.27*	0.12	0.27*	0.13
Schulform: Realschule	0.20	0.11	0.20	0.11	0.21	0.12	0.21	0.12
Region: 0 = West, 1 = Ost	0.00	0.05	0.01	0.05	−0.01	0.05	0.00	0.05
Problemverhalten (Klassenmittel)	0.04	0.02	0.04	0.02	0.02	0.03	0.02	0.03
Problemverhalten								
Individualwert	0.02	0.03	0.02	0.03	0.03	0.02	0.03	0.02
Kontrollvariablen								
Geschlecht: 0 = weiblich, 1 = männlich	0.21**	0.05	0.22**	0.05	0.20**	0.05	0.20**	0.05
Treiman-Wert	0.05	0.03	0.05	0.03	0.05	0.03	0.05	0.03
Leistung Mathematik	0.05	0.02	0.05*	0.02	0.05	0.02	0.05*	0.02
Soziogramm								
Beliebtheit	0.02	0.03	0.01	0.03	0.02	0.03	0.01	0.03
Geltung	−0.02	0.02	−0.03	0.02	−0.02	0.02	−0.03	0.02
Ablehnung	0.00	0.03	0.01	0.03	0.00	0.03	0.00	0.03
Selbstkonzepte								
Selbstwertgefühl	0.23***	0.03	0.21***	0.04	0.24***	0.03	0.22***	0.03
Anerkennung			0.06	0.03			0.06*	0.03
Durchsetzungsfähigkeit			0.02	0.03			0.02	0.03
Eltern	0.03	0.03	0.02	0.03	0.03	0.03	0.02	0.03
Deutsch	0.07**	0.02	0.06*	0.02	0.07**	0.02	0.06*	0.02
Mathematik	0.12**	0.03	0.11**	0.02	0.12**	0.02	0.11***	0.02
Interaktion								
Selbstwertgefühl × Problemverhalten (Individualwert)			−0.02	0.02			−0.04	0.02

*** $p < .001$, ** $p < .01$, * $p < .05$.

bzw. Durchsetzungsfähigkeit vermittelt sind, wurden letztere Variablen jeweils erst in
einem zweiten Schritt eingeführt. Insgesamt zeigte sich, wie in Tabelle 26 zu erkennen
ist, ein praktisch identisches Befundmuster für die beiden Problemverhaltensweisen,
und auch die im zweiten Schritt erfolgte Hinzunahme der sozialen Selbstkonzepte
hatte nur minimale Auswirkungen auf die Vorhersagekraft der übrigen Prädiktoren.

Hinsichtlich der Variablen auf Klassenebene fand sich lediglich ein positiver Effekt der Hauptschulzugehörigkeit im Vergleich zur Referenzkategorie Gesamtschule. Bei den Individualvariablen stach neben dem erwarteten Effekt des Selbstwertgefühls in Klassenstufe 7 vor allem der Geschlechtereffekt hervor: Ähnlich wie in der querschnittlichen Betrachtung von Studie 1 war auch bei der längsschnittlichen Analyse eine insgesamt positivere Entwicklung des Selbstwertgefühls bei den Jungen zu beobachten. Zudem fand sich ein signifikanter, positiver Erklärungsbeitrag der Mathematikleistung in Klassenstufe 7. Relativ schwache, wenngleich durchgängig signifikante Effekte wiesen darüber hinaus drei Selbstkonzeptdomänen auf: Die schulischen Selbstkonzepte Mathematik und Deutsch sowie das Selbstkonzept sozialer Anerkennung. Dagegen war die hier vornehmlich interessierende Variable, das Engagement in Problemverhalten auf individueller Ebene, zwar positiv mit einem Anstieg im Selbstwertgefühl verbunden, erreichte jedoch bei weitem nicht das gewählte Signifikanzniveau ($ps > .10$). Auch der Interaktionsterm Problemverhalten × Selbstwertgefühl wurde nicht signifikant, wenngleich er vom Vorzeichen her in die gleiche Richtung ging wie die Interaktionsterme Problemverhalten × soziale Selbstkonzepte.

Zusammenfassend lässt sich Folgendes konstatieren: Das Engagement in Problemverhalten hatte – wie in der Literatur verschiedentlich berichtet (z.B. Fend, 1989; Kaplan, 1975; Marsh et al., 2001b) – einen fördernden Einfluss auf die Selbstkonzeptentwicklung. Allerdings fand die vorliegende Studie lediglich signifikante Haupteffekte auf das Selbstkonzept der Durchsetzungsfähigkeit und das Selbstkonzept sozialer Anerkennung, in letzterem Falle beschränkt auf die Unterrichtsstörung. Darüber hinaus bestand die Tendenz, dass sich die positiven Wirkungen des unterrichtsstörenden Verhaltens auf diejenigen Jugendlichen konzentrierten bzw. sich bei den jenigen besonders zeigten, die zum ersten Messzeitpunkt ein verhältnismäßig niedriges Selbstkonzept berichtet hatten. Der Einfluss des Problemverhaltens zur Erklärung des späteren Selbstwertgefühls ging zwar in die vorhergesagte Richtung, es fanden sich jedoch keine signifikanten Haupt- oder Interaktionseffekte.

8.4 Diskussion

In der vorliegenden Teilstudie 4 stand neben dem Selbstwertgefühl insbesondere das soziale Selbstkonzept in Form der wahrgenommen Anerkennung und Durchsetzungsfähigkeit im Mittelpunkt. Zusätzlich kamen mit den selbst berichteten Problemverhaltensweisen sowie dem Peer-Status zwei Indikatoren zum Einsatz, die sich auf die Verhaltensebene beziehen bzw. aus einem Fremdbericht resultieren. Es wurde untersucht, ob ein Engagement in Problemverhaltensweisen adaptiv in dem Sinne ist, dass sich das Selbstkonzept verbessert (Kaplan, 1975; Marsh et al., 2001b). Tatsächlich fand sich eine partielle Unterstützung für diese Annahme: Höhere Werte beim

Problemverhalten gingen einher mit einem Anstieg beim Selbstkonzept der Durchsetzungsfähigkeit sowie, im Falle der Unterrichtsstörung, beim Selbstkonzept der sozialen Anerkennung. Zudem fanden sich in Bezug auf physische Aggressionsakte Interaktionseffekte mit den genannten Selbstkonzepten: Besonders diejenigen Schülerinnen und Schüler, die über ein vergleichsweise niedriges Selbstkonzept berichteten, profitierten von Problemverhalten. Keine statistisch signifikanten Haupt- oder Interaktionseffekte waren beim Selbstwertgefühl zu verzeichnen. Somit stützen die Ergebnisse die Voraussagen der *self-enhancement*-Hypothese von Kaplan (1975), beschränken ihren Gültigkeitsbereich jedoch auf bereichsspezifische Selbstkonzepte.

Betrachtet man nicht das Selbstkonzept, sondern das Problemverhalten in Klassenstufe 10 als abhängige Variable, so fielen die Befunde insgesamt weniger konsistent aus. Zwar ließen sich schwache Belege für die Annahme finden, dass ein hohes Selbstwertgefühl sowie ein hohes schulisches Selbstkonzept Deutsch protektiv in Hinblick auf die Verwicklung in physische Aggressionshandlungen wirken können, gleichzeitig blieben solche Belege für die Unterrichtsstörung aus. Dies weist darauf hin, dass signifikante negative Korrelationen zwischen Selbstkonzepten und Problemverhalten, wie sie von anderen Autoren (z.B. Fend, 1989) berichtet und auch in der vorliegenden Studie gefunden wurden (vgl. Tab. 20), keinen protektiven Einfluss im Sinne kausaler Effekte implizieren müssen. Der Klassenmittelwert des Problemverhaltens war im Falle der Unterrichtsstörungen ohne eigene prädiktive Kraft, und auch in Interaktionen mit Selbstkonzeptvariablen zeigten sich keinerlei signifikante Wirkungen; dies steht im Widerspruch mit Theorien, die von einem starken normativen Einfluss der Gesamtklasse auf das Verhalten einzelner Schülerinnen und Schüler ausgehen (vgl. Fend & Schneider, 1984). Andererseits fand sich ein signifikanter Haupteffekt des Klassenmittels der Gewaltanwendung; allerdings ist hierbei zu berücksichtigen, dass Effekte aggregierter Variablen auch statistische Artefakte darstellen können, wenn der Individualeffekt und der Klasseneffekt das gleiche Vorzeichen haben (Hauser, 1974; Lüdtke, Robitzsch, & Köller, 2002).

Der Einbezug der Soziogrammdaten erwies sich als nützlich; diese Variablen hatten im Großen und Ganzen hypothesenkonforme Effekte. Personen mit hohem Geltungsstatus zeigten prospektiv eine größere Tendenz, Unterrichtsstörungen zu berichten und ein höheres Selbstkonzept des Durchsetzungsvermögens zu erwerben (vgl. Fend, 1989). Abgelehnte Klassenkameraden entwickelten langfristig ein eher negatives Selbstkonzept der sozialen Anerkennung, was Theorien des symbolischen Interaktionismus nicht anders vorhersagen würden, und neigten verstärkt zu physischen Aggressionshandlungen.

Dagegen hatte eine hohe Ausprägung schulischer Selbstkonzepte in allen Fällen, in denen sich die Wirkung als signifikant erwies, positive Effekte: Sie führten zu weniger Problemverhalten und zu höheren Selbstkonzepten. Eine hohe Mathematikleistung führte zu weniger Gewaltanwendung. Auffällig waren die Geschlechterunterschiede: Sowohl bei der Unterrichtsstörung als auch bei der physischen Gewaltanwendung verlief die Entwicklung bei den Jungen ungünstiger als bei den Mädchen.

8.4.1 Besonderheiten der vorliegenden Studie

Um die berichteten Ergebnisse angemessen einordnen zu können, sollen zunächst Besonderheiten der vorliegenden Studie hervorgehoben werden. Der vielleicht wichtigste Aspekt betrifft die längsschnittliche Modellierung. Ein weiterer wichtiger Aspekt ist die klare konzeptuelle Unterteilung von Problemverhaltensweisen in Unterrichtsstörungen – Verhalten also, das sich in erster Linie gegen die Lehrkraft richtet – auf der einen Seite und Gewaltanwendungen, die hier physische Aggressionen gegenüber Mitschülern und Gegenstände umfassen, auf der anderen Seite (vgl. für ähnliche Konzeptionen Fend, 1989; Oswald & Süss, 1994). Die differenziellen Befunde, die hier berichtet werden konnten, belegen, wie wichtig solche Unterscheidungen sind. Im Unterschied zu anderen Studien (siehe Marsh et al., 2001b; Mason, 2001) war gewährleistet, dass die Itemformulierungen konsistent über die verschiedenen Messzeitpunkte verwendet wurden.

Darüber hinaus wurde der Forderung verschiedener Autoren nach Einbezug domänenspezifischer Selbstkonzepte Genüge getan (Marsh, 1990a; Mason, 2001; McCarthy & Hoge, 1984; Rosenberg et al., 1995), indem das Selbstkonzept der Anerkennung und das Selbstkonzept des Durchsetzungsvermögens einbezogen wurden. Als selbst bezogene Kognitionen hinsichtlich des sozialen Miteinanders dürften diese Selbstkonzepte in einem besonderen Verhältnis zu Problemverhaltensweisen stehen, die ja auch im sozialen Raum gezeigt werden. Ferner ermöglichte es der Einbezug des Soziogramms, den Einfluss von Fremdbeobachtung und Selbstwahrnehmung einander gegenüberzustellen. Insgesamt zeigte sich deutlich, dass Soziogrammdaten Selbstberichte nicht ersetzen, wohl aber ergänzen können. Die im deutschen Sprachraum übliche Soziogrammvariable „Geltung" bewährte sich und ergänzte damit Befunde in Forschungsarbeiten aus dem angloamerikanischen Sprachraum, in denen besondere Entwicklungsverläufe „umstrittener" Kinder berichtet wurden (vgl. Coie & Dodge, 1998; Rodkin et al., 2000). In ähnlicher Weise wie die Soziogrammdaten konnten auch Leistungsvariablen einen eigenen Erklärungsbeitrag leisten: Sowohl objektive Leistungen in einem curricular validen Leistungstest als auch die schulischen Selbstkonzepte Mathematik und Deutsch trugen zur Varianzaufklärung bei.

8.4.2 Problemverhalten als adaptive Ressource

Die vorgestellten Befunde deuten darauf hin, dass ein höheres Maß an selbst berichtetem Problemverhalten auf längere Sicht zu einem höheren Selbstkonzept des Durchsetzungsvermögens und der sozialen Anerkennung führt. Zudem fand sich der postulierte Interaktionseffekt, wonach besonders Personen mit einem anfänglich niedrigen Selbstkonzept vom Engagement in Problemverhaltensweisen profitieren. Zwar fielen die Effekte nicht besonders hoch aus (siehe die β-Gewichte von .09 bis .13 für die Haupteffekte), sie sind jedoch gleichfalls nicht zu vernachlässigen (vgl. Rosenthal, Rosnow, & Rubin, 2000). Ihre Größe entspricht bzw. übertrifft Effekte, wie sie in Arbeiten anderer Autoren gefunden wurden. Beispielsweise sind die von Marsh et al. (2001b) berichteten signifikanten Pfade vom Problemverhalten auf das Selbstwertgefühl konsistent kleiner als .10. Man sollte zudem nicht vergessen, dass die verwendeten Skalen für die Selbstkonzepte und das Selbstwertgefühl sehr kurz sind (drei bis vier Items), ihre Reliabilität durchaus noch erhöht werden könnte (vgl. Cronbachs α von .62 für die Skala Durchsetzungsfähigkeit) und der Zeitraum zwischen den zwei Messungen mit drei Jahren recht lang war. Ein starkes Argument dafür, die berichteten Befunde ernst zu nehmen, liegt zudem darin, dass sie theoretisch fundiert abgeleitete Hypothesen stützen.

Wie lassen sich diese Befunde zum förderlichen Einfluss des Problemverhaltens in einen breiteren theoretischen Hintergrund integrieren? Während die Befunde auf den ersten Blick teilweise die theoretischen Postulate Kaplans (1975; Kaplan et al., 1986) zu stützen scheinen, sind kritische Anmerkungen hinsichtlich der Wirkannahmen angebracht; diese resultieren unter anderem daraus, dass man das in der vorliegenden Studie untersuchte Problemverhalten (Unterrichtsstörungen und aggressives Verhalten gegenüber Mitschülern und Gegenständen) als weniger gravierend einzuordnen hat als die von Kaplan meist untersuchten Delikte wie Drogenmissbrauch, Raub und Schlägereien. Kaplan et al. (1986) beschrieben das Problemverhalten als eine motivierte Handlung, in der von normativ vorgegebenen Handlungsmustern abgewichen wird, um den negativen Erfahrungen, die aus diesem normativen Rahmen resultierten, zu entgehen. Gerade in Bezug auf Unterrichtsstörungen kann jedoch argumentiert werden, dass diese in der Bezugsgruppe von Schülerinnen und Schülern durchaus normativ erwünscht sein können. Man muss hier also nicht von der Annahme einer separierten, devianten Subgruppe ausgehen – der positive Haupteffekt von Unterrichtsstörungen auf die Veränderung des Selbstkonzepts sozialer Anerkennung mag hierfür als Beleg herangezogen werden.

In diesem Sinne stellte auch Fend (1989) im Rahmen einer breiter angelegten Theorie der Sozialisation in der Jugend zwei sich widersprechende Normensysteme unter Schülern gegenüber, die er als „gesellschaftlichen Normalentwurf" und „subkulturellen Gegenentwurf" bezeichnete. Während der gesellschaftliche Normalentwurf auf einer individualistischen Leistungsorientierung basiert, die dazu führen sollte, dass besonders die guten Schülerinnen und Schüler etwas gelten und Problemverhaltensweisen verpönt sind, sieht der subkulturelle Gegenentwurf eine Ablehnung der leistungsorientierten Individualisierung vor und betont die Gemeinschaftlichkeit und soziale Nähe unter den Mitschülern. Geltung sollten hier Schülerinnen und

Schüler gewinnen, die Anstrengungsnormen nicht übererfüllen und „eine geringe Übereinstimmung mit den Konformitätszumutungen der Schule demonstrieren" (Fend, 1989, S. 208). Zusammenfassend argumentierte Fend (1989), „(...) dass sowohl in Hauptschulen als auch in Gymnasien ein informelles Normensystem besteht, das wohl faktischen Schulerfolg als Geltungskriterium intakt lässt, das aber gleichzeitig die Demonstration von Distanz zum schulischen Normalentwurf von Leistung, Anstrengung und Wohlverhalten betont" (S. 203 f.).

So verstanden, lässt sich zumindest das schulische Problemverhalten ebenso gut als eine unter Schülern weit verbreitete Ablehnung des gesellschaftlichen Normalentwurfs wie als Übernahme subkultureller Normen deuten. Der Einbezug von Annahmen über vorherrschende Normen ermöglicht es außerdem, Problemverhaltensweisen auf einfache Art in Erwartung × Wert-Ansätze (vgl. Wigfield et al., 1996) zu integrieren oder aber auch als instrumentelle Aggression zu rekonzeptualisieren (vgl. Bandura, 1979); das Auftreten von Problemverhalten wäre dann abhängig von Handlungsfolgeerwartungen (z.B. Probleme mit der Lehrkraft bei möglicherweise gleichzeitiger Bewunderung durch Klassenkameraden) und der individuellen Prioritisierung dieser Folgen. In diesem Zusammenhang stellt sich in besonderer Weise die Frage, ob Jugendliche Problemverhaltensweisen *bewusst* einsetzen, weil sie positive Folgeerwartungen haben, oder ob beispielsweise die Übernahme eines informellen Normensystems unter Einschluss von Problemverhalten weniger aktiv-reflektierend erfolgt. Das Design der BIJU-Untersuchung erlaubt es leider nicht, diese Fragen im Detail beantworten zu können. Weitere Studien, insbesondere solche, die mikroanalytisch vorgehen und dabei in kurzen Abständen die Pläne, Aktionen und Wahrnehmungen von Jugendlichen erheben, sollten hierzu durchgeführt werden.

Während Fend (1989) seine Folgerungen hinsichtlich positiver Effekte von Problemverhaltensweisen auf der Basis querschnittlicher Forschungsbefunde zog, merkte er an, dass „noch viele zusätzliche Informationen nötig [wären], um zu überprüfen, ob die hier gefundenen Distanzdemonstrationen *entwicklungsproduktiv* oder eher *entwicklungsregressiv* sind" (Fend, 1989, S. 208, Hervorhebung im Original). Fend betonte somit die positiven, kurzfristigen Konsequenzen von Problemverhaltensweisen (z.B. Geltung in der Klassengemeinschaft), um jedoch gleichzeitig zu bedenken zu geben, dass es unklar sei, ob dieselben Verhaltensweisen langfristig zu positiven oder negativen Konsequenzen führen. Die vorliegende Arbeit kann eine Teilantwort geben: Zumindest in Hinblick auf relevante Selbstkonzepte können die gezeigten Problemverhaltensweisen „entwicklungsproduktiv" wirken. Allerdings sind hierbei zwei Einschränkungen angebracht: Erstens muss beachtet werden, dass Unterrichtsstörungen bei den untersuchten Jugendlichen nicht nur die aufgeführten positiven Konsequenzen in Bezug auf die Selbstkonzepte hatten, sondern auch den Drop-out-Prozess beeinflussten: Jugendliche mit höheren Werten bei Unterrichtsstörungen hatten eine erhöhte Wahrscheinlichkeit des Drop-outs, womit sich auch „Kosten" der

Unterrichtsstörungen fanden. Es kann auf den ersten Blick erstaunen, dass sich solche Kosten bei der Gewaltanwendung nicht finden ließen, obwohl es sich hierbei um eine gravierendere Form des Problemverhaltens handelt. Der entscheidende Unterschied mag jedoch der sein, dass sich die Unterrichtsstörungen direkt gegen die Lehrkräfte richten und damit deren Reaktion herausfordern, während die Lehrkräfte von der physischen Aggression gegen Mitschüler bzw. Gegenstände nur peripher betroffen sind. Zweitens sollte berücksichtigt werden, dass weitere Analysen, die den langfristigen Einfluss der Problemverhaltensweisen auf die Leistungsentwicklung sowie auf Variablen wie den Peer-Status untersuchen, noch ausstehen.

8.4.3 Implikationen hinsichtlich der Wirkrichtung im Selbstkonzeptgefüge

Das dargestellte Befundmuster stützt die Annahme von Top-down-Effekten innerhalb der Selbstkonzeptpyramide: Das Selbstwertgefühl leistete bei der Vorhersage der beiden untersuchten Selbstkonzepte einen eigenen Erklärungsbeitrag und wirkte präventiv in Bezug auf physische Aggressionshandlungen. Dagegen fanden sich keine Belege für Top-down-Effekte von den bereichsspezifischen Selbstkonzepten auf das Problemverhalten. Die Datenanalysen ergaben außerdem eine Reihe von signifikanten transdimensionalen Effekten: So hatte beispielsweise die Höhe schulischer Selbstkonzepte einen positiven Einfluss auf die Entwicklung der sozialen Selbstkonzepte. Im Rahmen des Shavelson-Modells (Shavelson et al., 1976) sind transdimensionale Effekte nicht vorgesehen. Man kann sich solche transdimensionalen Effekte entweder als direkte Effekte von einer Selbstkonzeptdomäne auf eine andere vorstellen oder als Effekt, der über das Selbstwertgefühl vermittelt wurde. Im letzteren Falle wäre ein transdimensionaler Effekt eine Kombination von einem Bottom-up- und einem Top-down-Effekt. Aufgrund der Anzahl von nur zwei Befragungszeitpunkten sowie wegen des Zeitraums von knapp drei Jahren zwischen diesen Befragungen kann die Teilstudie 4 kaum Anhaltspunkte dafür geben, welcher Mechanismus wirksam war.

Im Gegensatz zu der eher spärlichen Anzahl von Top-down-Effekten fanden sich einige Belege für Bottom-up-Effekte sowohl von Problemverhaltensweisen und den Soziogrammdaten zu bereichsspezifischen Selbstkonzepten als auch von jenen hin zum Selbstwertgefühl. Gleichzeitig muss betont werden, dass die Ergebnisse nicht durchgängig den Hypothesen von Shavelson (vgl. Byrne & Shavelson, 1996) entsprechen, wonach adäquates soziales Verhalten zu einem hohen sozialen Selbstkonzept führen sollte. Die Befunde deuten vielmehr darauf hin, dass das Engagement in Problemverhaltensweisen zu einer Verbesserung des Selbstbilds führen kann. Interessanterweise fanden auch Byrne und Shavelson (1996) Hinweise auf eine negative Beziehung zwischen selbst eingeschätzter sozialer Kompetenz und Fremdratings, ohne dafür eine plausible Erklärung angeboten zu haben. Man kann deshalb mit einigem Grund bezweifeln, dass in der untersten Ebene der Shavelson-Pyramide beim sozialen

Selbstkonzept sozial angepasstes Verhalten angesetzt werden sollte. Wenn überhaupt, dann muss von einem positiven Einfluss des Problemverhaltens auf das Selbstkonzept ausgegangen werden. Wenn man, wie von Fend (1989) eingefordert, anerkennt, dass das Problemverhalten nicht unbedingt als solches von den Jugendlichen erkannt bzw. gesehen wird, sondern als achtenswerte Handlungsalternative, so wird einem dieser Zusammenhang weniger erstaunlich vorkommen. Nicht umsonst konstruierte schließlich auch Harter (1985) zwei unterschiedliche Skalen für das Selbstkonzept der Anerkennung und das Selbstkonzept normativ angepassten Verhaltens, ohne anzunehmen, letzteres sei Vorläufer für ersteres.

Weitere Studien sollten sich in Hinblick auf die unterste Ebene des sozialen Selbstkonzepts nicht auf Problemverhaltensweisen beschränken, sondern nach alternativen Indikatoren suchen. Wie aus Tabelle 24 und Tabelle 25 zu ersehen ist, zeigten die Soziogrammvariablen durchaus nachvollziehbare Wirkungen auf die Selbstkonzeptentwicklung: Jugendliche mit hohem Geltungsstatus entwickelten ein höheres Selbstkonzept des Durchsetzungsvermögens, und das Selbstkonzept sozialer Anerkennung relativ unbeliebter Jugendlicher litt langfristig unter dieser Ablehnung. Hinsichtlich des schulischen Selbstkonzepts werden als „evaluative Daten" meistens Noten oder Leistungskennwerte herangezogen; man mag sich fragen, ob nicht der Peer-Status in seiner Wirkung auf das soziale Selbstkonzept eine bessere Analogie zu der Wirkung der Noten auf das Selbstkonzept der Begabung ist als fremd oder selbst berichtetes Problemverhalten (vgl. Bohrnstedt & Felson, 1983).

8.4.4 Ausblick

Die vorliegenden Analysen haben gezeigt, dass es nicht nur in Hinblick auf die Leistungskomponente, sondern auch hinsichtlich der Problemverhaltensweisen sinnvoll ist, Forschung zu der Entwicklung des Selbstwertgefühls um die Komponenten bereichsspezifischer Selbstkonzepte zu ergänzen. Es drängt sich die Frage auf, ob in der vorliegenden Studie die Bandbreite möglicherweise interessanter Selbstkonzeptdomänen vollständig ausgeschöpft wurde. So unterteilte beispielsweise Marsh (1990c) das Selbstkonzept der Anerkennung in Anerkennung bei gleichgeschlechtlichen Peers und Anerkennung durch gegengeschlechtliche Peers. Obwohl dazu keine spezifischen Hypothesen vorliegen, kann argumentiert werden, dass Problemverhalten die Anerkennung durch Jungen oder Mädchen auf unterschiedliche Art und Weise beeinflusst. Aus diesem Grund sollten zukünftige Untersuchungen entsprechende Skalen aufnehmen (z.B. den SDQ; vgl. Marsh, 1990b, 1990c).

Des Weiteren steht die Frage im Raum, wie die insgesamt eher geringen Effekte des Klassenkontextes zu bewerten sind. Es wurde – mit Bezug auf Fend und Schneider (1984) – gemutmaßt, dass möglicherweise ein in der Klasse vorhandenes hohes Ausmaß an Problemverhalten dazu führen könnte, dass es zu einer „Ansteckung" komme bzw. dass eine solche Ansteckung vor allem bei Personen mit niedrigem Selbstkonzept bzw. Selbstwertgefühl stattfinden sollte. Solche Kontexteffekte konnten jedoch zum Großteil empirisch nicht gestützt werden, und es stellt sich die Frage nach Gründen für dieses Befundmuster. Dabei gilt es zunächst festzuhalten, dass auch Fend und Schneider keinen längsschnittlichen Einfluss nachgewiesen haben, sondern querschnittliche Befunde präsentierten, die sich zudem auf die härteren Formen des Problemverhaltens, nämlich auf die „Delinquenzneigung" bezogen. Gleichwohl mag auch die Anlage der vorliegenden Studie einen Nachweis der von Fend und Schneider angenommenen Effekte erschweren: Zum einen wurde die Klassengemeinschaft als Kontext definiert. Möglicherweise ist jedoch für das Ausmaß des Problemverhaltens eines Schülers bzw. einer Schülerin weniger das allgemeine Niveau an Problemverhalten in der Klasse entscheidend, sondern vielmehr das Verhalten und die Einstellungen der unmittelbaren Bezugsgruppe. Man könnte entsprechend ergänzende Analysen durchführen, bei denen ein besonderes Augenmerk auf engere Freundschaften gelegt wird (beispielsweise gegenseitige Freundschaftswahlen). Zum anderen lässt sich argumentieren, dass die Klassennormen hinsichtlich des Problemverhaltens zum Ende der 7. Klassenstufe längst etabliert waren, die Schülerinnen und Schüler ihr Verhalten bereits an diesen Normen ausgerichtet hatten und bis zur 10. Jahrgangsstufe keine weiteren Effekte anzunehmen waren. Auch hier wären zusätzliche Analysen mit kürzeren Befragungsfenstern sinnvolle Ergänzungen.

Die vorliegende Studie überprüfte verschiedene theoretisch abgeleitete Interaktionseffekte und fand teilweise Bestätigung für die theoretischen Annahmen. Gleichzeitig finden sich in der Literatur zum Problemverhalten weitere Annahmen, die hier nicht empirisch überprüft wurden. So wurde beispielsweise argumentiert, dass delinquente Verhaltensweisen insbesondere beim Zusammenkommen unterschiedlicher Risikoquellen resultieren (vgl. Rutter, 2002), und dass ein hohes Selbstwertgefühl dann einen Risikofaktor darstelle, wenn es aufgrund anderer Variablen (Leistung, Anerkennung bei Altersgenossen) als untypisch hoch zu bezeichnen ist (vgl. Roeser & Eccles, 1998). Hinsichtlich dieser Fragen besteht Bedarf für weitere Analysen, bei denen neben einem variablenorientierten Ansatz auch ein personenorientiertes Vorgehen (vgl. Magnusson & Bergman, 1988) denkbar ist.

In der BIJU-Studie wurde das Soziogramm in der untersuchten Längsschnittpopulation nur zu einem Messzeitpunkt eingesetzt. Dadurch kann die interessante Frage, ob ein Engagement beispielsweise in Unterrichtsstörungen langfristig neben den Selbstkonzepten auch den tatsächlichen Peer-Status verändert, nicht beantwortet werden. Trotz des Aufwands bei der Datenerhebung und Datenanalyse, der mit dem Einsatz von Soziogrammen einhergeht, sollten zukünftige Studien einen wiederholten Einsatz des Soziogramms in Betracht ziehen. Eine solche Forschung wäre auch geeignet, die Untersuchungen aus der Forschungsgruppe um Coie (vgl. Coie & Dodge, 1998), die sich vornehmlich mit „härteren" Formen aggressiven Verhaltens auseinander setzten, um „weichere" Formen des Problemverhaltens zu ergänzen, wie dies beispielsweise Oswald und Süss (1994) forderten.

Für die längsschnittlich arbeitende Forschung ist es von besonderer Bedeutung, wie sich die Zusammensetzung der Untersuchungsstichprobe über die Zeit verändert. Oftmals weisen Untersuchungsteilnehmer, die nicht wiederholt befragt werden können, andere Charakteristika auf als jene, die längsschnittlich beobachtet werden konnten. Aus diesem Grund wurden in der vorliegenden Arbeit Selektivitätsanalysen durchgeführt, die gezeigt haben, dass neben schulischen Leistungen auch Problemverhaltensweisen (Unterrichtsstörung, Schuleschwänzen) den Prozess des Drop-outs beeinflussten. Demzufolge konnte nicht davon ausgegangen werden, dass fehlende Daten *missing completely at random* wären, und um verzerrte Parameterschätzungen zu vermeiden, die bei einfachen Methoden im Umgang mit fehlenden Werten (z.B. *listwise deletion, pairwise deletion)* resultieren (vgl. Allison, 2001, Collins et al., 2001), wurde das Verfahren der *Multiplen Imputation* verwendet; dieses Verfahren ist geeignet zur Schätzung von Daten, die lediglich die Bedingung *missing at random* erfüllen, und erbringt auch bei Längsschnittdatensätzen mit einer großen Anzahl fehlender Werte adäquate Schätzungen (Allison, 2001). Allerdings stellt sich die Frage, inwieweit man annehmen darf, dass die in der vorliegenden Studie geschätzten Werte tatsächlich *missing at random* und nicht *missing not at random* waren. Da die fehlenden Werte nicht bekannt sind, lässt sich diese Frage letztlich nicht beantworten (vgl. Allison, 2001), und verschiedene Autoren haben darauf aufmerksam gemacht, dass Verfahren wie die *Multiple Imputation* auch bei nicht zufällig fehlenden Werten Verfahren wie der *listwise deletion* vorzuziehen sind (Hox, 1999; Huisman, 1999). Aus diesem Grund erscheint die hier gewählte Auswertungsstrategie, in der ein Imputationsmodell mit einer breiten Auswahl von Variablen verwendet wurde, den Gegebenheiten optimal angepasst zu sein.

Trotzdem soll auf eine Besonderheit des *missing-*Prozesses im schulischen Kontext aufmerksam gemacht werden: Im deutschen Schulsystem können sowohl unerfüllte Leistungsnormen als auch inadäquate soziale Verhaltensweisen zu einer Nichtversetzung bzw. zum Ausschluss von der Schule führen; fehlte in der vorliegenden Studie ein Jugendlicher in der 10. Klassenstufe, so können also (neben anderen Gründen wie Umzug, Krankheit, Verweigerung usw.) die Nichterfüllung der versetzungsrelevanten Leistungsnormen bzw. die Nichtbeachtung sozialer Normen in der 7., 8., 9. oder 10. Klasse den Drop-out-Prozess beeinflusst haben. Die Nichtversetzung kann nun grundsätzlich mit einem adäquaten Imputationsmodell vorhergesagt werden, was dazu führt, dass man bei den fehlenden Daten davon ausgehen darf, dass sie *missing at random* sind. Allerdings stehen für die Schätzung der fehlenden Werte nur von denjenigen Schülern Daten aus der 10. Jahrgangsstufe zur Verfügung, die in den untersuchten Klassenstufen eine „normale" Schulkarriere aufwiesen. Unter anderem mithilfe dieser Daten wurden dann Werte für Schülerinnen und Schüler vorhergesagt, die keine schulische „Normalkarriere" aufwiesen. In der wissenschaftlichen Literatur zum Umgang mit fehlenden Werten in Längsschnittuntersuchungen ist meines Wissens bislang nicht thematisiert worden, wie mit diesem Problem umzugehen ist, und von daher sollten Schlussfolgerungen aus den Datenanalysen entsprechend vorsichtig formuliert sein. Im vorliegenden Fall bedeutet dies eine Beschränkung der Aussagen auf Schüler mit einer schulischen Normalkarriere: Da es ungeklärt ist, ob beispielsweise bei „Sitzenbleibern" ein anderer Zusammenhang zwischen Selbstkonzeptentwicklung und Problemverhalten vorliegt, sollten die Ergebnisse der vorliegenden Studie nicht auf Schülerinnen und Schüler generalisiert werden, die keine schulische Normalkarriere aufweisen. Es ist in diesem Zusammenhang zu hoffen, dass Fortschritte in der Forschung zur Schätzung von fehlenden Daten bald zu noch effektiveren Strategien im Umgang mit komplexen Längsschnittdatensätzen führen werden.

9 Studie 5: Selbstwertgefühl und Unterrichtsbeteiligung

Die vorangegangenen Kapitel haben Belege dafür erbracht, dass es innerhalb der Selbstkonzeptpyramide tatsächlich Bottom-up-Beeinflussungen gibt; ein solches Muster konnte in Studie 2, 3 und 4 für die Beeinflussung des Selbstwertgefühls durch bereichsspezifische Selbstkonzepte nachgewiesen werden. Betrachtet man Top-down-Wirkungen, so konnten in dieser Arbeit Effekte des Selbstwertgefühls auf bereichsspezifische Selbstkonzepte gezeigt werden (Studien 3 und 4); der direkte Einfluss des Selbstwertgefühls auf die Verhaltensebene beschränkte sich auf einen schwachen protektiven Effekt hinsichtlich der Leistungsentwicklung (Studie 3) und der Gewaltanwendung (Studie 4). Dieses Ergebnismuster scheint denjenigen Autoren Recht zu geben, die dem Selbstwertgefühl keine bzw. eine sehr geringe verhaltensregulierende Funktion zusprechen, sobald bereichsspezifische Selbstkonzepte kontrolliert werden (vgl. Marsh, 1990a; Rosenberg et al., 1995).

Auf der anderen Seite wird – insbesondere in der experimentell ausgerichteten differenziellen Psychologie und Sozialpsychologie – durchaus von einer verhaltensregulierenden Rolle des Selbstwertgefühls ausgegangen (z.B. Brown, 1993). In Studie 5 sollen diese konträren Ansichten anhand einer Schülerstichprobe und in Bezug auf die Unterrichtsbeteiligung untersucht werden, einer Variablen also, der eine wichtige Funktion bei der Leistungsverbesserung zugesprochen wird. Während im letzten Kapitel unter anderem untersucht wurde, ob das Selbstwertgefühl einen protektiven Einfluss beim *unterrichtsstörenden* Verhalten hat, ändert sich nun die Perspektive: Es werden mögliche positive Effekte des Selbstwertgefühls auf *unterrichtsförderliches* Verhalten (Unterrichtsbeteiligung) und die *Folgen dieses Verhaltens* (in Form von Schulnoten) untersucht; damit wird also – im Sinne der in Kapitel 4 vorgestellten Forschungsfragen – gezielt einer Top-down-Beeinflussung nachgegangen, die die Verhaltensebene mit einbezieht (Teilfragestellung 2b).

9.1 Determinanten und Folgen der Unterrichtsbeteiligung

9.1.1 Unterrichtsbeteiligung als Mediator zwischen Selbstkonzept und Leistung

Betrachtet man die pädagogisch-psychologische Forschung der letzten zwei Jahrzehnte zum Thema Selbstkonzept und Schulleistungen, so fällt auf, das dem Selbstwertgefühl und der Unterrichtsbeteiligung vergleichsweise wenig Beachtung geschenkt wurde – dagegen gehört die Beziehung zwischen schulischem Selbstkonzept und der Schulleistung zu den am intensivsten beforschten Aspekten der Selbstkonzeptforschung (vgl. Kap. 6 und Kap. 7; siehe z.B. Helmke & van Aken, 1995; Köller et al., 1999; Marsh, 1990a; Marsh & Hattie, 1996; Marsh & Yeung, 1997; Marsh et

al., 1999), was angesichts des besonders engen Zusammenhangs zwischen bereichsspezifischen Selbstkonzepten und der Schulleistung nicht verwundern kann.
Verschiedene Forschungsarbeiten konnten nachweisen, dass bereichsspezifische
schulische Selbstkonzepte in bedeutender Weise von Leistungen bzw. Leistungsrückmeldungen in der jeweiligen Domäne beeinflusst werden (z.B. Köller, 2000; Marsh,
1990a); laut der in der vorliegenden Arbeit verfolgten Konzeptualisierung kann man davon sprechen, dass Bottom-up-Effekte der Leistung bzw. der Leistungsrückmeldungen
auf schulische Selbstkonzepte gut belegt sind. Für die pädagogische Praxis vielleicht
noch bedeutender ist die Frage, ob diese Selbstkonzepte auch leistungsthematisches Verhalten erklären bzw. vorhersagen können (Top-down-Kausalrichtung). Hierzu liegt eine
umfassende Zahl von Arbeiten vor, wobei jedoch erst bei jüngeren Veröffentlichungen
(z.B. Helmke & van Aken, 1995; Köller et al., 1999; Marsh & Yeung, 1997) die Anlage
der Studien methodisch geeignet erscheint, die Frage nach der Top-down-Wirkung beantworten zu können (vgl. Marsh et al., 1999, für einige Kriterien, die solche Studien
erfüllen sollen). Insgesamt weisen diese Arbeiten darauf hin, dass positiv ausgeprägte
Selbstkonzepte Lernprozesse in der Schule fördern (siehe z.B. Marsh & Yeung, 1997).

Gleichzeitig wurde weniger genau untersucht, auf welche Weise schulische Selbstkonzepte zu einer Leistungsverbesserung beitragen. Haben Selbstkonzepte eine förderliche Wirkung auf die Leistungsentwicklung, weil Schülerinnen und Schüler mit
hohem Selbstkonzept sich in *Klassenarbeiten oder Klausuren* mehr anstrengen? Oder
wirkt das Selbstkonzept bereits zuvor *in den Unterrichtsstunden,* beispielsweise bei der
mündlichen Mitarbeit? In anderen Worten: Es mangelt an systematischen Untersuchungen zur genauen Wirkungsweise des Selbstkonzepts; Mediatoren zwischen dem
Selbstkonzept und der Leistungsentwicklung wurden bislang zu wenig beforscht.
Eine wichtige Ausnahme stellt hierbei jedoch die Arbeit von Helmke (1992) dar.
Helmke konnte mithilfe eines längsschnittlichen Designs zeigen, dass die Wirkung
des Selbstkonzepts auf die Leistungsentwicklung durch die Anstrengungsintensität,
die Anstrengungsinitiierung und – im Falle der Mathematiktestleistung – die Leistungsangst mediiert wird (vgl. Abb. 15).

Wie der Abbildung zu entnehmen ist, berücksichtigte Helmke (1992) zur Vorhersage der Mathematiknote drei exogene Variablen: Das Vorwissen (frühere Note),
die Intelligenz und das Selbstkonzept. Zudem wurden drei Mediatoren spezifiziert:
Unter *Anstrengungsinitiierung* fasste Helmke das von den Schülerinnen und Schülern
berichtete eigene kognitive Engagement im Unterricht (Beispielitem: „Wenn im
Mathematikunterricht über Sachen gesprochen wird, die Du nicht gleich verstehst,
schaltest Du dann ab?") sowie Lehrerurteile über die Unterrichtsbeteiligung (z.B.
Melden) der Schülerinnen und Schüler zusammen. Für die vorliegende Untersuchung, die sich mit der Unterrichtsbeteiligung beschäftigt, ist diese Variable von besonderer Bedeutung. Anstatt von Anstrengungsinitiierung wird in der vorliegenden
Arbeit jedoch von Unterrichtsbeteiligung gesprochen.

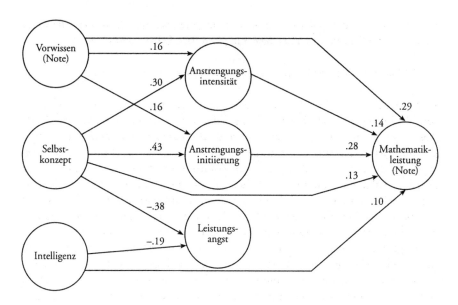

Abbildung 15:   Modell der Mediationsprozesse, die zwischen Vorwissen (Note), Intelligenz und Selbstkonzept sowie der Mathematiknote vermitteln (Helmke, 1992, S.192)

Die Variable *Anstrengungsintensität* umfasste zum einen selbst berichtete Aspekte der Lernmoral und der Anstrengungsvermeidung bei Hausaufgaben und bei Probearbeiten (Beispielitem: „Bei Probearbeiten versuche ich bis zum Schluss, mich genau zu konzentrieren"), zum anderen aber auch die von der Lehrkraft berichtete Gründlichkeit der Hausaufgabenerledigung. Die Variable *Leistungsangst* wiederum wurde gebildet aus der Leistungsangst in Unterrichtssituationen (Beispielitem: „Der Mathe-Test hat mich in der folgenden Stunde noch lange gedanklich beschäftigt"), der allgemeinen Leistungsangst (Beispielitem: „Manchmal kann ich schon Tage vor einer wichtigen Prüfung kaum an etwas anderes denken") sowie der situationsspezifischen Angst (Beispielitem: „Wenn der Lehrer für nächste Woche eine wichtige Klassenarbeit ankündigt, bekomme ich Angst").

Wie aus Abbildung 15 zu ersehen ist, wurde bei Helmke (1992) die Wirkung des Selbstkonzepts auf die Note zum großen Teil über die Mediatorenvariablen vermittelt, das heißt, es bestand nur ein geringer direkter Einfluss auf die spätere Mathematiknote. Wurde anstatt der Note die Testleistung vorausgesagt, wurde die Wirkung des Selbstkonzepts sogar vollständig über die Mediatorvariablen vermittelt. Somit kam bei Helmke der Mitarbeit im Unterricht eine wichtige mediierende Funktion zwischen dem Selbstkonzept der Begabung und dem Leistungszuwachs zu.

9.1.2 Das Selbstwertgefühl und die Unterrichtsbeteiligung

In der Arbeit von Helmke (1992) wurde neben den Indikatoren für das Vorwissen bzw. die Intelligenz das fachspezifische Selbstkonzept Mathematik verwendet, um die Anstrengungsinitiierung, -intensität sowie die Leistungsangst vorherzusagen. Dagegen blieb das allgemeine Selbstwertgefühl als Prädiktor unberücksichtigt. Dies lässt sich unter Bezugnahme auf das Shavelson-Modell (Shavelson et al., 1976) sowie auf Marsh (1990a) gut begründen: Verhalten sollte demnach besonders stark mit spezifischen Selbstkonzepten in Verbindung stehen, wohingegen Effekte des Selbstwertgefühls auf das Verhalten bzw. Einflüsse des Verhaltens auf das Selbstwertgefühl jeweils durch die bereichsspezifischen Selbstkonzepte mediiert sein sollten.

Folgt man dagegen den Annahmen verschiedener Selbstkonzepttheoretiker aus der differenziellen Psychologie und der Sozialpsychologie, so sollte das Selbstwertgefühl bei der Vorhersage der Unterrichtsbeteiligung ein potenziell bedeutsamer Prädiktor sein. Beispielsweise betonte Brown (1993; Dutton & Brown, 1997; vgl. auch Wheeler & Miyake, 1992) die Bedeutung des Selbstwertgefühls für die emotionale Selbstregulation: Dutton und Brown berichteten, dass Personen mit hohem Selbstwertgefühl nach Misserfolg weniger negative Emotionen verspüren als Personen mit niedrigem Selbstwertgefühl; dieser Effekt blieb in den empirischen Studien Browns auch dann signifikant, wenn bereichsspezifische Selbstkonzepte kontrolliert wurden. Obwohl in den Studien von Brown in aller Regel Studierende untersucht wurden, könnte letzterer Befund in Hinblick auf die Unterrichtsbeteiligung von Schülerinnen und Schülern von besonderer Bedeutung sein: Eine Unterrichtsbeteiligung ist immer mit dem „Risiko" verbunden, dass ein Misserfolg resultiert; besteht die Unterrichtsbeteiligung zudem nicht allein in fleißigen Einträgen in das eigene Arbeitsheft, sondern in *mündlichen* Beiträgen, so ergibt sich die Gefahr eines „öffentlichen" Misserfolgs. Nach den Befunden von Brown sollte ein Misserfolg für Personen mit niedrigem Selbstwertgefühl besonders aversiv sein, sodass sie versucht sein mögen, solche Situationen zu vermeiden.

9.1.3 Ableitung der Fragestellung

In der folgenden Studie soll untersucht werden, ob das Selbstwertgefühl zusätzlich zu dem bereichsspezifischen schulischen Selbstkonzept einen Einfluss auf die Unterrichtsbeteiligung und dadurch auch auf die Entwicklung der Schulnoten hat. Im Unterschied zu Helmke bezieht die Untersuchung dabei zwei Fächer ein, nämlich Mathematik und Englisch. Abbildung 16 zeigt die im Folgenden untersuchten Relationen. Es wurde bereits in Kapitel 5 gezeigt, dass das Selbstwertgefühl – zumindest in korrelativen Studien – eng mit dem fachspezifischen Selbstkonzept verknüpft ist, und Teilstudie 3 hat Hinweise auf die besondere Bedeutung von Top-down-Effekten erbracht; dieser Einfluss wird symbolisiert durch den durchgezogenen Pfeil vom Selbstwertgefühl zum Selbstkonzept. Zudem hat die Studie von Helmke (1992) den Nachweis erbracht, dass das Selbstkonzept die Unterrichtsbeteiligung positiv zu beeinflussen im Stande ist (siehe den entsprechenden Pfeil in Abb. 16). Von besonderem Interesse für die vorliegende Studie ist aber die Frage, ob es auch einen direkten Effekt des Selbstwertgefühls auf die Unterrichtsbeteiligung gibt (gestrichelter Pfeil).

Wie bereits oben erwähnt, liegt in der vorliegenden Studie die Betonung auf der Unterrichtsbeteiligung, wobei jedoch aufgrund von theoretischen Überlegungen zwei Komponenten der Unterrichtsbeteiligung unterschieden werden. Einerseits kann eine fehlende Motivation bzw. Lustlosigkeit eine Unterrichtsbeteiligung verhindern. Helmkes (1992) Skala zum kognitiven Engagement im Unterricht scheint einen solchen Sachverhalt zu thematisieren (vgl. die Items „Wenn der Mathelehrer einem anderen in der Klasse eine Frage stellt, versuchst Du dann trotzdem, die Frage des Lehrers in Gedanken zu beantworten?" bzw. „Versäumst Du wichtige Sachen, die der Mathematiklehrer sagt, weil Du nicht aufgepasst hast?"). Im Folgenden wird für diese Form der Unterrichtsbeteiligung der Begriff *proaktive Unterrichtsbeteiligung* verwendet. Andererseits werden sich einige Schülerinnen und Schüler jedoch auch deshalb nicht am Unterricht beteiligen, weil sie glauben, dass andere besser sind, und befürchten, selbst etwas Falsches zu sagen – in diesem Falle beruht die fehlende Mitarbeit auf affektiv getönten Bewertungen des eigenen Leistungsstands und auf Befürchtungen, man könne bei der mündlichen Mitarbeit für andere ersichtliche Fehler machen. Für diese Form der Unterrichtsbeteiligung soll im Folgenden der Begriff *bewertungsorientierte Unterrichtsbeteiligung* verwendet werden. Items zur Unterrichts-

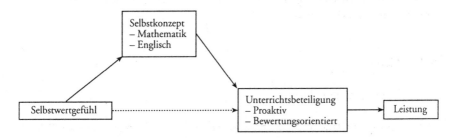

Abbildung 16: Mediatormodell des Effekts vom Selbstwertgefühl auf die Unterrichtsbeteiligung

beteiligung sind oft negativ formuliert (z.B. „Ich arbeite nicht wirklich mit") und charakterisieren damit eher eine Nichtbeteiligung. Aus Gründen der leichten Verständlichkeit werden in der vorliegenden Arbeit allerdings die positiven Wirkungen eines hohen Selbstkonzepts auf die Unterrichtsbeteiligung thematisiert und nicht die negativen Effekte auf die Nichtbeteiligung (vgl. aber die Diskussion zu dieser Studie).

Aufgrund der vorliegenden Literatur wird erwartet, dass Effekte des Selbstwertgefühls auf die proaktive Unterrichtsbeteiligung vollständig durch das bereichsspezifische Selbstkonzept mediiert werden (vgl. Helmke, 1992; Marsh, 1990a). Weniger eindeutig ist die Voraussage bezüglich der bewertungsorientierten Unterrichtsbeteiligung. Einerseits sollten insbesondere diejenigen Schülerinnen und Schüler, die ein weniger positives Selbstkonzept haben, auch eher annehmen, dass Mitschüler besser sind – dies spricht dafür, dass das bereichsspezifische Selbstkonzept der Begabung auch für die bewertungsorientierte Mitarbeit von besonderer Wichtigkeit sein sollte; in Hinblick auf das Konstrukt Leistungsangst argumentierte Helmke in ähnlicher Weise, „dass viele Skalen zur Leistungsangst Items enthalten, die letztlich nichts anderes als das Selbstkonzept der eigenen Fähigkeit bzw. des aktuellen Leistungsstandes thematisieren" (Helmke, 1992, S. 115). Andererseits sollte man aufgrund der Studien von Brown (1993; Dutton & Brown, 1997) annehmen, dass das bereichsspezifische Selbstkonzept nicht ausreicht, die affektiven Konsequenzen von Misserfolg adäquat vorherzusagen; sollte dieses Argument zutreffen, so kann man mit gutem Grund annehmen, dass das Selbstwertgefühl auch einen eigenen Varianzanteil aufklären kann, wenn es darum geht vorauszusagen, ob sich eine Person freiwillig in eine Situation begibt, in der sie Misserfolg erleben kann. Die mündliche Unterrichtsbeteiligung ist offensichtlich solch eine Situation. Entsprechend wird, aufbauend auf Brown (1993), die Hypothese überprüft, dass das Selbstwertgefühl – jenseits der Vorhersagekraft des bereichsspezifischen Selbstkonzepts – einen Erklärungsbeitrag dazu liefern kann, dass Schülerinnen und Schüler eine bewertungsorientierte Unterrichtsbeteiligung berichten oder nicht. Zudem soll überprüft werden, ob die beiden Formen der Unterrichtsbeteiligung – wie bei Helmke (1992) – einen Einfluss auf die Entwicklung der Schulnoten haben.

9.2   Methode

9.2.1   Untersuchungsteilnehmer

Die Untersuchung fand an einer Integrierten Gesamtschule in Hessen statt, die sich durch ein besonderes pädagogisches Profil auszeichnet (vgl. Köller & Trautwein, 2003). Um Aufschluss über die Befindlichkeit der Schülerinnen und Schüler zu bekommen sowie zur Evaluation von pädagogischen Maßnahmen werden in dieser

Schule schon seit Jahren am Schuljahresende Fragebögen eingesetzt (vgl. Trautwein et al., 2002). Die hier zu berichtenden Daten entstammen der zweiten Befragungswelle einer neuen, auf vier Befragungszeitpunkte angesetzten Längsschnittuntersuchung, in der die kompletten 6., 7. und 8. Jahrgänge sowie zwei von drei Klassen des 9. Jahrgangs des Schuljahrs 2000/01 über ein Jahr lang begleitet werden. Die zu berichtenden Daten wurden innerhalb der letzten Schulwoche des Schuljahrs 2000/01 erhoben. Da in einer der 8. Klassen die Fragebögen erst unmittelbar *nach* den Sommerferien verteilt werden konnten, blieben die Daten der betreffenden Schülerinnen und Schüler unberücksichtigt. Insgesamt resultierte eine Untersuchungsstichprobe von 215 Schülerinnen (52,1 %) und Schülern (47,9 %). 75 Schülerinnen und Schüler (34,9 % der Befragten) besuchten zum Befragungszeitpunkt die 6. Jahrgangsstufe, 57 (26,5 %) die 7. Jahrgangsstufe, 44 (20,5 %) die 8. Jahrgangsstufe sowie 39 (18,1 %) die 9. Jahrgangsstufe. Aufgrund einzelner fehlender Angaben sind die Fallzahlen für einige der zu berichtenden Auswertungen geringer.

9.2.2 Instrumente

Selbstwertgefühl und bereichsspezifische schulische Selbstkonzepte. Es wurden wiederum die bereits in Studie 1 vorgestellten Instrumente eingesetzt; für die Erfassung des Selbstkonzepts Englisch wurde lediglich die Fachbezeichnung verändert. Die inneren Konsistenzen (Cronbachs α) lagen in der vorliegenden Stichprobe bei .82 (Selbstwertgefühl), .85 (Selbstkonzept Mathematik) sowie bei .87 (Selbstkonzept Englisch).

Unterrichtsbeteiligung. Zur Erfassung der Unterrichtsbeteiligung wurde ein Instrument entwickelt, das sowohl die proaktive Unterrichtsbeteiligung als auch die bewertungsorientierten Aspekte beinhalten sollte. Die Schülerinnen und Schüler sollten ihre Zustimmung zu insgesamt acht Aussagen (siehe Tab. 27) auf einer vierstufigen Ratingskala („trifft überhaupt nicht zu", „trifft eher nicht zu", „trifft eher zu" und „trifft völlig zu") angeben. Die Itemformulierungen waren dabei für Mathematik und Englisch – bis auf die Nennung des jeweiligen Fachs – identisch. Die Items wurden in Hinblick auf die vorliegende Fragestellung zusammengestellt, wobei Item 1 bereits in einer früheren Untersuchung an der teilnehmenden Schule zum Einsatz kam (vgl. Trautwein et al., 2002) und die Items 4 und 5 in Anlehnung an Kuhl (1998) formuliert wurden. Die übrigen Items stellen Neuentwicklungen dar. Vor dem Beginn der Berechnungen wurde durch Rekodierungen dafür Sorge getragen, dass bei sämtlichen Items eine hohe Ausprägung eine *hohe* Unterrichtsbeteiligung anzeigt.

Es wurde erwartet, dass die Items 1 bis 5 einen Faktor proaktive Unterrichtsbeteiligung konstituieren würden, während die Items 6 bis 8 einen Faktor bewertungsorientierter Unterrichtsbeteiligung bilden sollten. Um diese Annahme zu überprüfen, wurden getrennt für die Fächer Englisch und Mathematik Hauptkomponentenanalysen mit anschließender Varimaxrotation durchgeführt. Sowohl in Mathematik

(Eigenwerteverlauf 3.81, 1.45, 0.67) als auch in Englisch (Eigenwerteverlauf 4.36, 1.22, 0.60) sprach das Eigenwertkriterium (Kaiser, 1960) für die Extraktion von zwei Faktoren. Auch die visuelle Analyse des Eigenwertverlaufs mithilfe eines Scree-Plots (vgl. Abb. 17) ließ die Extraktion von zwei Faktoren angeraten erscheinen.

Allerdings ist das Eigenwertkriterium kritisiert worden, da häufig zu viele Faktoren extrahiert würden (Enzmann, 1997; Lautenschlager, 1989). Um abzuschätzen, ob empirisch errechnete Eigenwerte statistisch bedeutsam sind oder auf Zufall beruhen können, hat Lautenschlager (1989) umfassende Analysen mit Zufallsdaten unternommen und dabei für eine bestimmte Anzahl von Versuchspersonen und Items berechnet, wie hoch die Eigenwerte nicht zufälliger Faktoren sein müssen *(Parallelanalysekriterium)*. Das Computerprogramm RanEigen (Enzmann, 1997) verwendet eine lineare Interpolation der von Lautenschlager (1989) bereitgestellten Zufallstabellen, um für eine bestimmte Anzahl von Items und Versuchsteilnehmern diejenigen Faktoreigenwerte zu berechnen, die noch unter der Zufallsbedingung resultieren können. Im vorliegenden Fall fand sich bei acht Items und insgesamt 204 Versuchsteilnehmern, von denen jeweils alle acht Items beantwortet worden waren, ein Verlauf der Zufallseigenwerte von 1.298, 1.182 und 1.093. Da in Mathematik und Englisch die Eigenwerte der ersten beiden empirisch ermittelten Faktoren somit über den Zufallseigenwerten lagen, waren auch aufgrund des Parallelanalysekriteriums jeweils zwei Faktoren zu extrahieren.

Die Faktorladungsmatrizen nach Varimaxrotation sind in Tabelle 27 aufgeführt; nur Faktorladungen von mindestens ± .30 sind angegeben. Für die Fächer Mathematik und Englisch resultierten sehr ähnliche Faktorenlösungen. Die Items 6, 7 und 8

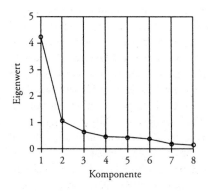 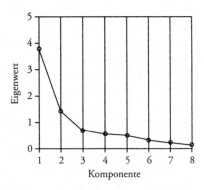

Abbildung 17: Der Verlauf der Eigenwerte in den Hauptkomponentenanalysen – Scree-Plot der Unterrichtsbeteiligung in Englisch (links) und Mathematik (rechts)

Tabelle 27: Die Faktorstruktur der eingesetzten Items zur Unterrichtsbeteiligung – Faktorladungen aus Hauptkomponentenanalysen mit anschließender Varimaxrotation

Itemnr.	Itemtext	Mathematik		Englisch	
		Faktor 1	Faktor 2	Faktor 1	Faktor 2
1	Ich versuche, mich im Mathematik-/Englisch-Unterricht zu beteiligen.	.35	.68		.74
2	Häufig habe ich keine Lust, im Mathematik-/Englisch-Unterricht richtig mitzuarbeiten.		.73		.72
3	Ich sage in Mathematik/Englisch eigentlich nur dann etwas, wenn mich der Lehrer aufruft.	.50	.51	.56	.53
4	In Mathematik/Englisch arbeite ich so fleißig wie möglich.		.81		.81
5	In Mathematik/Englisch arbeite ich auch dann weiter, wenn der Stoff schwierig ist.		.70		.73
6	In Mathematik/Englisch sage ich oft nichts, weil andere viel besser sind als ich.	.89		.89	
7	Bevor ich in Mathematik/Englisch etwas Falsches sage, halte ich lieber den Mund.	.88		.89	
8	In Mathematik/Englisch sind so viele besser als ich, dass ich mich lieber nicht oft melde.	.88		.88	

Der besseren Lesbarkeit halber sind Faktorladungen < .30 nicht aufgeführt.

bildeten den Faktor der bewertungsorientierten Unterrichtsbeteiligung. Die Items 1, 2, 4 und 5 luden dagegen auf dem zweiten Faktor, der die proaktive Unterrichtsbeteiligung umfasst, wobei das Item 1 in Mathematik eine Nebenladung auf dem Faktor bewertungsorientierte Unterrichtsbeteiligung aufwies. Das Item 3 musste wegen seiner Doppelladung auf beiden Faktoren von der weiteren Analyse ausgeschlossen werden.

Die aus den Items 1, 2, 4 und 5 gebildeten Skalen zur proaktiven Unterrichtsbeteiligung wiesen mit einem Cronbachs α von .75 (Mathematik) und .79 (Englisch) ebenso eine befriedigende innere Konsistenz auf wie die aus den Items 6, 7 und 8 gebildeten Skalen zur bewertungsorientierten Unterrichtsbeteiligung mit αs von .89 (Mathematik) und .92 (Englisch).

Leider war es in der vorliegenden Untersuchung nicht möglich, neben dem Selbstbericht der Schülerinnen und Schüler auch eine Fremdbeurteilung der Unterrichtsbeteiligung durch die Lehrer zu erhalten. Aus diesem Grund wurde anhand einer zusätzlichen Stichprobe von 81 Schülerinnen und Schülern aus drei Klassen der 7. Jahrgangsstufe eines Berliner Gymnasiums die Übereinstimmung von Angaben zur Unterrichtsbeteiligung im Selbst- und Fremdbericht überprüft. Es wurde hinsichtlich der proaktiven Unterrichtsbeteiligung eine zumindest mittlere Übereinstimmung zwischen Schülerangaben und Lehrerurteil erwartet; dagegen sollte die Übereinstimmung bei der bewertungsorientierten Unterrichtsbeteiligung geringer ausfallen, da den Lehrern die Gründe für eine Nichtbeteiligung am Unterricht nicht unmittelbar evident sein müssen. Den Schülern und Mathematiklehrern der untersuchten Klassen wurden die sieben Items, aus denen die beiden Skalen zur Unterrichtsbeteiligung gebildet wurden, in der Form vorgelegt, in der sie im Schülerbogen zum Einsatz kamen; die Instruktion für die Lehrkräfte lautete: „Versuchen Sie sich bitte in den Schüler/die Schülerin hineinzuversetzen. Wie würde dieser Schüler/diese Schülerin die folgenden Fragen beantworten?" Die Struktur der Lehrerurteile wies eine große Ähnlichkeit mit den Angaben der Schüler auf: In einer Hauptkomponentenanalyse mit anschließender Varimaxrotation resultierte eine Zwei-Faktoren-Lösung (Eigenwerteverlauf: 3.96, 1.44, 0.48) mit dem erwarteten Muster, wonach die vier Items zur proaktiven Unterrichtsbeteiligung einen ersten Faktor (Cronbachs α von .88) und die drei Items zur bewertungsorientierten Unterrichtsbeteiligung einen zweiten Faktor (Cronbachs α von .86) konstituierten.[10] Daran anschließend wurde der Zusammenhang zwischen Selbstbericht und Fremdbericht bestimmt: Hinsichtlich der proaktiven Unterrichtsbeteiligung fand sich eine Korrelation von immerhin $r = .51$ zwischen Schülerangaben und Lehrerurteil, was als Beleg für die Validität der verwendeten Skala zu werten ist. Dagegen war der entsprechende Zusammenhang bei der bewertungsorientierten Unterrichtsbeteiligung mit $r = .29$ erwartungsgemäß niedriger ausgeprägt.

Kursniveau. An der untersuchten Schule werden die Schülerinnen und Schüler ab der 7. Jahrgangsstufe entsprechend ihrer Leistungen den Grundkursen (G-Kurse) und Erweiterungskursen (E-Kurse) in Mathematik und Englisch zugeordnet. Nur ein sehr geringer Prozentsatz der Schüler wechselt nach den Sommerferien den Kurs. Da erst nach der 6. Klasse die Kurseinteilung beginnt, wurden sämtliche Schüler nach dem Kursniveau gefragt, das sie in dem nächsten Halbjahr belegen würden. Weil das Kursniveau in der Studie von Trautwein et al. (2002) eine signifikante Rolle für das Selbstkonzept und die Unterrichtsbeteiligung spielte, wurde es in der vorliegenden Studie als Kontrollvariable berücksichtigt.

Vorwissen und Note. Die Schülerinnen und Schüler wurden gebeten, ihre Noten im Halbjahreszeugnis und im Versetzungszeugnis zu berichten. Der Befragungszeitpunkt lag in der letzten Schulwoche und war so gewählt, dass allen teilnehmenden Schülerinnen und Schülern ihre Noten bereits bekannt waren; in der untersuchten Schule wird den Schülerinnen und Schülern ihre Note im Jahresendzeugnis bereits

---

10 Hierbei ist zu berücksichtigen, dass die Angaben einer Lehrkraft für ihre verschiedenen Schüler im strengen Sinn statistisch nicht unabhängig voneinander sind. Dies kann unter anderem die innere Konsistenz der gebildeten Skalen künstlich erhöhen.

vor der Zeugnisvergabe von den entsprechenden Fachlehrern mitgeteilt. Um das Verständnis zu erleichtern, wurden die Notenwerte so rekodiert, dass höhere Werte eine bessere Leistung darstellen. Die Note im Halbjahreszeugnis wird im Folgenden *Vorwissen* genannt.

9.2.3 Statistisches Vorgehen

Um den Einfluss des Selbstwertgefühls und des bereichsspezifischen Selbstkonzepts auf die Unterrichtsbeteiligung abschätzen zu können, wurden Pfadanalysen mithilfe des Programmpakets LISREL 8.30 (Jöreskog & Sörbom, 1999) gerechnet. Hierzu wurde zunächst ein Grundmodell spezifiziert, das in Abbildung 18 zu sehen ist. Die bereits aus Abbildung 16 bekannten Relationen zwischen Selbstwertgefühl, schulischem Selbstkonzept und Unterrichtsbeteiligung finden sich hier wieder: Es wurden Effekte des Selbstwertgefühls auf das Selbstkonzept sowie auf die Unterrichtsbeteiligung angenommen, wobei der Pfad auf die bewertungsorientierte Unterrichtsbeteiligung von besonderem Interesse war, während der Pfad vom Selbstwertgefühl zur proaktiven Unterrichtsbeteiligung zur Disposition stand. Zudem wurde ein positiver Effekt des Selbstkonzepts auf beide Formen der Unterrichtsbeteiligung erwartet. Wie bei Helmke (1992) sollten zudem die drei letztgenannten Variablen einen direkten Einfluss auf die Schuljahresendnote haben. Um Effekte auf die *Veränderung* der Schulnoten modellieren zu können, wurde – analog zu Helmke – die Halbjahresnote als Vorwissensindikator im betreffenden Fach im Modell berücksichtigt. Der Einbezug der Variable Kursniveau diente dazu, Alternativerklärungen hinsichtlich der Wirkung von Selbstkonzept und Unterrichtsbeteiligung auf die Notenent-

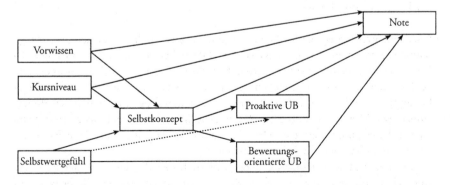

Abbildung 18:   Selbstwertgefühl und Unterrichtsbeteiligung – Grundmodell der untersuchten Relationen (UB = Unterrichtsbeteiligung)

wicklung auszuschließen. Bei der Modellspezifikation wurden zudem die theoretisch plausiblen Korrelationen zwischen Vorwissen, Kursniveau und dem Selbstwertgefühl zugelassen.

Im Sinne einer sparsamen Modellierung wurden anschließend aus dem Grundmodell alle diejenigen Pfade schrittweise entfernt, die keinen signifikanten Erklärungsbeitrag leisten konnten. Um zu überprüfen, ob weitere Pfade im Modell spezifiziert werden sollten, wurden die Modifikationsindizes berücksichtigt. Allerdings wurde von dieser Möglichkeit nur sparsam Gebrauch gemacht, da in der vorliegenden Untersuchung das Primat auf der Hypothesentestung und nicht der Optimierung der Modellgüte lag (vgl. z.B. Byrne, 1998, zu der Problematik einer post-hoc-Anpassung eines Modells an vorhandene Datenstrukturen).

Eine Bestätigung für die postulierte Mediatorwirkung setzt voraus, dass (1) das Selbstwertgefühl einen signifikanten (totalen) Effekt auf die bewertungsorientierte Unterrichtsbeteiligung hat und (2) dieser Einfluss auf die Unterrichtsbeteiligung nur teilweise (partielle Mediation) bzw. gar nicht über das bereichsspezifische Selbstkonzept vermittelt ist (für einen Überblick über Mediatoreneffekte vgl. Baron & Kenny, 1986). Sollte sich dagegen weder bei der proaktiven noch bei der bewertungsorientierten Unterrichtsbeteiligung ein Effekt des Selbstwertgefühls finden lassen bzw. sollte dieser Effekt vollständig über das bereichsspezifische Selbstkonzept mediiert sein, würde dies für Marshs (1990a; vgl. auch Rosenberg et al., 1995) Auffassung sprechen, dass auf das Konstrukt des Selbstwertgefühls zur Erklärung leistungsthematischen Verhaltens weitgehend verzichtet werden kann.

9.3   Ergebnisse

9.3.1   Deskriptive Befunde

Insgesamt berichteten die Schülerinnen und Schüler an der untersuchten Gesamtschule ein eher hohes Maß an proaktiver Unterrichtsbeteiligung; zudem zeigte der Mittelwert zur bewertungsorientierten Mitarbeit, dass sich die Schülerinnen und Schüler eher nicht durch Bedenken, andere seien besser, von einer Unterrichtsbeteiligung abhalten ließen (vgl. Tab. 28, Spalte „Gesamtgruppe"). Es fanden sich ähnlich ausgeprägte Mittelwerte in beiden Fächern und hinsichtlich beider Formen der Unterrichtsbeteiligung; allerdings fielen die Standardabweichungen bei der bewertungsorientierten Unterrichtsbeteiligung höher aus.

Dem Zusammenhang zwischen der Unterrichtsbeteiligung in Mathematik und Englisch wurde mit einer Korrelationsanalyse nachgegangen. Für die bewertungsorientierte Unterrichtsbeteiligung fand sich eine Korrelation von .52 ($p < .001$), für die proaktive Unterrichtsbeteiligung eine Korrelation von .35 ($p < .001$). In einem

Tabelle 28: Deskriptive Befunde zur Unterrichtsbeteiligung für die Gesamtgruppe und Jugendliche mit Erweiterungkurszuordnung bzw. Grundkurszuordnung (Mittelwerte und in Klammern Standardabweichungen)

	N (Gesamt)	Gesamtgruppe	E-Kursniveau	G-Kursniveau
Mathematik				
Proaktive Unterrichtsbeteiligung	214	2.93 (0.56)	3.00 (0.52)	2.80 (0.54)
Bewertungsorientierte Unterrichtsbeteiligung	214	2.95 (0.87)	3.10 (0.81)	2.68 (0.92)
Englisch				
Proaktive Unterrichtsbeteiligung	212	2.94 (0.63)	3.13 (0.58)	2.69 (0.60)
Bewertungsorientierte Unterrichtsbeteiligung	214	3.01 (0.87)	3.21 (0.80)	2.77 (0.89)

Werte konnten zwischen 1 (keine Beteiligung) und 4 (starke Beteiligung) schwanken. Stichprobengrößen für die kursspezifischen Auswertungen zwischen $n = 74$ (Mathematik G-Kurs) und $n = 120$ (Mathematik E-Kurs).

weiteren Schritt wurde untersucht, ob sich Unterschiede in der Unterrichtsbeteiligung zwischen Mädchen und Jungen finden ließen. Mittelwertvergleiche zwischen Mädchen und Jungen für die vier abhängigen Variablen erbrachten allesamt nichtsignifikante Unterschiede (alle $ps > .10$); entsprechend wurde in den weiteren Analysen auf die Variable Geschlecht verzichtet. Dagegen zeigte sich in Mittelwertvergleichen, dass das berichtete Ausmaß der Unterrichtsbeteiligung nicht unabhängig vom Kursniveau der Befragten war (siehe die hinteren beiden Spalten in Tab. 28). Alle vier Mittelwertvergleiche zwischen dem Grund- und Erweiterungskurs waren statistisch signifikant (proaktive Unterrichtsbeteiligung Mathematik: $t [192] = 2.53$, $p < .05$; bewertungsorientierte Unterrichtsbeteiligung Mathematik: $t [192] = 3.31$, $p < .01$; proaktive Unterrichtsbeteiligung Englisch: $t [190] = 5.14$, $p < .001$; bewertungsorientierte Unterrichtsbeteiligung Englisch: $t [190] = 3.65$, $p < .001$). Das Kursniveau wurde aus diesem Grund bei den folgenden Analysen mit berücksichtigt.

Die bivariaten Zusammenhänge der in das Pfadmodell eingehenden Variablen finden sich in Tabelle 29 für Mathematik (oberhalb der Diagonalen) und Englisch (unterhalb der Diagonalen). Wie zu erkennen ist, zeigten sich erwartungsgemäß hohe Korrelationen insbesondere zwischen der Halbjahresnote und der Schuljahresendnote, zwischen den Schulnoten und dem jeweiligen bereichsspezifischen Selbstkonzept sowie zwischen dem Selbstkonzept und der berichteten Unterrichtsbeteiligung. Die Korrelationen zwischen dem Selbstwertgefühl und der Unterrichtsbeteiligung fielen geringer aus, wobei die bewertungsorientierte Unterrichtsbeteiligung einen höheren Zusammenhang mit dem Selbstwertgefühl aufwies als die proaktive Unterrichtsbeteiligung.

Tabelle 29: Zusammenhang zwischen den in die Pfadmodelle eingehenden Variablen für das Fach Mathematik (oberhalb der Diagonalen) und Englisch (unterhalb der Diagonalen)

	(1)	(2)	(3)	(4)	(5)	(6)	(7)
(1) Vorwissen		.64***	.49***	.07	.44***	.33***	.39***
(2) Note	.77***		.47***	.04	.51***	.44***	.42***
(3) Kursniveau	.36***	.37***		.17*	.27***	.18*	.23**
(4) Selbstwertgefühl	.04	.03	.14		.22**	.05	.31***
(5) Schulisches Selbstkonzept	.51***	.54***	.31***	.21**		.54***	.59***
(6) Proaktive Unterrichtsbeteiligung	.38***	.48***	.35***	.17*	.67***		.40***
(7) Bewertungsorientierte Unterrichtsbeteiligung	.40***	.52***	.25***	.32***	.65***	.52***	

Fallzahlen variieren zwischen $N = 188$ und $N = 214$. Kursniveau: 1 = Grundkursniveau, 2 = Erweiterungskursniveau.
*** $p < .001$, ** $p < .01$, * $p < .05$.

9.3.2 Die Vorhersage der Unterrichtsbeteiligung

Zunächst wurde das in Abbildung 16 spezifizierte Grundmodell für das Fach Englisch untersucht. Es resultierte ein signifikanter χ^2-Wert, $\chi^2(6) = 15.34$, $p < .05$; somit gab das spezifizierte Modell die empirische Datenstruktur nicht optimal wieder. Auch der *Root Mean Square Error of Approximation* (RMSEA) zeigte mit .092 eine suboptimale Modellanpassung an. Andererseits wiesen der *Goodness of Fit Index* (GFI = .98) sowie der *Tucker-Lewis-Index* (TLI = .93) befriedigende Werte auf.

Von den im Grundmodell spezifizierten Pfaden verfehlten in sukzessiv durchgeführten Analysen vier das Signifikanzniveau: Die Kurszugehörigkeit hatte weder einen Effekt auf das Selbstkonzept Englisch noch auf die Note zum zweiten Messzeitpunkt. Darüber hinaus hatte das Selbstwertgefühl lediglich auf die bewertungsorientierte Unterrichtsbeteiligung, nicht aber auf die proaktive Unterrichtsbeteiligung einen positiven Einfluss. Zudem erwies sich der direkte Pfad vom Englisch-Selbstkonzept auf die Note als nicht signifikant. Die in LISREL 8.30 anzufordernden Modifikationsindizes zeigten zudem an, dass sich die Anpassungsgüte des Modells durch einen zusätzlichen Pfad vom Kursniveau auf die proaktive Unterrichtsbeteiligung deutlich steigern ließe.

Das aus der Eliminierung der nichtsignifikanten Pfade sowie dem Einbezug des letztgenannten Effekts resultierende Modell wies insgesamt eine sehr gute Anpassungsgüte auf: $\chi^2(9) = 13.66$, $p > .05$, RMSEA = .052, GFI = .98, TLI = .98. Alle spezifizierten Pfade waren signifikant. In Abbildung 19 sind die standardisierten Pfadkoeffizienten angegeben. Es zeigte sich, dass das Vorwissen (Note im Halbjahreszeugnis) einen bedeutsamen positiven Effekt auf die Schuljahresendnote sowie auf das Selbstkonzept Englisch hatte. Zudem fand sich ein direkter Effekt des Kursniveaus auf die proaktive Unterrichtsbeteiligung: Besonders Schülerinnen und Schüler mit höherem Kursniveau gaben an, sich proaktiv am Unterricht zu beteiligen. Für die vorliegende Fragestellung sind jedoch insbesondere die folgenden Effekte von Interesse: Es zeigte sich, dass zwar das bereichsspezifische Selbstkonzept mit Pfaden von β = .64 und β = .61 einen besonders bedeutsamen Einfluss auf die proaktive und bewertungsorientierte Unterrichtsbeteiligung ausübte, daneben fand sich jedoch auch ein direkter signifikanter Effekt von β = .15 des Selbstwertgefühls auf die bewertungsorientierte Unterrichtsbeteiligung. Rechnet man den indirekten, über das Selbstkonzept Englisch mediierten, Effekt hinzu, so ergibt sich ein Gesamteffekt des Selbstwertgefühls auf die bewertungsorientierte Unterrichtsbeteiligung von β = .27. Zudem erwiesen sich beide Formen der Unterrichtsbeteiligung als signifikante Prädiktoren der Englischnote zum Schuljahresende.

Zusammenfassend lässt sich für das Fach Englisch festhalten, dass das Selbstwertgefühl einen signifikanten Einfluss auf die Verhaltensebene (berichtete bewertungsorientierte Unterrichtsbeteiligung) ausübte, der nicht vollständig durch das bereichsspezifische Selbstkonzept mediiert wurde. Die Unterrichtsbeteiligung wiederum war ein signifikanter Prädiktor der Notenentwicklung.

Für das Fach Mathematik wurde analog zum Fach Englisch vorgegangen. Zunächst wurde das in Abbildung 16 spezifizierte Grundmodell untersucht, das eine gute Anpassungsgüte aufwies: $\chi^2(6) = 10.10$, $p > .05$, RMSEA = .061, GFI = .98,

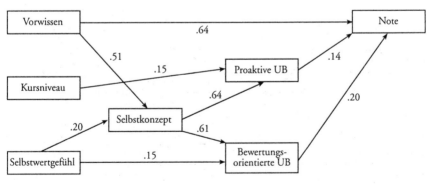

Dargestellt sind die standardisierten Regressionskoeffizienten. UB = Unterrichtsbeteiligung.

Abbildung 19:   Modifiziertes Pfadmodell zum Zusammenhang von Leistung, Selbstkonzept und Unterrichtsbeteiligung in Englisch

TLI = .96. Drei Pfade verfehlten das Signifikanzniveau und wurden aus dem Modell entfernt: Der Effekt des Kursniveaus auf das Selbstkonzept Mathematik war ebenso wenig signifikant wie der Effekt des Selbstwertgefühls auf die proaktive Unterrichtsbeteiligung; zudem steuerte die bewertungsorientierte Unterrichtsbeteiligung (β = .07) bei Kontrolle der übrigen Prädiktoren keinen eigenen Erklärungsbeitrag hinsichtlich der Mathematiknote mehr bei. Weitere Modifikationen zusätzlich zu der Elimination der nichtsignifikanten Pfade wurden nicht vorgenommen.

Das resultierende Modell wies eine sehr gute Anpassungsgüte auf: $\chi^2(9)$ = 13.73, $p > .05$, RMSEA = .053, GFI = .98, TLI = .97. Die standardisierten Regressionskoeffizienten sind in Abbildung 20 angegeben. Wie in Englisch fand sich auch in Mathematik ein großer Einfluss des Vorwissens auf die Schuljahresendnote und auf das bereichsspezifische Selbstkonzept. Das Kursniveau hatte einen eigenen direkten Pfad auf die Note. Hinsichtlich der hier besonders interessierenden Variablen ließen sich die postulierten direkten Effekte vom Selbstkonzept Mathematik auf die Note, auf die proaktive und die bewertungsorientierte Unterrichtsbeteiligung nachweisen, wobei die proaktive Unterrichtsbeteiligung wiederum einen signifikanten Effekt auf die Note hatte. Das Selbstwertgefühl beeinflusste das bereichsspezifische Selbstkonzept und hatte zusätzlich zu den über letzteres mediierten Effekten auch einen signifikanten direkten Effekt auf die bewertungsorientierte Unterrichtsbeteiligung (β = .20).

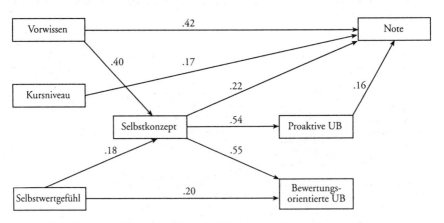

Dargestellt sind die standardisierten Regressionskoeffizienten. UB = Unterrichtsbeteiligung.

Abbildung 20: Modifiziertes Pfadmodell zum Zusammenhang von Leistung, Selbstkonzept und Unterrichtsbeteiligung in Mathematik

Zusammenfassend lässt sich auch für das Fach Mathematik festhalten, dass das Selbstwertgefühl – bei Kontrolle des bereichsspezifischen Selbstkonzepts – einen direkten Einfluss auf die Verhaltensebene (bewertungsorientierte Unterrichtsbeteiligung) ausübte; anders als in Englisch fand sich jedoch in Mathematik, bei Kontrolle wichtiger konkurrierender Variablen, kein signifikanter Effekt der bewertungsorientierten Unterrichtsbeteiligung auf die Schuljahresendnote.

9.4 Diskussion

Die vorliegende Studie untersuchte die Frage, ob die Unterrichtsbeteiligung von Schülern bei Kontrolle des fachspezifischen Selbstkonzepts auch vom allgemeinen Selbstwertgefühl beeinflusst wird. Dabei wurde zwischen zwei Formen der Unterrichtsbeteiligung (bzw. der Nichtbeteiligung) unterschieden: In der proaktiven Unterrichtsbeteiligung wurde eine fleißige und aufmerksame Mitarbeit im Unterricht thematisiert, die auch bei schwierigen Stoffen nicht zum Erliegen kommt; dagegen wurden mit der Variable der bewertungsorientierten Unterrichtsbeteiligung mögliche Gründe für eine Nichtbeteiligung am Unterricht erhoben, nämlich die Kognitionen, man könnte etwas Falsches sagen bzw. andere seien besser als man selbst. Unter Bezugnahme auf die Arbeiten von Brown (1993; Dutton & Brown, 1997) wurde die Annahme geprüft, dass hinsichtlich der bewertungsorientierten Unterrichtsbeteiligung das Selbstwertgefühl – auch bei Berücksichtigung bereichsspezifischer Selbstkonzepte – einen signifikanten Erklärungsbeitrag liefern kann. Für diese Annahme fand sich sowohl in Hinblick auf Mathematik als auch im Fach Englisch empirische Unterstützung. Somit ließ sich das Verhalten der untersuchten Schülerschaft nicht allein durch die bereichsspezifische Selbstsicht vorhersagen. Gleichzeitig wurde, den Voraussagen des Shavelson-Modells (Shavelson et al., 1976) entsprechend, ein beachtlicher Anteil der Wirkung des Selbstwertgefühls über das bereichsspezifische Selbstkonzept mediiert. Die beiden Formen der Unterrichtsbeteiligung hatten wiederum einen positiven Effekt auf die Entwicklung der Schulnoten, wobei in Mathematik nur der Effekt der proaktiven Unterrichtsbeteiligung zufallskritisch abgesichert werden konnte.

Betrachtet man dieses Ergebnis in Bezug auf die Kernfragestellung der vorliegenden Arbeit nach der Bedeutung des Selbstwertgefühls in der pädagogisch-psychologischen Forschung, so fanden sich Belege einer Top-down-Beeinflussung des Verhaltens durch das Selbstwertgefühl und durch bereichsspezifische Selbstkonzepte. Dies hat unmittelbare Implikationen für die Rolle des Selbstwertgefühls in der pädagogisch-psychologischen Forschung: In der rezenten Literatur zum Thema Selbstwertgefühl hat sich zunehmend die Auffassung durchgesetzt, dass das Selbstwertgefühl zwar einen wichtigen Indikator für das Wohlbefinden von Personen darstelle (z.B.

Harter, 1998, 1999; Rosenberg et al., 1995) und möglicherweise die *emotionale* Reaktion auf Erfolg und Misserfolg steuere (siehe Brown, 1993), Effekte auf die Verhaltensebene jedoch nur dann zu finden seien, wenn bereichsspezifische Selbstkonzepte nicht kontrolliert würden. Dadurch gewinnt der hier vorgestellte Befund, wonach das Selbstwertgefühl die Unterrichtsbeteiligung – und damit mittelbar auch die Notenentwicklung – jenseits des Einflusses des bereichsspezifischen Selbstkonzepts beeinflussen kann, seine besondere Bedeutung. Im Folgenden soll deshalb zunächst ausführlich diskutiert werden, wie die bewertungsorientierte Unterrichtsbeteiligung genauer zu charakterisieren ist, sowie der Bezug zu möglicherweise ähnlichen Konstrukten hergestellt werden. Daran anschließend sollen Kritikpunkte und Ansätze für zukünftige Forschung aufgezeigt werden.

Zunächst soll aber deutlich darauf hingewiesen werden, dass die vorliegende Teilstudie trotz der Beschreibung von Veränderungen in den Schulnoten von ihrer Anlage her querschnittlich ist. Selbstkonzepte und Unterrichtsbeteiligung wurden zum selben Zeitpunkt erfasst. Thematisiert ist demnach nicht, inwieweit das Selbstwertgefühl die Veränderung in der Unterrichtsbeteiligung beeinflusst, wenn bereichsspezifische Selbstkonzepte kontrolliert werden, sondern ob zur Erklärung des Unterrichtsverhaltens zu einem bestimmten Zeitpunkt neben den schulischen Selbstkonzepten auch das Selbstwertgefühl herangezogen werden sollte.

9.4.1 Was charakterisiert die bewertungsorientierte Unterrichtsbeteiligung?

Die Skala zur bewertungsorientierten Unterrichtsbeteiligung weist gegenüber der Skala zur proaktiven Unterrichtsbeteiligung zwei Besonderheiten auf: Erstens ist in allen drei Items die *mündliche* Mitarbeit thematisiert („Ich sage oft nichts, weil andere viel besser sind als ich"; „Bevor ich etwas Falsches sage, halte ich lieber den Mund"; „Es sind so viele besser als ich, dass ich mich lieber nicht oft melde"). Es geht damit um eine Form der Unterrichtsbeteiligung im öffentlichen Raum des Klassenzimmers, die über die mentale Mitarbeit hinausgeht. Zweitens bestehen die Items aus einer Kombination einer Fähigkeitskognition (komparativ: „andere sind besser"; kriterial: „etwas Falsches") mit einer Handlungskonsequenz. Warum hat das Selbstwertgefühl für diese Items eine prädiktive Kraft? Jenseits der Beurteilung der eigenen Leistungen – das heißt jenseits der Fähigkeitskognition – gibt es offenbar Schülerinnen und Schüler, für die es besonders aversiv ist, wenn andere etwas besser können bzw. wenn sie selbst etwas Falsches sagen. Die Studie zeigt, dass es sich dabei vermehrt um Schülerinnen und Schüler mit niedrigerem Selbstwertgefühl handelt, die deshalb Situationen vermeiden, in denen öffentliche Bewertungen relevant werden können. Dass sich keine Effekte des Selbstwertgefühls auf die proaktive Unterrichtsbeteiligung feststellen ließen, die gleichen Schülerinnen und Schüler also nicht weniger stark thematisch involviert sind, deutet darauf hin, dass die Schülerinnen und Schüler mit niedrigerem Selbstwertgefühl nur eine eingeschränkte Beeinträchtigung der Unterrichtsbeteiligung, nämlich der mündlichen Mitarbeit, aufweisen.

Die letzteren Erläuterungen rücken das Konstrukt der bewertungsorientierten Unterrichtsbeteiligung in die Nähe zweier anderer Forschungstraditionen der pädagogischen Psychologie: der klassischen Leistungsangstforschung und der Forschung zu Lern- und Leistungszielen. Es wurde bereits darauf aufmerksam gemacht, dass Helmke (1992) in seinem Modell auch die *Leistungsangst* berücksichtigte (siehe oben Abb. 15). Helmke betonte den engen Zusammenhang zwischen dem Selbstkonzept und der Leistungsangst, der unter anderem dadurch zu Stande komme, dass Leistungsangstitems bereits fähigkeitsbezogene Kognitionen beinhalten würden. Tatsächlich fanden sich dementsprechend auch Korrelationen von .21 bis .49 zwischen den von Helmke eingesetzten Angstskalen und dem bereichsspezifischen Selbstkonzept (von Helmke „leistungsbezogenes Selbstvertrauen" genannt) sowie ein negativer Zusammenhang zwischen der Leistungsangst und der Unterrichtsbeteiligung („Anstrengungsinitiierung" genannt) von −.43. Leider war das Selbstwertgefühl nicht Gegenstand der Untersuchungen bei Helmke. Aufgrund der vorliegenden Daten würde man erwarten dürfen, dass das Selbstwertgefühl zusätzlich zum schulischen Selbstkonzept einen Einfluss auf die Leistungsangst ausüben sollte; gleichzeitig könnte ein expliziter Einbezug der Leistungsangst als zusätzlicher Prädiktor der bewertungsorientierten Unterrichtsbeteiligung dazu führen, dass der direkte Effekt des Selbstwertgefühls geringer ausfällt.

Die Skala zur bewertungsorientierten Unterrichtsbeteiligung kann andererseits auch in Hinblick auf ihre Verwandtschaft mit der Forschungstradition zu *Zielorientierungen* (vgl. z.B. Elliot, 1999; Köller, 1998; Pintrich, 2000) untersucht werden. Unter Zielorientierungen werden motivationale Tendenzen verstanden, die leistungsthematisches Verhalten im Unterricht beeinflussen. Dabei ist zum einen die Trennung zwischen *mastery goals* bzw. *Lernzielen* (lernorientiertes Annäherungsziel: man will die eigene Leistung verbessern, egal welchen Leistungsstand man bisher erreicht hat) und *performance goals* bzw. *Leistungszielen* (leistungsorientiertes Annäherungsziel: man will im sozialen Vergleich gut abschneiden) wichtig. Zudem wurden für die zwei genannten Zielbereiche auch jeweils Vermeidungsziele *(avoidance goals)* konzeptualisiert: Man will auf eigene Anstrengung verzichten bzw. vermeiden, dass sich die eigene Leistung verschlechtert (lernorientiertes Vermeidensziel), oder man will vermeiden, schlechter zu sein als andere (leistungsorientiertes Vermeidungsziel). Studien von Elliot (z.B. Elliot, 1999; Elliot & Sheldon, 1997) haben Hinweise darauf erbracht, dass insbesondere leistungsorientierte Vermeidungsziele schädliche Effekte auf den Wissenserwerb haben. Interessanterweise weisen nun aber auf den ersten Blick genau diese leistungsorientierten Vermeidungsziele aus theoretischen Gesichtspunkten die größte Ähnlichkeit mit der bewertungsorientierten Unterrichtsbeteiligung auf. Würde man zudem in der Itemformulierung anstatt der bewertungsorien-

Tabelle 30: Zusammenhang zwischen motivationaler Orientierung und Unterrichts-
          beteiligung

	Lernziele		Leistungsziele	
	Annäherung	Vermeidung	Annäherung	Vermeidung
Proaktive Unterrichtsbeteiligung	.50***	−.23*	.27*	.08
Bewertungsorientierte Unterrichtsbeteiligung	.14	−.23*	.04	−.28*

$N = 81$.
***$p < .001$, *$p < .05$.

tierten Nichtbeteiligung eine Beteiligung thematisieren, würden möglicherweise
Items resultieren, die ähnlich denen sind, die zur Messung von leistungsorientierten
Annäherungszielen verwendet werden. Es stellt sich deshalb die Frage, inwieweit sich
die beiden Konstrukte überlappen.

Um einen ersten Eindruck vom Zusammenhang zwischen der bewertungsorientierten Unterrichtsbeteiligung und der motivationalen Orientierung zu bekommen,
wurden erneut Angaben der bereits oben beschriebenen Stichprobe von 81 Schülerinnen und Schülern der 7. Jahrgangsstufe eines Berliner Gymnasiums verwendet.
Die über Englisch und Mathematik aggregierte selbst berichtete Unterrichtsbeteiligung wurde in Beziehung zur motivationalen Orientierung gesetzt, die in Anlehnung an Skaalvik (1997) konzipiert wurde.

Es fanden sich dabei zwei Auffälligkeiten (vgl. Tab. 30): Zum einen zeigte sich der
erwartete Zusammenhang zwischen den Variablen leistungsorientiertes Vermeidungsziel und bewertungsorientierte Unterrichtsbeteiligung, der jedoch mit −.28
eine nur moderate Höhe aufwies. Zum anderen wiesen die Antworten der Jugendlichen auch auf einen mittelstarken Zusammenhang zwischen der proaktiven Unterrichtsbeteiligung und der Variablen lernorientiertes Annäherungsziel hin, während
die bewertungsorientierte Unterrichtsbeteiligung mit dieser Variablen nicht in einem
signifikanten Zusammenhang stand. Somit bestehen zwar gewisse Überschneidungen
zwischen den motivationalen Orientierungen und den zwei Formen der Unterrichtsbeteiligung, die Konstrukte sind jedoch nicht austauschbar.

9.4.2 Ausblick

Die vorliegende Studie hat Belege dafür erbracht, dass das Selbstwertgefühl einen
eigenen Effekt – jenseits der Wirkung bereichsspezifischer Selbstkonzepte – auf die
bewertungsorientierte Unterrichtsbeteiligung ausübt. Diese Belege wurden in ana-
loger Weise sowohl in Mathematik als auch in Englisch gefunden, was der Argumen-

tation besonderes Gewicht verleiht. Nachfolgend sollen einige Punkte aufgeführt werden, die Ausgangspunkte für weitere Forschungsarbeiten bieten können.

Leider war es nicht möglich, in der Untersuchungsstichprobe Fremdurteile hinsichtlich der Unterrichtsbeteiligung zu erheben. Der Vergleich von in einer zusätzlichen Validierungsstudie erhobenen Schülerangaben samt Lehrerfremdurteile ergab jedoch den erwarteten Befund: eine vergleichsweise hohe Übereinstimmung bei der proaktiven Unterrichtsbeteiligung ($r = .51$) sowie einen niedrigeren Zusammenhang hinsichtlich der bewertungsorientierten Unterrichtsbeteiligung ($r = .29$). Dieses Muster hat Implikationen für die pädagogisch-psychologische Praxis, weist es doch darauf hin, dass Lehrkräfte möglicherweise nur in einem bescheidenen Umfang Einblick in die Gründe ihrer Schülerinnen und Schüler für eine Nichtbeteiligung am Unterricht haben. Ein besseres Verständnis des Verhaltens der Schüler könnte wiederum zu besser angepasstem Lehrerhandeln führen. Allerdings muss bedacht werden, dass die vorliegende Stichprobe von geringem Umfang war und weitere Forschung das Lehrer- und Schülerhandeln noch breiter und genauer untersuchen sollte.

Von Interesse wäre sicherlich auch eine empirische Überprüfung der hier vorgestellten Modelle mit Leistungstestdaten anstatt mit Noten, ein Vorgehen also, wie es sich auch in der Arbeit von Helmke (1992) findet. Da die Unterrichtsbeteiligung einen direkten Einfluss auf die Schulnoten hat (indem sie als Mitarbeitsnote in die jeweiligen Fachnoten eingeht), wäre es denkbar, dass der Einfluss der Unterrichtsbeteiligung auf Leistungstests geringer ist als auf Noten und/oder sich erst nach einem längeren Zeitraum niederschlägt.

Bei einer weiteren empirischen Überprüfung sollte nach Möglichkeit auch versucht werden, den hierarchischen Charakter von in Schulen bzw. Klassen erhobenen Daten zu berücksichtigen (vgl. hierzu die Ausführungen im vorigen Kapitel). Leider hat die in der vorliegenden Studie befragte Zahl von Klassen nicht ausgereicht, um beispielsweise das methodisch angemessene Verfahren der Mehrebenenanalyse (z.B. HLM, Raudenbush et al., 2000) einzusetzen.

Zusammenfassend lässt sich feststellen, dass die vorliegende Studie Hinweise darauf gegeben hat, dass das Selbstwertgefühl auch bei Kontrolle bereichsspezifischer schulischer Selbstkonzepte einen Effekt auf die Unterrichtsbeteiligung und teilweise auch auf die Schulleistung hat. Damit konnten hinsichtlich der in Kapitel 4 erläuterten Teilfragestellung nach den Auswirkungen des Selbstwertgefühls auf das *Verhalten* Belege für solche Effekte gefunden werden. In der folgenden Studie 6 soll die Idee, dass sich Jugendliche mit hohem bzw. niedrigem Selbstwertgefühl in leistungsthematischen Situationen dadurch unterscheiden, dass Personen mit hohem Selbstwertgefühl im Vergleich zu Personen mit niedrigem Selbstwertgefühl vermehrt solches Verhalten zeigen, das langfristig adaptiv ist, nochmals eingehend untersucht werden.

10   Studie 6: Selbstwert und schulische Vergleichsprozesse

> Wenn man mir hässliche Sachen sagt, fällt es mir einfacher, das zu glauben.
> Julia Roberts in „Pretty Woman"

Nach Auffassung von Rosenberg (1986; Rosenberg et al., 1995) ist das Selbstwertgefühl als psychologisches Konstrukt vor allem deshalb so wichtig, weil es ein Indikator für das Wohlbefinden sei. Dagegen habe es weniger Kraft als Prädiktor von Verhalten. Andererseits charakterisierte Brown (1993) das Selbstwertgefühl als wichtige, aktive psychische Instanz, die Entscheidungen und Verhalten beeinflusse und wichtige Funktionen bei der Aufrechterhaltung eines positiven Selbstbilds wahrnehme. Das vorangegangene Kapitel galt der Frage, inwieweit das Selbstwertgefühl zusätzlich zu seinem Einfluss auf domänenspezifische *Selbstkonzepte* auch eine direkte Wirkung auf die *Unterrichtsbeteiligung* und damit auf die Verhaltensebene ausübt. Dabei fanden sich Belege für die Position Browns, wonach das Selbstwertgefühl verhaltenssteuernd sein kann, wobei die Studie gleichzeitig nachdrücklich den besonderen Einfluss bereichsspezifischer Selbstkonzepte belegte.

Auch die nun folgende letzte empirische Studie dieser Arbeit untersucht das Selbstwertgefühl als Prädiktor von *Verhalten* bzw. selbst berichteten *Verhaltenstendenzen* – geht man von den in Kapitel 4 formulierten Kernfragestellungen aus, kreist die Teilstudie erneut um die Teilfragestellung 2b. Es handelt sich also um eine gezielte Überprüfung von Top-down-Effekten vom Selbstwertgefühl auf das Verhalten, wie sie insbesondere von Brown (1993) thematisiert wurden. Die Studie 6 überprüft den Einfluss des Selbstwertgefühls auf das Handeln anhand der Rolle, die das Selbstwertgefühl bei sozialen Vergleichen spielt. Die Frage, der im Folgenden nachgegangen wird, lässt sich wie folgt zusammenfassen: Steuert im ökologisch validen Kontext Schule das Selbstwertgefühl soziale Vergleichsprozesse in leistungsthematischen Situationen? Hat das Selbstwertgefühl von Schülern einen Einfluss darauf, mit welchen Mitschülern sie ihre eigenen Leistungen vergleichen? Nach Brown sollten soziale Vergleichsprozesse dabei zumindest teilweise dem Bedürfnis Rechnung tragen, eine positive Selbstsicht zu behalten.

Teilstudie 6 nimmt in der vorliegenden Arbeit eine Sonderrolle ein, da hier zum einen ein experimentelles Vorgehen gewählt wurde und zum anderen mit der Beobachtung von sozialen Vergleichsprozessen Variablen ins Blickfeld geraten, die unmittelbar mit der Änderung bzw. Stabilisierung von Selbstkonzepten in Beziehung gebracht wurden (vgl. Köller, 2000). Zu den Folgen der Selbstkonzeptdynamik auf Selbstkonzepte und Verhalten, die in den ersten fünf Teilstudien beschrieben wurden, gesellt sich damit eine Beobachtung von Teilprozessen, denen eine wesentliche Rolle bei der Selbstkonzeptentstehung zugeschrieben wird.

10.1   Selbstwert und soziale Vergleiche: Eine Übersicht über die Forschung

Die folgenden Abschnitte geben eine kurze Einführung in die sehr umfangreiche wissenschaftliche Literatur zu sozialen Vergleichen. Soziale Vergleiche sind ein bedeutendes Forschungsgebiet unter anderem in der Sozialpsychologie. Einen umfassenden Überblick über zentrale Befunde bietet das kürzlich erschienene *Handbook of Social Comparison* (Suls & Wheeler, 2000). Die folgende Zusammenfassung der Forschung konzentriert sich ausschließlich auf diejenigen Aspekte, die für die in der vorliegenden Arbeit untersuchte Fragestellung unmittelbar relevant sind. Dabei wird zunächst auf Motive eingegangen, die sozialen Vergleichen zu Grunde liegen. Diese eher allgemein psychologische Perspektive wird danach durch eine differenzielle Sicht ergänzt, in der das Selbstwertgefühl als Moderator der Richtung von sozialen Vergleichen angesehen wird. Hierauf folgt eine Übersicht über Forschungsdesigns und zentrale Ergebnisse der Forschung zu sozialen Vergleichen, bevor abschließend die eigene Fragestellung abgeleitet wird.

10.1.1 Motive bei sozialen Vergleichen

Soziale Vergleiche wurden beschrieben als „the process of thinking about information about one or more other people in relation to the self" (Wood, 1996, S. 521 f.). In der rezenten wissenschaftlichen Literatur zu sozialen Vergleichen wurden zumindest drei verschiedene Motive bei sozialen Vergleichen thematisiert (vgl. Brown & Dutton, 1995b; Wood, 1996): das Motiv der adäquaten Selbsteinschätzung *(self-evaluation),* das der Selbstwerterhöhung *(self-enhancement)* und das der Selbstverbesserung *(self-improvement).*

Eine *adäquate Selbsteinschätzung* galt lange Zeit als wichtiges Kennzeichen psychischer Gesundheit (z.B. Jahoda, 1958). Zudem wurde angenommen, dass Menschen nach solchen realitätsnahen Selbstbeschreibungen streben (Festinger, 1954): „There exists, in the human organism, a drive to evaluate his opinions and his abilities." (S. 177) Menschen haben nach Festinger einen Trieb, sich ein genaues Bild ihrer Fähigkeiten zu machen, und dieser Trieb wirke verhaltenssteuernd: „This same drive also produces behavior in people oriented toward obtaining an accurate appraisal of their abilities." (S. 118) In Situationen, bei denen es keine objektiven Maßstäbe gibt, an denen man seine Fähigkeiten messen kann, greifen Menschen laut Festinger zu sozialen Vergleichen, um ihre Fähigkeiten adäquat einschätzen zu können. Weil Menschen ihre Fähigkeiten verbessern möchten, postulierte Festinger für diese Situationen einen „unidirectional drive upward" (S. 124). In der Nachfolge Festingers wurde dies dahingehend interpretiert, dass soziale Vergleiche insbesondere mit Personen vorgenommen werden sollten, denen in den untersuchten Bereichen höhere Fähigkeiten zugesprochen werden.

Eine bedeutende Gegenposition zu Festinger (1954) formulierte Wills (1981) in seiner Theorie der *downward comparison principles,* in der er das Motiv der *Selbstwerterhöhung* betonte. Personen können nach Wills soziale Vergleiche gezielt einsetzen, um ihr Wohlbefinden zu verbessern: „Persons can increase their subjective well-being through comparison with a less fortunate other." (S. 245) Insbesondere in Situationen, in denen das Wohlbefinden bedroht wird, soll ein solcher Abwärtsvergleich *(downward comparison)* ausgelöst werden. In einem einflussreichen Übersichtsartikel elaborierten Taylor und Brown (1988) diese Annahmen von Wills (1981) über den Einsatz von sozialen Vergleichen im Dienste der Selbstwerterhöhung. In einer dezidierten Gegenposition zu Festinger (1954) stellten sie es als Irrglaube heraus, dass Menschen in besonderem Maße nach realitätsnahen Selbstbeschreibungen streben; vielmehr würde das Motiv der Selbstwerterhöhung auch und gerade bei psychisch gesunden, gut angepassten Menschen zu Selbstüberschätzungen führen. Die Autoren nannten als Belege für gängige Selbstüberschätzungen eine Reihe von empirischen Hinweisen: So würde in Untersuchungen beispielsweise die Mehrzahl der Menschen von sich behaupten, dass sie besonders positive Persönlichkeitszüge hätten (Brown, 1986) oder besonders gut Auto fahren würden (Svenson, 1981). Mit der gleichen Stoßrichtung zitierten Brown und Dutton (1995b) Hinweise aus verschiedenen Domänen, wonach es bescheidene Korrelationen zwischen der Selbstwahrnehmung und dem objektiven bzw. dem von anderen berichteten Stand gibt.

Wie kommt es zu den beobachteten Selbstüberschätzungen? Brown und Dutton (1995b) nannten zwei Mechanismen, die bei sozialen Vergleichen zur Anwendung kommen sollen. Zum einen billigen sie Menschen zu, teilweise die „Wahrheit" über sich selbst herausfinden zu wollen. Allerdings würden es beispielsweise im sozialen Kontext soziale Normen verbieten, stets eine streng an der Wahrheit orientierte Rückmeldung zu geben (vgl. Felson, 1993; Frey & Ruble, 1985). Zu den überaus positiven Selbstkonzepten führt nach Brown und Dutton (1995b) allerdings noch stärker ein zweiter Mechanismus: Menschen suchen demnach gezielt nach positiver Rückmeldung *(self-enhancement)* und vermeiden negative Rückmeldung, wobei unter anderem Strategien wie *self-handicapping* oder eine gezielte Auswahl von Aufgaben zum Zuge kämen.

Als drittes wichtiges Ziel in sozialen Vergleichssituationen neben der adäquaten Selbsteinschätzung und der Selbstwerterhöhung wurde das Motiv der *Selbstverbesserung* genannt (vgl. Collins, 1996; Wood, 1989, 1996): Menschen versuchen, ihr eigenes Wissen, ihre Fähigkeiten und Persönlichkeitsaspekte zu verbessern. Wood (1989) wies darauf hin, dass Selbstverbesserungsmotive im Alltagsleben klar und deutlich zu Tage treten und nannte als Beispiel die Ratgeberliteratur, die in Buchhandlungen reißenden Absatz finde. Zu Recht bemängelte Wood, dass zum Motiv der Selbstverbesserung in sozialen Vergleichssituationen zu wenig Studien durchgeführt wurden. Insbesondere scheint es an Studien im schulischen Kontext zu fehlen, die explizit Auswirkungen dieses Motivs untersuchen. Gerade hier besteht durchaus Grund zu der Annahme, dass das Motiv der Selbstverbesserung soziale Vergleiche steuert (Köller, 2000). Hinweise darauf bieten unter anderem die Arbeiten von Frey und Ruble (1985; Ruble & Frey, 1987); diese Autoren stellten bei Verhaltensbeobachtungen in Schulen fest, dass jüngere Kinder stark zu sozialen Vergleichen tendieren, um das eigene Verhalten zu optimieren.

10.1.2 Interindividuelle Unterschiede bei sozialen Vergleichen: Die adaptive Rolle des Selbstwertgefühls

Die Motive nach Selbstwerterhöhung, Selbstverbesserung und adäquater Selbsteinschätzung wurden von den jeweiligen Autoren als allgemein „menschlich" charakterisiert; so nahm beispielsweise Festinger (1954) an, dass es ein menschliches Grundbedürfnis sei, zu einer adäquaten Selbsteinschätzung zu gelangen. Erst in den letzten beiden Jahrzehnten wurde diese allgemein psychologische Perspektive verstärkt um die differenzielle Perspektive ergänzt (Wheeler, 2000), indem interindividuelle Unterschiede hinsichtlich der Motive bzw. der Strategien zur Verfolgung der Motive postuliert wurden. Für die vorliegende Arbeit ist besonders interessant, inwieweit sich Personen mit hohem bzw. niedrigem Selbstwertgefühl bei sozialen Vergleichen unterscheiden.

Bezüglich des Einflusses des Selbstwertgefühls auf soziale Vergleiche liegen sehr unterschiedliche Vorhersagen vor, die man an drei unterschiedlichen Positionen verdeutlichen kann: Wills (1981) argumentierte in seinem *downward comparison principle,* dass insbesondere Personen mit niedrigem Selbstwertgefühl zu Abwärtsvergleichen neigen sollten: „Persons who are low in self-esteem are more likely to engage in downward comparison." (S. 246) Wills begründete diese Annahme damit, dass Abwärtsvergleiche dazu dienten, das eigene Wohlbefinden zu erhöhen – und jenes sei bei Personen mit niedrigem Selbstwertgefühl besonders eingeschränkt. Soziale Vergleiche wären damit eine adaptive Reaktion von Personen, um ihr Wohlbefinden zu erhöhen.

Dagegen suchen nach Taylor und Brown (1988) verstärkt Personen mit hohem Selbstwertgefühl nach positivem Feedback, nehmen deshalb häufig Abwärtsvergleiche vor und trachten danach, negative Rückmeldungen zu vermeiden, da sie ein Gefühl der eigenen Überlegenheit behalten wollen (vgl. auch Brown, 1993; Dutton & Brown, 1997). Im Gegensatz zu Wills (1981) wird eine adaptive Reaktion auf Außenreize also vor allem Personen mit hohem Selbstwertgefühl zugesprochen: Diese Personen können nach Auffassung Taylor und Browns (1988) in einer Reihe von Situationen durch ihr Verhalten oder durch eine spezifische Wahrnehmung dafür sorgen, dass ihre hohe Selbsteinschätzung erhalten bleibt.

Eine mit der zweiten Position verwandte dritte Position (z.B. Swann, 1990) besagt, dass Menschen vor allem solches Feedback anstreben, das ihre vorherige Meinung von sich selbst bestätigt *(self-verification* bzw. *self-consistency).* Swann (1990) und Brown (1993) wiesen darauf hin, dass sich das Selbstkonsistenzstreben im Falle von Personen mit hohem Selbstwertgefühl gut in Einklang bringen lässt mit dem allgemeinen Motiv nach Selbstwertsteigerung, bei Personen mit niedrigem Selbstwertgefühl dagegen in einem Konflikt mit diesem Motiv steht.

Die Positionen von Brown (1993), Swann (1990) und Taylor und Brown (1988) implizieren nicht, dass Personen mit hohem Selbstwertgefühl immer Abwärtsvergleiche anstreben; vielmehr wird davon ausgegangen, dass Personen mit hohem Selbstwertgefühl selbstwertdienliches Verhalten gleich welcher Art zeigen. So deutet eine Zusammenstellung verschiedener Studien zu Aufwärtsvergleichen durch Collins (1996) darauf hin, dass *Aufwärts*vergleiche in bestimmten Situationen selbstwertdienlich sein können, beispielsweise indem die eigene Person als der Vergleichsperson besonders nahe stehend erlebt wird oder wenn der Aufwärtsvergleich eine Selbstverbesserung ermöglicht bzw. fördert. Jüngere Studien aus der Sozialpsychologie (vgl. Schütz, 2000) machen auch deutlich, dass diese Adaptivität bei einem hoch ausgeprägten Selbstwertgefühl zu beobachten ist, nicht jedoch bei übersteigerten Formen des Selbstwertgefühls, die unter anderem mit „Größenselbst" oder „Narzissmus" bezeichnet wurden (in der vorliegenden Arbeit wird in diesem Zusammenhang von „Selbstüberschätzung" gesprochen). Ergebnisse unter anderem aus der Arbeit von Schütz (2000) lassen erwarten, dass es bei einer Selbstüberschätzung insgesamt zu einer kritischen, mitunter auch aggressiven Einstellung gegenüber anderen kommt, was sich in konsistenten Abwärtsvergleichen ausdrücken dürfte.

Insgesamt ist somit zu erwarten, dass ein hohes Selbstwertgefühl nicht notwendigerweise mit einer bestimmten Richtung des sozialen Vergleichs verbunden ist (vgl. Buunk et al., 1990; Taylor & Lobel, 1989), sondern zu situationsangepasstem Verhalten führt. Dagegen sollte ein übersteigertes Selbstwertgefühl eher zu einer generellen Abwertung anderer führen. Insgesamt ist es von daher interessant, unter welchen Umständen Auf- bzw. Abwärtsvergleiche gewählt werden. Im nächsten Abschnitt werden eine Einteilung von Studien zum sozialen Vergleich sowie einige für die vorliegende Arbeit zentrale empirische Befunde vorgestellt.

10.1.3 Das Selbstwertgefühl und soziale Vergleiche in der Schule und im Studium

Bei Studien zu sozialen Vergleichen können aufgrund des verwendeten Forschungsdesigns drei wesentliche Ansätze unterschieden werden (Wood, 1996): Studien der ersten Gruppe, die so genannten Auswahlstudien *(selection studies),* untersuchen, mit welchen Vergleichspersonen sich Versuchsteilnehmer in unterschiedlichen experimentellen Situationen vergleichen wollen – die Richtung des sozialen Vergleichs selbst ist in diesen Studien die abhängige Variable. Dagegen ist bei den Reaktionsstudien *(reaction methods)* der soziale Vergleich die unabhängige Variable, während die Reaktion der Versuchsteilnehmer auf die soziale Vergleichsinformation beobachtet wird. Studien der dritten Gruppe, die autobiographischen Studien *(narration approach)*, erheben soziale Vergleiche im Alltagsleben von Menschen, wobei sich die Wissenschaftler auf die persönlichen Erinnerungen der Versuchsteilnehmer verlassen (müssen).

Auswahlstudien

Frühe Studien in der Tradition von Festinger (1954) untersuchten soziale Vergleiche, indem Versuchsteilnehmern ein Test vorgegeben wurde und nach Rückmeldung der Testergebnisse ermöglicht wurde, das Testergebnis einer anderen Person zu erfahren – es handelte sich damit also in der Regel um *Auswahl*studien. Dabei zeigte sich, dass die überwiegende Mehrheit von Versuchsteilnehmern das Testergebnis einer etwas besseren Person erfahren wollte. Festinger interpretierte dies als Unterstützung seiner These vom *unidirectional drive upward*. Bereits die Studien, über die Festinger (1954) berichtete, waren in aller Regel Laborstudien, an denen – vermutlich auch aus Gründen der Verfügbarkeit – meist Studierende teilnahmen. Angesichts der fraglichen Validität von Laborstudien für das soziale Vergleichsverhalten von Schülern (vgl. Blanton et al., 1999) sowie möglichen Veränderungen in sozialen Vergleichen mit dem Älterwerden (vgl. Butler, 1998; Harter, 1998; Ruble & Frey, 1987) scheint eine Verallgemeinerung solcher Ergebnisse auch auf Schüler unterschiedlichen Alters nicht statthaft zu sein.

Zu den wenigen Studien, die im Kontext Schule soziale Vergleiche explizit mit der Auswahlmethode untersuchten, gehört die Arbeit von Reuman (1989). Reuman befragte 452 Schüler der 6. Jahrgangsstufe in Schulen mit unterschiedlichen Formen der Leistungsgruppierung: Die eine Hälfte der Schüler wurde in Schulen mit Binnendifferenzierung und die andere Hälfte in Schulen mit Außendifferenzierung unterrichtet. Die Schüler sollten sich dabei eine Situation vorstellen, in der sie eine Mathematikklassenarbeit zurückerhalten hätten, und einen Mitschüler nennen, auf dessen Arbeit sie gern einen Blick werfen würden, wobei auch die Kategorie „niemand" zur Verfügung stand. Zudem sollten sie angeben, ob der gewählte Mitschüler in Mathematik in der Regel schlechter (= Abwärtsvergleich), besser (= Aufwärtsvergleich) oder ähnlich gut (= horizontaler Vergleich) sei. Insgesamt zeigte sich, dass sich (1) bessere Schüler vermehrt abwärts, (2) schwache Schüler vermehrt aufwärts und (3) Schüler der mittleren Kategorie überdurchschnittlich häufig mit niemandem vergleichen wollten. Reuman schloss daraus, dass die Wahrscheinlichkeit, dass sich Schüler mit einem „unterschiedlichen" anderen vergleichen, bei einer Binnendifferenzierung höher sei. Die soziale Vergleichsrichtung erwies sich zudem als Mediator zwischen der Art der Leistungsdifferenzierung und dem resultierenden Selbstkonzept: Häufigere Aufwärtsvergleiche führten zu einem niedrigeren Selbstkonzept.

Das von Reuman eingesetzte Untersuchungsparadigma hat sich als fruchtbar erwiesen und weitere Arbeiten angeregt. Köller (2000) verwendete ein ähnliches Maß zur Erhebung der sozialen Vergleichsrichtung in zwei Studien, in denen der Einfluss der Leistungsstärke auf soziale Vergleiche sowie die Rolle sozialer Vergleiche bei der Bildung fachspezifischer Selbstkonzepte untersucht wurde, wobei ein hohes schulisches Selbstkonzept guter Schüler als über Abwärtsvergleiche mediierte Auswirkung guter Noten betrachtet wurde. Wichtig für die vorliegende Arbeit sind weitere Annahmen Köllers über die Richtung der Vergleiche: Köller argumentierte unter Bezugnahme auf Blanton et al. (1999), Reuman (1989) und Wagner (1999), dass im Schulkontext wegen des Bedürfnisses nach Leistungsverbesserung Aufwärtsvergleiche dominieren sollten. Erwartungsgemäß strebten in Köllers Studie mehr als 50 Prozent der Befragten einen Aufwärtsvergleich an, während nur knapp über 10 Prozent einen Abwärtsvergleich wählten. Zudem fanden sich Abwärtsvergleiche vor allem bei lernstärkeren Schülerinnen und Schülern, was von Köller auf fehlende bessere Mitschüler zurückgeführt wurde. Köller fasste seine Ergebnisse wie folgt zusammen: „Man gewinnt damit den Eindruck, dass es stärker die Opportunitäten und weniger selbstwertschützende oder -steigernde Motive sind, die Abwärtsvergleiche auslösen." (S. 177) Allerdings muss dies eine Vermutung bleiben, da das Motiv für einen Aufwärts- bzw. Abwärtsvergleich nicht explizit erfragt bzw. experimentell beeinflusst wurde. Auch Möller und Köller (1998) verwendeten in ihren Arbeiten zum I/E-Modell (vgl. Marsh, 1990a) ein von Reuman (1989) adaptiertes Messinstrument. Diese Autoren stellten einen Zusammenhang zwischen der Richtung des sozialen Vergleichs und Selbstkonzepten sowohl beim dimensionalen als auch beim sozialen Vergleich fest. Die zuletzt besprochenen Arbeiten betrachteten damit das Selbstkonzept als abhängige Variable und untersuchten soziale Vergleiche als unabhängige Variable. Weder bei Reuman noch bei Möller und Köller war es Untersuchungsgegenstand, inwieweit auch das Selbstwertgefühl einen Einfluss auf das soziale Vergleichsverhalten (als abhängige Variable) haben könnte.

Soziale Vergleiche in der Schule wurden auch von Blanton et al. (1999) untersucht. Diese Autoren unterschieden zwischen zwei Formen sozialer Vergleiche: (1) die *typische Vergleichsrichtung*, die dadurch erfragt wurde, dass die Schüler angeben sollten, mit welchen Mitschülern sie normalerweise ihre Note vergleichen und (2) die *komparative Selbsteinschätzung*, wobei Schüler angaben, wie gut sie in einem bestimmten Fach im Vergleich zu den Mitschülern seien. Die typische Vergleichsrichtung ähnelt damit dem Maß von Reuman (1989), während die komparative Selbsteinschätzung mit dem fachspezifischen Selbstkonzept im Sinne Marshs (1990a) verglichen werden kann. Die Analysen zeigten, dass Aufwärtsvergleiche *und* eine hohe komparative Selbsteinschätzung die nachfolgende Leistung positiv und unabhängig voneinander beeinflussten. Blanton et al. begründeten diesen Befund unter Bezug auf Taylor und Lobel (1989) dadurch, dass durch Aufwärtsvergleiche wichtige Informationen zur Leistungsverbesserung gewonnen werden könnten. Somit sei es adaptiv, Aufwärtsvergleiche vorzunehmen und gleichzeitig eine hohe Selbstbewertung zu bewahren.

Eine etwas andere Ausrichtung hatte eine experimentelle Studie von Butler (1992), in der sie Hinweise darauf fand, dass das Motiv der Selbstverbesserung zumindest teilweise das soziale Vergleichsverhalten steuert. Butler manipulierte Motive des sozialen Vergleichsverhaltens experimentell, indem sie bei 78 Sechstklässlern entweder eine Lernmotivation *(mastery orientation)* oder eine Leistungsmotivation *(ability condition)* induzierte (vgl. Köller, 1998, für eine ausführliche Darstellung von motivationalen Orientierungen), und beobachtete, wie sich diese experimentelle Manipulation auf soziales Vergleichsverhalten auswirkte. Wie von ihr erwartet, zeigten Kinder in der Leistungsmotivationsbedingung ein verstärktes Interesse an Informationen, die den Vergleich mit anderen Kindern ermöglichten, während in der Lernmotivationsbedingung das Interesse an lernförderlicher Information fast ebenso hoch war wie das Interesse an Leistungsinformation. Dies kann als Beleg dafür gelten, dass das Motiv der Selbstverbesserung – zumindest unter gewissen Umständen – soziales Vergleichsverhalten wesentlich mitbestimmen kann. Allerdings zeigte das Motiv der Selbstverbesserung in dieser Studie keine Dominanz, wie man sie aufgrund der Arbeiten beispielsweise von Köller (2000) erwarten würde.

Zusammengenommen wiesen diese Anwendungen der Auswahlmethode signifikante Zusammenhänge zwischen sozialen Vergleichen und Leistungsindikatoren nach. Aus Sicht der vorliegenden Arbeit ist zu bedauern, dass das allgemeine Selbstwertgefühl in diesen Studien nicht explizit thematisiert wurde. In einer Literaturübersicht kritisierte Wood (1996) Auswahlstudien, da ihrer Meinung nach die Auswahl einer sozialen Vergleichsperson nicht unbedingt impliziere, dass tatsächlich ein sozialer Vergleich angestrebt werde, sowie dass nicht ausreichend in Erfahrung gebracht werde, warum sich die Versuchsteilnehmer speziell mit der ausgewählten Person vergleichen wollten. Andere Motive, etwas über eine andere Person zu erfahren, könnten zum Beispiel darin bestehen, dass man jene Person dominieren oder von ihr gemocht werden wolle. Wood forderte deshalb dazu auf, Auswahlstudien stets daraufhin zu untersuchen, ob andere Motive für die Auswahl einer Person bestünden als der Wunsch zum sozialen Vergleich. Unter anderem lässt es sich dieser Kritik von Wood zuschreiben, dass in den vergangenen Jahren sehr wenige Auswahlstudien veröffentlicht wurden (für Ausnahmen vgl. die oben zitierte Studie von Blanton et al., 1999, sowie Möller & Köller, 1998). Eine mögliche Alternative zur Aufgabe des Auswahlparadigmas aufgrund der Unklarheit, welches Motiv den sozialen Vergleich beeinflusst hat, besteht natürlich darin, dass diese Unklarheit beseitigt wird – indem beispielsweise in den Untersuchungen mögliche Motive für den Vergleich experimentell beeinflusst werden (vgl. Butler, 1992).

Reaktionsstudien
Der geringeren Anzahl an Auswahlstudien aus jüngerer Zeit steht eine Vielzahl von *Reaktions*studien (vgl. Wood, 1996) gegenüber, in denen das Selbstwertgefühl eine

prominente Rolle als (quasi-experimentelle) unabhängige Variable innehatte. Beispielsweise gaben Dodgson und Wood (1998) Versuchsteilnehmern mit hohem bzw. niedrigem Selbstwertgefühl nach einem „verbalen Problemlösetest" ein positives, neutrales oder negatives Feedback. Anschließend sollten sie in einem Reaktionszeitexperiment positive und negative Eigenschaften als für sie zutreffend oder unzutreffend klassifizieren. Insgesamt waren die Reaktionszeiten bei persönlichen Stärken kürzer; besonders traf dies aber bei Personen mit hohem Selbstwertgefühl in der Bedingung negatives Feedback zu, die im Vergleich zur Bedingung ohne Feedback eine besonders große Diskrepanz zeigten. Dies kann als Hinweis darauf verstanden werden, dass sich Personen mit hohem Selbstwertgefühl in selbstwertbedrohenden Situationen ganz besonders auf ihre Fähigkeiten besinnen, im Gegensatz zu Personen mit niedrigem Selbstwertgefühl, denen nach Misserfolg möglicherweise besonders ihre Schwächen bewusst werden.

Interessant sind für die vorliegende Studie auch die Befunde von Dutton und Brown (1997, vgl. Abschnitt 2.5). Die Autoren erhoben bereichsspezifische Selbsteinschätzungen und das globale Selbstwertgefühl, bevor die Versuchsteilnehmer einen Problemlösetest bearbeiteten. Erfolg bzw. Misserfolg im Test wurde dadurch variiert, dass ein Teil der Versuchsteilnehmer schwierige, ein anderer Teil vergleichsweise leichte Testaufgaben zu bewältigen hatte. Dutton und Brown berichteten, dass in ihrem Experiment bereichsspezifische Fähigkeitsselbstkonzepte einen Einfluss auf Erfolgsattributionen nahmen: Beispielsweise beurteilten Personen mit hohem Fähigkeitsselbstkonzept in der Bedingung Misserfolg die Güte des Tests wesentlich kritischer als Personen mit niedrigem Fähigkeitsselbstkonzept. Dagegen steuerte nicht das Fähigkeitsselbstkonzept, sondern das Selbstwertgefühl die emotionale Reaktion nach der Leistungsrückmeldung: Personen mit hohem Selbstwertgefühl verspürten nach einem Misserfolg weniger negative Emotionen als Personen mit niedrigem Selbstwertgefühl. Dutton und Brown (1997) betrachteten diesen Befund als Hinweis darauf, dass das globale Selbstwertgefühl einen wichtigen Beitrag zur Erklärung von Erleben und Verhalten jenseits von bereichsspezifischen Selbsteinschätzungen leisten kann.

Die zitierten Reaktionsstudien weisen darauf hin, dass Personen mit hohem Selbstwertgefühl bei negativen Leistungsrückmeldungen anders reagieren als Personen mit niedrigerem Selbstwertgefühl: Sie sind möglicherweise besser in der Lage, auf Selbstwertbedrohungen adaptiv zu reagieren, beispielsweise indem sie ihre persönlichen Stärken betonen. Das Selbstwertgefühl scheint dabei die Informationssuche zu beeinflussen, die Wirkung von Leistungsrückmeldung zu moderieren und den Umgang mit Misserfolgen zu steuern. Kritisch müssen jedoch zwei Dinge angemerkt werden: Zum einen sind Experimente dieser Art in aller Regel im Labor und mit studentischen Versuchsteilnehmern durchgeführt worden; ihre externe Validität ist deshalb ungesichert. Zum anderen wurde es teilweise versäumt, die tatsächliche Leistung einer Person auf der untersuchten Dimension zu kontrollieren.

Angesichts der Befunde, dass bei Personen mit hohem Selbstwertgefühl bei Misserfolgen weniger schädliche Wirkungen auf das emotionale Wohlbefinden eintreten, drängt sich die Frage auf, ob Personen mit hohem Selbstwertgefühl auch eine größere Fähigkeit haben, Erfolge herbeizuführen, um ihr eigenes Selbstwertgefühl zu stärken, sowie vermeidbare Misserfolge zu antizipieren, um dann eine Konfrontation mit diesen zu vermeiden. Für eine solche Fragestellung wären jedoch wiederum Auswahlstudien die Methode der Wahl.

Tagebuchstudien bzw. autobiographische Studien

Auch Tagebuchstudien und autobiographische Studien zu sozialen Vergleichen wurden bislang in der Mehrzahl mit erwachsenen Versuchsteilnehmern durchgeführt. In dem von Wheeler und Miyake (1992) verwendeten und in vielen Nachfolgestudien übernommenen Untersuchungsparadigma (vgl. Wheeler, 2000) werden Versuchsteilnehmer gebeten, (spontane) soziale Vergleiche sofort nach ihrem Auftreten schriftlich festzuhalten und genauer zu beschreiben; hierbei wird unter anderem nach der Vergleichsrichtung und nach den Gefühlen vor und nach dem Vergleich gefragt. Es handelt sich somit um eine Art Auswahlstudie in einem ökologisch validen Kontext. In einer Zusammenfassung der Studien kam Wheeler (2000) zu dem Schluss, dass Abwärtsvergleiche häufiger von Personen mit hohem Selbstwertgefühl angestellt werden, womit sich also eine Bestätigung für die Position Browns (1993) findet und das *downward comparison principle* (Wills, 1981) infrage gestellt wird.

Interessanterweise scheinen bestimmte Aspekte der Vergleichssituation bzw. der Vergleichsdimension den allgemeinen Befund von Abwärtsvergleichen bei Personen mit hohem Selbstwertgefühl zu moderieren. Wheeler und Miyake (1992) unterschieden zwei Bereiche des sozialen Vergleichs: den Bereich *Lifestyle,* unter dem die Aspekte Persönlichkeit, schulische Einstellung und Lebensführung subsumiert wurden und der gekennzeichnet ist von einer gewissen Ambiguität hinsichtlich dessen, was „gut" bzw. „schlecht" ist; da es in diesem Bereich keine Strukturen gibt, die regelmäßige soziale Vergleiche aufzwingen, bezeichneten Wheeler und Miyake solche Vergleiche als „freiwillig". In die Dimension *Assets* fielen dagegen mit Fähigkeiten, Geschick im sozialen Umgang sowie Aussehen eher objektivierbare Eigenschaften; Vergleiche in diesem Bereich sind nach Meinung der Autoren in der Universität häufig unumgehbar.

Wheeler und Miyake (1992) fanden in ihrer Studie eine besondere Häufigkeit von Abwärtsvergleichen bei Personen mit hohem Selbstwertgefühl im Bereich *Lifestyle.* Zudem reagierten im Bereich *Assets* Personen mit hohem Selbstwertgefühl verstärkt mit positivem Affekt auf Aufwärtsvergleiche. Die Fähigkeit von Personen mit hohem Selbstwertgefühl, auf die eher unumgänglichen Aufwärtsvergleiche im Bereich der Assets mit positiven Emotionen zu reagieren, interpretierten die Autoren in Anlehnung an Taylor und Brown (1988) als besondere Adaptationsleistung eines hohen Selbstwertgefühls. Auf diese Weise erleben Personen mit hohem Selbstwertgefühl in beiden Fällen die sozialen Vergleiche als selbstwertsteigernd.

Die berichteten Studien zusammenfassend kann festgestellt werden, dass es einige Hinweise darauf gibt, dass das Selbstwertgefühl sowie bereichsspezifische Selbstkonzepte von Versuchsteilnehmern in Experimenten signifikante Auswirkungen auf das soziale Vergleichsverhalten haben. Gleichzeitig müssen die oft inkonsistenten und unklaren Befundmuster betont werden (vgl. Wheeler, 2000; Wood, 1996).

10.1.4 Ableitung der Fragestellung

In den vorangegangenen Abschnitten wurden aus einer mehr allgemein psychologischen Perspektive drei Motive bei sozialen Vergleichen (Selbstverbesserung, adäquate Selbsteinschätzung sowie Selbstwertsteigerung) vorgestellt. Anschließend wurden Annahmen und Studien zu interindividuellen Unterschieden bei der Bevorzugung einer bestimmten Vergleichsrichtung (Auf- vs. Abwärtsvergleich) genauer betrachtet. Gegensätzliche theoretische Annahmen und widersprüchliche empirische Befundmuster finden sich besonders in Arbeiten, in denen es um die Auswirkungen interindividuell stabiler Persönlichkeitseinflüsse geht (vgl. Wheeler, 2000). Während Wills (1981) argumentierte, dass ein niedriges Selbstwertgefühl zu Abwärtsvergleichen führen sollte, ist bei Brown (1993; Brown & Dutton, 1995a, 1995b; Dutton & Brown, 1997; Taylor & Brown, 1988) eher ein hohes Selbstwertgefühl für Abwärtsvergleiche verantwortlich. „As we see it, self-esteem is a capacity – the capacity to respond to events in ways that protect or restore FOSW (feelings of self-worth; Anm. d. Verfassers)." (Brown & Dutton, 1995b, S. 713) Dies impliziert, dass insbesondere Personen mit hohem Selbstwertgefühl in der Lage sein sollten, ihr psychisches Wohlbefinden aktiv zu fördern, indem vermehrt Informationen angestrebt werden, die ein positives Selbstbild bestätigen bzw. fördern. In diesem Sinne zeigten Brown und Smart (1991), dass Personen mit hohem Selbstwertgefühl Misserfolge in einem Bereich mental durch Erfolge in anderen Bereichen kompensieren können, und Brown et al. (1992) interpretierten die Ergebnisse ihrer Studien zur selbst eingeschätzten Attraktivität als Hinweis darauf, dass Personen mit hohem Selbstwertgefühl eine Überlegenheit über andere anstreben. Es lässt sich vermuten, dass die gelungene emotionale Verarbeitung von Misserfolgen bzw. die Suche nach positiver Rückmeldung Teil einer besonderen adaptiven Ressource von Menschen mit hohem Selbstwertgefühl ist, die dazu führt, dass ein hohes Selbstwertgefühl bewahrt werden kann. Die Studie von Dodgson und Wood (1998) weist ebenfalls darauf hin, dass Personen mit hohem Selbstwertgefühl besonders adaptive Verhaltensweisen zeigen.

Insgesamt scheint Browns (1993) Position mehr empirische Bestätigung (vgl. Wheeler, 2000) gefunden zu haben als diejenige von Wills (1981), der von Abwärtsvergleichen bei Personen mit niedrigem Selbstwertgefühl ausging; gleichzeitig weist das Befundmuster insgesamt darauf hin, dass einfache Wirkungsannahmen (im Sinne statistischer „Haupteffekte") möglicherweise zu kurz greifen und nach möglichen moderierenden Kontextbedingungen („Interaktionen") gesucht werden sollte: Je nach Situation können Abwärts- oder Aufwärtsvergleiche adaptiver sein (vgl. Blanton et al., 1999; Brown, 1993; Taylor & Lobel, 1989). Diese Einsicht könnte einen möglichen Schlüssel zum Verständnis der empirischen Inkonsistenzen darstellen (vgl. auch Collins, 1996): Wenn das Selbstwertgefühl tatsächlich adaptiv wirksam ist, so sollte es durchaus möglich sein, dass es nur unter bestimmten Bedingungskonstellationen wirksam wird (vgl. Wheeler & Miyake, 1992).

Nachfolgend soll die eigene Studie zur Bedeutung des Selbstwertgefühls für das Verhalten in sozialen Vergleichssituationen *in der Schule* vorgestellt werden, in der durch eine experimentelle Manipulation der Bedingungskonstellation (vgl. Butler, 1992) explizit Browns (1993) These untersucht wurde, dass das Selbstwertgefühl eine adaptive Ressource darstellt, die bei Personen mit hohem Selbstwertgefühl ein günstiges Verhalten im Umgang mit Leistungsergebnissen fördert. Dabei wurde zunächst davon ausgegangen, dass das Verhalten von Schülerinnen und Schülern in schulischen Situationen, in denen wegen der stabilen Zusammensetzung der Klasse das Motiv nach adäquater Selbsteinschätzung befriedigt sein dürfte (Schülerinnen und Schüler „wissen" im Allgemeinen, wie sie im Vergleich zu anderen stehen), stark von dem Motiv nach Selbstverbesserung gesteuert ist (vgl. Köller, 2000). Generell können Schüler dabei in erster Linie von besseren Mitschülern etwas lernen, weniger dagegen von den schlechteren. Dies bedeutet, dass das Motiv nach Selbstverbesserung dazu führen sollte, dass sich Schülerinnen und Schüler mit Personen vergleichen wollen, die normalerweise besser sind als sie selbst. Der „Vergleich" besteht in diesem Fall eher aus einer Informationssuche (vgl. Köller, 2000): „Was hat die andere Person richtig gemacht, wie hat sie es gemacht?"

Andererseits mag es für die Aufrechterhaltung des eigenen Selbstwertgefühls bisweilen sinnvoll sein, sich auch mit schlechteren Schülern zu vergleichen (vgl. Taylor & Brown, 1988), insbesondere dann, wenn man durch ein solches Verhalten keine wichtigen Informationen verliert. Maßnahmen zur Selbstwerterhöhung sind also dann besonders adaptiv, wenn dadurch andere Interessen wie beispielsweise der Erwerb von Wissen nicht beeinträchtigt werden. Damit kann insgesamt argumentiert werden, dass *Abwärts*vergleiche in solchen Situationen nicht adaptiv sind, in denen eine Person bei der Verwendung von *Aufwärts*vergleichen etwas *lernen* kann (vgl. Blanton et al., 1999; Collins, 1996).

Anders ausgedrückt: Wenn in einer sozialen Vergleichssituation in einer Klasse das Motiv nach Selbstverbesserung salient ist (vgl. Butler, 1992; Wood, 1996), sind Abwärtsvergleiche nicht adaptiv. Die Adaptivität des Selbstwertgefühls vorausgesetzt, sollte man nicht annehmen, dass in Situation, in denen durch Aufwärtsvergleiche wichtige Informationen erhalten werden können, ein hohes Selbstwertgefühl zu Abwärtsvergleichen führt. Wenn dagegen das Motiv der Selbstverbesserung befriedigt ist oder die Situation es nicht zulässt, eine Selbstverbesserung anzustreben, kann möglicherweise dem Motiv der Selbstwerterhöhung eine größere Rolle zukommen. Gerade in Hinblick auf das Motiv der Selbstwerterhöhung ist nun jedoch die Höhe des Selbstwertgefühls bedeutsam: Personen mit hohem Selbstwertgefühl sollten nach Brown (1993) im Vergleich zu Personen mit niedrigem Selbstwertgefühl eher zu Abwärtsvergleichen neigen.

Für die vorliegende Studie, die dem Paradigma der Auswahlstudien folgt, wird ein besonderes Augenmerk darauf gelegt, inwieweit in einer schulischen Vergleichssituation das *Motiv der Selbstverbesserung* befriedigt werden kann. Hierfür wurde ein Experiment durchgeführt, bei dem das Selbstverbesserungsmotiv manipuliert wurde, indem einem Teil der Untersuchungsteilnehmer nach einer Testsituation Informationen über die korrekten Lösungen gegeben wurden, während ein anderer Teil diese Informationen nicht erhielt. Damit sollte das Motiv nach Selbstverbesserung in der Gruppe mit Informationen relativ zu der Gruppe ohne Informationen an Salienz verlieren sowie das Motiv nach Selbstwerterhöhung an Salienz gewinnen. Es wurde dabei erwartet, dass diese Manipulation einen Einfluss auf die Wahl einer Vergleichsperson in der Art haben würde, dass in der Gruppe mit Informationen über die richtigen Lösungen ein höheres Selbstwertgefühl verstärkt zu Abwärtsvergleichen führen sollte.

10.2 Methode

10.2.1 Stichprobe

In die Auswertung flossen die Daten von insgesamt 215 Schülern ein, davon 125 (58,1 %) weiblichen Geschlechts. Die Schülerinnen und Schüler besuchten zum Untersuchungszeitpunkt die 7. (29 %), 8. (21 %), 9. (26,2 %) oder 10. Jahrgangsstufe (23,8 %; von einer Person fehlte die Angabe zur Klassenstufe) eines Berliner Gymnasiums. Aus jeder Jahrgangsstufe dieses Gymnasiums wurden zwei Klassen zufällig ausgewählt, wobei in der gesamten Stichprobe auf dieselbe Fremdsprachenfolge geachtet wurde. Sämtliche Schülerinnen und Schüler nahmen freiwillig und unentgeltlich an der Untersuchung teil.

10.2.2 Unabhängige und abhängige Variablen

Unabhängige Variablen
Darbietung korrekter Lösungen. In den Klassen wurde ein so genannter „Test zum schnellen Denken" durchgeführt. Bei diesem Test handelte es sich um den Untertest V4 aus dem Kognitiven Fähigkeitstest KFT 4–13 (Heller, Gaedicke, & Weinläder,

1976). Anschließend wurden in vier der acht untersuchten Klassen die korrekten Lösungen mitgeteilt, indem der Versuchsleiter die Lösungen über Overheadfolien präsentierte (experimentelle Bedingung „Lösungen bekannt"); die anderen vier Klassen bearbeiteten in der gleichen Zeit einen Fragebogen zum politischen Interesse und Selbstkonzept (experimentelle Bedingung „Lösungen *nicht* bekannt"). Diese experimentelle Manipulation sollte dazu führen, dass das Motiv der Selbstverbesserung in der Versuchsbedingung „Lösungen bekannt" im Vergleich mit der Versuchsbedingung „Lösungen nicht bekannt" an Salienz verliert und entsprechend das Motiv nach Selbstwertsteigerung an Gewicht gewinnt.

Selbstwertgefühl. Es wurde wiederum die bereits in Kapitel 5 beschriebene Selbstwertskala mit vier Items eingesetzt, bei der Werte von 1 *(geringer Selbstwert)* bis 4 *(hoher Selbstwert)* möglich sind. In der vorliegenden Stichprobe betrug Cronbachs α .74. In Abhängigkeit des Skalenwerts beim Selbstwertgefühl wurde jeder Schüler bzw. jede Schülerin einer von drei Gruppen zugeteilt: 70 Versuchsteilnehmer konstituierten die Gruppe „niedriges Selbstwertgefühl" ($M = 2.76$, $SD = 0.46$), 86 Schülerinnen und Schüler die Gruppe „mittleres Selbstwertgefühl" ($M = 3.62$, $SD = 0.13$) und die 59 Schülerinnen und Schüler, die bei allen Selbstwertitems den Wert von 4 hatten, bildeten die Gruppe „hohes Selbstwertgefühl". Die aus vielen Studien bekannte insgesamt positive Selbsteinschätzung (vgl. Schütz, 2000) führte bei dem vorliegenden Sample – wie bei vielen anderen Studien – dazu, dass der Mittelwert der Gruppe „niedriges Selbstwertgefühl" über dem theoretischen Mittelwert von 2.50 liegt. Dies lässt es fraglich erscheinen, ob die Bezeichnung „niedriges Selbstwertgefühl" angemessen ist. Besser sollte man von „niedrigerer Ausprägung" bzw. „niedrig relativ zu der Vergleichsgruppe" sprechen. Ähnlich lässt sich bei der Gruppe „mittleres Selbstwertgefühl" argumentieren. Aus Gründen der einfacheren Kommunikation der Ergebnisse werden jedoch die genannten Begriffe beibehalten. Die Verteilung von Jungen und Mädchen in den drei Untersuchungsgruppen war nicht proportional: Mädchen waren in der Gruppe „niedriges Selbstwertgefühl" (68,6 %) und in der Gruppe „mittleres Selbstwertgefühl" (57,0 %) überrepräsentiert, wohingegen sich in der Gruppe „hohes Selbstwertgefühl" ein annähernd ausgeglichenes Geschlechterverhältnis fand (47,5 % Mädchen).

Abhängige Variable Vergleichsrichtung
Die Versuchsteilnehmer wurden gefragt, wessen Testheft sie gerne anschauen würden. Zudem wurde um eine Einschätzung gebeten, ob dieser Schüler oder diese Schülerin bei Aufgaben zum schnellen Denken normalerweise „viel schlechter" (als 1 kodiert), „etwas schlechter" (2), „genauso gut" (3), „etwas besser" (4) oder „viel besser" (5) sei als die befragte Person selbst. Somit wurde das dreistufige Maß (Abwärtsvergleich, Aufwärtsvergleich, horizontaler Vergleich) von Reuman (1989), das auch von Möller und Köller (1998) eingesetzt wurde, dahingehend modifiziert, dass der Abwärts- bzw.

Aufwärtsvergleich genauer spezifiziert wurde. In dem konstruierten Maß bedeuten hohe Werte also einen Aufwärtsvergleich, während niedrige Werte einen Abwärtsvergleich konstituieren.

Weitere eingesetzte Variablen (Kontrollvariablen)

Intelligenz. Wie bereits dargestellt, wurde als so genannter „Test zum schnellen Denken" der Untertest „V4" (Wortanalogien) aus dem Kognitiven Fähigkeitstest KFT 4–13 (Heller et al., 1976) eingesetzt. Dieser Untertest besteht aus 20 Einzelaufgaben im Multiple-Choice-Format. Die richtigen Antworten jedes Versuchsteilnehmers wurden aufsummiert, sodass Werte zwischen 0 und 20 entstanden.

Selbstüberschätzung. In Ergänzung zum Selbstwertgefühl wurden den Versuchsteilnehmern auch zwei Items vorgelegt, die in Anlehnung an Schütz (2000) eine eher übersteigerte Form des Selbstwertgefühls anzeigen sollten, nämlich „Die Welt wäre besser, wenn andere Menschen so wären wie ich" und „Schade dass nicht alle Menschen so sein können wie ich"; bei beiden Items kam dieselbe vierstufige Antwortskala wie beim Selbstwertgefühl zur Anwendung. Die zwei Items wurden zu einer Skala „Selbstüberschätzung" zusammengefasst ($M = 1.92$, $SD = 0.57$, Cronbachs $\alpha = .65$), und durch Mediansplit wurden die Versuchsteilnehmer in zwei Gruppen aufgeteilt (eine Trichotomisierung bot sich nicht an, da hierbei sehr unterschiedlich große Gruppen entstanden wären).

10.2.3 Untersuchungsablauf

Die vorgestellte Untersuchung war Teil einer größeren Studie, in der verschiedene Fragestellungen untersucht wurden. Nur diejenigen Anteile der Untersuchung, die für die vorliegende Fragestellung von Interesse sind, werden hier vorgestellt. Die Untersuchung fand in den üblichen Klassenräumen der jeweiligen Klassen statt und war auf eine Schulstunde begrenzt. Um die Anonymität der Befragten zu sichern und gleichzeitig zu gewährleisten, dass die gewählten Vergleichspersonen identifizierbar waren, wurde den Schülerinnen und Schülern ein spezieller Kode zugeordnet, den sie auf der ersten Seite des Bogens eintragen sollten. Der Fragenbogenteil begann mit einer Reihe von Selbstkonzeptitems. Daran anschließend wurde der so genannte „Test zum schnellen Denken" durchgeführt. Die Instruktion zu diesem Test hatte zum Ziel, die Schülerinnen und Schüler dazu zu motivieren, den Test ernst zu nehmen. Die Instruktion lautete deshalb wie folgt:

> Der nächste Teil des Fragebogens beschäftigt sich mit der Fähigkeit von Schülerinnen und Schülern, besonders schnell und erfolgreich denken zu können. In der Schule muss man ja oft schnell denken können, denn auf die eine oder andere Weise ist das wichtig in Klassenarbeiten und für die Noten. Schnell denken zu können ist deshalb in fast jedem Fach von Vorteil. *Du wirst nun als nächstes einen Test bekommen, der herausfinden soll, wie schnell Du normalerweise denken kannst.*

Vor der Einführung in den oben beschriebenen Test wurden die Schülerinnen und Schüler gebeten anzugeben, wie wichtig es ihnen sei, in dem Test ein gutes Ergebnis zu erzielen (vierstufig von „sehr unwichtig" bis „sehr wichtig"). Nach der Testdurchführung wurden in vier Klassen die korrekten Lösungen mitgeteilt (Versuchsbedingung „Lösungen bekannt"), während die Teilnehmer in den anderen vier Klassen eine Reihe von Fragen zum politischen Interesse beantworteten (Versuchsbedingung „Lösungen nicht bekannt"). Anschließend wurden die Versuchsteilnehmer instruiert, einen Mitschüler auszuwählen, dessen Test sie gerne anschauen würden. Dazu wurden die Instruktionen „Wenn Du den Test eines Mitschülers/einer Mitschülerin anschauen könntest, wessen Test wäre das dann?" bzw. „Du darfst Dir nun einen Mitschüler/eine Mitschülerin aussuchen, dessen/deren Heft Du anschauen möchtest. Wessen Heft sollen wir Dir zeigen?" verwendet. Wie Analysen zeigten, hatten die beiden Versionen dieser Instruktion keinen Einfluss auf die Ergebnisse, sodass im Folgenden auf diesen Unterschied nicht weiter eingegangen wird. Alle Schülerinnen und Schüler wurden sodann gebeten, den Kode ihrer Vergleichsperson zu notieren und anzugeben, wie die Leistungen dieser Person bei Tests dieser Art im Vergleich zu den eigenen Leistungen normalerweise sei (AV Vergleichsrichtung).

10.2.4 Statistisches Vorgehen

Durch die experimentelle Variation (Mitteilung der korrekten Lösungen im „Test zum schnellen Denken") sowie durch die Trichotomisierung beim Selbstwertgefühl wurden sechs Gruppen gebildet. Zudem wurde der Faktor Geschlecht einbezogen, da Jungen in der Gruppe „niedriges Selbstwertgefühl" unterrepräsentiert waren, womit sich die Zahl der Untersuchungsgruppen auf insgesamt zwölf erhöhte. Es wurde angenommen, dass ein hohes Selbstwertgefühl relativ zu niedrigerem Selbstwertgefühl verstärkt in der Versuchsbedingung „Lösungen bekannt" zu Abwärtsvergleichen führen sollte. Diese Hypothese wurde mithilfe einer 2 (experimentelle Variation: „Lösungen bekannt" vs. „Lösungen nicht bekannt") × 3 (Selbstwertgefühl: hoch vs. mittelhoch vs. niedrig) × 2 (Geschlecht: Mädchen vs. Jungen) Varianzanalyse auf statistische Signifikanz untersucht. Um mögliche konfundierte Effekte der Testleistung und des Selbstwertgefühls zu kontrollieren, wurde zudem die Testleistung als Kovariate eingeführt.

10.3   Ergebnisse

10.3.1 Überprüfung der Wichtigkeitsmanipulation

Zunächst wurde überprüft, ob die Schülerinnen und Schüler den „Test zum schnellen Denken" hinreichend wichtig nahmen. Bei der Frage „Wie wichtig ist es Dir, in dem Test zum schnellen Denken ein gutes Ergebnis zu erzielen?" resultierte ein Mittelwert von $M = 2.81$ ($SD = .74$), was darauf hinweist, dass den Schülern eine gute Testleistung im Mittel annähernd „eher wichtig" war. Keine signifikanten Unterschiede bei der erlebten Wichtigkeit des Tests fanden sich hinsichtlich des Geschlechts der Befragten sowie bezüglich der besuchten Klassenstufe ($ps > .10$). Somit kann davon ausgegangen werden, dass es gelungen war, eine ausreichend und gleichermaßen hohe Motivation bei den Schülerinnen und Schülern der verschiedenen Klassenstufen herzustellen.

10.3.2 Das Selbstwertgefühl und die Wahl der Vergleichsrichtung

Mittelwerte und Standardabweichungen der abhängigen Variable finden sich in Tabelle 31. Zur Überprüfung der Effekte der Testbedingung und des Selbstwertgefühls wurde eine 2 (Testbedingung) × 3 (Selbstwertgefühl) × 2 (Geschlecht) Varianzanalyse durchgeführt, wobei die Testleistung als Kovariate diente.

Der erwartete Haupteffekt Versuchsbedingung wurde nicht gefunden, $F(1, 205) = 2.06$, ns. Somit führte die experimentelle Variation nicht dazu, dass es in der Versuchsbedingung „Lösungen bekannt" insgesamt vermehrt zu Abwärtsvergleichen kam. Dagegen erreichte der Haupteffekt Geschlecht das Signifikanzniveau, $F(1, 205) = 6.89$, $p < .01$, $\eta^2 = .033$; Mädchen nahmen insgesamt mehr Aufwärtsvergleiche vor. Es zeigte sich zudem der erwartete Interaktionseffekt Selbstwertgefühl × Testbedingung, $F(2, 205) = 6.61$, $p < .01$, $\eta^2 = .062$: In der Untersuchungsbedin-

Tabelle 31: Die Richtung des Vergleichs in Abhängigkeit von Testbedingung, Selbstwertgefühl und Geschlecht (Mittelwerte und in Klammern Standardabweichungen)

	Lösungen nicht bekannt	Lösungen bekannt
Niedriger Selbstwert		
Mädchen	3.26 (1.21)	4.06 (1.00)
Jungen	2.50 (1.41)	3.79 (0.58)
Mittlerer Selbstwert		
Mädchen	3.26 (0.99)	3.70 (0.99)
Jungen	3.24 (0.83)	2.75 (1.12)
Hoher Selbstwert		
Mädchen	3.24 (1.09)	3.09 (0.83)
Jungen	3.27 (1.28)	2.67 (1.18)

Hohe Werte bedeuten einen Aufwärtsvergleich (Vergleich mit Leistungsbesseren), niedrige Werte dagegen einen Abwärtsvergleich.

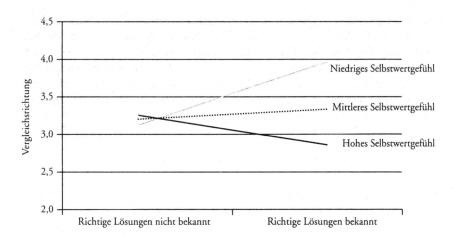

Abbildung 21: Veranschaulichung des Interaktionseffekts Testbedingung × Selbstwert-
               gefühl

gung „Lösungen bekannt" neigten Personen mit hohem Selbstwertgefühl stärker zu
Abwärtsvergleichen als Personen mit mittlerem bzw. niedrigem Selbstwertgefühl, wohingegen in der Versuchsbedingung „Lösungen nicht bekannt" kein solcher Effekt
auftrat. In anderen Worten: War das Motiv nach Selbstverbesserung nicht salient,
neigten Personen mit hohem Selbstwertgefühl relativ zu Personen mit niedrigerem
Selbstwertgefühl verstärkt dazu, Abwärtsvergleiche vorzunehmen. Abbildung 21 ver-
deutlicht diesen Interaktionseffekt nochmals graphisch. Kein anderer Haupt- oder
Interaktionseffekt erreichte das Signifikanzniveau ($ps > .10$).

10.3.3 Selbstüberschätzung und die Wahl der Vergleichsrichtung

In Entsprechung zum Vorgehen beim Selbstwertgefühl wurde eine 2 (Versuchsbedingung) × 2 (Selbstüberschätzung) × 2 (Geschlecht) Varianzanalyse mit der abhängigen
Variablen Vergleichsrichtung durchgeführt, wobei wiederum die Testleistung als Kovariate in die Berechnungen mit einfloss. Hierbei ergab sich neben dem bereits bekannten Haupteffekt des Geschlechts lediglich ein signifikanter Haupteffekt der
Variablen Selbstüberschätzung auf die Vergleichsrichtung: Personen in der Gruppe
hohe Selbstüberschätzung ($M = 3.03$, $SD = 1.12$) tendierten in beiden Testbedingun-
gen stärker als Personen in der Gruppe niedrige Selbstüberschätzung ($M = 3.62$,
$SD = 1.03$) zu Abwärtsvergleichen, $F(1, 199) = 13.35$, $p < .001$, $\eta^2 = .063$. Alle anderen Effekte verfehlten das Signifikanzniveau (alle $ps > .10$). Wie erwartet tendierten

Personen mit hohen Werten bei der Variablen Selbstüberschätzung somit dazu, sich selbst mit Personen zu vergleichen, denen sie sich überlegen fühlen; dagegen gelang es ihnen nicht, ihr eigenes Verhalten adaptiv an unterschiedliche Situationen anzupassen.

10.4 Diskussion

Die vorliegende Studie untersuchte den Einfluss des Selbstwertgefühls auf soziale Vergleichsprozesse in dem ökologisch validen Kontext von intakten Schulklassen. Aufbauend auf die Annahmen Browns (1993) wurde eine adaptive Funktion des Selbstwertgefühls postuliert. Es wurde herausgestellt, dass selbstwerterhöhende *(self-enhancement)* Effekte eines hohen Selbstwertgefühls verstärkt dann zu erwarten sind, wenn das Motiv nach Selbstverbesserung in Relation zum Motiv nach Selbstwerterhöhung an Einfluss verliert. Entsprechend wurde ein Experiment durchgeführt, in dem die Salienz des Motivs nach Selbstverbesserung in einer von zwei Versuchsbedingungen experimentell gesenkt wurde. Während kein Haupteffekt der experimentellen Manipulation gefunden wurde, zeigte sich der erwartete Effekte, wonach ein hohes Selbstwertgefühl vermehrt in der Versuchsbedingung, in der das Motiv nach Selbstverbesserung weniger salient ist, zu Abwärtsvergleichen führte. Auf wichtige Aspekte der Studie und ihre Implikationen wird im Folgenden detaillierter eingegangen.

10.4.1 Die Motive beim sozialen Vergleich und die adaptive Kraft des Selbstwertgefühls

Wie lässt es sich erklären, dass der erwartete Interaktionseffekt gefunden werden konnte, jedoch kein Haupteffekt der experimentellen Variation auftrat? In der vorliegenden Studie lag das Ausbleiben des erwarteten Haupteffekts Untersuchungsbedingung insbesondere an den Schülerinnen und Schülern mit niedrigem Selbstwertgefühl. Bei diesen Schülerinnen und Schülern war keine Veränderung der Vergleichsrichtung erwartet worden. Stattdessen fand sich jedoch bei abnehmender Salienz des Selbstverbesserungsmotivs ein *verstärkter* Vergleich mit Leistungsstärkeren. Die Interpretation liegt nahe, dass diese Schülerinnen und Schüler eine besonders maladaptive Strategie verfolgten: Sie verglichen sich vermehrt in der Bedingung „Lösungen bekannt" mit den Besseren, ganz so, als wollten sie eine Bestätigung dafür, dass sie tatsächlich schlechter sind als ihre Vergleichspersonen. Mit den oben besprochenen Motiven der Selbstverbesserung, der adäquaten Selbsteinschätzung sowie der Selbstwerterhöhung lässt sich dieses Vergleichsverhalten nur schwer in Einklang bringen. Stattdessen bietet sich dafür das Motiv der Selbstkonsistenz an (vgl. Brown, 1993;

Swann, 1990): Schülerinnen und Schüler mit niedrigem Selbstwertgefühl erwarten möglicherweise in Leistungssituationen eine eher negative Rückmeldung und suchen diese dann auch aktiv auf. Da nur in der Bedingung „Lösungen bekannt" – nicht aber in der Bedingung „Lösungen nicht bekannt" – auch tatsächlich die negative Selbstsicht bestätigt werden konnte, zeigte sich dieses Verhalten hier stärker. Folgt man dieser Argumentation, so gewann also durch die experimentelle Manipulation zusätzlich bzw. alternativ zum Motiv der Selbstwertsteigerung das Motiv der Selbstkonsistenz an Salienz, was im Falle der Schülerinnen und Schüler mit hohem Selbstwertgefühl ein eher selbstwertdienliches sowie bei den Schülerinnen und Schülern mit niedrigem Selbstwertgefühl ein eher selbstwertschädigendes Vergleichsverhalten auslöste.

Gleichzeitig fanden sich Hinweise auf die adaptive Wirkung eines hohen Selbstwertgefühls: Eine hohe Adaptivität des Selbstwertgefühls liegt dann vor, wenn Personen mit hohem Selbstwertgefühl so agieren und reagieren, dass ihr Verhalten kurz-, insbesondere aber auch langfristig zu positiven Folgen führt (vgl. Taylor & Lobel, 1989). In der vorliegenden Studie lässt sich die Adaptivität daran ablesen, dass Personen mit hohem Selbstwertgefühl relativ zu den anderen Untersuchungsgruppen nur in der Bedingung „Lösungen bekannt" vermehrt zu Abwärtsvergleichen griffen. Somit ließ sich kein genereller Trend zur Abwertung anderer Personen bzw. zu selbstwertdienlichem Verhalten feststellen, sondern ein auf die Situation abgestimmtes Verhalten.

10.4.2 Bereichsspezifische Selbstkonzepte und soziale Vergleiche in Leistungssituationen

Ein Großteil der sozial- und persönlichkeitspsychologisch geprägten Forschung zu sozialen Vergleichen verwendet das Selbstwertgefühl – und nicht bereichsspezifische Selbstkonzepte – als zentralen Prädiktor der Vergleichsrichtung bzw. der Reaktionen auf soziale Vergleiche. Die vorliegende Untersuchung griff diesen Ansatz auf, wobei ein besonderes Augenmerk der adaptiven Funktion eines hohen Selbstwertgefühls galt. Ergänzend konnte gezeigt werden, dass diese Adaptivität bei einem hohen Maß von Selbstüberschätzung nicht zu finden ist.

Zukünftige Forschung sollte zusätzlich zum Selbstwertgefühl sowie zum Konstrukt Selbstüberschätzung geeignete *bereichs*spezifische Selbstkonzepte als Prädiktoren der Vergleichsrichtung in sozialen Vergleichen untersuchen (siehe z.B. Blanton et al., 1999; vgl. Wagner, 1999). Ein Einbezug der bereichsspezifischen Selbstkonzepte Mathematik und Englisch in der Weise, wie es in Studie 5 vorgestellt wurde, war bei der vorliegenden Untersuchung nicht angezigt, da ein „Test zum schnellen Denken" eingesetzt worden war; das „schnelle Denken" wurde den Versuchsteilnehmern dabei als eine Fähigkeit vorgestellt, die in fast allen Schulfächern von großem Nutzen sei. Wollte man hier ein bereichsspezifisches Selbstkonzept zusätzlich zum

Selbstwertgefühl untersuchen, so scheint sich am ehesten der Einsatz eines relativ globalen, wenig fachspezifischen Selbstkonzepts der intellektuellen bzw. schulischen Begabung anzubieten. Allerdings sprechen die von Marsh (1990a) im Rahmen seiner Arbeiten zum I/E-Modell akkumulierten Befunde dafür, einem allgemeinen schulischen Selbstkonzept kritisch gegenüberzustehen (siehe oben Kap. 3): Obwohl die Schulnoten von Schülern in verschiedenen Fächern normalerweise hoch korrelieren, findet sich bei den Selbstkonzepten keine Entsprechung – vielmehr scheinen Schülerinnen und Schüler zwischen zwei großen Bereichen, dem mehr „sprachlichen" und dem mehr „mathematischen" Bereich, zu unterscheiden, wodurch sich anstatt eines globalen schulischen Selbstkonzepts zwei höherrangige domänenspezifische Selbstkonzepte ergeben. Diese sind nach Marsh bessere Prädiktoren des Verhaltens in leistungsthematischen Situationen als das globale schulische Selbstkonzept.

Folgt man dieser Argumentation, so bieten sich zwei Alternativen an, wenn man sich dafür interessiert, ob die hier berichtete Wirkung des Selbstwertgefühls bei Kontrolle bereichsspezifischer Selbstkonzepte stabil bleibt: Wird die in der vorliegenden Arbeit verwendete Operationalisierung über den „Test zum schnellen Denken" eingesetzt, so scheint es überlegenswert, anstatt des generellen schulischen Selbstkonzepts das sprachliche *und* das mathematische Selbstkonzept zu kontrollieren. Da in der vorliegenden Studie sowohl das Selbstkonzept Mathematik als auch das Selbstkonzept Englisch mithilfe der bereits aus Studie 1 bzw. Studie 2 bekannten Skalen erhoben worden waren, wurde die zentrale Analyse mit der abhängigen Variablen Vergleichsrichtung unter Kontrolle dieser Selbstkonzepte wiederholt. Somit resultierte eine 2 (Testbedingung) × 3 (Selbstwertgefühl) × 2 (Geschlecht) Varianzanalyse, bei der neben der Testleistung zusätzlich die Selbstkonzepte Mathematik und Englisch als Kovariaten eingesetzt wurden. Dabei zeigte sich neben dem Haupteffekt Geschlecht, F (1, 198) = 4.80, $p < .05$, $\eta^2 = .022$, auch ein Haupteffekt des Selbstkonzepts Mathematik, F (1, 198) = 5.59, $p < .05$, $\eta^2 = .025$, während der Haupteffekt des Selbstkonzepts Englisch, F (1, 198) = 3.77, $p = .054$, knapp das Signifikanzniveau von .05 verfehlte: Je höher die bereichsspezifischen Selbstkonzepte waren, desto eher fanden Vergleiche mit Leistungsschwächeren statt (vgl. Köller, 2000). Die zusätzliche Berücksichtigung der bereichsspezifischen Selbstkonzepte hatte jedoch keine Auswirkung auf das Muster der übrigen Befunde. Insbesondere erwies sich der erwartete Interaktionseffekt Selbstwertgefühl × Testbedingung nach wie vor als signifikant, F (2, 198) = 6.60, $p < .01$, $\eta^2 = .063$.

Alternativ zum Einsatz der bereichsspezifischen Selbstkonzepte Mathematik und Englisch könnte eine noch konsequentere Überprüfung möglicherweise über eine Veränderung der Operationalisierung erfolgen: Beispielsweise könnte anstatt des „Tests zum schnellen Denken" ein „Test *mathematischer* Denkfähigkeit" verwendet und das bereichsspezifische Selbstkonzept Mathematik erhoben werden. Sollten die berichteten Effekte bei Kontrolle des mathematischen Selbstkonzepts bestehen bleiben, so wäre dies ein besonders starker Beleg für die verhaltensregulierende Funktion des Selbstwertgefühls jenseits bereichsspezifischer Selbstkonzepte.

10.4.3 Ausblick

Die vorgestellte Studie stellt eine Arbeit zum sozialen Vergleich dar, die mit der Auswahlmethode im ökologisch validen Kontext einer Schulklasse arbeitete. Sowohl bei Auswahlstudien als auch bei den Reaktionsstudien werden sehr häufig Laborexperimente durchgeführt, bei denen Studierende einzeln oder in zufälliger Gruppenzusammensetzung untersucht werden. In solchen Studien ergeben sich möglicherweise Validitätsprobleme, da die hierbei beobachteten sozialen Vergleichsprozesse nicht das abbilden, was im täglichen Leben geschieht. Wood (1996) nannte unter anderem drei typische Mängel: (1) Die Personen, mit denen sich die Versuchsteilnehmer in Experimenten vergleichen können bzw. sollen, sind häufig Fremde, mit denen die Versuchsteilnehmer noch nie Kontakt hatten. (2) Auch während des Experiments gibt es keinen persönlichen Kontakt mit den Vergleichspersonen. (3) Die von den Forschern gewählten Vergleichsdimensionen sind für Versuchsteilnehmer nicht persönlich bedeutsam. Demgegenüber untersuchte die vorliegende Studie soziale Vergleiche im typischen Umfeld, nämlich in vollständigen Schulklassen: Leistungseinschätzungen und soziale Vergleiche sind insbesondere in der Schule gang und gäbe; solche Vergleiche sind deshalb ökologisch valider als Vergleiche in Laborexperimenten (vgl. Blanton et al., 1999). Die vorliegende Studie untersuchte somit Browns (1993) Ansatz mittels einer im intakten Klassenkontext durchgeführten Auswahlstudie.

Zudem wurde in der vorliegenden Studie ein eher allgemein psychologischer Ansatz, wonach das Motiv nach Selbstverbesserung einen wichtigen Faktor bei sozialen Vergleichen darstellt, der in unterschiedlichen Situationen unterschiedlich stark auftritt, um die differenzielle Perspektive ergänzt, wonach die Höhe des Selbstwertgefühls einer Person Einfluss auf die von ihr angestellten sozialen Vergleiche nimmt. Obwohl in der vorliegenden Arbeit mit der Manipulation der Salienz von Vergleichsmotiven und der Berücksichtigung auch des Konstrukts Selbstüberschätzung inhaltlich Neuland betreten wurde, das sich als fruchtbar erwies, sind weitere Studien notwendig, um die Befunde abzusichern und zu erweitern. Dabei scheinen neben den bereits erwähnten Aspekten mehrere Modifikationen möglich. Zum einen könnte besonderes Augenmerk darauf gelegt werden, warum in der Untersuchungsbedingung „Lösungen bekannt" die Tendenz zu Aufwärtsvergleichen fortbesteht. Neben der hier präferierten Argumentation, dass die Tendenz zur selbstkonsistenten Informationssuche für dieses Muster verantwortlich ist, sollten alternative Erklärungen untersucht werden. Beispielsweise ist es möglich, dass die Präsentation der korrekten Lösungen über einen Overheadprojektor für manche der Schülerinnen und Schüler zu schnell ging, sodass sie sich durch einen Blick in das Aufgabenheft von besseren Schülern weitere Aufklärung über die richtigen Lösungen versprachen. Allerdings muss bedacht werden, dass dadurch das Ausbleiben des Haupteffekts Versuchsbedingung erklärt werden kann, nicht jedoch der signifikante Interaktionseffekt Selbstwertgefühl × Versuchsbedingung.

Zusätzlich bietet es sich an, stärker als bisher das „schnelle Denken" als eine *erlernbare* Fähigkeit darzustellen, um in der Bedingung „Lösungen nicht bekannt" das Motiv nach Selbstverbesserung noch stärker zu aktivieren. Alternativ dazu kann, wie oben bereits erwähnt, die Operationalisierung auf eine bestimmte Fachleistung abgestellt werden, um das entsprechende bereichsspezifische Selbstkonzept kontrollieren zu können. Schließlich scheint es sinnvoll zu sein, die Schülerinnen und Schüler zusätzlich direkt nach Gründen für die Auswahl einer bestimmten Vergleichsperson zu fragen (vgl. die kritischen Anmerkungen zu Auswahlstudien von Wood, 1996).

Insgesamt bleibt jedoch festzuhalten, dass sich – wie bereits in Studie 5 – in der vorliegenden Studie Belege für Top-down-Effekte vom Selbstwertgefühl auf die selbst berichtete Verhaltensebene finden ließen. Die Befunde weisen darauf hin, dass sich auch in der Gruppe von Jugendlichen ein hohes Selbstwertgefühl als adaptive Instanz erweisen kann; Jugendliche mit hohem Selbstwertgefühl berichteten im Vergleich zu jenen mit niedrigerem Selbstwertgefühl verstärkt von Verhaltenstendenzen, die langfristig günstige Folgen für die Leistungsentwicklung (Studie 5) bzw. die Leistungs- und Selbstwertentwicklung (Studie 6) haben dürften.

11 Gesamtdiskussion

11.1 Zusammenfassung der Ergebnisse der sechs empirischen Teilstudien

Welche gegenseitigen Beeinflussungen finden innerhalb des Selbstkonzeptgefüges sowie zwischen dem Selbstkonzept und der beobachtbaren Ebene (Verhaltensebene, Indikatoren schulischer Leistung und sozialer Integration) statt? Die vorliegende Arbeit hat aus vier forschungsleitenden Theorien teilweise konkurrierende Voraussagen abgeleitet und in sechs Teilstudien überprüft; dabei wurden neben den innerhalb der Selbstkonzeptpyramide angesiedelten Wirkeffekten auch externe, moderierende Effekte des Geschlechts, des Alters und des schulischen Kontexts explizit überprüft. Die wichtigsten Ergebnisse der Teilstudien lassen sich wie folgt zusammenfassen.

Teilstudie 1 untersuchte bei Mädchen und Jungen der 7. sowie der 10. Klassenstufe Mittelwertunterschiede in schulischen, sozialen und Eltern-Selbstkonzepten sowie auf latenter Konstruktebene den korrelativen Zusammenhang mit dem Selbstwertgefühl. In Bezug auf die *Alterseffekte* konnte die erwartete Mittelwertzunahme bei den Selbstkonzepten des Aussehens, der sozialen Anerkennung und Durchsetzungsfähigkeit sowie beim Selbstwertgefühl bestätigt werden, nicht jedoch bei den übrigen Selbstkonzeptfacetten. Für die Annahme einer zunehmenden Differenzierung des Selbstkonzepts wurden keine überzeugenden Belege gefunden. Die vermuteten *geschlechterspezifischen* Effekte konnten bei den schulischen Selbstkonzepten Deutsch und Mathematik bestätigt werden: Es fanden sich ein höheres Selbstkonzept Deutsch bei Mädchen, ein höheres Selbstkonzept Mathematik bei Jungen; zudem war dieser Unterschied in Klassenstufe 10 stärker ausgeprägt als bei den Siebtklässlern. Außerdem zeigte sich bei den Mädchen bereits in der jüngeren Stichprobe ein größerer Zusammenhang des Selbstwertgefühls mit sozialen Selbstkonzepten inklusive des Selbstkonzepts eigenen Aussehens als bei den Jungen, wobei die Größe dieses Unterschieds insgesamt gering ausfiel. Die Erweiterung der Operationalisierung der Komponente des sozialen Selbstkonzepts um die *Facette Durchsetzungsfähigkeit* erwies sich als fruchtbar, da ein bedeutsamer Zusammenhang zwischen dem Selbstkonzept eigener Durchsetzungsfähigkeit und dem Selbstwertgefühl bestand; gleichzeitig war in Teilgruppen eine sehr hohe latente Korrelation mit dem Selbstkonzept sozialer Anerkennung zu verzeichnen.

In *Teilstudie 2* wurde unter längsschnittlicher Perspektive untersucht, wie sich Selbstkonzepte gegenseitig beeinflussen (Bottom-up- und Top-down-Perspektive). Bei Betrachtung der Gesamtgruppe fanden sich sowohl bei Jungen als auch bei Mädchen starke horizontale Effekte, einige Hinweise auf Bottom-up-Effekte und vergleichsweise wenig Belege für Top-down- sowie für transdimensionale Effekte.

Teilstudie 3 ergänzte die Teilstudie 2, indem Leistungsindikatoren (Noten in Mathematik und Deutsch, Mathematiktestleistung) berücksichtigt wurden. In bundesländerspezifischen Analysen wurde eine moderierende Wirkung des Kontexts auf den kausalen Wirkfluss im Selbstkonzept gefunden (Prozesseffekt): Bei Schülerinnen und Schülern aus zwei neuen Bundesländern, in denen kurz zuvor eine bedeutsame Transformation des Schulsystems stattgefunden hatte und die einen Wechsel im schulischen Kontext zu verkraften hatten, wurden vermehrt Bottom-up-Effekte, dafür jedoch kaum Top-down-Effekte zwischen dem Selbstwertgefühl und den schulischen Selbstkonzepten gefunden, während bei Jugendlichen aus Nordrhein-Westfalen fast ausschließlich Top-down-Effekte zu verzeichnen waren.

Teilstudie 4 untersuchte neben dem Selbstwertgefühl insbesondere die Entwicklung des sozialen Selbstkonzepts in Form der wahrgenommenen Anerkennung und Durchsetzungsfähigkeit unter Berücksichtigung von selbst berichteten Problemverhaltensweisen sowie des Peer-Status (Bottom-up- und Top-down-Perspektive unter Einbezug von Indikatoren sozialer Angepasstheit). Höhere Werte beim Problemverhalten hatten prädiktive Kraft für den Anstieg des Selbstkonzepts der Durchsetzungsfähigkeit sowie, im Falle der Unterrichtsstörung, des Selbstkonzepts der sozialen Anerkennung („paradoxe" Bottom-up-Effekte). Zudem fanden sich in Bezug auf physische Aggressionsakte Interaktionseffekte mit den genannten Selbstkonzepten: Besonders diejenigen Schülerinnen und Schüler, die über ein vergleichsweise niedriges Selbstkonzept verfügten, profitierten vom Engagement in Problemverhalten. Keine statistisch signifikanten Haupt- oder Interaktionseffekte waren beim Selbstwertgefühl zu verzeichnen. Wurde das Problemverhalten als abhängige Variable betrachtet (Top-down-Effekte), so fielen die Befunde insgesamt weniger konsistent aus. Zwar ließen sich schwache Belege für die Annahme finden, dass ein hohes Selbstwertgefühl sowie ein hohes schulisches Selbstkonzept Deutsch protektiv gegen die Verwicklung in physische Aggressionshandlungen wirken können, gleichzeitig blieben solche Belege für die Unterrichtsstörung aus.

Teilstudie 5 widmete sich dagegen unterrichtsförderlichem Verhalten in Form der Unterrichtsbeteiligung, wobei Top-down-Effekte vom Selbstwertgefühl und von bereichsspezifischen schulischen Selbstkonzepten auf die Verhaltensebene (Unterrichtsbeteiligung) im Mittelpunkt standen. Es wurden zwei Formen der Unterrichtsbeteiligung unterschieden, nämlich die proaktive Unterrichtsbeteiligung (fleißiges, aufmerksames Verfolgen des Unterrichts) und die bewertungsorientierte Unterrichtsbeteiligung (mündliche Mitarbeit, die von Bewertungsgedanken beeinflusst ist). Für die Annahme, dass hinsichtlich der bewertungsorientierten Unterrichtsbeteiligung das Selbstwertgefühl – auch bei Berücksichtigung bereichsspezifischer Selbstkonzepte – einen signifikanten Erklärungsbeitrag liefert, konnten empirische Belege gefunden werden, obschon ein beachtlicher Anteil der Wirkung des Selbstwertgefühls über das bereichsspezifische Selbstkonzept mediiert wurde. Die beiden Formen der Unterrichtsbeteiligung hatten wiederum einen positiven Effekt auf die Entwicklung der Schulnoten, wobei in Mathematik nur der Effekt der proaktiven Unterrichtsbeteiligung zufallskritisch abgesichert werden konnte.

Schließlich wurde in *Teilstudie 6* im ökologisch validen Kontext von intakten Schulklassen der adaptive Einfluss des Selbstwertgefühls bei sozialen Vergleichsprozessen (Top-down-Effekte auf Verhaltensindikatoren) untersucht. Es wurde ein Experiment durchgeführt, in dem die Salienz des Motivs nach Selbstverbesserung in einer von zwei Versuchsbedingungen experimentell gesenkt wurde, und beobachtet, ob sich Schülerinnen und Schüler mit unterschiedlich hohem Selbstwertgefühl in ihrem sozialen Vergleichsverhalten unterschieden. Ein hohes Selbstwertgefühl führte zu selbstwertsteigernden Abwärtsvergleichen nur in solchen Situationen, in denen dieses Verhalten keine Kosten in Bezug auf langfristige Leistungsziele hatte; somit bedingte ein hohes Selbstwertgefühl ein adaptives Verhalten.

Zusammenfassend fanden sich zwischen bereichsspezifischen Selbstkonzepten und dem Selbstwertgefühl in den Teilstudien sowohl Bottom-up- als auch Top-down-Effekte; Top-down-Effekte fielen in stabilen schulischen Kontexten prononcierter aus, sich verändernde Kontexte und ein langer Zeitraum zwischen zwei Befragungswellen führten dagegen zu einer zunehmenden Bedeutung von Bottom-up-Effekten. Bereichsspezifische Selbstkonzepte standen fast durchgängig in einem engeren Zusammenhang mit der Verhaltensebene bzw. Indikatoren für Leistungen und sozialer Anpassung als das Selbstwertgefühl; letzteres bewies allerdings dann eine eigene prädiktive Kraft, wenn potenziell selbstbewertungsrelevante Verhaltensweisen und Situationen betroffen waren. Im Folgenden werden zunächst die Implikationen dieser Befunde für die vier hauptsächlich untersuchten theoretischen Ansätze diskutiert und mögliche psychologische Mechanismen von Bottom-up- und Top-down-Effekten erörtert, bevor kritisch hinterfragt wird, welche Indikatoren auf der beobachtbaren Ebene für die pädagogisch-psychologische Selbstkonzeptforschung von besonderem Interesse sein sollten. Es folgt ein Abschnitt, in dem mehrere Alternativen zu der hier vorgenommenen Operationalisierung des Selbstwertgefühls anhand einer an Rosenberg (1965) angelehnten Skala besprochen werden. Abschließend wird ein Ausblick gegeben.

11.2 Das Selbstwertgefühl: Bedeutung, Beziehung zur Verhaltensebene und psychologischer Mechanismus

11.2.1 Selbstwertgefühl: Ein verzichtbares Konstrukt?

Implikationen der Studien für die Annahmen Susan Harters
Susan Harters (1998, 1999) theoretische Vorstellungen wurden stark beeinflusst von James' (1892/1999) Beschreibung des Selbstwertgefühls als Relation von Anspruch und Erreichtem sowie von den Aussagen der symbolischen Interaktionisten, wonach wir uns gleichsam mit den Augen anderer sehen (Cooley, 1902; Mead, 1934). Harters

besonderes Verdienst ist es, diese Perspektiven in einem entwicklungspsychologischen Modell neo-Piaget'scher Prägung verschmolzen zu haben. Drei Aspekte von Harters Ausführungen waren für die vorliegende Arbeit besonders wichtig: (1) Harters Theorie liegt eine Bottom-up-Perspektive zu Grunde: Leistungen und Anerkennung durch andere führen demnach zu einem höheren Selbstwertgefühl. (2) Eine Analyse der von Harter beschriebenen Entwicklungsphasen lässt vermuten, dass die Differenzierung des Selbstkonzepts nicht – wie zuvor auch von Harter (1983) angenommen – bereits im Alter von etwa zwölf Jahren abgeschlossen ist, sondern vielmehr auch in der Adoleszenz ihren Fortgang findet. (3) Es sollten Geschlechterunterschiede in dem Sinne resultieren, dass für Mädchen soziale Selbstkonzepte, für die Jungen dagegen Aspekte von Leistungen eine besondere Bedeutung in Hinblick auf das Selbstwertgefühl haben (d.h. in einem besonders engen Zusammenhang mit diesem stehen).

Die Befunde aus den referierten Studien lassen sich teilweise als Belege für Harters Annahmen werten. Insbesondere die Adjustierung des Selbstwertgefühls aufgrund von Veränderungen in den Schulnoten und schulischen Selbstkonzepten bei Jugendlichen aus den neuen Bundesländern (siehe Studie 3) illustriert das Vorhandensein von Bottom-up-Prozessen. Allerdings wurden gleichzeitig auch Hinweise auf Top-down-Effekte gefunden; für die Erklärung solcher Effekte ist Harters Modell insgesamt wenig geeignet. Zwar hat Harter (vgl. Harter et al., 1996) untersucht, ob Jugendliche selbst eine Top-down- oder Bottom-up-Perspektive übernehmen und festgestellt, dass eine Top-down-Perspektive mit einer besseren psychosozialen Anpassung einhergeht, eine explizite Inkorporation dieser Top-down-Prozesse in ihre Modelle ist jedoch bislang nicht erfolgt.

In den untersuchten Schülergruppen wurden nur schwache Hinweise auf eine zunehmende Differenzierung des Selbstkonzepts zwischen der 7. und der 10. Jahrgangsstufe gefunden und damit Ergebnisse von Marsh (1993a) repliziert. Zudem bestanden in der jüngeren und älteren Kohorte ähnliche Beziehungen zwischen dem Selbstwertgefühl und den meisten bereichsspezifischen Selbstkonzepten. Somit veränderte sich die Struktur des multidimensionalen Selbstkonzepts zwischen den zwei untersuchten Altersstufen insgesamt nur wenig. Dagegen fanden sich bei den Mittelwertverläufen sowohl Effekte des Alters als auch des Geschlechts. Insbesondere die Entwicklung der schulischen Selbstkonzepte entsprach dabei gängigen Geschlechterstereotypien; der Tendenz nach folgten auch die Korrelationsmuster zwischen Selbstwertgefühl und bereichsspezifischen Selbstkonzepten den Annahmen von Harter, obwohl Mehrgruppenvergleiche unter Verwendung konfirmatorischer Faktorenanalysen die Bedeutung dieser Unterschiede infrage stellten. Insgesamt konnten somit die auf Harters Modellvorstellungen beruhenden Vorhersagen hinsichtlich von Geschlechter- und Alterseffekten partiell bestätigt werden.

In der vorliegenden Arbeit wurden signifikante, wenn auch teilweise schwache Effekte des Selbstwertgefühls auf das Verhalten (Mitarbeit im Unterricht, soziale

Vergleiche) sowie auf Selbstkonzepte gefunden. Diese Effekte sprechen dafür, das Selbstwertgefühl in der pädagogisch-psychologischen Forschung nicht zu vernachlässigen, obwohl es – beispielsweise mit den bereichsspezifischen Selbstkonzepten – für das leistungsthematische Verhalten erklärungsmächtigere Prädiktoren gibt. Harters Arbeiten (vgl. 1998, 1999) zeigen darüber hinaus noch einen weiteren wichtigen Grund für die Beschäftigung mit dem Selbstwertgefühl auf: Das Selbstwertgefühl ist in seiner engen Verbindung zur Depression und aufgrund seiner prädiktiven Kraft in Bezug auf Selbstmordgedanken ein besonders wichtiger Indikator für das allgemeine Wohlbefinden von Jugendlichen. Dies allein rechtfertigt eine Berücksichtigung dieser Variable zumindest in Studien, in denen Effekte des schulischen Umfelds auf Jugendliche multikriterial konzipiert werden.

Die besondere Bedeutung bereichsspezifischer Selbstkonzepte in den Arbeiten von Herbert Marsh
Die Beiträge von Marsh (z.b. 1990a; Marsh & Hattie, 1996) haben wesentlich zur Popularität des Modells von Shavelson et al. (1976) beigetragen, gleichzeitig aber auch wichtige Modifikationen und Erweiterungen mit sich gebracht. Für die vorliegende Arbeit war insbesondere die Betonung der Bereichsspezifität durch Marsh von Bedeutung. Marsh konnte in mehreren Arbeiten die besondere Bedeutung von bereichsspezifischen schulischen Selbstkonzepten für die Leistungsentwicklung in diesen Fächern nachweisen (z.B. Marsh & Yeung, 1997; Marsh et al., 1999). Marshs Behandlung des Selbstwertgefühls zeugt dagegen von einer kritischen Distanz zu diesem Konstrukt: Marsh wies auf die besondere Kontextabhängigkeit des Selbstwertgefühls hin (Marsh & Yeung, 1999) und bezweifelte das Vorhandensein von Top-down-Effekten von allgemeinen auf bereichsspezifischere Selbstkonzepte (Marsh & Yeung, 1998b) bzw. auf die Verhaltensebene (vgl. in Hinblick auf das schulische Problemverhalten Marsh et al., 2001b).

Die vorliegende Arbeit bestätigt im Großen und Ganzen die besonders enge Beziehung zwischen Selbstkonzepten und der beobachtbaren Ebene. Neben der schulischen Domäne (Studie 3: Selbstkonzept und Leistung; Studie 5: Selbstkonzept und Unterrichtsbeteiligung) fand sich solch ein besonders enger Zusammenhang auch zwischen dem bereichsspezifischen sozialen Selbstkonzept und dem Problemverhalten bzw. dem Peer-Status (Studie 4). Bereichsspezifische Selbstkonzepte sind mit gutem Grund aus der pädagogisch-psychologischen Forschung nicht mehr wegzudenken (vgl. Helmke, 1992; Möller & Köller, 2002), und sie scheinen auch in anderen psychologischen Teildisziplinen zunehmendes Gewicht zu erlangen (vgl. Crocker & Wolfe, 2001; Leary et al., 2001). Gleichzeitig geben die vorgestellten Studien Anlass für die Warnung, das Kind nicht mit dem Bade auszuschütten: Das Selbstwertgefühl zeigte in Hinblick auf selbstbewertungsrelevante Situationen unabhängig von bereichsspezifischen Selbstkonzepten eine eigene prädiktive Kraft; zudem übte ein hohes

Selbstwertgefühl unter bestimmten Rahmenbedingungen eine förderliche, wenn auch schwache Wirkung auf die Entwicklung bereichsspezifischer Selbstkonzepte aus. Dies lässt es angeraten erscheinen, stärker als bislang diejenigen Bedingungskonstellationen zu untersuchen, in denen solche Effekte des Selbstwertgefühls auftreten. Die vorgestellten Befunde deuten darauf hin, dass dies unter anderem in Situationen der Fall ist, in denen affektiv-evaluative Selbstbewertungen aktualisiert werden können.

Domänenspezifische Unterschiede im Verhältnis von Selbstwertgefühl und Selbstkonzept – Implikationen für die Theorie von Richard Felson
Ausgehend von Vorhersagen aus dem symbolischen Interaktionismus hat Felson Diskrepanzen zwischen Fremdbild und Selbstbild untersucht (vgl. Bohrnstedt & Felson, 1983; Felson, 1981, 1985; zusammenfassend Felson, 1993). Felson (1993) beschrieb Gründe, warum Selbstkonzepte häufig nicht mit der Fremdsicht von anderen korrespondieren. Nach Felson treten besonders große Differenzen zwischen Selbst- und Fremdbild in solchen Domänen auf, in denen Rückmeldeprozesse von Ambiguität geprägt sind; als Beispiel wurde unter anderem die Wahrnehmung sozialer Akzeptanz herangezogen (Bohrnstedt & Felson, 1983). Von besonderer Bedeutung für die vorliegende Arbeit ist Felsons Ansicht, dass Top-down-Effekte vom Selbstwertgefühl insbesondere in diesen Bereichen auftreten sollten, und seine Beobachtung, dass Effekte im Selbstsystem nicht nur innerhalb von Domänen, sondern auch zwischen Domänen feststellbar sind.

Die hier berichteten empirischen Befunde stützen Felsons Ansicht hinsichtlich einer vergleichsweise geringen Übereinstimmung zwischen Fremdbild und Selbstbild bei Attributen wie der sozialen Anerkennung (vgl. die Korrelationen zwischen Peer-Status und sozialen Selbstkonzepten in Studie 4). Dagegen konnten wenig Hinweise auf eine besonders ausgeprägte Beeinflussung dieser domänenspezifischen Selbstkonzepte durch das Selbstwertgefühl gefunden werden. Studie 2 bzw. Studie 3 lieferten vielmehr Hinweise darauf, dass sowohl schulische wie auch soziale Selbstkonzepte vom Selbstwertgefühl unter bestimmten Bedingungen beeinflusst werden. Allerdings muss hinzugefügt werden, dass das Selbstkonzept des Aussehens, bei dem möglicherweise in besonderer Weise Top-down-Effekte erwartet werden können, in den längsschnittlichen Analysen nicht berücksichtigt werden konnte. Auch in Bezug auf transdimensionale Effekte, die aufbauend auf Felson untersucht wurden, zeigte sich keine uneingeschränkte Unterstützung (vgl. Studien 2, 3 und 4).

Transdimensionale Effekte können auf zweierlei Weise auftreten: Sie können als direkter Effekt von einem Leistungs- bzw. Verhaltensindikator auf ein nichtkorrespondierendes Selbstkonzept spezifiziert werden – ein solcher Effekt wurde von Bohrnstedt und Felson (1983) hinsichtlich der athletischen Kompetenz gefunden, die das Selbstkonzept sozialer Akzeptanz positiv beeinflusste. Zum anderen können aber auch transdimensionale Effekte direkt zwischen Selbstkonzepten untersucht werden. Die vorliegende Arbeit beschränkte sich auf die letztere Analyseart und ist deshalb nicht geeignet, Aussagen über transdimensionale Effekte von Leistungs- bzw. Verhaltensindikatoren auf ein nichtkorrespondierendes Selbstkonzept zu treffen. Trotzdem haben auch die erstgenannten Effekte einen besonderen theoretischen *Appeal,* denn die *positiven* Effekte der athletischen Kompetenz auf das soziale Selbstkonzept, die Bohrnstedt und Felson berichteten, stehen in gewissem Widerspruch zu den *negativen* Effekten beispielsweise von der Englischnote auf das Selbstkonzept Mathematik, wie sie sich im von Marsh (1990a) beschriebenen I/E-Modell zeigen. Es bleibt zukünftiger Forschung vorbehalten, die Auslösebedingungen für positive versus negative internale Effekte genauer zu spezifizieren.

Die von Felson (z.B. Bohrnstedt & Felson, 1983; Felson, 1981, 1985; vgl. aber Felson, 1989) vorgestellten Analysen waren in der Mehrzahl querschnittlicher Art. Dies, wie auch die nur mäßige Unterstützung in den vorliegenden Studien, lassen es angeraten erscheinen, Felsons Annahmen weiteren empirischen Überprüfungen zu unterziehen. Dabei sollte im Sinne einer fairen Prüfung nach Möglichkeit das Selbstkonzept eigenen Aussehens berücksichtigt werden, da bei dieser Selbstkonzeptfacette eine geringe Übereinstimmung zwischen Fremd- und Selbstbild vorliegt (vgl. Diener et al., 1995). Dies sollte eine besonders gute Voraussetzung für das Auffinden von Top-down-Effekten darstellen.

Das Selbstwertgefühl als psychische Regulationsinstanz in den Arbeiten von Jonathon Brown
Brown (1993) konzipierte das Selbstwertgefühl als eine primär affektive Instanz, von der Effekte auf das Fühlen und Handeln ausgehen, die als unabhängig von der Wirkung bereichsspezifischer Selbstkonzepte anzusehen sind bzw. jene ergänzen. In die vorliegende Arbeit flossen insbesondere zwei Voraussagen mit ein, die aus Browns Arbeiten abgeleitet wurden: Zum einen sollte das Selbstwertgefühl direkte positive Effekte auf bereichsspezifische Selbstkonzepte haben; zum anderen sollte es direkte Effekte auf das beobachtbare Verhalten haben, die nicht vollständig über das bereichsspezifische Selbstkonzept mediiert werden.

Die berichteten Teilstudien haben einige Belege für Top-down-Effekte erbracht: In der Studie 3 fanden sich Effekte vom Selbstwertgefühl auf bereichsspezifische soziale und schulische Selbstkonzepte. In Studie 5 hatte das Selbstwertgefühl jenseits der Wirkung bereichsspezifischer schulischer Selbstkonzepte eine eigene prädiktive Kraft für die bewertungsorientierte Unterrichtsbeteiligung. In Studie 6 schließlich war das Verhalten von Jugendlichen beim sozialen Vergleich vom Selbstwertgefühl beeinflusst. Gleichzeitig zeigte sich jedoch auch, dass auf domänenspezifische Selbstkonzepte aufgrund ihrer hohen prädiktiven Kraft nicht verzichtet werden sollte; zudem fand sich in Studie 3 der Befund, dass bei Schülerinnen und Schülern aus den neuen Bundesländern allein Bottom-up-Effekte auftraten; dies lässt sich so interpretieren, dass in sich verändernden schulischen Kontexten das Selbstwertgefühl keine bedeutsame Pufferwirkung zeigt, und stellt die adaptive Funktion des Selbstwertgefühls in solchen Situationen infrage.

Browns Verständnis des Selbstwertgefühls als eine stabile, affektive Ressource, die bereits früh im Leben erworben wurde bzw. möglicherweise auch bereits vorgeburtlich geprägt wurde, lässt sich naturgemäß nur in Studien mit sehr langem Beobachtungszeitraum adäquat überprüfen. Eine vorübergehend moderate Stabilität des Selbstwertgefühls, wie sie beispielsweise auch in der vorliegenden Arbeit gefunden wurde, muss nicht gegen die Kernannahmen Browns sprechen: Es ist durchaus möglich, dass sich die Adoleszenz, wie beispielsweise von Harter (1998, 1999; siehe oben) beschrieben, durch eine besondere Neigung zum Schwarzweißdenken auszeichnet; dies würde die Stabilität des Selbstwertgefühls in dieser Lebensphase insgesamt herabsetzen, ließe jedoch die Möglichkeit offen, dass die normative Stabilität des Selbstwertgefühls über einen längeren Zeitraum, der die Adoleszenz nicht mit einschließt, gleich hoch oder sogar höher ausfällt. Man mag sich in diesem Zusammenhang allerdings fragen, ob das Selbstwertgefühl in der Theorie von Brown dann nicht eher im Sinne eines Persönlichkeitszugs wie des Neurotizismus zu interpretieren wäre.

11.2.2 Der psychologische Mechanismus

Die berichteten Teilstudien konnten einige Hinweise auf das Vorhandensein von Bottom-up- und Top-down-Effekten geben. Dagegen blieb weitgehend unberücksichtigt, wie man sich den psychologischen Mechanismus vorzustellen hat, der hinter Bottom-up- und Top-down-Effekten steckt. Dies liegt daran, dass die Anlage der Teilstudien – eventuell mit Ausnahme von Teilstudie 6 – wenig dazu geeignet ist, die ablaufenden Prozesse im Einzelnen nachzuvollziehen. Trotzdem sollen nun mögliche Teilprozesse zusammenfassend besprochen werden. Als Rahmentheorie für die Aufnahme und Speicherung selbstrelevanter Informationen lassen sich die bereits von Piaget (1969) formulierten Prozesse der Assimilation und Akkommodation heranziehen (vgl. Filipp, 1979; Markus, 1977): „Selbstschemata bleiben in dem Maße über die Zeit stabil, wie sie den nie endenden Strom selbstbezogener Informationen zu assimilieren vermögen; sie verändern sich in dem Maße, wie sie angesichts abweichender, nicht assimilierbarer Informationen an diese akkomodiert werden." (Filipp, 1979, S. 143) Um Bottom-up-Prozesse erklären zu können, müssen damit diejenigen Arten von Informationen bzw. die Arten der Informationsaufnahme spezifiziert werden, bei denen eine Assimilation nicht vollständig glückt. Für das Verständnis von Top-down-Prozessen ist es hingegen unter anderem notwendig, Ausgestaltungen von Assimilationsprozessen zu verstehen.

Bottom-up-Effekte sind auf intuitiv einleuchtende Art bereits von den symbolischen Interaktionisten (Cooley, 1902; Mead, 1934) beschrieben worden: Menschen beobachten die Einstellung der Umwelt zu ihrer Person und gleichen ihr Selbstbild diesem wahrgenommenen Fremdbild an. Allerdings ist die „Einstellung" der Umwelt nicht immer leicht dechiffrierbar, wie sich leicht am Beispiel des schulischen Selbstkonzepts sowie der Anerkennung bei Klassenkameraden zeigen lässt: Schulnoten sind im Sinne von Felson (1993) als eindeutige Leistungsrückmeldungen bzw. im Sinne von Filipp (1979) als direkte Prädikatenzuweisungen zu sehen; auch zusätzliche Informationen durch die Lehrkraft in Form verbalen Lobs gehören zu dieser Kategorie, so sie nicht „paradox" aufgefasst werden (vgl. Rheinberg & Weich, 1988). Geht es nicht um Noten, sondern um die Anerkennung bei Mitschülern, so ist nach Felson mit einer größeren Ambivalenz der Information zu rechnen; Filipp würde von indirekter Prädikatenzuweisung sprechen. Das Selbstkonzept in diesem Bereich sollte deshalb weniger stark mit der Fremdsicht korrespondieren. Tatsächlich entsprach der Zusammenhang zwischen den Fremdbildern (Noten bzw. Peer-Status) und den korrespondierenden bereichsspezifischen Selbstkonzepten diesen Vorhersagen. Zudem wurden gut nachvollziehbare begünstigende Bedingungen für Bottom-up-Effekte zwischen den bereichsspezifischen Selbstkonzepten und dem Selbstwertgefühl gefunden: Demnach zeigen sich solche Effekte besonders dann, wenn ein längerer Zeitraum beobachtet wird (vgl. Studie 4) bzw. wenn sich der schulische Kontext ändert und damit möglicherweise ohnehin zu Akkommodationsprozessen zwingt (vgl. Studie 3).

Top-down-Effekte vom Selbstwertgefühl auf bereichsspezifische Selbstkonzepte erscheinen dagegen auf den ersten Blick weniger leicht nachvollziehbar. In der vorliegenden Arbeit ging es ja nicht nur darum zu zeigen, dass das Selbstwertgefühl „stabil" ist – dies könnte man gleichsam als vollständige Assimilation deuten –, sondern dass es zusätzlich einen positiven Effekt auf bereichsspezifische Selbstkonzepte hat. Wie können solche Effekte nun beschaffen sein? Den einfachsten Mechanismus stellt ein direkter, positiver Einfluss des Selbstwertgefühls im Sinne eines „Halo-Effekts" bzw. „Konsistenz-Effekts" auf die bereichsspezifischen Selbstkonzepte dar: „Through transfer of affect processes and halo effects, positive feelings toward the self in general color people's evaluations of their specific attributes" (Brown, 1993, S. 31); zudem kann ein bereichsspezifisches Selbstkonzept so definiert werden, dass es insbesondere die eigenen positiven Attribute umfasst (Brown, 1993). Diese Argumentationslinie gleicht in gewisser Weise der von Shavelson et al. (1976) vorgebrachten Analogie des Selbstkonzepts mit g-Faktor-Intelligenz-Theorien, mit dem Unterschied allerdings, dass Brown zweifelsfrei eine Top-down-Position vertritt. Wie oben beschrieben wurde, setzt eine solche Konzeption voraus, dass insgesamt eine positive Korrelation zwischen den Selbstkonzeptfacetten vorhanden ist; Marsh und Hattie (1996) fanden hierfür in einem Literaturüberblick Unterstützung, schränkten aber ein, dass die Korrelationen mit zunehmendem Alter von nur sehr geringer Ausprägung sind.

Top-down-Effekte können zudem bereits „früher", nämlich bei der Aufnahme von Informationen ansetzen (vgl. Brown, 1993; Felson, 1993; Filipp, 1979; Taylor &

Brown, 1988). Informationen, die ambivalent sind, können selbstwertdienlich verarbeitet werden; zudem kann eindeutig negative Rückmeldung ignoriert bzw. die Richtigkeit bezweifelt werden (vgl. das Abwertungsprinzip II in Abb. 5), und positive selbstrelevante Informationen können bewusst aufgesucht werden.

Zusammenfassend lässt sich resümieren, dass es reichlich Belege für selbstwertbegünstigende Informationsverarbeitungsprozesse gibt (vgl. Taylor & Brown, 1988) und in der vorliegenden Arbeit Belege für Top-down-Effekte im validen Untersuchungskontext der Schule gefunden wurden. Die vorgestellten Befunde (vielleicht mit Ausnahme von Teilstudie 6) eignen sich allerdings nicht dazu, Aussagen über mögliche Teilprozesse zu treffen, da nur die Ergebnisse dieser Prozesse (Veränderung im Selbstkonzept), nicht aber die Prozesse selbst beobachtet werden konnten. Neben experimentellen Studien könnten hier Feldstudien, die die beteiligten Teilprozesse zeitnahe beobachten (beispielsweise durch Tagebücher), weiteren Erkenntnisgewinn erbringen. Klärungsbedürftige Aspekte bestehen auch hinsichtlich des Zusammenhangs zwischen Selbstkonzept und Verhalten, der im nächsten Abschnitt thematisiert wird.

11.2.3 Die Schnittstelle zur Ebene beobachtbaren Verhaltens

Ein zentrales Problem für Konzeptualisierungen, die sich an das Shavelson-Modell anlehnen, besteht in der Schnittstelle zwischen Selbstkonzept und beobachtbarem Verhalten. Die unterste Ebene des Modells von Shavelson et al. (1976, S. 413) bildet eine „evaluation of behavior in specific situations", im Fließtext sprechen die Autoren auch von „specific experiences" (S. 415). Selbst wenn man dies breit interpretiert und unter dieses Verhalten bzw. unter diese Erfahrungen auch wahrgenommene Rückmeldungen durch wichtige andere (z.B. Schulnoten bzw. Lob von Lehrern) subsumiert, so ist damit lediglich der Bottom-up-Aspekt abgedeckt. Keine Aussagen sind demgegenüber hinsichtlich des vom Selbstkonzept beeinflussten Verhaltens (Top-down-Perspektive) zu finden.

Geht man nun von Top-down-Aspekten aus, wie sie beispielsweise in Bezug auf den Zusammenhang zwischen Selbstkonzept und schulischen Leistungen postuliert wurden (z.B. Marsh et al., 1999), so müsste das Shavelson-Modell dafür überarbeitet und um diese Aspekte der *between-construct-research* ergänzt werden. Es wäre dabei sinnvoll, für die unterschiedlichen Selbstkonzeptfacetten jeweils konkrete Verhaltensweisen zu spezifizieren, die durch das Selbstkonzept beeinflusst werden sollen (vgl. für Ansätze Schwanzer, 2002). In Hinblick auf schulische Selbstkonzepte kommen dafür neben der Schulleistung zum Beispiel die schulische Unterrichtsbeteiligung sowie die Wahl von Leistungskursfächern (vgl. Köller et al., 2000) infrage. Noch mehr Unklarheit herrscht bezüglich der nichtschulischen Selbstkonzeptfacetten: Will man die prädiktive Kraft des sozialen Selbstkonzepts eigener Anerkennung bzw. Durchsetzungskraft untersuchen, so kommen möglicherweise Verhaltensweisen wie „Redeanteil im Gespräch mit Klassenkameraden" und „Aktivitäten in den Pausen" infrage; werden andere Facetten des sozialen Selbstkonzepts wie beispielsweise die wahrgenommene eigene Empathiefähigkeit untersucht, erscheinen Kriterien wie das prosoziale Verhalten angemessen. Im Hinblick auf die Beziehung zu den Eltern lassen sich die Verwendung von Deeskalationsstrategien durch die Jugendlichen ebenso untersuchen wie die Zeit, die für gemeinsame Aktivitäten verwendet wird. Auf weitere kritische Aspekte bei nichtschulischen Selbstkonzepten wird im nächsten Abschnitt nochmals eingegangen.

Byrne und Shavelson (1996) haben bemängelt, dass nur die schulische Facette des Shavelson-Modells ausreichend untersucht wurde, während andere Domänen wie das soziale Selbstkonzept eher vernachlässigt wurden. In der Tat scheinen eine theoretische Weiterentwicklung des Modells, in der Top-down-Effekte explizit thematisiert werden, sowie vermehrt längsschnittlich orientierte Forschungsarbeiten mit nicht schulischen Facetten wichtige Forschungsdesiderate darzustellen.

11.3   Alternative Verständnisweisen vom Selbstkonzept

In der vorliegenden Arbeit wurde das Selbstkonzept in Anlehnung an gängige Forschungstraditionen (vgl. Byrne & Shavelson, 1996; Harter, 1998; Marsh, 1990a; Rosenberg, 1965) im Selbstbericht erhoben, wobei zur Erfassung bereichsspezifischer Selbstkonzepte kognitiv-evaluative Einstellungen zu einzelnen Facetten des Selbst sowie in Hinblick auf das Selbstwertgefühl ein globaler, stärker affektiv geprägter Selbstbericht verwendet wurde. Die folgenden Abschnitte stellen alternative Konzeptualisierungen des Selbstkonzepts vor, wobei kritisch deren Vor- und Nachteile diskutiert werden.

11.3.1 Selbstkonzepte: Affektive oder kognitiv-evaluative Prädiktoren menschlichen Verhaltens?

Heterogenität der Selbstkonzeptfacetten
Wie bereits im Zusammenhang mit der Studie 1 beschrieben, vereinen Selbstkonzepttheorien und -instrumente häufig sehr unterschiedliche Domänen wie schulische, soziale und physische Selbstkonzepte, die hinsichtlich ihrer Entstehung, Beschaffenheit und Bedeutung möglicherweise sehr unterschiedlich sind. In diesem Sinne kritisierte Bandura (1990) die Aufnahme des Selbstkonzepts eigenen Aussehens in der Konzeption von Harter (1990): „Physical appearance is a feature, not a capability." (Bandura, 1990, S. 331) Eine genauere Analyse gängiger Selbstkonzeptinstrumente zeigt, dass das, was als Selbstkonzept bezeichnet wird, tatsächlich sehr unter-

schiedlichen Charakter hat. Simpson et al. (1996) nannten beispielsweise drei Elemente in Marshs (1984) SDQ I, nämlich die wahrgenommene Fähigkeit bzw. Begabung, den erreichten Leistungsstand sowie das Interesse an der Domäne. Möglicherweise sind es sogar noch mehr Aspekte: So finden sich in der Eltern-Selbstkonzeptskala des SDQ im Grunde Beschreibungen der Eltern-Kind-Beziehungsqualität; ginge es um Fähigkeiten, müssten die Items stärker den Aspekt enthalten, dass man selbst die Fähigkeit habe, für eine positive Beziehung zu den Eltern zu sorgen (Beispiel: „Ich verstehe es, mit meinen Eltern gut klarzukommen."). Was die Facette des emotionalen Selbstkonzepts angeht (Itembeispiele aus der deutschen Kurzversion des SDQs von Schwanzer [2002]: „Ich bin meistens glücklich", „Ich bin so gut wie nie bedrückt"), die in der vorliegenden Arbeit nicht untersucht wurde, so fallen auf den ersten Blick große Ähnlichkeiten mit der Lebenszufriedenheit bzw. mit dem Neurotizismus auf. Tatsächlich fand sich in einer Erhebung mit 100 Studierenden verschiedener Semester ein Zusammenhang von .67 zwischen dem emotionalen Selbstkonzept des SDQ III (Schwanzer, 2002) und der auf sechs Items verkürzten Skala Neurotizismus aus dem NEO-FFI (Borkenau & Ostendorf, 1993). Sollte beim emotionalen Selbstkonzept der Aspekt der Fähigkeit betont werden, so wäre etwas stärker auf die Emotions*regulation* einzugehen. Auch beim Selbstkonzept des Aussehens müssten, um den Aspekt der Fähigkeit zu betonen, die Items umformuliert werden: Statt „Ich bin hässlich" könnte das Item dann heißen: „Ich weiß mein Äußeres attraktiv zu gestalten". Bei manchen Items, wie beispielsweise bei einem in der vorliegenden Arbeit verwendeten Item des Selbstkonzepts sozialer Anerkennung („Ich fühle mich in der Klasse manchmal ein bisschen als Außenseiter"), fällt die Entscheidung schwer, ob damit eher ein Attribut („Außenseiter") oder eine Fähigkeit („Ich schaffe es nicht, Anschluss zu finden") impliziert ist.

Vom theoretischen Gesichtspunkt her gesehen, sind solche Differenzierungen wünschenswert; gleichzeitig sind sie für die Befragten möglicherweise recht unbedeutend. Schwanzer (2002) bildete in einer deutschen Adaptation des SDQ III für eine Reihe von Selbstkonzeptdomänen sowohl ausschließlich kognitiv-evaluative Subskalen (Begabung und Fähigkeit) als auch affektive Subskalen (Interesse); es fanden sich hohe bis sehr hohe Korrelationen zwischen den Skalentypen, sodass Schwanzer dieser Unterscheidung insgesamt geringe praktische Relevanz zumaß. Trotzdem stellt sich die auch konzeptuell zu beantwortende Frage, was genau mit Selbstkonzepten gemeint ist. Wenn man Selbstkonzepte beispielsweise als „persönliche Ressourcen" auffasst, als Aspekte der eigenen Person, die einem „Erfolg in der Welt" versprechen, so können Attribute und Fähigkeiten gleiche Funktionen erfüllen. So kann beispielsweise eine positive Beziehung zu den Eltern dazu führen, dass diese ihr Kind finanziell großzügig unterstützen bzw. es auf andere Art und Weise hilfreich begleiten – unabhängig davon, ob der oder die Jugendliche nun eine Fähigkeit hat, die Eltern-Kind-Beziehung positiv zu gestalten, oder ob die Beziehung einfach „nur so" gut ist.

Gleichzeitig wäre in Bezug auf ihren Beitrag zum Selbstwertgefühl trotzdem zu überlegen, ob Attribute auf andere Weise im Zusammenhang mit diesem stehen als Fähigkeiten. Weitere Forschung, aber auch eine weitere theoretische Klärung unterschiedlicher Positionen, ist hier vonnöten.

Das affektive, bereichsspezifische Selbstkonzept bei DuBois
DuBois et al. (1996) hoben hervor, dass Items in Selbstkonzeptfragebögen oftmals keine evaluative Komponente besitzen, sondern – wie bei dem *Coopersmith Self-Esteem Inventory* – lediglich Selbstbeschreibungen bzw. vorgestellte Fremdbilder darstellen: „Several of the latter items ask for nonevaluative *self-descriptions* (...) Others ask about the perceived views that others have of the self." (DuBois et al., 1996, S. 546) Um die Bedeutung von domänenspezifischen Selbstkonzepten für das globale Selbstwertgefühl adäquat einschätzen zu können, halten DuBois und Mitarbeiter es für notwendig, dass die verwendeten Items jeweils die Zufriedenheit der Befragten mit dem entsprechenden Aspekt ausdrücken, anstatt lediglich eine Beschreibung von Zuständen zu geben. In dem von den Autoren vorgestellten *Self-Esteem Questionnaire* (SEQ) ist deshalb bei allen Items der fünf untersuchten Domänen (Peers, Schule, Familie, Aussehen, athletische Fähigkeiten) ausdrücklich eine wertende Komponente inbegriffen. Ein Vergleich mit dem SDQ (Marsh, 1984) soll das verdeutlichen: Im SDQ lautet ein Item „I am good at math", während sich im SEQ das Item „I am good *enough* at math" findet; auf diese und ähnliche Weise inkorporierten die Autoren bei jedem Item den Vergleich zwischen „Ist-Zustand" und „Soll-Zustand". Empirisch scheint dies zu einem insgesamt höheren Zusammenhang zwischen einer globalen Selbstwertskala und den domänenspezifischen Skalen zu führen. Eine Regression des globalen Selbstwertgefühls auf die fünf Dimensionen erbrachte eine Varianzaufklärung von .87, und insgesamt fand sich in zwei Stichproben auf latenter Ebene eine durchschnittliche Korrelation zwischen den Domänen und dem Selbstwertgefühl von .66 bzw. .69.

DuBois et al. (1996) vertraten in der zitierten Arbeit eine explizite Bottom-up-Perspektive; sie wollten zeigen, dass Domänen, die bewertet und nicht nur beschrieben werden, besonders zur Erklärung des globalen Selbstwertgefühls geeignet sind. Man kann die empirischen Befunde jedoch auch gegenteilig deuten: Wird in den Items die Zufriedenheit mit einem Zustand thematisiert, so mag in deren Beantwortung möglicherweise besonders stark der Einfluss einer globalen Selbstzufriedenheit bzw. Unzufriedenheit einfließen. Die globale Zufriedenheit lässt sich jedoch wiederum als persönlicher Stil bzw. als Ergebnis von Persönlichkeitsunterschieden deuten, wodurch – ganz gegen die Intention der Autoren – tatsächlich ein Top-down-Modell resultieren würde; gleich dem g-Faktor in Intelligenzmodellen (vgl. diese Analogie bei Shavelson et al., 1976; siehe oben) würde hier die globale Zufriedenheit die Beantwortung der Items aus allen Domänen beeinflussen.

11.3.2 Das Selbstwertgefühl als Komplex gelungener psychischer Anpassung

Nicht nur die Operationalisierung bereichsspezifischer Selbstkonzepte in gängigen Selbstkonzeptinstrumenten kann kritisiert werden, sondern auch die Erfassung des Selbstwertgefühls. In der vorliegenden Arbeit wurde die übliche, gleichzeitig aber auch sehr eng umgrenzte Konzeptualisierung des Konstrukts Selbstwertgefühl mit einer eindimensionalen, auf Rosenberg (1965) basierenden Skala übernommen. Verschiedene Autoren haben aufgrund theoretischer Überlegungen und wegen des hohen empirischen Zusammenhangs das Selbstwertgefühl zusammen mit weiteren Indikatoren psychischer Angepasstheit zu einem Konstrukt des allgemeinen Selbstkonzepts zusammengefasst.

Beispielsweise bildete Schwarzer (1983) bei der Untersuchung des Zusammenhangs zwischen Selbstkonzept und Unterrichtsklima eine latente Selbstkonzeptvariable aus drei Skalen, nämlich dem Selbstwertgefühl nach Rosenberg (1965), einer Skala zur Erfolgszuversicht bzw. Selbstwirksamkeit sowie einer Skala zum Kontrollverlust. Wie Schwarzer zeigen konnte, hatte das Unterrichtsklima einen kausalen Einfluss auf das so gebildete, nachfolgende Selbstkonzept. Eine sehr ähnliche Konzeptualisierung des Selbstkonzepts verwendeten Judge et al. (1998). Judge et al. nahmen an, dass Menschen über zentrale Selbstbeurteilungen *(core self-evaluations)* verfügen, die sich auch auf die Bewertung ihrer Arbeit und auf ihre Lebenszufriedenheit auswirken sollen. Die *core evaluations* setzen sich bei diesen Autoren aus dem Selbstwertgefühl nach Rosenberg (1965), aus Skalen zur Selbstwirksamkeit und zur internalen/ externalen Kontrolle sowie aus einer Skala zum Neurotizismus zusammen. In querschnittlichen Kausalanalysen fanden die Autoren signifikante Pfade, die von den *core self-evaluations* zu der Wahrnehmung von Arbeitscharakteristiken, zur Arbeitszufriedenheit und zur Lebenszufriedenheit gingen. Allerdings wurde es versäumt, Alternativmodelle mit umgekehrter Kausalrichtung zu spezifizieren, sodass die angenommenen Kausaleffekte durchaus kritisch beurteilt werden können.

Während Schwarzer (1983) und Judge et al. (1998) unterschiedliche Modellierungen verwendeten und zu gegensätzlichen Ergebnissen kamen (Beeinflussung des Selbstkonzepts durch die Umwelt bei Schwarzer, Beeinflussung der Wahrnehmung der Umwelt durch *core self-evaluations* bei Judge et al., 1998), finden sich bei den verwendeten Instrumenten große Überschneidungsbereiche: Das Selbstkonzept wurde in beiden Arbeiten vergleichsweise breit gefasst. Eine solche Konzeptualisierung, die neben dem Selbstwertgefühl weitere Indikatoren für die psychische Angepasstheit verwendet, mag bei vielen Anwendungen besser geeignet sein als eine Beschränkung auf die Rosenberg-Skala. In diesem Sinne betonte Schwarzer, dass das Selbstkonzept je nach Untersuchungskontext unterschiedlich definiert werden kann: „Was darunter zu verstehen ist, muss von Fall zu Fall neu definiert werden." (Schwarzer, 1983, S. 133) Ein Vorteil eines breiten Verständnisses des globalen Selbstkonzepts mag darin liegen, dass es einen besonders validen Indikator psychischen Wohlbefindens darstellen kann. Möglicherweise hat eine solche Konzeption eine besondere prädiktive Kraft beispielsweise in Bezug auf den Umgang mit Lebenskrisen. Im Rahmen der vorliegenden Arbeit sprach jedoch ein wesentlicher Grund gegen eine solche Omnibus-Konzeptionalisierung, nämlich die theoretische und empirische Grundlage. Im Rahmen der Forschung zum Shavelson-Modell wurde in aller Regel das generelle Selbstkonzept in Form eines Selbstberichts nach Rosenberg (1965) erhoben. Aus diesem Grund konnten für das verwendete Instrument Forschungshypothesen abgeleitet werden. Dagegen ist der Zusammenhang beispielsweise zwischen Selbstkonzept und internaler bzw. externaler Kontrollorientierung wenig erforscht.

11.3.3 Implizites Selbstwertgefühl

Wird das Selbstwertgefühl in Form eines Selbstberichts erhoben, ist es nicht immun gegenüber einer Verfälschung (vgl. Paulhus, 1991). Man kann dabei an eine bewusste Verfälschung im Sinne einer Täuschung denken, beispielsweise wenn eine Untersuchung bei einzelnen Teilnehmern Reaktanz auslöst bzw. wenn sich Befragte von einer bestimmten Art des Antwortens Vorteile versprechen (vgl. die Situation bei der Personalauswahl); andererseits kann – gerade beim Selbstwertgefühl – auch eine unbewusste Verfälschung im Sinne einer defensiven Repressionsstrategie gemeint werden. In jüngerer Zeit wurden Verfahren, die das Selbstwertgefühl in impliziten, nicht dem Bewusstsein zugänglichen Messverfahren erfassen sollen, vorgestellt (z.B. Greenwald, McGhee, & Schwartz, 1998; Hetts, Sakuma, & Pelham, 1999). Beispielsweise bekommen Versuchsteilnehmer in dem Verfahren von Hetts und Mitarbeitern für 200 Millisekunden ein Primewort präsentiert, das entweder selbstrelevant („me") oder nicht selbstrelevant ist („it", „them", „us" oder „that"). Sofort darauf wird entweder das Wort „good" oder „bad" auf dem Bildschirm präsentiert, und die Versuchsteilnehmer haben auf diejenige Taste zu drücken, die für das jeweilige Wort steht. Ein hohes Selbstwertgefühl soll sich bei diesem Verfahren darin ausdrücken, dass die Versuchsteilnehmer eine kürzere Reaktionszeit aufweisen, wenn die Wörter „me" und „good" gepaart sind, als wenn die Kombination „me" und „bad" präsentiert wird.

Angesichts der offenkundigen Verfälschbarkeit von Selbstberichten besitzen implizite Verfahren eine große Anziehungskraft. Allerdings sind systematische Untersuchungen dieser Verfahren bislang eher dazu angetan, die impliziten Verfahren mit großer Vorsicht und Zurückhaltung zu behandeln: In ihrer Untersuchung mit sieben impliziten Verfahren fanden Bosson, Swann und Pennebaker (2000) praktisch keine Korrelation zwischen den impliziten Verfahren; noch schwerwiegender war, dass die Verfahren in der Mehrzahl eine sehr geringe Retestreliabilität aufwiesen. Zudem waren die Korrelationen mit Selbstberichten gering, und den impliziten Verfahren gelang es nur sehr beschränkt, zuvor spezifizierte Kriterienmaße vorherzusagen. Obwohl dies möglicherweise „Kinderkrankheiten" dieser Verfahren sein könnten, wurde in der vorliegenden Arbeit aufgrund der fehlenden empirischen Validierung impliziter Selbstwerttests auf eine Verwendung dieser Verfahren verzichtet.

Gleichwohl ist dieser Zweig aktueller Forschung von großem theoretischen Appeal: So verknüpften beispielsweise Greenwald et al. (2002) Gedächtnismodelle, die auf assoziativen Netzwerkmodellen beruhen, mit der Forschung zum Selbstwertgefühl, zu Selbstkonzepten, Stereotypien und Einstellungen, wobei – unter anderem unter Bezugnahme auf Heiders Balance-Theorie (Heider, 1958) – auch genaue Vorhersagen über die Veränderung im Selbstkonzeptgefüge gemacht wurden. Es darf angenommen werden, dass Forschungsarbeiten, die am aktualisierten Selbstbild ansetzen (z.B. am *working self*; Hannover, 1997; Markus, 1977), viel Gewinn aus dieser Forschungsperspektive ziehen können. Gleichzeitig bieten Instrumente wie der IAT (Greenwald et al., 1998) auch die Möglichkeit, alte Fragen der Selbstkonzeptforschung aufs Neue zu beantworten. So mag man beispielsweise an der Frage interessiert sein, ob die Höhe der Differenz zwischen implizitem und explizitem Selbstwertgefühl prädiktiv für bestimmte Verhaltensweisen ist. Beispielsweise könnte man untersuchen, ob Personen mit niedrigem impliziten Selbstwertgefühl und hohem expliziten Selbstwertgefühl besonders stark zu sozial unangepasstem Verhalten wie Unterrichtsstörungen neigen.

11.4 Ausblick

Die vorliegende Arbeit untersuchte die Entwicklung und Bedeutung des Selbstwertgefühls in der Adoleszenz im Kontext Schule. Die Teilstudien unterstützen die Auffassung, dass sich schulbezogene Kognitionen bzw. Selbstkonzepte und die schulische Leistung langfristig auf die Höhe des Selbstwertgefühls auswirken. Zudem konnte gezeigt werden, dass das Selbstwertgefühl langfristig bereichsspezifische Selbstkonzepte beeinflusst und in bestimmten Situationen direkte Effekte auf das schulische Verhalten hat. Obwohl insgesamt bereichsspezifische Selbstkonzepte eine größere prädiktive Kraft hinsichtlich der Leistungsentwicklung bzw. der schulischen Mitarbeit haben, ist für bestimmte Aspekte schulischen Verhaltens und schulspezifischer Kognitionen der Einfluss des Selbstwertgefühls nicht zu vernachlässigen.

Ein erstes Ziel für zukünftige Forschung sollte es deshalb sein, die Bedingungen und Situationen, in denen das Selbstwertgefühl zusätzlich zu bereichsspezifischen Selbstkonzepten eine prädiktive Kraft hat, noch genauer zu bestimmen. Dabei ist einerseits an Selbstkonzepte zu denken, zum anderen aber auch an Verhaltensweisen; besondere Aufmerksamkeit sollte dabei unter anderem der Facette des sozialen Verhaltens gelten. Stärker als bisher sollten darüber hinaus transdimensionale Effekte untersucht werden: Haben beispielsweise Leistungen in Mathematik einen bestimmten

Einfluss auf das Selbstkonzept der Anerkennung? Ist dieser Effekt bei Jungen und Mädchen unterschiedlich ausgeprägt? In Hinblick auf die Selbstkonzeptforschung innerhalb der pädagogischen Psychologie wäre es wünschenswert, wenn am Ende dieser Forschungsbemühungen ein Modell stehen würde, das das Shavelson-Modell in Bezug auf mehrere Aspekte präzisiert bzw. korrigiert: Es sollten sowohl Bottom-up-, Top-down- und möglicherweise transdimensionale Effekte inkorporiert, der Übergang zur Verhaltensebene spezifiziert und wichtige Selbstkonzeptfacetten ausdifferenziert sein. Dies setzt zudem eine Klärung voraus, ob Variationen in den Selbstkonzeptitems in dem Sinne, dass unterschiedliche Aspekte wie Attribute, Fähigkeiten oder Interessen in den Items thematisiert (vgl. Bandura, 1990; Simpson et al., 1996) bzw. Ist-Soll-Differenzen betont (DuBois et al., 1996) werden, zu unterschiedlichen Effekten innerhalb des Selbstkonzeptgefüges bzw. zu unterschiedlichen Beziehungen zu Drittvariablen führen.

Aus methodischer Sicht sind mehrere Fortentwicklungen denkbar. Zum einen könnten, beispielsweise in Mehrebenenanalysen, noch weitere Maße für die geteilte Umwelt eingesetzt werden. Ein Beispiel wären die in einer Klasse vorhandenen Überzeugungen hinsichtlich der instrumentellen Bedeutung guter Noten für späteren Berufserfolg bzw. subkulturelle Normen in Bezug auf adäquates Verhalten gegenüber Lehrkräften. Hierbei sollte jedoch die methodische Entwicklung die Theorienentwicklung nicht überholen: Angesichts der Vielzahl prüfbarer Effekte und Interaktionen ist es gerade in Mehrebenenanalysen wichtig, gezielt eine hypothesenprüfende Strategie zu verfolgen. Zum anderen könnten jedoch auch personenorientierte Verfahren den variablenorientierten Ansatz ergänzen bzw. unter bestimmten Bedingungen ersetzen (vgl. Magnusson & Bergman, 1988). Eine wichtige Rolle könnten außerdem so genannte „natürliche Experimente" spielen, wie dies in Studie 3 anhand des Beispiels der Umorganisation des Schulsystems in den neuen Bundesländern gezeigt wurde.

Das schulische Umfeld bietet vielen Jugendlichen Opportunitäten für Erfolgserlebnisse: Manche entwickeln ein positives Bild ihrer intellektuellen Fähigkeiten, andere nehmen eine hohe Anerkennung ihrer Person bei den Mitschülern wahr. Zumindest bei manchen führt dies über die Zeit zu einem positiveren Selbstwertgefühl. Andererseits hat der Schulbesuch für manche Schülerinnen und Schüler selbstwertschädigende Auswirkungen (vgl. Harter, 1999): Sie bewerten ihre Leistungen negativ und fühlen sich als Außenseiter. Langfristig bauen sie ein weniger positives Selbstbild auf, das in klinisch bedeutsamen Fällen mit depressiven Gedanken einhergeht und zu Selbstmordgedanken führen kann. Für einige Jugendliche ist der Schulweg somit, um den Beginn dieser Arbeit aufzunehmen, die erste Etappe zu ihrem „Wannsee". Wissenschaft und Schulpraxis sind gut darin beraten, Anstrengungen zu unternehmen, die Bedeutung, die das Selbstwertgefühl im schulischen Kontext hat, und die Antezedenzien und Konsequenzen hohen bzw. niedrigen Selbstwertgefühls noch besser zu verstehen.

12 Literatur

Aiken, L.S., & West, S.G. (1991). *Multiple regression: Testing and interpreting interactions.* Newbury Park, CA: Sage.

Ainsworth, M., Blehar, M., Waters, E., & Wall, S. (1978). *Patterns of attachment.* Hillsdale, NJ: Erlbaum.

Allison, P.D. (2001). *Missing data. Sage university papers series on quantitative applications in the social sciences, 07-136.* Thousand Oaks, CA: Sage.

Ames, C. (1992). Classrooms: Goals, structures, and student motivation. *Journal of Educational Psychology, 84,* 261–271.

Amthauer, R. (1956). *Intelligenzstrukturtest IST-70.* Göttingen: Hogrefe.

Arbuckle, J.L. (1999). *AMOS 4.0* [Computerprogramm]. Chicago, IL: Smallwaters.

Asendorpf, J.B., & van Aken, M.A. (1993). Deutsche Versionen der Selbstkonzeptskalen von Harter. *Zeitschrift für Entwicklungspsychologie und Pädagogische Psychologie, 25,* 64–86.

Bachman, J.G. (1974). *Young men in high school and beyond: A summary of findings of the youth in transition project, 1966–1974.* Survey Research Center, Institute for Social Research, University of Michigan, Ann Arbor, MI.

Baldwin, J.M. (1895). *Mental development of the child and the race: Methods and processes.* New York: Macmillan.

Bandura, A. (1979). *Aggression: Eine sozial-lerntheoretische Analyse.* Stuttgart: Klett-Cotta.

Bandura, A. (1986). *Social foundations of thought and action: A social cognitive theory.* Upper Saddle River, NJ: Prentice Hall.

Bandura, A. (1990). Conclusion: Reflections on nonability determinants of competence. In R.J. Sternberg & J. Kolligian, Jr. (Eds.), *Competence considered* (pp. 315–362). New Haven: Yale University Press.

Bandura, A. (1997). *Self-efficacy – the exercise of control.* New York: Freeman.

Bandura, A. (2001). *Guide for constructing self-efficacy scales.* Stanford, CA: Stanford University.

Bandura, A., Caprara, G.V., Barbaranelli, C., Pastorelli, C., & Regalia, C. (2001). Sociocognitive self-regulatory mechanisms governing transgressive behavior. *Journal of Personality and Social Psychology, 80,* 125–135.

Baron, R.M., & Kenny, D. (1986). The moderator-mediator variable distinction in social psychological research: Conceptual, strategic, and statistical considerations. *Journal of Personality and Social Psychology, 6,* 1173–1182.

Baumeister, R.F. (Ed.). (1993a). *Self-esteem: The puzzle of low self-regard.* New York: Plenum.

Baumeister, R.F. (1993b). Understanding the inner nature of low self-esteem: Uncertain, fragile, protective, and conflicted. In R.F. Baumeister (Ed.), *Self-esteem: The puzzle of low self-regard* (pp. 201–218). New York: Plenum.

Baumert, J., Köller, O., & Schnabel, K. (2000). Schulformen als differentielle Entwicklungsmilieus. Eine ungehörige Fragestellung. In Bildungs- und Förderwerk der Gewerkschaft Erziehung und Wissenschaft im DGB (Hrsg.), *Messung sozialer Motivation. Eine Kontroverse* (S. 28–68). Frankfurt a.M.: GEW.

Baumert, J., Roeder, P.M., Gruehn, S., Heyn, S., Köller, O., Rimmele, R., Schnabel, K., & Seipp, B. (1996). Bildungsverläufe und psychosoziale Entwicklung im Jugendalter (BIJU). In K.-P. Treumann, G. Neubauer, R. Moeller, & J. Abel (Hrsg.), *Methoden und Anwendungen empirischer pädagogischer Forschung* (S. 170–180). Münster: Waxmann.

Baumert, J., Roeder, P.M., Sang, F., & Schmitz, B. (1986). Leistungsentwicklung und Ausgleich von Leistungsunterschieden in Gymnasialklassen. *Zeitschrift für Pädagogik, 32,* 639–660.

Bentler, P.M. (1988). Causal modeling via structural equation systems. In J.R. Nesselroade & R.B. Cattell (Eds.), *Handbook of multivariate experimental psychology* (2nd ed., pp. 317–335). New York: Plenum.

Bentler, P.M. (1992). On the fit of models to covariances and methodology to the Bulletin. *Psychological Bulletin, 112,* 400–404.

Bentler, P.M., & Bonett, D.G. (1980). Significance tests and goodness of fit in the analysis of covariance structures. *Psychological Bulletin, 88,* 588–606.

Bierman, K.L., & Wargo, J.B. (1995). Predicting the longitudinal course associated with aggressive-rejected, aggressive (non-rejected), and rejected (non-aggressive) status. *Developmental Psychopathology, 7,* 669–682.

Blanton, H., Buunk, B.P., Gibbons, F.X., & Kuyper, H. (1999). When better-than-others compare upward: Choice of comparison and comparative evaluation as independent predictors of academic performance. *Journal of Personality and Social Psychology, 76,* 420–430.

Boehnke, K., Hefler, G., Merkens, H., & Hagan, J. (1998). Jugendlicher Rechtsextremismus: Zur Bedeutung von Schulerfolg und elterlicher Kontrolle. *Zeitschrift für Pädagogische Psychologie, 12,* 236–249.

Bohrnstedt, G.W., & Felson, R.B. (1983). Explaining the relations among children's actual and perceived performances and self-esteem: A comparison of several causal models. *Journal of Personality and Social Psychology, 45,* 43–56.

Boldrick, L.N. (1983). Psychological centrality of physical attributes: A reexamination of the relationship between subjective importance and self-esteem. *The Journal of Psychology, 115,* 97–102.

Bollen, K.A. (1989). *Structural equations with latent variables.* New York: Wiley.

Bong, M., & Clark, R.E. (1999). Comparison between self-concept and self-efficacy in academic motivation research. *Educational Psychologist, 34,* 139–154.

Borkenau, P., & Ostendorf, F. (1993). *NEO-Fünf-Faktoren Inventar (NEO-FFI) nach Costa und McCrae.* Göttingen: Hogrefe.

Bosson, J.K., Swann, W.B., & Pennebaker, J.W. (2000). Stalking the perfect measure of implicit self-esteem: The blind men and the elephant revisited? *Journal of Personality and Social Psychology, 79,* 631–643.

Bowlby, J. (1969). *Attachment and loss: Vol. 1. Attachment.* New York: Basic Books.

Bracken, B.A. (Ed.). (1996). *Handbook of self-concept.* New York: Wiley.

Bronfenbrenner, U., & Ceci, S.J. (1994). Nature-nuture reconceptualized in developmental perspective: A bioecological model. *Psychological Review, 101,* 568–586.

Brookover, W.B., & Lezotte, L.W. (1979). *Changes in schools characteristics coincident with changes in student achievement.* East Lansing, MI: Michigan State University. (ERIC Document Reproduction Service No. ED 181 005)

Brookover, W.B., Thomas, S., & Paterson, A. (1964). Self-concept of ability and school achievement. *Sociology of Education, 37,* 271–279.

Brophy, J. (1988). Educating teachers about managing classrooms and students. *Teaching & Teacher Education, 4,* 1–18.

Brown, J.D. (1986). Evaluations of self and others: Self-enhancement biases in social judgments. *Social Cognition, 4,* 353–376.

Brown, J.D. (1993). Self-esteem and self-evaluation: Feeling is believing. In J. Suls (Ed.), *Psychological perspectives on the self* (Vol. 4, pp. 27–58). Hillsdale, NJ: Erlbaum.

Brown, J.D., Collins, R.L., & Schmidt, G.W. (1988). Self-esteem and direct versus indirect forms of self-enhancement. *Journal of Personality and Social Psychology, 55,* 445–453.

Brown, J.D., & Dutton, K.A. (1995a). The thrill of victory, the complexity of defeat: Self-esteem and people's emotional reactions to success and failure. *Journal of Personality and Social Psychology, 68,* 712–722.

Brown, J.D., & Dutton, K.A. (1995b). Truth and consequences: The costs and benefits of accurate self-knowledge. *Personality and Social Psychology Bulletin, 21,* 1288–1296.

Brown, J.D., & Gallagher, F.M. (1992). Coming to terms with failure: Private self-enhancement and public self-effacement. *Journal of Experimental Social Psychology, 28,* 3–22.

Brown, J.D., Novick, N.J., Lord, K.A., & Richards, J.M. (1992). When Gulliver travels: Social context, psychological closeness, and self-appraisals. *Journal of Personality and Social Psychology, 62,* 717–727.

Brown, J.D., & Smart, S.A. (1991). The self and social conduct: Linking self-representations to prosocial behavior. *Journal of Personality and Social Psychology, 60,* 368–375.

Browne, M.W., & Cudeck, R. (1989). Single sample cross-validation indices for covariance structures. *Multivariate Behavioral Research, 24,* 445–455.

Bryk, A.S., & Raudenbush, S.W. (1992). *Hierarchical linear models: Applications and data analysis methods.* Newbury Park, CA: Sage.

Burstein, L. (Ed.). (1992). *The IEA study of mathematics III. Student growth and classroom processes.* Oxford, UK: Pergamon Press.

Busch, L., & Todt, E. (1997). Aggressionen in Schulen: Möglichkeiten ihrer Bewältigung. In H.G. Holtappels, W. Heitmeyer, W. Melzer, & K.J. Tillmann (Hrsg.), *Forschung über Gewalt an Schulen* (S. 331–350). Weinheim: Juventa.

Busch, L., & Todt, E. (2001). Gewalt in der Schule. In D. Rost (Hrsg.), *Handwörterbuch Psychologie* (S. 225–230). Weinheim: PVU.

Butler, R. (1992). What young people want to know when: Effects of mastery and ability goals on interest in different kinds of social comparison. *Journal of Personality and Social Psychology, 62,* 934–943.

Butler, R. (1998). Age trends in the use of social and temporal comparison for self-evaluation: Examinations of a novel developmental hypothesis. *Child Development, 69,* 1054–1073.

Buunk, B.P., Collins, R.L., Taylor, S.E., VanYperen, N.W., & Dakof, G.A. (1990). The affective consequences of social comparison: Either direction has its ups and downs. *Journal of Personality and Social Psychology, 59,* 1238–1249.

Byrne, B.M. (1986). Self-concept/academic achievement relations: An investigation of dimensionality, stability, and causality. *Canadian Journal of Behavioural Science, 18,* 173–186.

Byrne, B.M. (1988). The Self Description Questionnaire III: Testing for equivalent factorial validity across ability. *Educational and Psychological Measurement, 48,* 397–406.

Byrne, B.M. (1996). *Measuring self-concept across the life span: Issues and instrumentation.* Washington, DC: American Psychological Association.

Byrne, B.M. (1998). *Structural equation modeling with LISREL, PRELIS, and SIMPLIS: Basic concepts, applications, and programming.* Mahwah, NJ: Erlbaum.

Byrne, B.M., & Gavin, D.A.W. (1996). The Shavelson model revisited: Testing for the structure of academic self-concept across pre-, early, and late adolescents. *Journal of Educational Psychology, 88,* 215–228.

Byrne, B.M., & Schneider, B.H. (1986). Student-teacher concordance on ratings of student social competence: A multitrait-multimethod analysis. *Journal of Psychopathology and Behavioral Assessment, 8,* 263–279.

Byrne, B.M., & Shavelson, R.J. (1987). Adolescent self-concept: Testing the assumption of equivalent structure across gender. *American Educational Research Journal, 24,* 365–385.

Byrne, B.M., & Shavelson, R.J. (1996). On the structure of social self-concept for pre-, early, and late adolescents: A test of the Shavelson, Hubner, and Stanton (1976) model. *Journal of Personality and Social Psychology, 70,* 599–613.

California Task Force to Promote Self-Esteem and Personal and Social Responsibility. (1990). *Toward a state of esteem.* Sacramento, CA: California Department of Education.

Case, R. (1991). Stages in the development of the young child's first sense of self. *Developmental Review, 11,* 210–230.

Case, R. (1992). *The mind's staircase.* Hillsdale, NJ: Erlbaum.

Chambliss, J., Muller, D., Hulnick, R., & Wood, M. (1978). Relationships between self-concept, self-esteem, popularity, and social judgments of junior high school students. *The Journal of Psychology, 98,* 91–98.

Coie, J.D., & Dodge, K.A. (1998). Aggression and antisocial behavior. In W. Damon (Ed.), *Handbook of child psychology* (5th ed., pp. 779–862). New York: Wiley.

Coie, J.D., Dodge, K.A., & Coppotelli, H. (1982). Dimensions and types of social status: A cross-lag perspective. *Developmental Psychology, 18*, 557–570.

Coie, J.D., Dodge, K.A., & Kupersmidt, J. (1990). Peer group behavior and social status. In S.R. Asher & J.D. Coie (Eds.), *Peer rejection in childhood* (pp. 17–59). New York: Cambridge University Press.

Collins, L.M., Schafer, J.L., & Kam, C.-M. (2001). A comparison of inclusive and restrictive strategies in modern missing data procedures. *Psychological Methods, 6*, 330–351.

Collins, R.L. (1996). For better or worse: The impact of upward social comparison on self-evaluations. *Psychological Bulletin, 119*, 51–69.

Colvin, C.R., Block, J., & Funder, D.C. (1995). Overly positive self-evaluations and personality: Negative implications for mental health. *Journal of Personality and Social Psychology, 68*, 1152–1162.

Cooley, C.H. (1902). *Human nature and the social order*. New York: Charles Scribner's Sons.

Coopersmith, S. (1967). *The antecedents of self-esteem*. San Francisco, CA: Freeman.

Corwyn, R.F. (2000). The factor structure of global self-esteem among adolescents and adults. *Journal of Research in Personality, 34*, 357–379.

Crocker, J., & Wolfe, C.T. (2001). Contingencies of self-worth. *Psychological Review, 108*, 593–623.

Cronbach, L.J. (1976). *Research on classrooms and schools: Formulation of questions, design and analysis*. Stanford, CA: Stanford Evaluation Consortium.

Davis, M.H. (1980). A multidimensional approach to individual differences in empathy. *JSAS Catalog of Selected Documents in Psychology, 10*, 85.

Deihl, L.M., Vicary, J.R., & Deike, R.C. (1997). Longitudinal trajectories of self-esteem from early to middle adolescence and related psychosocial variables among rural adolescents. *Journal of Research on Adolescence, 7*, 393–411.

Diener, E., Wolsic, B., & Fujita, F. (1995). Physical attractiveness and subjective well-being. *Journal of Personality and Social Psychology, 69*, 120–129.

Dodge, K.A., & Coie, J.D. (1987). Social information-processing factors in reactive and proactive aggression in children's peer groups. *Journal of Personality and Social Psychology, 53*, 1146–1158.

Dodge, K.A., Coie, J.D., Pettit, G.S., & Price, J.M. (1990). Peer status and aggression in boys' groups: Developmental and contextual analyses. *Child Development, 61*, 1289–1309.

Dodgson, P.G., & Wood, J.V. (1998). Self-esteem and the cognitive accessibility of strengths and weaknesses after failure. *Journal of Personality and Social Psychology, 75*, 178–197.

DuBois, D.L., Felner, R.D., Brand, S., & George, G.R. (1999). Profiles of self-esteem in early adolescence: Identification and investigation of adaptive correlates. *American Journal of Community Psychology, 27*, 899–932.

DuBois, D.L., Felner, R.D., Brand, S., Phillips, R.S.C., & Lease, A.M. (1996). Early adolescent self-esteem: A developmental-ecological framework and assessment strategy. *Journal of Research on Adolescence, 6*, 543–579.

DuBois, D.L., & Tevendale, H.D. (1999). Self-esteem in childhood and adolescence: Vaccine or epiphenomenon? *Applied & Preventive Psychology, 8*, 103–177.

Dutton, K.A., & Brown, J.D. (1997). Global self-esteem and specific self-views as determinants of people's reactions to success and failure. *Journal of Personality and Social Psychology, 73*, 139–148.

Egan, S.K., & Perry, D.G. (1998). Does low self-regard invite victimization? *Developmental Psychology, 34*, 299–309.

Elliot, A.J. (1999). Approach and avoidance motivation and achievement goals. *Educational Psychologist, 34*, 169–189.

Elliot, A.J., & Sheldon, K.M. (1997). Avoidance achievement motivation: A personal goals analysis. *Journal of Personality and Social Psychology, 73,* 171–185.

Enzmann, D. (1997). RanEigen: A program to determine the parallel analysis criterion for the number of principal components. *Applied Psychological Measurement, 21,* 232.

Faber, G. (1992). Bereichsspezifische Beziehungen zwischen leistungsthematischen Schülerselbstkonzepten und Schulleistungen. *Zeitschrift für Entwicklungspsychologie und Pädagogische Psychologie, 24,* 66–82.

Feingold, A. (1992). Good-looking people are not what we think. *Psychological Bulletin, 111,* 304–341.

Feiring, C., & Taska, L.S. (1996). Family self-concept: Ideas on its meaning. In B.A. Bracken (Ed.), *Handbook of self-concept* (pp. 317–373). New York: Wiley.

Felson, R.B. (1980). Communication barriers and the reflected appraisal process. *Social Psychology Quarterly, 43,* 223–233.

Felson, R.B. (1981). Ambiguity and bias in the self-concept. *Social Psychology Quarterly, 44,* 64–69.

Felson, R.B. (1985). Reflected appraisal and the development of self. *Social Psychology Quarterly, 48,* 71–78.

Felson, R.B. (1989). Parents and the reflected appraisal process: A longitudinal analysis. *Journal of Personality and Social Psychology, 56,* 965–971.

Felson, R.B. (1990). Comparison processes in parents' and children's appraisals of academic performance. *Social Psychology Quarterly, 53,* 264–273.

Felson, R.B. (1993). The (somewhat) social self: How others affect self-appraisals. In J. Suls (Ed.), *Psychological perspectives on the self* (Vol. 4, pp. 1–26). Hillsdale, NJ: Erlbaum.

Fend, H. (1989). „Pädagogische Programme" und ihre Wirksamkeit. Das Beispiel der Umdeutung schulischer Normen und Erwartungen in der Altersgruppe. In W. Breyvogel (Hrsg.), *Pädagogische Jugendforschung. Erkenntnisse und Perspektiven* (S. 187–209). Opladen: Leske + Budrich.

Fend, H. (1994). *Die Entdeckung des Selbst und die Verarbeitung der Pubertät.* Göttingen: Hogrefe.

Fend, H. (1997). *Der Umgang mit Schule in der Adoleszenz.* Bern: Huber.

Fend, H. (1998). *Eltern und Freunde.* Bern: Huber.

Fend, H., Helmke, A., & Richter, P. (1984). *Inventar zu Selbstkonzept und Selbstvertrauen. Bericht aus dem Projekt „Entwicklung im Jugendalter".* Konstanz: Universität Konstanz.

Fend, H., Knörzer, W., Nagel, W., Specht, W., & Väth-Szusdziara, R. (1976). *Sozialisationseffekte der Schule. Soziologie der Schule II.* Weinheim: Beltz.

Fend, H., & Prester, H.G. (Hrsg.). (1986). *Dokumentation der Skalen des Projektes „Entwicklung im Jugendalter".* Konstanz: Universität Konstanz.

Fend, H., & Schneider, G. (1984). Schwierige Schüler – schwierige Klassen. Abweichendes Verhalten, Sucht- und Delinquenzbelastung im Kontext der Schule. *Zeitschrift für Sozialisationsforschung und Erziehungssoziologie, 4,* 123–142.

Fend, H., & Specht, W. (Hrsg.). (1986). *Erziehungsumwelten. Bericht aus dem Projekt „Entwicklung im Jugendalter".* Konstanz: Universität Konstanz.

Ferring, D., & Filipp, S.-H. (1996). Messung des Selbstwertgefühls: Befunde zu Reliabilität, Validität und Stabilität der Rosenberg-Skala. *Diagnostica, 42,* 284–292.

Festinger, L. (1954). A theory of social comparison processes. *Human Relations, 7,* 117–140.

Filipp, S.-H. (1979). Entwurf eines heuristischen Bezugsrahmens für Selbstkonzept-Forschung: Menschliche Informationsverarbeitung und naive Handlungstheorie. In S.-H. Filipp (Hrsg.), *Selbstkonzeptforschung: Probleme, Befunde, Perspektiven* (S. 129–152). Stuttgart: Klett-Cotta.

Filipp, S.-H. (1980). Entwicklung von Selbstkonzepten. *Zeitschrift für Entwicklungspsychologie und Pädagogische Psychologie, 12,* 105–125.

Frey, K.S., & Ruble, D.N. (1985). What children say when the teacher is not around: Conflicting goals in social comparison and performance assessment in the classroom. *Journal of Personality and Social Psychology, 48,* 550–562.

Frey, K.S., & Ruble, D.N. (1990). Strategies for comparative evaluation: Maintaining a sense of competence across the life span. In R.J. Sternberg & J. Kolligian, Jr. (Eds.), *Competence considered* (pp. 167–189). New Haven, CT: Yale University Press.

Gabriel, M.T., Critelli, J.W., & Ee, J.S. (1994). Narcissistic illusions in self-evaluations of intelligence and attractiveness. *Journal of Personality, 62*, 143–155.

Goldstein, H. (1987). *Multilevel models in educational and social research*. London: Griffin.

Greenwald, A.G., Banaji, M.R., Rudman, L.A., Farnham, S.D., Nosek, B.A., & Mellot, D.S. (2002). A unified theory of implicit attitudes, stereotypes, self-esteem, and self-concept. *Psychological Review, 109*, 3–25.

Greenwald, A.G., McGhee, D.E., & Schwartz, J.L.K. (1998). Measuring individual differences in implicit cognition: The implicit association test. *Journal of Personality and Social Psychology, 74*, 1464–1480.

Gruehn, S. (2000). *Unterricht und schulisches Lernen. Schüler als Quellen der Unterrichtsbeschreibung*. Münster: Waxmann.

Guay, F., Bovin, M., & Hodges, E.V.E. (1999). Predicting change in academic achievement: A model of peer experiences and self-system processes. *Journal of Educational Psychology, 91*, 105–115.

Hannover, B. (1997). *Das dynamische Selbst: Die Kontextabhängigkeit selbstbezogenen Wissens*. Bern: Huber.

Hansford, B.C., & Hattie, J.A. (1982). The relationship between self and achievement/performance measures. *Review of Educational Research, 52*, 123–142.

Harter, S. (1983). Developmental perspectives on the self-system. In P.H. Mussen (Series Ed.) & E.M. Hetherington (Vol. Ed.), *Handbook of child psychology: Vol. 4. Socialization, personality, and social development* (4th ed., pp. 275–386). New York: Wiley.

Harter, S. (1985). *Manual for the self-perception profile for children: Revision of the perceived competence scale for children*. Denver, CO: University of Denver.

Harter, S. (1986). Processes underlying the construction, maintenance, and enhancement of the self-concept in children. In J. Suls & A.G. Greenwald (Eds.), *Psychological perspectives on the self* (Vol. 3, pp. 137–181). Hillsdale, NJ: Erlbaum.

Harter, S. (1990). Causes, correlates and the functional role of global self-worth: A life-span perspective. In R.J. Sternberg & J. Kolligian, Jr. (Eds.), *Competence considered* (pp. 67–98). New Haven, CT: Yale University Press.

Harter, S. (1996). Historical roots of contemporary issues involving self-concept. In B.A. Bracken (Ed.), *Handbook of self-concept* (pp. 1–37). New York: Wiley.

Harter, S. (1998). The development of self-representations. In W. Damon (Series Ed.) & N. Eisenberg (Vol. Ed.), *Handbook of child psychology: Vol. 3. Social, emotional, and personality development* (5th ed., pp. 553–617). New York: Wiley.

Harter, S. (1999). *The construction of the self: A developmental perspective*. New York: Guilford Press.

Harter, S., Marold, D.B., & Whitesell, N.R. (1992). A model of psychosocial risk factors leading to suicidal ideation in young adolescents. *Development and Psychopathology, 4*, 167–188.

Harter, S., Stocker, C., & Robinson, N.S. (1996). The perceived directionality of the link between approval and self-worth: The liabilities of a looking glass self-orientation among young adolescents. *Journal of Research on Adolescence, 6*, 285–308.

Harter, S., & Whitesell, N.R. (1996). Multiple pathways to self-reported depression and adjustment among adolescents. *Development and Psychopathology, 9*, 835–854.

Harter, S., Whitesell, N.R., & Junkin, L.J. (1998). Similarities and differences in domain-specific and global self-evaluations of learning-disabled, behaviourally disordered, and normally achieving adolescents. *American Educational Research Journal, 35*, 653–680.

Hattie, J. (1992). *Self-concept*. Hillsdale, NJ: Erlbaum.

Hauser, R.M. (1974). Contextual analysis revisited. *Sociological Methods and Research, 2,* 365–375.

Heider, F. (1958). *The psychology of interpersonal relations.* New York: Wiley.

Heller, K., Gaedicke, A.-K., & Weinläder, H. (1976). *Kognitiver Fähigkeitstest (KFT 4-13).* Weinheim: Beltz.

Helmke, A. (1992). *Selbstvertrauen und schulische Leistungen.* Göttingen: Hogrefe.

Helmke, A. (1998). Vom Optimisten zum Realisten? Zur Entwicklung des Fähigkeitsselbstkonzeptes vom Kindergarten bis zur 6. Klassenstufe. In F.E. Weinert (Hrsg.), *Entwicklung im Kindesalter* (S. 115–132). Weinheim: PVU.

Helmke, A., & van Aken, M.A.G. (1995). The causal ordering of academic achievement and self-concept of ability during elementary school: A longitudinal study. *Journal of Educational Psychology, 87,* 624–637.

Hetts, J.J., Sakuma, M., & Pelham, B.W. (1999). Two roads to positive regard: Implicit and explicit self-evaluation and culture. *Journal of Experimental Social Psychology, 35,* 512–559.

Higgins, E.T. (1999). Self-discrepency: A theory relating self and affect. In R.F. Baumeister (Ed.), *The self in social psychology. Key readings in social psychology* (pp. 150–181). Philadelphia,PA: Psychology Press.

Hinshaw, S.P. (1992). Externalizing behavior problems and academic underachievement in childhood and adolescence: Causal relationships and underlying mechanisms. *Psychological Bulletin, 111,* 127–155.

Hoge, D.R., Smit, E.K., & Hanson, S.L. (1990). School experiences predicting changes in self-esteem of sixth- and seventh-grade students. *Journal of Educational Psychology, 82,* 117–127.

Hosenfeld, I. (2002). *Kausalitätsüberzeugungen und Schulleistung.* Münster: Waxmann.

Hox, J.J. (1999). A review of current software for handling missing data. *Kwantitatieve Methoden, 62,* 123–138.

Hu, L., & Bentler, P.M. (1999). Cutoff criteria for fit indexes in covariance structure analysis: Conventional criteria versus new alternatives. *Structural Equation Modeling, 6,* 1–55.

Huebner, E.S. (1991). Correlates of life satisfaction in children. *Social Psychology Quarterly, 6,* 103–111.

Huisman, M. (1999). Simple and effective methods to treat missing item responses. *Kwantitatieve Methoden, 62,* 57–78.

Humphreys, A.P., & Smith, P.K. (1987). Rough and tumble, friendship, and dominance in school children: Evidence for continuity and change with age. *Child Development, 58,* 201–212.

Husén, T. (1967). *International study of achievement in mathematics. A comparison of 12 countries* (Vols. I and II). Stockholm, Sweden: Almqvist & Wiksell.

Jahoda, M. (1958). *Current concepts of positive mental health.* New York: Basic Books.

James, W. (1892/1999). The self. In R.F. Baumeister (Ed.), *The self in social psychology* (pp. 69–77). Philadelphia, PA: Psychology Press. (Original work published 1892/1948. *Psychology.* Cleveland, OH: World Publishing)

Jerusalem, M. (1984). *Selbstbezogene Kognitionen in schulischen Bezugsgruppen: Bd. I. Eine Längsschnittstudie.* Berlin: Freie Universität Berlin, Institut für Psychologie.

Jopt, U.J. (1978). *Selbstkonzept und Ursachenerklärung in der Schule.* Bochum: Kamp.

Jöreskog, K., & Sörbom, D. (1999). *LISREL 8.30* [Computerprogramm]. Chicago, IL: Scientific Software International.

Josephs, R.A., Markus, H.R., & Tafarodi, R.W. (1992). Gender and self-esteem. *Journal of Personality and Social Psychology, 63,* 391–402.

Jovanovic, J., Lerner, R.M., & Lerner, J.V. (1989). Objective and subjective attractiveness and early adolescent adjustment. *Journal of Adolescence, 12,* 225–229.

Judge, T.A., Locke, E.A., Durham, C.C., & Kluger, A.N. (1998). Dispositional effects on job and life satisfaction: The role of core evaluation. *Journal of Applied Psychology, 83,* 17–34.

Kaiser, H.F. (1960). The application of electronic computers to factor analysis. *Educational and Psychological Measurement, 20,* 141–151.

Kaplan, H.B. (1975). *Self-attitudes and deviant behavior.* Pacific Palisades, CA: Goodyear.

Kaplan, H.B. (1978). Deviant behavior and self-enhancement in adolescence. *Journal of Youth & Adolescence, 7,* 253–277.

Kaplan, H.B., Martin, S.S., & Johnson, R.J. (1986). Self-rejection and the explanation of deviance: Specification of the structure among latent constructs. *American Journal of Sociology, 92,* 384–411.

Kenny, D.A., & DePaulo, B.M. (1993). Do people know how others view them? An empirical and theoretical account. *Psychological Bulletin, 114,* 145–161.

Kish, L. (1987). *Statistical design for research.* New York: Wiley.

Kleiber, D., & Meixner, S. (2000). Aggression und (Gewalt-)Delinquenz bei Kindern und Jugendlichen: Ausmaß, Entwicklungszusammenhänge und Prävention. *Gesprächspsychotherapie und Personzentrierte Beratung, 31,* 191–205.

Köller, O. (1998). *Zielorientierungen und schulisches Lernen.* Münster: Waxmann.

Köller, O. (2000). *Leistungsgruppierungen, soziale Vergleiche und selbstbezogene Fähigkeitskognitionen in der Schule.* Berlin: Max-Planck-Institut für Bildungsforschung.

Köller, O. (2002). *Understanding schools as developmental environments: Quality of schooling and the development of psychometric intelligence.* Manuscript in preparation.

Köller, O., & Baumert, J. (2001). Leistungsgruppierungen in der Sekundarstufe I. Ihre Konsequenzen für die Mathematikleistung und das mathematische Selbstkonzept der Begabung. *Zeitschrift für Pädagogische Psychologie, 15,* 99–110.

Köller, O., & Baumert, J. (2002). Entwicklung schulischer Leistungen. In R. Oerter & L. Montada (Hrsg.), *Entwicklungspsychologie* (S. 756–786). Weinheim: Beltz.

Köller, O., Daniels, Z., Schnabel, K., & Baumert, J. (2000). Kurswahlen von Mädchen und Jungen im Fach Mathematik: Zur Rolle von fachspezifischem Selbstkonzept und Interesse. *Zeitschrift für Pädagogische Psychologie, 14,* 26–37.

Köller, O., Klemmert, H., Möller, J., & Baumert, J. (1999). Leistungsbeurteilungen und Fähigkeitsselbstkonzepte: Eine längsschnittliche Überprüfung des Internal/External Frame of Reference Modells. *Zeitschrift für Pädagogische Psychologie, 13,* 128–134.

Köller, O., & Trautwein, U. (Hrsg.). (2003). *Schulqualität und Schülerleistung.* Weinheim: Juventa.

Krapp, A. (1997). Selbstkonzept und Leistung – Dynamik ihres Zusammenspiels. Literaturüberblick. In F.E. Weinert & A. Helmke (Hrsg.), *Entwicklung im Grundschulalter* (S. 325–340). Weinheim: Beltz.

Kruger, J., & Dunning, D. (1999). Unskilled and unaware of it: How difficulties in recognizing one's own incompetence lead to inflated self-assessments. *Journal of Personality and Social Psychology, 77,* 1121–1134.

Kuhl, J. (1998). Wille und Persönlichkeit: Funktionsanalyse der Selbststeuerung. *Psychologische Rundschau, 49,* 61–77.

Ladd, G.W. (1990). Having friends, keeping friends, making friends, and being liked by peers in the classroom: Predictors of children's early school adjustment. *Child Development, 61,* 312–331.

Lautenschlager, G.J. (1989). A comparison of alternatives to conducting Monte Carlo analyses for determining parallel analysis criteria. *Multivariate Behavioral Research, 24,* 365–395.

Leary, M.R., Cottrell, C.A., & Phillips, M. (2001). Deconfounding the effects of dominance and social acceptance on self-esteem. *Journal of Personality and Social Psychology, 81,* 898–909.

Lent, R.W., Brown, S.D., & Gore, P.A. (1997). Discriminant and predictive validity of academic self-concept, academic self-efficacy, and mathematics-specific self-efficacy. *Journal of Counseling Psychology, 44,* 307–315.

Lerner, R.M., Krabenick, S.A., & Stuart, J.L. (1973). Relations among physical attractiveness, body attitudes, and self-concept in male and female college students. *The Journal of Psychology, 85,* 119–129.

Lerner, R.M., Orlos, J.B., & Knapp, J.R. (1976). Physical attractiveness, physical effectiveness, and self-concept in late adolescents. *Adolescence, 11*, 313–326.

Little, R.J.A., & Rubin, D.B. (1989). The analysis of social science data with missing values. *Sociological Methods and Research, 18*, 292–326.

Loeber, R. (1982). The stability of antisocial and delinquent child behavior: A review. *Child Development, 52*, 1431–1446.

Loeber, R., & Hay, D.F. (1993). Developmental approaches to aggression and conduct problems. In M. Rutter & D.F. Hay (Eds.), *Development through life: A handbook for clinicians* (pp. 488–516). Oxford, UK: Blackwell.

Loeber, R., Wung, P., Keenan, K., Giroux, B., Stouthamer-Loeber, M., van Kammen, W.B., & Maughan, B. (1993). Developmental pathways in disruptive child behavior. *Development and Psychopathology, 5*, 103–133.

Long, J.S. (1987). *Regression models for categorical and limited dependent variables.* Thousand Oaks, CA: Sage.

Lüdtke, O., Robitzsch, A., & Köller, O. (2002). Statistische Artefakte bei der Untersuchung von Kontext-effekten in der pädagogisch-psychologischen Forschung. *Zeitschrift für Pädagogische Psychologie, 16*, 217–231.

Mabe, P.A., & West, S.G. (1982). Validity of self-evaluation of ability: A review and meta-analysis. *Journal of Applied Psychology, 67*, 280–296.

Magnusson, D., & Bergman, L.R. (1988). Individual and variable-based approaches to longitudinal research on early risk factors. In M. Rutter (Ed.), *Studies of psychosocial risk: The power of longitudinal data* (pp. 45–61). Cambridge, UK: University Press of Cambridge.

Markus, H. (1977). Self-schemata and processing information about the self. *Journal of Personality and Social Psychology, 35*, 63–78.

Markus, H., & Kunda, Z. (1986). Stability and malleability of the self-concept. *Journal of Personality and Social Psychology, 51*, 858–866.

Markus, H., & Wurf, E. (1987). The dynamic self-concept: A social psychological perspective. *Annual Review of Psychology, 38*, 299–337.

Marsh, H.W. (1984). *Self Description Questionnaire (SDQ): An instrument for measuring multiple dimensions of preadolescent self-concept.* Sydney, Australia: University of Sydney, Department of Education.

Marsh, H.W. (1986). Global self-esteem: Its relation to specific facets of self-concept and their importance. *Journal of Personality and Social Psychology, 51*, 1224–1236.

Marsh, H.W. (1987). The factorial invariance of responses by males and females to a multidimensional self-concept instrument: Substantive and methodological issues. *Multivariate Behavioral Research, 22*, 457–480.

Marsh, H.W. (1989). Age and sex effects in multiple dimensions of self-concept: Preadolescence to early adulthood. *Journal of Educational Psychology, 81*, 417–430.

Marsh, H.W. (1990a). A multidimensional, hierarchical model of self-concept: Theoretical and empirical justification. *Educational Psychology Review, 2*, 77–172.

Marsh, H.W. (1990b). *Self Description Questionnaire (SDQ) II: A theoretical and empirical basis for the measurement of multiple dimensions of adolescent self-concept: An interim test manual and a research monograph.* Macarthur, New South Wales, Australia: University of Western Sydney.

Marsh, H.W. (1990c). *Self Description Questionnaire (SDQ) III: A theoretical and empirical basis for the measurement of multiple dimensions of late adolescent self-concept: An interim test manual and a research monograph.* Macarthur, New South Wales, Australia: University of Western Sydney.

Marsh, H.W. (1990d). The structure of academic self-concept: The Marsh/Shavelson model. *Journal of Educational Psychology, 82*, 623–636.

Marsh, H.W. (1993a). The multidimensional structure of academic self-concept: Invariance over gender and age. *American Educational Research Journal, 30,* 841–860.

Marsh, H.W. (1993b). Relations between global and specific domains of self: The importance of individual importance, certainty, and ideals. *Journal of Personality and Social Psychology, 65,* 975–992.

Marsh, H.W. (1996). Positive and negative global self-esteem: A substantively meaningful distinction or artifactors? *Journal of Personality and Social Psychology, 70,* 810–819.

Marsh, H.W., Balla, J.R., & McDonald, R.P. (1988). Goodness-of-fit indexes in confirmatory factor analysis: The effect of sample size. *Psychological Bulletin, 103,* 391–410.

Marsh, H.W., Byrne, B.M., & Shavelson, R.J. (1988). A multifaceted academic self-concept: Its hierarchical structure and its relation to academic achievement. *Journal of Educational Psychology, 80,* 366–380.

Marsh, H.W., Byrne, B.M., & Yeung, A.S. (1999). Causal ordering of academic self-concept and achievement: Reanalysis of a pioneering study and revised recommendations. *Educational Psychologist, 34,* 155–167.

Marsh, H.W., & Craven, R. (1997). Academic self-concept: Beyond the dustbowl. In G. D. Phye (Ed.), *Handbook of classroom assessment* (pp. 137–198). San Diego, CA: Aca-demic Press.

Marsh, H.W. & Hattie, J. (1996). Theoretical perspectives on the structure of self-concept. In B.A. Bracken (Ed.), *Handbook of self-concept* (pp. 38–90). New York: Wiley.

Marsh, H.W., Köller, O., & Baumert, J. (2001a). Reunification of East and West German school systems: Longitudinal multilevel modeling study of the Big-Fish-Little-Pond Effect on academic self-concept. *American Educational Research Journal, 38,* 321–350.

Marsh, H.W., Parada, R.H., Yeung, A.S., & Healey, J. (2001b). Aggressive school trouble-makers and victims: A longitudinal model examining the pivotal role of self-concept. *Journal of Educational Psychology, 93,* 411–419.

Marsh, H.W., Parker, J., & Barnes, J. (1985). Multidimensional adolescent self-concepts: Their relationship to age, sex, and academic measures. *American Educational Research Journal, 22,* 422–444.

Marsh, H.W., Richards, G., & Barnes, J. (1986). Multidimensional self-concepts: The effect of participation in an outward bound program. *Journal of Personality and Social Psychology, 60,* 173–187.

Marsh, H.W., & Roche, L.A. (1996). Structure of artistic self-concepts for performing arts and non-performing arts students in a performing arts high school: „Setting the stage" with multigroup confirmatory factor analysis. *Journal of Educational Psychology, 88,* 461–477.

Marsh, H.W., & Shavelson, R.J. (1985). Self-concept: Its multifaceted, hierarchical structure. *Educational Psychologist, 20,* 107–125.

Marsh, H.W., & Yeung, A.S. (1997). Causal effects of academic self-concept on academic achievement: Structural equation models of longitudinal data. *Journal of Educational Psychology, 89,* 41–54.

Marsh, H.W., & Yeung, A.S. (1998a). Longitudinal structural equation models of academic self-concept and achievement: Gender differences in the development of math and English constructs. *American Educational Research Journal, 35,* 705–738.

Marsh, H.W., & Yeung, A.S. (1998b). Top-down, bottom-up, and horizontal models: The direction of causality in multidimensional, hierarchical self-concept models. *Journal of Personality and Social Psychology, 75,* 509–527.

Marsh, H.W., & Yeung, A.S. (1999). The lability of psychological ratings: The chameleon effect in global self-esteem. *Personality and Social Psychology Bulletin, 25,* 49–64.

Mason, W.A. (2001). Self-esteem and delinquency revisited (again): A test of Kaplan's self-derogation theory of delinquency using latent growth curve modeling. *Journal of Youth and Adolescence, 30,* 83–102.

McCarthy, J.D., & Hoge, D.R. (1984). The dynamics of self-esteem and delinquency. *American Journal of Sociology, 90,* 396–410.

McGee, R., & Williams, S. (2000). Does low self-esteem predict health compromising behaviours among adolescents? *Journal of Adolescence, 23,* 569–582.

Mead, G.H. (1934). *Mind, self, and society from the standpoint of a social behaviorist.* Chicago, IL: University of Chicago Press.

Merkens, H., Classen, G., & Bergs-Winkels, D. (1997). Familiale und schulische Einflüsse auf die Konstituierung des Selbst in der Jugendarbeit. *Zeitschrift für Pädagogik, 43,* 93–110.

Midgley, C., Feldlaufer, H., & Eccles, J.S. (1989). Student/teacher relations and attitudes toward mathematics before and after the transition to junior high school. *Child Development, 60,* 981–992.

Miller, A. (1995). Teachers' attributions of causality, control and responsibility in respect of difficult pupil behaviour and its successful management. *Educational Psychology, 15,* 457–471.

Moffitt, R.E., Caspi, A., Rutter, M., & Silva, P. A. (2001). *Sex differences in antisocial behavior.* Cambridge, UK: Cambridge University Press.

Möller, J., & Köller, O. (1998). Dimensionale und soziale Vergleiche nach schulischen Leistungen. *Zeitschrift für Entwicklungspsychologie und Pädagogische Psychologie, 30,* 118–127.

Möller, J., & Köller, O. (2002). *Die Genese akademischer Selbstkonzepte: Effekte dimensionaler und sozialer Vergleiche.* Manuskript zur Veröffentlichung eingereicht.

Moretti, M.M., & Higgins, E.T. (1990). Relating self-discrepancy to self-esteem: The contribution of discrepancy beyond actual self-ratings. *Journal of Experimental Social Psychology, 26,* 108–123

Mortimer, J.T., Finch, M.D., & Kumka, D. (1982). Persistence and change in development: The multidimensional self-concept. In P.B. Baltes & O.G. Brim (Eds.), *Life-span development and behavior* (Vol. 4, pp. 263–313). New York: Academic Press.

Moschner, B. (2001). Selbstkonzept. In D.H. Rost (Hrsg.), *Handwörterbuch Pädagogische Psychologie* (S. 629–634). Weinheim: Beltz.

Oettingen, G., Little, T.D., Lindenberger, U., & Baltes, P.B. (1994). School performance-related causality, agency, and control beliefs in East and West Berlin children: A natural experiment on the role of context. *Journal of Personality and Social Psychology, 66,* 579–595.

Olweus, D. (1979). Stability of aggressive reaction patterns in males: A review. *Psychological Bulletin, 86,* 852–875.

Olweus, D. (1995). *Gewalt in der Schule: Was Lehrer und Eltern wissen sollten – und tun können.* Bern: Huber.

Olweus, D. (1997). Bully/victim problems in school: Facts and intervention. *European Journal of Psychology in Education, 12,* 495–510.

Oswald, H. (1997). Zwischen „Bullying" and „Rough and Tumble Play". *Empirische Pädagogik, 11,* 385–402.

Oswald, H., & Süss, K.-U. (1994). The influence of parents and peers on misconduct at school: Simultaneous and synergistic effects. In R. Silbereisen & E. Todt (Eds.), *Adolescence in context. The interplay of family, school, peers, and work in adjustment* (pp. 347–365). Berlin: Springer.

Paulhus, D.L. (1991). Measurement and control of response bias. In J.P. Robinson & P.R. Shaver (Eds.), *Measures of personality and social psychological attitudes: Vol. 1. Measures of social psychological attitudes* (pp. 17–59). San Diego, CA: Academic Press.

Pekrun, R. (1990). Social support, achievement evaluations, and self-concepts in adolescence. In L. Oppenheimer (Ed.), *The self-concept. European perspectives on its development, aspects, and applications* (pp. 107–119). Berlin: Springer.

Pelham, B.W., & Swann, W.B. (1989). From self-conceptions to self-worth: On the sources and structure of global self-esteem. *Journal of Personality and Social Psychology, 57,* 672–680.

Piaget, J. (1960). *The psychology of intelligence.* Patterson, NJ: Littlefield, Adams.

Piaget, J. (1969). *Das Erwachen der Intelligenz beim Kinde.* Stuttgart: Klett.

Pintrich, P. (2000). An achievement goal theory perspective on issues in motivation terminology, theory, and research. *Contemporary Educational Psychology, 25,* 92–104.

Pomerantz, E.M., Ruble, D.N., Frey, K.S., & Greulich, F. (1995). Meeting goals and confronting conflict: Children's changing perceptions of social comparison. *Child Development, 66,* 723–738.

Raudenbush, S.W., Bryk, A.S., Cheong, Y.F., & Congdon, R. (2000). *HLM 5* [Computerprogramm]. Lincolnwood, IL: Scientific Software International.

Rauh, H. (1995). Frühe Kindheit. In R. Oerter & L. Montada (Hrsg.), *Entwicklungspsychologie* (S. 167–248). Weinheim: Beltz.

Reuman, D.A. (1989). How social comparison mediates the relation between ability grouping practices and students' achievement expectancies in mathematics. *Journal of Educational Psychology, 81,* 178–189.

Rheinberg, F., & Weich, K.-W. (1988). Wie gefährlich ist Lob? Eine Untersuchung zum „paradoxen Effekt" von Lehrersanktionen. *Zeitschrift für Pädagogische Psychologie, 2,* 227–233.

Robitaille, D., & Garden, R. (1989). *The IEA study of mathematics II. Contents and outcomes of school mathematics.* Oxford: Pergamon Press.

Rodkin, P.C., Farmer, T.W., Pearl, R., & van Acker, R. (2000). Heterogeneity of popular boys: Antisocial and prosocial configurations. *Developmental Psychology, 36,* 14–24.

Roeser, R.W., & Eccles, J.S. (1998). Adolescents' perceptions of middle school: Relation to longitudinal changes in academic and psychological adjustment. *Journal of Research on Adolescence, 8,* 123–158.

Rogers, C.R. (1951). *Client-centered therapy.* Boston, MA: Houghton Mifflin.

Rosenberg, M. (1965). *Society and the adolescent self-image.* Princeton, NJ: Princeton University Press.

Rosenberg, M. (1979). *Conceiving the self.* New York: Basic Books.

Rosenberg, M. (1986). Self-concept from middle childhood through adolescence. In J. Suls & A.G. Greenwald (Eds.), *Psychological perspectives on the self* (Vol. 3, pp. 107–136). Hillsdale, NJ: Erlbaum.

Rosenberg, M., Schooler, C. & Schoenbach, C. (1989). Self-esteem and adolescent problems: Modeling reciprocal effects. *American Sociological Review, 54,* 1004–1018.

Rosenberg, M., Schooler, C., Schoenbach, C., & Rosenberg, F. (1995). Global self-esteem and specific self-esteem: Different concepts, different outcomes. *American Sociological Review, 60,* 151–156.

Rosenthal, R., Rosnow, R.L., & Rubin, D.B. (2000). *Contrasts and effect sizes in behavioral research: A correlational approach.* Cambridge, UK: Cambridge University Press.

Rost, J. (1996). *Lehrbuch Testtheorie, Testkonstruktion.* Bern: Huber.

Rubin, D.B. (1976). Inference and missing data. *Biometrika, 63,* 147–159.

Rubin, K.H., & Rose-Krasnor, L. (1992). Interpersonal problem solving and social competence in children. In V.B. van Hasselt & M. Hersen (Eds.), *Handbook of social development* (pp. 283–323). New York: Plenum Press.

Ruble, D.N., & Frey, K.S. (1987). Social comparison and self-evaluation in the classroom: Developmental changes in knowledge and function. In J.C. Masters & W.P. Smith (Eds.), *Social comparison, social justice, and relative deprivation: Theoretical, empirical, and policy perspectives* (pp. 81–103). Hillsdale, NJ: Erlbaum.

Rustemeyer, R. (1982). *Wahrnehmungen eigener Fähigkeit bei Jungen und Mädchen.* Frankfurt a.M.: Peter Lang.

Rutter, M. (2002). Familiy influences on behavior and development: Challenges for the future. In J.P. McHale & W.S. Grolnick (Eds.), *Retrospect and prospect in the psychological study of families* (pp. 321–351). Mahwah, NJ: Erlbaum.

Ryff, C.D. (1989). Happiness is everything, or is it? Explorations on the meaning of psychological well-being. *Journal of Personality and Social Psychology, 57,* 1069–1081.

Satow, L. (1999). *Klassenklima und Selbstwirksamkeitsentwicklung.* Berlin: Freie Universität Berlin.

Schafer, J.L. (1999). *NORM for Windows 95/98/NT. Multiple imputation of incomplete data under a normal model.* University Park, PA: Penn State Department of Statistics.

Schäfer, M. (1996). Aggression unter Schülern. *Report Psychologie, 21,* 700–711.

Schäfer, M. (1997). Verschiedenartige Perspektiven von Bullying. *Empirische Pädagogik, 11,* 369–383.

Schick, A. (2000). *Das Selbstwertgefühl von Scheidungskindern.* Regensburg: S. Roderer.

Schmitz, B. (2000). Auf der Suche nach dem verlorenen Individuum: Vier Theoreme zur Aggregation von Prozessen. *Psychologische Rundschau, 51,* 83–92.

Schnabel, K. (1998). *Prüfungsangst und Lernen.* Münster: Waxmann.

Schneider, R.J., Ackerman, P.L., & Kanfer, R. (1996). To „act wisely in human relations": Exploring the dimensions of social competence. *Personality and Individual Differences, 21,* 469–481.

Schubarth, W. (1996). Je liberaler, desto mehr Gewalt an Schulen? Ergebnisse eines Ost-West-Vergleichs. In W. Schubarth, F.-U. Kolbe, & H. Willerms (Hrsg.), *Gewalt an Schulen* (S. 29–47). Opladen: Leske + Budrich.

Schütz, A. (2000). *Psychologie des Selbstwertgefühls.* Stuttgart: Kohlhammer.

Schwanzer, A. (2002). *Entwicklung und Validierung eines deutschsprachigen Instruments zur Erfassung des Selbstkonzepts junger Erwachsener.* Unveröff. Diplomarbeit, Humboldt-Universität zu Berlin.

Schwarzer, R. (1979). Bezugsgruppeneffekte in schulischen Umwelten. *Zeitschrift für empirische Pädagogik, 3,* 153–166.

Schwarzer, R. (1983). Unterrichtsklima als Sozialisationsbedingung für Selbstkonzeptentwicklung. *Unterrichtswissenschaft, 2,* 129–148.

Schwarzer, R., & Jerusalem, M. (1983). Selbstkonzeptentwicklung in schulischen Bezugsgruppen – Eine dynamische Mehrebenenanalyse. *Zeitschrift für personenzentrierte Psychologie und Psychotherapie, 2,* 79–87.

Schwarzer, R., Lange, B., & Jerusalem, M. (1982). Selbstkonzeptentwicklung nach einem Bezugsgruppenwechsel. *Zeitschrift für Entwicklungspsychologie und Pädagogische Psychologie, 14,* 125–140.

Seiffge-Krenke, I. (1987). Eine aktualisierte deutschsprachige Form des OFFER Self-Image Questionnaire. *Zeitschrift für Differentielle und Diagnostische Psychologie, 8,* 99–109.

Seligman, M.E.P. (1993). *What you can change and what you can't: The complete guide to successful self-improvement.* New York: Fawcett.

Shavelson, R.J. & Bolus, R. (1982). Self-concept: The interplay of theory and methods. *Journal of Educational Psychology, 74,* 3–17.

Shavelson, R.J., Hubner, J.J., & Stanton, G.C. (1976). Validation of construct interpretations. *Review of Educational Research, 46,* 407–441.

Shrauger, J.S., & Schoeneman, T.J. (1979). Symbolic interactionist view of self-concept: Through the looking glass darkly. *Psychological Bulletin, 86,* 549–573.

Silbereisen, R.K., & Todt, E. (1994). Adolescence: A matter of context. In R.K. Silbereisen & E. Todt (Eds.), *Adolescence in context. The interplay of family, school, peers, and work in adjustment* (pp. 3–21). Berlin: Springer.

Simpson, S.M., Licht, B.G., Wagner, R.K., & Stader, S.R. (1996). Organization of children's academic ability-related self-perceptions. *Journal of Educational Psychology, 88,* 387–396.

Sinharay, S., Stern, H.S., & Russell, D. (2001). The use of multiple imputation for the analysis of missing data. *Psychological Methods, 6,* 317–329.

Skaalvik, E.M. (1986a). Age trends in male and female self-esteem in Norwegian samples. *Scandinavian Journal of Educational Research, 20,* 107–119.

Skaalvik, E.M. (1986b). Sex differences in global self-esteem: A research review. *Scandinavian Journal of Educational Research, 20,* 167–179.

Skaalvik, E.M. (1997). Self-enhancing and self-defeating ego orientation: Relations with task and avoidance orientation, achievement, self-perceptions, and anxiety. *Journal of Educational Psychology, 89,* 71–81.

Skaalvik, E.M., & Hagtvet, K.A. (1990). Academic achievement and self-concept: An analysis of causal predominance in a developmental perspective. *Journal of Personality and Social Psychology, 58,* 292–307.

Sroufe, L.A., & Fleeson, J. (1986). Attachment and the construction of relationships. In W. Hartup & Z. Rubin (Eds.), *Relationships and development* (pp. 51–71). New York: Cambridge University Press.

Suls, J., & Wheeler, L. (Eds.). (2000). *Handbook of social comparison.* New York: Kluwer.

Svenson, O. (1981). Are we all less risky and more skilful than our fellow drivers? *Acta Psychologica, 47,* 143–148.

Swann, W.B. (1990). To be adored or to be known? The interplay of self-enhancement and self-verification. In E.T. Higgins & R.M. Sorrentino (Eds.), *Handbook of motivation and cognition: Foundations of social behavior* (Vol. 2, pp. 408–448). New York: Guilford Press.

Taylor, S.E., & Brown, J.D. (1988). Illusion and well-being: A social psychological perspective on mental health. *Psychological Bulletin, 103,* 193–210.

Taylor, S.E. & Gollwitzer, P.M. (1995). Effects of mindset on positive illusions. *Journal of Personality and Social Psychology, 69,* 213–226.

Taylor, S.E., & Lobel, M. (1989). Social comparison activity under threat: Downward evaluation and upward contacts. *Psychological Review, 96,* 569–575.

Tillmann, K.-J. (1997). Gewalt an Schulen. Öffentliche Diskussion und erziehungswissenschaftliche Forschung. *Die Deutsche Schule, 89,* 36–49.

Tillmann, K.-J., Holler-Nowitzki, B., Holtappels, H.G., Meier, U., & Popp, U. (1999). *Schülergewalt als Schulproblem.* Weinheim: Juventa.

Trautwein, U., Köller, O., & Kämmerer, E. (2002). Effekte innerer und äußerer Leistungsdifferenzierung auf selbstbezogene Fähigkeitskognitionen, die wahrgenommene Unterrichtspartizipation und die wahrgenommene soziale Akzeptanz. *Psychologie in Erziehung und Unterricht, 49,* 273–286.

Treiman, D.J. (1977). *Occupational prestige in comparative perspective.* New York: Academic Press.

Twenge, J.M., & Campbell, W.K. (2001). Age and birth cohort differences in self-esteem: A cross-temporal meta-analysis. *Personality and Social Psychology Review, 5,* 321–344.

Van Hook, E., & Higgins, E.T. (1988). Self-related problems beyond the self-concept: Motivational consequences of discrepant self-guides. *Journal of Personality and Social Psychology, 55,* 625–633.

Vispoel, W.P. (1993). The development and validation of the arts self-perception inventory for adolescents. *Educational and Psychological Measurement, 53,* 1023–1033.

Wagner, J.W.L. (1999). *Soziale Vergleiche und Selbsteinschätzungen.* Münster: Waxmann.

Waterkamp, D. (1987). *Handbuch zum Bildungswesen der DDR* [Handbook of the educational system of the GDR]. Berlin: Berlin Verlag.

Wells, L.E., & Rankin, J.H. (1983). Self-concept as a mediating factor in delinquency. *Social Psychology Quarterly, 46,* 11–22.

Wheeler, L. (2000). Individual differences in social comparison. In J. Suls & L. Wheeler (Eds.), *Handbook of social comparison* (pp. 141–158). New York: Kluwer.

Wheeler, L., & Miyake, K. (1992). Social comparison in everyday life. *Journal of Personality and Social Psychology, 62,* 760–773.

Wigfield, A., Eccles, J.S., & Pintrich, P.R. (1996). Development between the ages of 11 and 25. In D.C. Berliner & R.C. Calfee (Eds.), *Handbook of educational psychology* (pp. 148–185). New York: Macmillan.

Wilde, S. (2002). Secondary Education in Germany 1990–2000: „One decade of non-reform in unified German education?" *Oxford Review of Education, 28,* 39–51.

Wills, T.A. (1981). Downward comparison principles in social psychology. *Psychological Bulletin, 90,* 245–271.

Wood, J.V. (1989). Theory and research concerning social comparisons of personal attributes. *Psychological Bulletin, 106,* 231–248.

Wood, J.V. (1996). What is social comparison and how should we study it? *Personality and Social Psychology Bulletin, 22,* 520–537.

Wylie, R.C. (1979). *The self concept: Theory and research on selected topics* (Vol. 2). Lincoln, NE: University of Nebraska Press.

Zakriski, A.L., & Coie, J.D. (1996). A comparison of aggressive-rejected and nonaggressive-rejected children's interpretations of self-directed and other-directed rejection. *Child Development, 67,* 1048–1070.

Zimmerman, M.A., Copeland, L.A., Shope, J.T., & Dielman, T.E. (1997). A longitudinal study of self-esteem: Implications for adolescent development. *Journal of Youth and Adolescence, 26,* 117–141.

Pädagogische Psychologie und Entwicklungspsychologie

HERAUSGEGEBEN VON DETLEF H. ROST

BAND 12

Sabine Gruehn
UNTERRICHT UND LERNEN
Schüler als Quellen der Unterrichtsbeschreibung
2000, 256 Seiten, br., 25,50 €,
ISBN 3-89325-757-8

BAND 13

Ulrike Sirsch
PROBLEME BEIM SCHULWECHSEL
Die subjektive Bedeutung des
bevorstehenden Wechsels von der Grundschule
in die weiterführende Schule
2000, 228 Seiten, br., 25,50 €,
ISBN 3-89325-758-6

BAND 14

Gerd Schulte-Körne
LESE-RECHTSCHREIBSCHWÄCHE UND
SPRACHWAHRNEHMUNG
Psychometrische und neurophysiologische
Untersuchungen zur Legasthenie
2001, 288 Seiten, br., 25,50 €,
ISBN 3-89325-790-X

BAND 15

Detlef H. Rost
HOCHBEGABTE UND
HOCHLEISTENDE JUGENDLICHE
Neue Ergebnisse aus dem
Marburger Hochbegabtenprojekt
2000, 430 Seiten, br., 25,50 €,
ISBN 3-89325-685-7

BAND 16

Klaus-Peter Wild
LERNSTRATEGIEN IM STUDIUM
Strukturen und Bedingungen
2000, 296 Seiten, br., 25,50 €,
ISBN 3-89325-791-8

BAND 17

Sigrid Hübner
DENKFÖRDERUNG UND
STRATEGIEVERHALTEN
2000, 160 Seiten, br., 25,50 €,
ISBN 3-89325-792-6

BAND 18

Cordula Artelt
STRATEGISCHES LERNEN
2000, br., 300 Seiten, 25,50 €,
ISBN 3-89325-793-4

BAND 19

Bettina S. Wiese
BERUFLICHE UND FAMILIÄRE
ZIELSTRUKTUREN
2000, 272 Seiten, br., 25,50 €,
ISBN 3-89325-867-1

BAND 20

Gerhard Minnameier
ENTWICKLUNG UND LERNEN –
KONTINUIERLICH
ODER DISKONTINUIERLICH?
Grundlagen einer Theorie der Genese komplexer
kognitiver Strukturen
2000, 216 Seiten, br., 25,50 €,
ISBN 3-89325-790-X

BAND 21

Gerhard Minnameier
STRUKTURGENESE
MORALISCHEN DENKENS
Eine Rekonstruktion der Piagetschen Entwick-
lungslogik und ihre moraltheoretischen Folgen
2000, 214 Seiten, br., 25,50 €,
ISBN 3-89325-685-7

BAND 22

Elmar Souvignier
FÖRDERUNG RÄUMLICHER FÄHIGKEITEN
Trainingsstudien mit lernbeeinträchtigten
Schülern
2000, 200 Seiten, br., 25,50 €,
ISBN 3-89325-897-3

BAND 23

Sonja Draschoff
LERNEN AM COMPUTER DURCH
KONFLIKTINDUZIERUNG
Gestaltungsempfehlungen und Evaluationsstudie
zum interaktiven computerunterstützten Lernen
2000, 338 Seiten, br., 25,50 €,
ISBN 3-89325-924-4

BAND 24

Stephan Kröner
INTELLIGENZDIAGNOSTIK
PER COMPUTERSIMULATION
2001, 128 Seiten, br., 25,50 €,
ISBN 3-8309-1003-7

BAND 25

Inez Freund-Braier
HOCHBEGABUNG, HOCHLEISTUNG,
PERSÖNLICHKEIT
2001, 206 Seiten, br., 25,50 €,
ISBN 3-8309-1070-3

BAND 26

Oliver Dickhäuser
COMPUTERNUTZUNG UND GESCHLECHT
Ein-Erwartung-Wert-Modell
2001, 166 Seiten, br., 25,50 €,
ISBN 3-8309-1072-X

BAND 27

Knut Schwippert
OPTIMALKLASSEN: MEHREBENEN-
ANALYTISCHE UNTERSUCHUNGEN
Eine Analyse hierarchisch strukturierter Daten
am Beispiel des Leseverständnisses
2002, 210 Seiten, br., 25,50 €,
ISBN 3-8309-1095-9

BAND 28

Cornelia Ev Elben
SPRACHVERSTÄNDNIS BEI KINDERN
Untersuchungen zur Diagnostik im Vorschul-
und frühen Schulalter
2002, 216 Seiten, br., 25,50 €,
ISBN 3-8309-1119-X

BAND 29

Marten Clausen
UNTERRICHTSQUALITÄT:
EINE FRAGE DER PERSPEKTIVE?
Empirische Analysen zur Übereinstimmung,
Konstrukt- und Kriteriumsvalidität
2002, 232 Seiten, br., 25,50 €,
ISBN 3-8309-1071-1

BAND 30

Barbara Thies
VERTRAUEN ZWISCHEN LEHRERN
UND SCHÜLERN
2002, 288 Seiten, 25,50 €,
ISBN 3-8309-1151-3

BAND 31

Stefan Fries
WOLLEN UND KÖNNEN
Ein Training zur gleichzeitigen Förderung des
Leistungsmotivs und des induktiven Denkens
2002, 292 Seiten, br., 25,50 €,
ISBN 3-8309-1031-2

BAND 32

Detlef Urhahne
MOTIVATION UND VERSTEHEN
Studien zum computergestützten Lernen in den
Naturwissenschaften
2002, 190 Seiten, br., 25,50 €,
ISBN 3-8309-1151-3

BAND 33

Susanne R. Schilling
HOCHBEGABTE JUGENDLICHE UND
IHRE PEERS
Wer allzu klug ist, findet keine Freunde?
2002, 262 Seiten, br., 25,50 €
ISBN 3-8309-1074-6

BAND 34

Ingmar Hosenfeld
KAUSALITÄTSÜBERZEUGUNGEN UND
SCHULLEISTUNGEN
2002, 210 Seiten, br., 25,50 €
ISBN 3-8309-1073-8

BAND 35

Tina Seidel
LEHR-LERNSKRIPTS IM UNTERRICHT
Freiräume und Einschränkungen für kognitive
und motivationale Lernprozesse
– eine Videostudie im Physikunterricht
2003, 196 S., br., 25,50 €,
ISBN 3-8309-1248-X

Waxmann
Münster / New York
München / Berlin
www.waxmann.com